MUSKERRY CRITICAL EDITIONS

Vol. 2

MO SCÉAL FÉIN
(a new edition in modern spelling)

An tAthair Peadar Ua Laoghaire
Canónach, S.P.
do scríbh

An tAthair Pádraic Ua Dómhnaill, D.D.,
Tiarna Easpag Rátha Bhoth
do scríbh a cheannphort

edited by David Webb

Copyright © 2023 David Webb

All rights reserved, save that book chapters may be reproduced for educational purposes.

ISBN: 978-1-7398872-1-6

Clár na gCaibideal

Preface..1
Preface to the 1915 edition....................................24
I: Mo Shínsear...29
II: Lios Caragáin..35
III: Rógairí..41
IV: Clampar Dlí..47
V: Dhá Arm Aigne..51
VI: An Gorta...56
VII: Scoil Charraig an Ime....................................66
VIII: Trí Liathróidí Dúbha...................................71
IX: Scoil Magh Chromtha agus Coláiste Cholmáin.......77
X: Siúl na gCnuc..84
XI: An Mhangarta...89
XII: Ar Mhullach na Mangartan............................97
XIII: Mágh Nuat...103
XIV: Baol ar an nGaelainn..................................107
XV: Gnó Sagairt; agus Teacht na bhFíníní..........113
XVI: "A Dhia, Saor Éire!"...................................121
XVII: I gCíll Sheanaigh agus i gCíll Úird............125
XVIII: Séamas Fréiní, an Foghlaí........................132
XIX: An Staonadh ón Ólachán............................138
XX: Ár Scoil i Ráth Chormaic.............................146
XXI: I Magh Chromtha.......................................152
XXII: An Scoil sa Ráth..156
XXIII: An Land League.......................................159
XXIV: Athrú ar an Saol.......................................163
XXV: Éagóir agus Díoltas agus Smacht-dlithe....170
XXVI: "Barry the Rake".......................................174
XXVII: Tineóntaithe agus Tiarnaí......................179
XXVIII: "Madam Anne"......................................187
XXIX: Baile Mhistéala...191
XXX: Ó Dhún ar Aill go Caisleán Ó Liatháin......199
XXXI: Obair Chosanta na Gaelainne..................201
XXXII: Onóir don Obair......................................204

Notes	208
Index of Persons	226
Index of Placenames	242
Glossary	253
Proverbs and sayings	339

MO SCÉAL FÉIN

Preface

In the early twentieth century, autobiographies by native speakers of Irish[1] raised in the Gaeltacht became a noted literary genre, and an object of study by learners of Irish. Yet one would hesitate to enumerate Peadar Ua Laoghaire's *Mo Sgéal Féin*, published in 1915, among the Gaeltacht biographies. This work hardly seems to be an autobiography; it has much more of the character of a political commentary, giving more observations on the nineteenth-century Land War and the weakening position of the Irish language than on the life of Ua Laoghaire himself. While the politics of land and language are discussed against a chronological framework of Ua Laoghaire's life, there are many *lacunae* in Ua Laoghaire's life that this work does not fill. The nun Sister Mary Vincent (an admirer of PUL who wrote under the name Maol Muire) commented:

> Ba mhaith an cuimhneamh ag an Athair Peadar sgéal a bheatha dfhágaint ag Gaedhealaibh, ach níor thug sé leath de sgéal a bheatha insan leabhar san. Níl ann ach iarracht chun na ndaoine a bhíodh á ghríosadh chuige do shásamh ... Níl aon chur-síos puinn san leabhar ar an obair a dhein sé ar son aithbheóchaint na Gaedhilge, ná ar Chonnradh na Gaedhilge, ná an bhaint a bhí aige féin leis. [*An tAthair Peadar Ó Laoghaire agus a Shaothar*, pp17-18]

Ua Laoghaire's mother is mentioned briefly, but not much more is said about her other than that she brought him up with good English

---

1 The language will be referred to as "Irish" here, although the language may correctly be referred to as "Irish Gaelic", or simply as "Gaelic". In other words, the modern convention that "Scottish Gaelic" alone be referred to as "Gaelic" is only as authoritative as those who wish to observe this convention assert it to be. In Munster Irish, Scottish Gaelic is *Gaelainn na hAlban*. Consequently, all the Goidelic dialects may be correctly referred to as "Gaelic". It is correct to state that Peadar Ua Laoghaire was a native speaker of Gaelic.

Preface

and good Irish from the cradle. Almost nothing is said about Ua Laoghaire's father. We don't read a word about Ua Laoghaire's brothers and sisters (although the 1911 Irish census shows a 70-year-old parish priest, Peter O'Leary, sharing a house in Castlelyons with his 72-year-old sister, Mary; as Ua Laoghaire was born in 1839, it seems his age was incorrectly recorded in the census, and, if Mary was two years his senior, that she was the unnamed child in the Ua Laoghaire family whose birth was recorded in 1837). Of the many editors of Ua Laoghaire's works (including Gerald O'Nolan, Norma Borthwick, Eleanor Knott, Thomas F. O'Rahilly, Feardorcha Ó Conaill, Shán Ó Cuív, Risteárd Pléimeann and Dómhnall Ó Mathghamhna), only Osborn Bergin gets a brief mention here. More details on Ua Laoghaire's relationships with each of these would be required for a proper biography. It may be that, as one of the earliest of the Gaeltacht natives to write an autobiography in Irish, Ua Laoghaire did not wish to open a window on private biographical details, or failed to realise that Irish learners would value such information.

A first-hand account of 19th-century Ireland

Where this work does come into its own is in its depiction of Irish life in the nineteenth century. As most native speakers of Irish in the nineteenth century were illiterate, most accounts of Ireland in this period are by English-speaking Irishmen (or by Englishmen and continental Europeans). *Mo Sgéal Féin* allows the voices of the rural, Irish-speaking areas to be heard. We read how the Irish peasantry were limited in the main to potatoes and milk, while Anglo-Irish landlords took the bulk of the farm produce, and how the peasants were regularly reduced to eating nothing but cabbage in July, while waiting for maturation of the potato crop. As a young boy, Ua Laoghaire witnessed the Irish Famine, and gives a brief account of neighbours who died in the Famine period, many of them monoglot speakers of Irish.

Preface

The hard life experienced by large numbers of Irish people in rural areas in the nineteenth century formed the background to Ua Laoghaire's political views. The expropriation of Irish land impoverished the Irish people and added greatly to the death toll during the Famine. Consequently, Ua Laoghaire emerged in later life as a strong supporter of the Irish tenants in their struggle with the landlords, a struggle that ultimately resulted in land reform. As a priest, his views had to be set against the background of church teaching, and he gives clearer support to rent strikes and mass meetings to achieve land reform objectives than to violent revolution *per se*, but he also condemns the informers who frustrated the objectives of revolutionary societies and speaks in glowing terms of Fenians such as Diarmaid Ó Donnabháin Rossa. It is not hard to infer from the text of this work that Ua Laoghaire did in fact support violent revolution, but, as a priest, had to be circumspect about directly expressing such views.

The negative attitude of many in the Roman Catholic hierarchy to secret societies and revolutionary nationalism seemed to have troubled Ua Laoghaire, who insists here that it was a calumny against the church to claim that it opposed the Gaelic peasantry in their struggle with the British or Anglo-Irish authorities. Clearly, however, many clergymen did oppose what they saw as rabble-rousing, and, as Ua Laoghaire recounts here, he found himself in hot water as a curate when his parish priest opposed his nationalistic activities. For Ua Laoghaire, the Roman Catholic church was much more than a religious body; it was a national institution that ought to back the Irish people in their struggles. He appears to brim with pride as he recounts how priests attended and addressed mass meetings. The Plan of Campaign rent strikes and unilateral rent reductions pressed on the landlords had a much greater chance of success if priests mounted the platform at public meetings and encouraged all those present to join in the campaign. Ua Laoghaire's support for the temperance movement is another illustration of the way in which he

Preface

viewed the role of clergymen as social organisers, encouraging socioeconomic uplift in their communities.

The fate of the Irish language

The Irish language is bound up with these political issues because the language survived longer in the rural communities that bore the brunt of the Irish Famine and that were engaged in the struggle with the landlords. The economic prospects of the Gaeltacht people appeared to many to be dependent on their abandonment of Irish and their taking up of the English language dominant in the towns. Yet before he went to Maynooth College to train to be a priest, Ua Laoghaire had not considered that the Irish language was in danger, although he recounts how, even then, in the 1850s, native speakers of Irish tortured themselves by trying to learn the Catechism in English, a language they often couldn't understand properly. Once in Maynooth, he encountered large numbers of seminary students who didn't speak Irish at all. In Chapter 14 here, Ua Laoghaire makes clear the importance for him of the Irish language in terms of Ireland's national identity:

> Ba bheag ná gurbh fheárr liom imeacht go dtí dúthaigh éigin iasachta, agus mo shaol do chaitheamh agus do chríochnú ann, ná bheith in Éirinn agus Éire ag iompáil 'na dúthaigh iasachta. Dar liom, níorbh í Éire in aon chor í nuair a bheadh sí gan aon fhocal Gaelainne dá labhairt inti. [p108 in this edition]

No explanation is given here as to how Ua Laoghaire came to be literate in Irish in the first place; it is likely that he learned to read and write Irish in Maynooth[2]. The church itself was ambivalent about

---

2   The biography of Ua Laoghaire at Ainm.ie states: "Bhí sé i rang Gaeilge i Maigh Nuad ... agus bhuaigh sé an dara duais sa Ghaeilge sa bhliain deiridh ... Ní luann sé in *MSF* [=*Mo Scéal Féin*] go raibh sé riamh in aon rang Gaeilge agus ní thugann sé aon chuntas ar conas a d'fhoghlaim sé léamh

Preface

the Irish language. Following his ordination, Ua Laoghaire spent years serving as a priest partly in areas where the Irish language had become moribund: the church hierarchy did not consider that as a native speaker of Irish his skills ought rather to be devoted to ministry in Irish-speaking areas.

Ua Laoghaire's first published letter in Irish was printed in *The Irishman* of 1878; in this letter he gave some advice to the Society for the Preservation of the Irish Language on the importance of the Irish language in schools. He claims here that his advice was dismissed. Subsequently, when he tried to teach Irish to children in the parishes in which he served, he found that the books produced by the Irish language movement often failed to set out the grammatical rules of the Irish language correctly. He claimed that one textbook he used glossed over lenition entirely. (I haven't discovered such a textbook among the limited number of textbooks produced in the 19th century, and Ua Laoghaire's memory may have exaggerated this point.) *Mo Sgéal Féin* thus shows that the teaching of the Irish language fell under the control of an establishment of non-native speakers very early on. Interestingly, some advocated such an "abolition" of lenition in the recent review of the "Official Standard" for the Irish language, as if the Irish language were just the parlour game of learners in Dublin.

Cainnt na ndaoine

Ua Laoghaire was a somewhat cantankerous figure, but chose not to go into detail in *Mo Sgéal Féin* on the many disputes he entered into with prominent figures in the Irish language movement. It is worth explaining this, as he is seen by his supporters as a man who was generally in the right when he locked horns with others, but was seen by his detractors as a stubborn and insistent figure:

---

agus scríobh na teanga. Is ródhócha gurbh i Maigh Nuad a fuair sé an scil sin".

Preface

Cuirtear i leith an Athar Peadar go raibh sé ró-mháighistreamhail, gurbh fhear ceanntréan ughdarásach é ná héistfeadh le tuairmí scoláirí eile. An chuma 'na sgríobhadh sé le linn chonspóide poibilidhe, isé fé ndeara an tuairim go raibh sé ana-thoghail, ana-thugtha dá thuairim féin—"a masterful old man" mar a dubhairt W. B. Yeats. Gan amhras ní thoiligheadh an tAthair Peadar riamh d'aoinne an dubh a chur 'na gheal air; do chlaoidheadh sé go dána le n-a thuairim féin nuair do thuigeadh sé an ceart do bheith aige, ach dá bhfeiceadh sé gurbh fhearr a mhalairt de thuairim, do ghéilleadh sé go humhal. [*An tAthair Peadar Ó Laoghaire agus a Shaothar*, p28]

He spent the last 20 years of his life, in particular, advocating the use of *cainnt na ndaoine*, the language as it was still spoken in the Gaeltacht, and showed in his works how the spoken language of the Gaeltacht could be used to form a literary register of the language. In doing so, he crossed those who supported a return to the Classical Modern Irish last written by people such as Geoffrey Keating (Seathrún Céitinn, ca. 1580-ca. 1644) in the early 1600s. He quarrelled with journal editors who sought to alter the spelling and wording of his Irish contributions, until he found many of the newspapers no longer willing to carry his works and his publications driven from the Irish school curriculum. He explained in a letter to Pádraig Ó Muirthile what he viewed as the fundamental issue at stake in the various disputes he was party to:

Siné cúis a bhí leis. Tá sé buailte isteach 'na n-aigne do chuid acu nách "Classical Irish" an Ghaoluinn atá am' leabhraibh-se agus, dá bhrigh sin, nách ceart mo leabhair do leogaint ar aghaidh. Tá tuille acu agus níl aon rud ortha ach lán a gcinn d'éad. Is dóich leó, dá mbeadh mo Ghaoluinn-se as an slighe uatha go mbeadh rith an ráis le n-a nGaoluinn féin. [quoted in *An tAthair Peadar Ó Laoghaire agus a Shaothar*, pp30-31]

Preface

Despite the disapproval of the Irish-language experts (in the main, non-native speakers based in the English-speaking city of Dublin), Ua Laoghaire continued to publish through the Irish Book Company, and his literary output won him fame in early twentieth-century Ireland in a way that cemented the position of the real Gaeltacht dialects in the revival of the language, a position they retained until the introduction of a concocted *Caighdeán Oifigiúil* (Official Standard, or CO) in the 1950s, sounding the death knell for *cainnt na ndaoine*.

An example of the difficulties Ua Laoghaire ran into with the self-appointed experts on the Irish language is his criticism of Dr Michael Sheehan, native of Waterford city and professor of Greek at Maynooth (and subsequently Roman Catholic Archbishop of Sydney in Australia). Sheehan's reputation for Irish learning came from his *Seana-Chaint na nDéise* and *Cnó coilleadh craobhaighe*, published in 1906 and 1907 respectively. The latter work was subtitled "the Irish of the People", suggesting at first glance that he agreed with Ua Laoghaire on the importance of *cainnt na ndaoine*. Yet as Ua Laoghaire wrote in a letter dated March 16th 1915 published in the *Freeman's Journal*, Sheehan did not accept the Irish he heard from the people of Waterford and "censored" what he viewed as anglicised phrases from their Irish, as well as arguing that phrases such as *chuaigh de*, "it fails, it runs short", were gibberish. Sheehan did not understand the construction and confused it with *do chuaigh de é ' dhéanamh*, "it was beyond his power to do it". In his letter, Ua Laoghaire gives copious examples of these two idioms and explains their usage, and criticises the role of people like Sheehan in the following terms:

> Father O'Growney was a learner who treated the language with respect; who worked for it, and served it, and died for it. When he had gone to America, learners with a taste for domineering tried to lord it over the language and to make it serve them. They blighted the language movement. They necessarily introduced confusion into the administration of

Preface

any educational system that had the misfortune of their presence or assistance.

In the preface to Dr Sheehan's latest little book there is a very good example of this inversion of order. Dr Sheehan takes four ordinary Irish sentences and holds them up as examples of obscure and unintelligible construction, and explains and accounts for them incorrectly.

...

People who never heard a word of Irish spoken go and learn a little Irish, and then, the moment they think they understand a little of the language, they proceed to explain all about it to those who have been speaking it all their lives. They would not dare to do that with regard to French, or with regard to any other language which was foreign to them. It is a sad thing to see the Irish language at the mercy of such people. ["Dr. Sheehan's *Gabha na Coille*", *The Freeman's Journal*, March 17th, 1915, p7.]

In a letter to Risteárd Pléimeann dated October 12th 1917, Ua Laoghaire added this:

As regards "Waterford Irish" I did not condemn it. On the contrary. I have always admired it. I condemned "compulsory rubbish" and compulsory vileness. Waterford Irish is not rubbish, but Dr. Sheehan's Irish is rubbish.

I don't intend to answer that attack. In fact it is not my habit to strike a second blow. My principle is *buail an gadhar agus eirig* [sic] *as* = "strike the dog and have done with the matter". [Underlining as given in the original manuscript.]

A subsequent letter to Pléimeann dated October 22nd 1917 continues:

Preface

> That is a nice short sweet word of yours in the *Leader*, and it is perfectly true. I have always liked Waterford Irish. It has a <u>ringing nasal music</u> which I admire. But I hate the <u>invented</u> rubbish. [Underlining as given in the original manuscript.]

It seems therefore extremely unlikely that Ua Laoghaire would have approved of the retirement of *cainnt na ndaoine* in the 1950s, or of the Standardised Irish that is taught and written today, replete with inaccurate grammatical rules, thousands of concocted words never used by any native speaker and the adoption of English phonology *tout court*. The publication of a dictionary (*Foclóir Póca*) advancing an artificial pronunciation system for Irish (arrogantly declared to be a *lár-chanúint*) would doubtless have astounded him.

The drawing up of an artificial Standardised Irish reflects difficulties associated with the division of the Irish language into dialects. Ua Laoghaire's approach was to recommend his own written Irish, based on (but not identical to) the Irish of West Muskerry (WM), as a standard for learning in the Galltacht. He explains in Chapter 5 that when he was young he never heard forms like *tá mé, bhí mé* and *bhí siad*, only hearing *táim, bhíos* and *bhíodar*. Cork Irish is in most, but not all, respects more conservative than the other dialects. The Irish Ua Laoghaire wrote represented the thrust of the Irish used in the pre-Famine period in Munster, which was then the most populous province in terms of the number of native speakers of Irish (and indeed his Irish is closer to literary forms used in writing in Ulster and Connaught in the seventeenth, eighteenth and nineteenth centuries than the present-day spoken dialects of the remaining Gaeltacht areas in those provinces). While learners today are told that *bhíodar, chím* and *gheibhim* are dialectal words—mere provincialisms, or even incorrect Irish—this is not in fact the case, as such forms were once more widespread in Ireland and were, until comparatively recently (i.e. immediately before the introduction of the "Official Standard"), regarded as standard usage. Those who push the Official Standard claim that the most frequently found forms have been adopted in the standard, but there are many instances where this can be shown to be untrue. For instance, *'tchím*, *chím* and *cím* (the absolute form of the verb whose verbal noun is *feiscint*) are used in two of three dialects, and what has been standardised on—the use of *feicim* in absolute position—is in fact a dialectalism.

Ua Laoghaire's legacy

The introduction of an artificial standard and the Roman script had the immediate effect of driving all Irish literature published prior to the early 1950s out of print. The main achievement of the Gaelic Revival—the publication of thousands of works in Irish at a time when strong native speakers, including many monoglots, were still around—was therefore brought to naught at a stroke by the creation of Official Standard Irish.

Until 1987, when Liam Mac Mathúna brought out an edition of *Séadna* relatively close in language to the original text, all of Ua Laoghaire's works were out of print. Until I published an edition of *Niamh* in late 2021, no other works by Ua Laoghaire had been brought back into print in editions reasonably faithful to the original Munster Irish, an astonishing fact given the centrality of Ua Laoghaire's work to the Gaelic Revival.

It may be worth summarising Ua Laoghaire's work following the publication of *Mo Sgéal Féin*. Ua Laoghaire intended his translation of the Bible to form a key part of his legacy to the Irish nation. In 1915, the year in which *Mo Sgéal Féin* came out, Ua Laoghaire's translation of the Gospels was also published. Between 1915 and 1917, he completed his manuscript translation of the entire Bible, with *Gníomhartha na n-Aspol* being published after his death in 1921. The remainder of his translation of the New Testament and the whole of his translation of the Old Testament remain unpublished. Following his work on the Bible itself, Ua Laoghaire embarked on a life of Christ in Irish, *Críost Mac Dé*, but only managed to complete three volumes

Preface

of it before he died in 1920. How important this final work was to him is clear from his letter to Pléimeann on February 6th 1918:

> Tá dórnán eile de *Bheatha Chríost* agam á chur ag triall ort.

> D'á mbéadh an leabhar san críochnuighthe agam is beag ná gur chuma liom cathin a glaodhfí chun siúbhail orm.

Amazingly, for some reason, Ua Laoghaire believed as he was dying that his efforts in writing a life of Christ would be valued by the Irish nation. Sadly, this was not the case. The work was never completed before death overtook the Canon. Three volumes were published in 1924 and 1925, but never republished, owing to the fact that they were written in *cainnt na ndaoine* and not in the Official Standard. The volumes are now hard to come by. It is difficult to avoid the conclusion that the committees of learners who appointed themselves in charge of the language and its so-called Official Standard have trashed Peadar Ua Laoghaire's legacy and have, in many cases, been paid a salary by the Irish state for doing so. As Ua Laoghaire wrote, it is a sad thing to see the Irish language at the mercy of such people.

An editing approach that retains all dialectal forms

The 1915 edition of *Mo Sgéal Féin* was edited by the Englishwoman Norma Borthwick (1862-1934), an Irish-language enthusiast who could be relied upon to accept most of Ua Laoghaire's instructions on the editing of his Irish. As such, the 1915 edition, published by the Irish Book Company founded by Miss Borthwick and Mairéad Ní Raghallaigh (ca. 1867-1945), was well-produced and largely in line with the manuscript. The main task here has been to update the spelling, although some editing choices in the early 20th-century edition have not been accepted. This is partly because it is intended that this edition of *Mo Sgéal Féin* (edited here as *Mo Scéal Féin* with an *sc-*) form part of a series of books ("Muskerry Critical Editions") bringing some of Ua Laoghaire's works back into print in good Irish,

Preface

each accompanied by detailed notes and a comprehensive glossary. The editing approach is standardised across all volumes.

It should be pointed out to all students of Ua Laoghaire's Irish and of *Mo Sgéal Féin* in particular, that this work is written in Standard Irish throughout. Ua Laoghaire would have been astonished to learn that the Irish of *Mo Sgéal Féin* had been determined (by non-native speakers in the Galltacht) to be "non-standard"; the Irish he writes here is Standard Irish if we give that phrase its correct meaning of a form of Irish viewed on traditional grounds as authoritative, being not too distant from the literary tradition of the 17th and 18th centuries. What is being touted as an Official Standard rejects literary, historical and cultural factors, in an assertion of the right of official committees to "standardise" the language in an artificial way. Consequently, I prefer not to refer to the CO as "Standard Irish", and I adopt instead the term *Gaelainn Chaighdeánaithe* (an artificially Standardised Irish, or GCh).

In any case, the CO, strictly speaking, refers only to a single document laying down grammatical norms, but not specifying lexical choices. Yet lexical choices are made in *Foclóir Gaeilge-Béarla* (FGB), which generally lists "dialectal" words, if at all, only to cross-reference them to the dictionary's preferred terminology. For example, *geallúint* is listed therein, but cross-referenced to *gealladh* and *gealltanas*, with the implication being that those are the "correct" forms. Consequently, much of the vocabulary found in *Mo Sgéal Féin* will not be used, and will rarely be encountered, by learners of Irish. It can, therefore, be argued that there is a standardised vocabulary that is taught in Ireland today and this broader definition of Standardised Irish is what is referred to in the glossary attached here as GCh. The specific aim of offering a detailed vocabulary, clarifying the relationship of the vocabulary used in *Mo Sgéal Féin* to that promoted in GCh, is to enable learners of Muskerry Irish (and Munster Irish more broadly) to **avoid the lexical choices adopted by the promoters of GCh.**

Preface

An important question is how to determine what the correct forms and pronunciations thereof are when editing Ua Laoghaire's works and compiling glossaries for them. Spelling varied in his manuscripts, and there were minor (and sometimes less minor) differences between Ua Laoghaire's written Irish and the Irish of good native speakers who spent their lives in WM. It would not be correct to attempt to iron out all such differences in a way that misrepresented the original works (see, for example, Ua Laoghaire's use of *roinnt blianta*, where other WM speakers had *roinnt bhlianta*). I explained in the Preface to *Niamh* the sources used to determine the correct dialectal forms in WM Irish and readers may consult that volume. The Preface to *Niamh* also gives a detailed explanation of the spelling system used in Muskerry House Style, which is essentially the spelling system used by Coiste Litríochta Mhúscraí in its 2007 edition of Dónall Bán Ó Céileachair's *Scéal mo Bheatha*. Ua Laoghaire's autograph manuscript of *Mo Sgéal Féin*, held as MS G 272 in the National Library of Ireland, has been extensively consulted. Minor differences are sometimes noted in footnotes in the text of this edition, but once the difference has been noted, it is not footnoted again in the remainder of the text (*tiarna talún* was usually *landlord* in the original manuscript; I have entered a single footnote mentioning this). *Mo shgiàl fén*, the published Letiriú Shímplí (LS, Simplified Spelling) edition of *Mo Sgéal Féin*, covering only the first 14 and a half chapters, has been thoroughly consulted. LS transcriptions of this work were also published in the *Dublin Evening Telegraph, The Freeman's Journal, The Weekly Freeman's Journal* and *The Sunday Freeman*, with transcription sustained furthest in terms of coverage of the text in *The Freeman's Journal*, between February and August 1915. Transcription petered out in that journal on August 14th 1915 in the middle of chapter 17. It seems that the publication of the *gnáth-litriú* edition of *Mo Sgéal Féin* put paid to serialisation of this book in LS in the newspapers.

Any errors in this book can be notified to me at foghlamthoir@gmail.com, but I cannot undertake to publish a

Preface

corrected edition unless there are a very significant number of errors, because of the cost. I welcome any reviews that may be written of this edition of *Mo Sgéal Féin*, especially critical ones, as long as, where not written in English, they are written in good Irish using vocabulary found in the Gaeltacht, and not written in GCh using vocabulary invented by learners and only used by learners. I simply have no time to waste on anything written in GCh and recommend that readers of this series of books do not do so either.

My thanks are in order to Aonghus Ó hAlmháin and Ailín Ó Súilleabháin, who took time some years ago to help me with what was then the first book I read in Irish ; Darran McManus, who fished out many of the Simplified Spelling editions of Ua Laoghaire's works and scanned many images of Ua Laoghaire's correspondence held in the National Library of Ireland; and Eilís Ní Mhearraí at the Royal Irish Academy (RIA), who provided copies of the RIA's digital transcriptions of many of Ua Laoghaire's works, which considerably facilitated searches of Ua Laoghaire's Irish while preparing the glossary. Many hundreds of queries on Cork Irish have been fielded by Dr Seán Ua Súilleabháin at University College Cork: without the help of Dr Ua Súilleabháin, the leading member of Coiste Litríochta Mhúscraí, this volume could not have been completed. A raised asterisk in the text indicates the presence of a note in the Notes section in the back matter. A very special mention should be made of the audio recording of the entire text of *Mo Sgéal Féin* done for me by Maighréad Uí Lionáird on June 4th 2009. It was very difficult to find someone familiar enough with Muskerry Irish to read this out natively, but Maighréad picked the text up and read it out in full without stopping in a single sitting. Listening to Maighréad reading the text aloud so fluently was the best experience I ever had during my occasional trips to Ireland. The audio files are freely available at https://archive.org/details/MoSgealFein.

Preface

The Irish of (some of) my ancestors

It may be as well to add a note explaining why I chose to study Cork Irish and what the Irish of Ua Laoghaire means to me. Firstly, although I'm not of recent Irish ancestry, my mother had an Irish maiden surname, and as a genealogist I discovered that around half of my ancestors were Irish (at least seven of sixteen great-great-grandparents), from Counties Down, Tyrone and Cork, with a number of individuals in my family tree from unknown locations in Ireland, probably also in Munster and Ulster[3]. (It's common for Englishmen with nineteenth-century ancestors born in London to have Munster ancestral connections, and for Englishmen with ancestors in Liverpool to have Ulster connections.) Of these, only Cork is presently a Gaeltacht county. I don't have—or am not aware of—Muskerry ancestry; my Cork ancestors were Donovans and Barrys, the former from an unknown location in Co. Cork, the latter from Cork city. Born in Co. Cork in the late 1820s, they left Ireland, met and married in London, travelled to the Melbourne colony in Australia where one of my ancestors was born, and for some reason decided to move back to London. I don't know which of my ancestors was the last to speak Irish, but in any case they will not have recognised GCh; it's not part of my heritage. And it's not part of anyone's heritage in Ireland either.

Secondly, for me Muskerry Irish is the Irish equivalent of Oxford English. There is something arbitrary in the determination of a

---

3 Among my 16 great-great-grandparents are Irishmen with the following surnames from the following areas of Ireland: 1. Lucas (this surname doesn't sound particularly Irish, but this person was born somewhere in Ireland); 2. McCartney (somewhere in Ulster); 3. Trainor (Ballyardel, Kilkeel, Co. Down), with further descent from Cunningham in that locality; 4. Turbitt (apparently Roman Catholic; Clogher, Co. Tyrone); 5. Donovan (somewhere in Co. Cork), with further descent from Barry (Cork city); 6. Dinine (somewhere in Munster); 7. Carroll (somewhere in Munster). Two of my great-great-grandparents were Swedish-speaking Finns and the other seven were English.

Preface

standard: in linguistic terms, any native speech that conveys well-understood meaning is "correct". Yet social, literary, cultural and historical factors determine, in any language, which grammatical forms are held to be "good". Muskerry Irish is the closest to the old literary tradition of the 18th-century poets, and the prestige of Peadar Ua Laoghaire was such that in the pre-Standardisation period a rough standard based on Munster Irish, with particular prominence of forms found in Muskerry, was in existence. This was a *cainnt na ndaoine* standard, in that this form of Irish was part of *an teanga bheó*. For this reason, I will not be told by anyone in Ireland that the Irish in *Mo Sgéal Féin* is incorrect, or even "non-standard". The Irish in this book is more authoritative than their so-called "Standard".

At each point in the process of creating a standard language, an unsatisfactory approach has been taken. If the idea was to create something not fully Muskerry, but not fully Connemara, as a standard, the logical approach in the 1920s would have been to go to the then-existing Gaeltacht areas of Co. Clare and research in great detail the Irish of a particular area that exhibited both Connaught and Munster features and that could have been presented as a compromise that was at the same time a form of Irish that had real speakers. The local pronunciation, vocabulary, noun genders, declension and conjugation patterns and rules for lenition and eclipsis could all have been perfectly studied. Words such as *bhíomar*, with a broad *r*, currently not the predominant dialectal form anywhere, were in use in Clare. Instead of *conas 'tánn tú?*, the form *conas athá tu?*, /kənəs ə'hɑ: tə/, could have been prescribed, and it would have been valid native Irish of a particular locality.

In the modern day, given the loss (or deliberate destruction) of the pre-CO literary tradition and the decline of the Gaeltacht, it would probably be a good idea to install the largest dialect, Connemara Irish (the full dialect as spoken by the oldest and best speakers), as a standard, rather than simply waiting for it to die out, and then proclaiming Irish to be whatever the learners say it is (*rith an ráis le*

Preface

n-a nGaoluinn féin, as we saw above). A Connemara standard would be unimpeachable as a way of maintaining a form of Irish that was a legitimate representation of the way Irish has always been spoken in Ireland. That this will not be done calls into question the legitimacy of the project of promoting the Irish language in Ireland today. Interestingly, Ua Laoghaire himself did not argue that the supposed overriding importance of promoting any kind of Irish at all meant that the approach adopted did not matter. In the following passage of this work, Ua Laoghaire implies that it would not be worth promoting Irish if not done properly:

> Bhí ' fhios agam go dian-mhaith gur mar sin ba cheart an obair a dhéanamh <u>má bhí sí le déanamh in aon chor</u>. [p201 in this edition; underlining added]

The GCh project includes such idiocies as insisting to Irish children that "the Irish for 'microwave' is *oigheann micreathonnach*" (a word that a native speaker of Connemara Irish told me simply does not exist in the real Irish language). As Ua Laoghaire said, he despised "the invented stuff", and so primary research needs to be conducted to establish which of the invented words is in natural use in any part of the Gaeltacht. In so blatantly making things up, the Irish are kicking over the traces of their own culture. I somewhat reluctantly suppose that's a choice for them to make—they may choose to teach a constructed language (or conlang) and claim that it is actually Irish—but this is not a choice an Englishman of Irish descent has to approve of or participate in.

So we have the irony whereby many (an anecdotal impression is that it is <u>nearly all</u>) of those most prominent in propagating Irish today are provoked to sudden fury if the gap between GCh and the Irish of the Gaeltacht is mentioned, whereas an Englishman values the Irish of someone born in the Gaeltacht in 1839. As one of the translators on the Achmainn mailing list mainly used by Irish translators once told me:

Preface

Ní ghéillim don tuairim nach bhfuil focal ná náth Gaeilge bailí [*sic*] murar chualathas é i bportach nó ar chladach.

Yet not everyone who speaks *an teanga bheó* lives "in a bog", and a language ultimately belongs to its native speakers and not to a wider community of learners. The prejudice against the primacy of native speakers in a context where the language plays a role in the formation of the national identity of a community of learners who claim it as their ancestral culture too was a rather galling phenomenon that Ua Laoghaire railed against in his lifetime. If you're really interested in the culture of your ancestors, why make the thing up?

David Webb
Lincolnshire
May 2023

Abbreviations

AÓL: Amhlaoibh Ó Loingsigh.
CFBB: *Cnósach Focal ó Bhaile Bhúirne.*
DBÓC: Dónall Bán Ó Céileachair.
DIL: *Dictionary of the Irish Language.*
FGB: *Foclóir Gaeilge-Béarla.*
GCD: *Gaeilge Chorca Dhuibhne.*
GCh: Gaelainn Chaighdeánaithe (the general form of Irish taught in Ireland today, defined more widely than the Caighdeán Oifigiúil as such).
IWM: *The Irish of West Muskerry.*
LASID: *Linguistic Atlas and Survey of Irish Dialects*, Volume II.
LS: *An Letiriú Shímplí* (Simplified Spelling).
NIWU: *Notes on Irish Words and Usages.*
PSD: *Foclóir Gaedhilge agus Béarla*; Patrick S. Dinneen.
PUL: Peadar Ua Laoghaire.
WM: West Muskerry.

References

"Cualacht Mhuire. Seanmóin an Athair Peadair", in *The Cork Examiner*, Cork, February 4th 1914.

Preface

"Duggan and his Gang", No. 180, October 4th 1862, in *All the Year Round*: a weekly journal conducted by Charles Dickens, Vol VIII, London: Messrs Chapman and Hall, 1863.

"Leitreacha", in *An Músgraigheach*, Uimhir 6, Fóghmar 1944.

"Rev. Terence J. Shealy, S. J"., in *The Journal of the American Irish Historical Society*, Vol XXI, New York: the American Irish Historical Society, 1922.

"Séadna", in *An Músgraigheach*, Uimhir 2, Fóghmhar 1943.

Breathnach, Diarmuid, and Ní Mhurchú, Máire. "Ó Laoghaire, Peadar (1839-1920)", Ainm.ie. Available at https://www.ainm.ie/Bio.aspx?ID=210.

Daunt, William Joseph O'Neill. *Personal recollections of the late Daniel O'Connell, M.P., Volume 1*, London: Chapman and Hall, 1848.

de Bhaldraithe, Tomás. *English-Irish dictionary: with terminological additions and corrections*, Baile Átha Cliath: An Gúm, 1987.

Dinneen, Patrick S. *Foclóir Gaedhilge agus Béarla*, Dublin: The Irish Texts Society, 1927.

Great Britain, Commission of Inquiry into Occupation of Land in Ireland. *Evidence taken before Her Majesty's Commissioners of Inquiry into the State of the Law and Practice in Respect to the Occupation of Land in Ireland, Volume 2*, Dublin: Alexander Thom, 1845.

Jenkins, Brian. *Irish nationalism and the British state: from repeal to revolutionary nationalism*, McGill-Queen's University Press, 2006.

Joyce, P. W. *The Origin and History of Irish Names of Places: Volume 1*, Dublin: M. H. Gill and son, 1887.

Lydon, James. *The Making of Ireland: from Ancient Times to the Present*, London: Routledge, 1998.

Maol Muire (Sister Mary Vincent). *An tAthair Peadar Ó Laoghaire agus a Shaothar*, Baile Átha Cliath: Brún agus Ó Nualláin, 1939.

Marstrander, Carl J. S. et al. *Dictionary of the Irish Language*, Dublin: Royal Irish Academy, 1913-76.

McCionnaith, L. *Foclóir Béarla agus Gaedhilge: English-Irish Dictionary*, Baile Átha Cliath: Oifig Díolta Foillseacháin Rialtais, 1935.

Ó Briain, Mícheál. *Cnósach Focal ó Bhaile Bhúirne*, Baile Átha Cliath: Institiúid Árd-léighinn Bhaile Átha Cliath, 1947.

Ó Buachalla, Tadhg. *Seanchas an Táilliúra*, Cork: Mercier, 1978.

Ó Cadhlaigh, Cormac. *Gnás na Gaedhilge*, Baile Átha Cliath: Oifig an tSoláthair, 1940.

Ó Céileachair, Dómhnall Bán. *Sgéal mo Bheatha*, Baile Átha Cliath: Oifig an tSoláthair, 1940.

Ó Céirín, Cyril. *An tOilithreach Gaelach: Treoir don leabhar 'Mo Scéal Féin' le Peadar Ó Laoghaire*, Corcaigh agus Baile Átha Cliath: Cló Mercier, 1973.

Ó Ceochán, Dómhnall and Ó Céileachair, Dómhnall (tr). *Aodh de Róiste*, Baile Átha Cliath: Oifig Díolta Foillseacháin Rialtais, 1933.

Ó Cróinín, Donncha. "Scéalaíocht Amhlaoibh Í Luínse", in *Béaloideas*, Vol 35/36, 1967/1968.

Preface

Ó Cuív, Brian. "Litir ón Athair Peadar Ua Laoghaire", in *Éigse*, Vol IX, Part IV, 1960/1961, pp247-251.

Ó Cuív, Brian. *The Irish of West Muskerry, Co. Cork*, Dublin: The Dublin Institute for Advanced Studies, 1944.

Ó Dónaill, Niall. *Foclóir Gaeilge-Béarla*, Baile Átha Cliath: An Gúm, 1977.

Ó Foghludha, Riseárd (ed) and Mac Gearailt, Piaras. *Amhráin Phiarais Mhic Gearailt*, Baile Átha Cliath: Connradh na Gaedhilge, 1905.

Ó Foghludha, Riseárd (ed) and Merryman, Bryan. *Cúirt an Mheadhon Oidhche*, Dublin: Hodges, Figgis & Co, 1912.

Ó Laeri, Peaduir. *Ár Nóhin Arän*, Bleáclieh: Brún agus Nólán, 1921.

Ó Laeri, Peaduir. *Eshirt*, Bleáclieh: Muíntir na Leour Gäluingi, 1913.

Ó Laeri, Peaduir. *Ésop a háinig go Héring*, Dublin: Irish Book Company, 1911.

Ó Laeri, Peaduir. *Mo shgiàl fén: Cuid a hän*, Bleáclieh: Brún agus Nólán, 1915.

Ó Laeri, Peaduir. *Shiàna*, Bleáclieh: Muíntir na Leour Gäluingi, 1914.

Ó Luínse, Amhlaoibh. *Seanachas Amhlaoibh Í Luínse*, Dublin: Comhairle Bhéaloideas Éireann, 1980.

Ó Mahúna, Dónal. *Cruinneas cainnte. Chúig céad abairt ó'n Athair Peadar féin agus a míniú sa Bhéarla*, Baile Átha Cliath: Brún agus Nólán, 1923.

Ó Nualláin, Gearóid. *Beatha Dhuine a Thoil*, Baile Átha Cliath: Oifig an tSoláthair, 1950.

Ó Sé, Diarmuid. "Cloich, Cruaich and Similar Forms in Munster Dialects", *Éigse*, Vol XXXVII, 2010, pp123-133.

Ó Sé, Diarmuid. *Gaeilge Chorca Dhuibhne*, Dublin: Institiúid Teangeolaíochta Éireann, 2000.

Ó Tuathaigh, Gearóid, Ó Laoire, Liam Lillis, and Ua Súilleabháin, Seán (eds). *Pobal na Gaeltachta: A scéal agus a dhán*, Indreabhán: Cló Iar-Chonnachta, 2000.

O'Connell, Mrs. Morgan John. *Charles Bianconi: a Biography (1786-1875)*, London: Chapman and Hall, 1878.

O'Farrelly, Agnes (ed). *Leabhar an Athar Eoghan: the O'Growney Memorial Volume*, Dublin: M. H. Gill, 1904.

O'Flanagan, Theophilus. "Deirdri, or the Lamentable Fate of the sons of Usnach", in *Transactions of the Gaelic Society of Dublin: Volume 1*, Dublin: John Barlow, 1808.

O'Leary, Peter and Borthwick, Norma. *Foclóir do Shéadna*, Baile Átha Cliath: Irish Book Company, 1909.

O'Leary, Peter. "Autobiography of Canon O'Leary", in *The Dublin Evening Telegraph*, Dublin, August 17th 1915.

O'Leary, Peter. "Dr. Sheehan's Gabha na Coille", in *The Freeman's Journal*, Dublin, March 17th 1915.

O'Leary, Peter. *Papers on Irish Idiom*, Dublin: Browne and Nolan, 1929.

O'Nolan, Gerald. *A Key to the Exercises in Studies in Modern Irish (Part I)*, Dublin: Educational Co. of Ireland, 1920.

O'Nolan, Gerald. *Studies in Modern Irish: Part I*, Dublin: Educational Co. of Ireland, 1919.

Preface

O'Reilly, Bernard. *John Mac Hale, Archbishop of Tuam, his life, times and correspondence*, New York and Cincinnati: F. Pustet & Co, in two volumes, 1890.

Owen-Madden, Daniel. *Revelations of Ireland in the past generation*, Dublin: James McGlashan, 1848.

Purton, Walter J. "The Dove of Mothar-I-Roy", in *Miscellany presented to Kuno Meyer by some of his friends and pupils on the occasion of his appointment to the chair of Celtic philology in the University of Berlin,* Halle: Max Niemeyer, 1912.

Sjoestedt, Marie-Louise. *Phonétique d'un parler irlandais de Kerry*, Paris: E. Laroux, 1931.

Ua Laoghaire, Diarmuid. *An Bhruinneall Bhán*, Baile Átha Cliath: Oifig Díolta Foillseacháin Rialtais, 1934.

Ua Laoghaire, Diarmuid. *Cogar mogar*, Baile Átha Cliath: Muintir na Leabhar Gaedhilge, The Irish book company, 1909.

Ua Laoghaire, Peadar (ed) and Ua Cathain, Uilliam. *An Teagasg Críosdaidhe*, Baile Átha Cliath: Brún agus Ó Nóláin, 1920.

Ua Laoghaire, Peadar. "Íde an Ghandail" (a poem by Mícheál Ua Tuama edited with a translation by Ua Laoghaire), in *St. Patrick's*, November 9th 1901, pp572-573.

Ua Laoghaire, Peadar. "The Irish Language", in *The Irishman*, May 4th, 1878.

Ua Laoghaire, Peadar. *Aesop a Tháinig go h-Éirinn*, Dublin: Brún agus Ó Nóláin, 1909.

Ua Laoghaire, Peadar. *Ag Séideadh agus ag Ithe*, Baile Átha Cliath: Brún agus Ó Nualláin, 1917.

Ua Laoghaire, Peadar. *Aithris ar Chríost*, Baile Átha Cliath: Muintir na Leabhar Gaedhilge, 1914.

Ua Laoghaire, Peadar. *An Choróinn Mhuire*, Baile Átha Cliath: Muintir na Leabhar Gaedhilge & Brún agus Ó Nualláin, 1917.

Ua Laoghaire, Peadar. *An Cleasaidhe*, Baile Átha Cliath: Brún agus Ó Nuallain, 1913.

Ua Laoghaire, Peadar. *An Craos-Deamhan*, Baile Átha Cliath: Muintir na Leabhar Gaedhilge, 1905.

Ua Laoghaire, Peadar. *Ár nDóithin Araon*, Baile Átha Cliath: Brún agus Nuallán, 1919.

Ua Laoghaire, Peadar. *Cath Ruis na Rí for Bóinn*, Baile Átha Cliath: Brún agus Ó Nualláin, 1922.

Ua Laoghaire, Peadar. *Cómhairle Ár Leasa*, Baile Átha Cliath: Brún agus Ó Nóláin, 1923.

Ua Laoghaire, Peadar. *Críost Mac Dé*, Baile Átha Cliath: Brún agus Ó Nóláin, in three volumes, 1923-1925.

Ua Laoghaire, Peadar. *Don Cíochóté*, Baile Átha Cliath: Brún agus Ó Nóláin, 1922.

Ua Laoghaire, Peadar. *Eólas ar Áireamh*, Baile Átha Cliath: Brún agus Ó Nóláin, 1902.

Ua Laoghaire, Peadar. *Gníomhartha na n-Aspol*, Baile Átha Cliath: Brún agus Ó Nóláin, 1921.

Ua Laoghaire, Peadar. *Guaire*, Baile Átha Cliath: Muintir na Leabhar Gaedhilge, in two volumes, 1915.

Preface

Ua Laoghaire, Peadar. *Irish numerals and how to use them*, Dublin: Browne and Nolan, 1922.

Ua Laoghaire, Peadar. Letter dated August 10th 1916, Gaelic manuscript collection G 1,278 comprising correspondence of An tAthair Peadar Ua Laoghaire of Castlelyons (Caisleán Ua Liatháin), Co. Cork, with An tSiúr Máirghréad Mhuire, Clochar na Trócaire, An Teampall Mór, Co. Tipperary, Shán Ó Cuív Papers, National Library of Ireland, Dublin.

Ua Laoghaire, Peadar. Letter dated December 21st, 1917, Gaelic manuscript collection G 1,277 (1) comprising correspondence of An tAthair Peadar Ua Laoghaire of Castlelyons (Caisleán Ua Liatháin), Co. Cork, with An tAthair Risteárd Pléimeann (Fr Richard Fleming), Shán Ó Cuív Papers, National Library of Ireland, Dublin.

Ua Laoghaire, Peadar. Letter dated February 27th, 1918, Gaelic manuscript collection G 1,277 (1) comprising correspondence of An tAthair Peadar Ua Laoghaire of Castlelyons (Caisleán Ua Liatháin), Co. Cork, with An tAthair Risteárd Pléimeann (Fr Richard Fleming), Shán Ó Cuív Papers, National Library of Ireland, Dublin.

Ua Laoghaire, Peadar. Letter dated February 6th, 1914, manuscript collection 12 O 21/76 comprising correspondence of Peter O'Leary of Castlelyons, Co. Cork, with Eleanor Knott, Eleanor Knott Collection, Royal Irish Academy, Dublin.

Ua Laoghaire, Peadar. Letter dated February 6th, 1918, Gaelic manuscript collection G 1,277 (1) comprising correspondence of An tAthair Peadar Ua Laoghaire of Castlelyons (Caisleán Ua Liatháin), Co. Cork, with An tAthair Risteárd Pléimeann (Fr Richard Fleming), Shán Ó Cuív Papers, National Library of Ireland, Dublin.

Ua Laoghaire, Peadar. Letter dated March 10th, 1918, Gaelic manuscript collection G 1,277 (1) comprising correspondence of An tAthair Peadar Ua Laoghaire of Castlelyons (Caisleán Ua Liatháin), Co. Cork, with An tAthair Risteárd Pléimeann (Fr Richard Fleming), Shán Ó Cuív Papers, National Library of Ireland, Dublin.

Ua Laoghaire, Peadar. Letter dated November 29th, 1917, Gaelic manuscript collection G 1,277 (1) comprising correspondence of An tAthair Peadar Ua Laoghaire of Castlelyons (Caisleán Ua Liatháin), Co. Cork, with An tAthair Risteárd Pléimeann (Fr Richard Fleming), Shán Ó Cuív Papers, National Library of Ireland, Dublin.

Ua Laoghaire, Peadar. Letter dated October 12th, 1917, Gaelic manuscript collection G 1,277 (1) comprising correspondence of An tAthair Peadar Ua Laoghaire of Castlelyons (Caisleán Ua Liatháin), Co. Cork, with An tAthair Risteárd Pléimeann (Fr Richard Fleming), Shán Ó Cuív Papers, National Library of Ireland, Dublin.

Ua Laoghaire, Peadar. Letter dated October 22nd, 1917, Gaelic manuscript collection G 1,277 (1) comprising correspondence of An tAthair Peadar Ua Laoghaire of Castlelyons (Caisleán Ua Liatháin), Co. Cork, with An tAthair Risteárd

Preface

Pléimeann (Fr Richard Fleming), Shán Ó Cuív Papers, National Library of Ireland, Dublin.
Ua Laoghaire, Peadar. *Lúcián*, Baile Átha Cliath: Brún agus Ó Nóláin, 1924.
Ua Laoghaire, Peadar. *Lughaidh Mac Con*, Baile Átha Cliath: Muintir na Leabhar Gaedhilge, 1914.
Ua Laoghaire, Peadar. *Mion-chaint, Cuid a II*, Dublin: The Irish Book Company, 1902.
Ua Laoghaire, Peadar. *Mion-chaint, Cuid a III*, Dublin: The Irish Book Company, 1903.
Ua Laoghaire, Peadar. *Mo Sgéal Féin*, Baile Átha Cliath: Brún agus Ó Nualláin, 1915.
Ua Laoghaire, Peadar. *Mo Sgéal Féin*, Gaelic manuscript collection G 272, National Library of Ireland, Dublin.
Ua Laoghaire, Peadar. *Na Cheithre Soisgéil*, Baile Átha Cliath: Brún agus Ó Nualláin, 1915.
Ua Laoghaire, Peadar. *Niamh*, Baile Átha Cliath: Brún agus Ó Nóláin, 1910.
Ua Laoghaire, Peadar. *Notes on Irish Words and Usages*, Dublin: Browne and Nolan, 1926.
Ua Laoghaire, Peadar. *Séadna*, Baile Átha Cliath: The Irish Book Company, 1904.
Ua Laoghaire, Peadar. *Séadna: an dara cuid*, Dublin: Gaelic League, 1898.
Ua Laoghaire, Peadar. *Seanmóin is Trí Fichid*, Baile Átha Cliath: Muinntir na Leabhar Gaedhilge, in two volumes, 1909.
Ua Laoghaire, Peadar. *Sgéalaidheacht na Macabéach*, Baile Átha Cliath: Brún agus Ó Nóláin, in two volumes, 1926.
Ua Laoghaire, Peadar. *Sgéalaidheachta as an mBíobla Naomhtha*, Baile Átha Cliath: Brún agus Ó Nóláin, in seven volumes, 1922-1925.
Ua Laoghaire, Peadar. *Sgothbhualadh*, Baile Átha Cliath: Brún agus Ó Nóláin, 1904.
Ua Laoghaire, Peadar. *Sliabh na mBan bhFionn*, Baile Átha Cliath: Muintir na Leabhar Gaedhilge, 1914.
Ua Laoghaire, Peadar. Undated letter, Gaelic manuscript collection G 1,276 comprising correspondence of An tAthair Peadar Ua Laoghaire of Castlelyons (Caisleán Ua Liatháin), Co. Cork, with Shán Ó Cuív, Shán Ó Cuív Papers, National Library of Ireland, Dublin.
Ua Laoghaire, Peadar. Undated letter, Gaelic manuscript collection G 1,277 (1) comprising correspondence of An tAthair Peadar Ua Laoghaire of Castlelyons (Caisleán Ua Liatháin), Co. Cork, with An tAthair Risteárd Pléimeann (Fr Richard Fleming), Shán Ó Cuív Papers, National Library of Ireland, Dublin.
Ua Súilleabháin, Seán. "Comhfhreagras idir an Athair Peadair agus an tAimhirgíneach", in *Celtica*, Vol 24, 2003.
Ua Súilleabháin, Seán. "Gaeilge na Mumhan", in McCone, Kim (ed) et al, *Stair na Gaeilge*, Maigh Nuad: Roinn na Sean-Ghaeilge, Coláiste Phádraig, 1994.
Wagner, Heinrich. *Linguistic Atlas and Survey of Irish Dialects: Volume II. The Dialects of Munster*, 1964, Dublin: Dublin Institute for Advanced Studies, (Reprint) 1982.

MO SCÉAL FÉIN

Preface to the 1915 edition

There is much to be said in favour of a Preface to an Autobiography coming from someone else instead of the Author. It may be well, also, to have English as the language of the Preface to a Life that is published in Irish at the present time. But whatever is held on either of these points, the Life of Father O'Leary, one would desire to see, is an Irish Life by himself.

Another can do sufficient justice to his books and to his work as a priest. Only himself can lay bare the history of a mind that has enriched Irish literature for all time and been a guiding light to the Gaelic Revival in the right direction. Only himself can put into words the clear perception he had of the inwardness of the great public events which have taken place in the Ireland of his day.

In those events he bore a man's part, and, with his mastery of the English language, an Autobiography from him in English could not fail to glow with warm interest. Yet, Irish, not English, is the language in which he can find exact expression for the thoughts of his mind and the feelings of his heart, and give the last touch to the picture he wishes to leave us of himself and his surroundings. Father O'Leary's Irish pictures are living ones. He himself is not the only person who will live in his pages; and his scenic descriptions familiarize us with the whole countryside wherever he moves.

There are good Irishmen to whom the prospect of an Irish-speaking Ireland does not appeal. To have Irish spoken all over Ireland, in their view, would be an utter impossibility, or a move backward, if the thing were possible; and the effort at its accomplishment should therefore be classed as a waste of precious time, or a foolish enterprise, holding no promise of a return for the energies expended on it. They admire Irish literature, they encourage Irish scholarship and study, and they would go some length towards preserving a Gaelic reservation, if that could be done, where the spoken language

Preface to the 1915 edition

of their fathers might remain on the lips of the people, at least without dying in a hurry.

Now good men do not seal their minds against all argument in things of this kind, and it is a great service to the spoken language to show in a convincing way the claims it has for general use among the population. What if the true view be that the English of English-speaking Ireland would be much better if English-speaking Ireland were Irish-speaking also, that the Irish of the Irish-speaking area would not suffer if its English were much improved, and that the general use of both languages in our homes is possible, and, indeed, necessary, if we are to make the most of our minds and opportunities? If that be not a just conception, the outlook for spoken Irish does not appear to cover a long distance. But that is the true view I take to be the opinion of Canon O'Leary, and certainly he himself is a living demonstration of this conviction so far as any one man can be.

A child of pure Irish stock, reared in an Irish-speaking home, far from school, but blessed with a well-educated mother, who spoke Irish and English correctly, and gave her boy the chance of reading good English books and learning a little French at the fireside, carves his way and becomes a thorough clergyman, a keen social and educational worker, a Land League priest, and the Father O'Leary of the Gaelic Revival. He was bilingual from the cradle. Not his knowledge of Irish, much less his knowledge of English, has made him what he is, but his knowledge of both, and his long acquaintance with the classics of Greece and Rome. Irish is the dominant factor. The rest served as helps to draw out Irish in dignified literature from a cultivated mind. But he could have been famous in English also, had he turned to it with Irish as an aid.

It takes more than language to make a man, not to say a priest; and the best blood in Ireland runs in the veins of the children whose fathers, centuries ago, were driven from the plains. One may say,

Preface to the 1915 edition

also, of our young people who grow up in stubborn soil, that the scenes that lie under their eyes when they climb the mountains are some compensation for the privations that often fall to their lot. Their greatest want is, or rather was, no books and little schooling. But by what looks like a special Providence, Father O'Leary had books and education from the start, and the difficulty about schools only brought out the strength and individuality that were in him.

His Life will be a valuable addition to the history of our times. For one thing, we need the view of a clear Irish mind, from within a farmer's home, on the agrarian conditions which led up to the Land War. Father O'Leary can tell of the grinding toil, entailed on the farmer's family by high rent, and of the constant menace there was to peace and happiness from the dread of unscrupulous devices to raise the rent still higher. That part of the produce that fetched a good price had to be sold to meet the landlord's demands, and only the rougher portion remained for home consumption. Potatoes and milk were better sustenance for the human system than the imported foods that are now in use. But when the potato failed there was nothing to take its place. Father O'Leary saw the victims of the great Famine with his own eyes, and he can tell awful tales of the scenes he witnessed in that appalling disaster. An inhuman land system and bad government were responsible for the shipment from Ireland of the grain that should have been kept at home to support the population and prevent one of the most lamentable of national tragedies. It was the same tyranny that drove the people into secret combination and produced the informer, who transported his victims when he did not bring them to the scaffold, that provoked the Fenian revolutionary movement, and led up to the open agitation of the Land League.

A grim tale in parts it must be that Canon O'Leary has to narrate. But he may be trusted to illumine his pages with many a touch of Irish humour, and to gladden the reader with a true description of noble deeds he has known to be done. The distorted creatures, who are

Preface to the 1915 edition

sometimes staged as if they were types, will not appear on his pages, but genuine men and women of true Irish mould, whom he knew and as he knew them. He has done what God gave him to do in helping to reverse the doom on country and language that, like his latest work, begins with Kinsale.

✠ Padraic Ua Domhnaill,
Easpag Rátha Bhoth.
Letterkenny,
August 3, 1915.

MO SCÉAL FÉIN

I: Mo Shínsear

Sa bhliain d'aois an Tiarna míle sé chéad a dó, do briseadh cath ar Ghaelaibh* agus ar an dá Aodh, Aodh Ó Néill agus Aodh Rua Ó Dónaill, in aice Chionntsáile. Bhí naoi mbliana caite an uair sin ag muíntir na hÉireann ag troid go dian i gcoinnibh a namhad ar son na hÉireann agus ar son an chreidimh, agus i gcaitheamh na naoi mblian san do rugadar bua ar na Gallaibh ins gach cath trom dár buaileadh eatarthu go dtí an briseadh sin Chionntsáile. Do loit an t-aon bhriseadh amháin sin bua na naoi mblian, agus bhí Éire fé chosaibh a namhad arís.

Ansan do ghluais an cos-ar-bolg agus an t-éirleach, agus an feall i riocht dlí, agus an t-éitheach i riocht na fírinne; na Gaeil dá ruagadh a talamh a sínsear nuair ná séanfaidís a gcreideamh, agus an talamh á thabhairt do ropairíbh iasachta anall ó Shasana agus ó Albain; go dtí gur chuir déine na héagóra ' fhéachaint ar na Gaelaibh éirí amach arís agus iarracht eile do dhéanamh ar iad féin a chosaint ar a leithéid de léirscrios.

Daichead blian tar éis bhriseadh Chionntsáile is ea* d'éiríodar amach arís. Nuair a bhí an t-éirí amach san dá bheartú is ea aduairt file éigin:

> Bliain a daichead beidh aiteann gan síol gan bhláth,
> 'S an bhliain in' aice beid* Sasanaigh sínte ar lár.*

Ba ró-dhóbair go dtagadh an focal san fíor an uair sin. Tháinig Eóghan Rua Ó Néill, mac driothár d'Aodh Ó Néill, anall go hÉirinn, agus do cuireadh i gceannas Gael Uladh é. Fear stuama, cróga, éirimiúil, oilte ar chogadh agus ar ghnóthaíbh cogaidh, ab ea é, mar ba dhual do ' bheith. Tháinig mórán de chlaínn na n-uasal a díbreadh tar éis bhriseadh Chionntsáile, thánadar anall ón Spáinn agus ón bhFrainnc agus ó áiteannaibh eile den Iúróip, agus níorbh fhada go raibh slóite líonmhara Gael ins gach cúig' de chúigibh na hÉireann,

I: Mo Shínsear

agus iad "ag seasamh a gcirt"*. Do leanadar ag "seasamh a gcirt" go dtí gur dhein Eóghan Rua Ó Néill, ag an mBínn mBorb*, gníomh díreach de shaghas an ghnímh a dhein driotháir a athar agus Aodh Rua Ó Dónaill ag Béal an Átha Bhuí deich mbliana agus daichead roimis sin.

Bhí uaisle Gael agus Seana-Ghall cruinnithe an uair sin i gCíll Chuinne agus iad ag déanamh dlithe agus rialta do mhuíntir na hÉireann, agus gan ar chumas mhuíntir Shasana aon chur isteach a dhéanamh orthu ná aon chosc do chur lena ngnó. Ach nuair a rug Eóghan Rua Ó Néill an bua uathásach ag an mBínn mBorb, tháinig éad ar chuid de sna huaislibh Gaelacha eile. I ndiaidh ar ndiaidh do mhéadaigh agus do leathnaigh an fuath agus an droch-aigne acu dho san agus dá chéile. Tháinig easaontas, leis, sa Chómhairle, i gCíll Chuinne, idir na Gaeil agus na Seana-Ghaíll. Dhein an namhaid gach aon dícheall, le feall agus le héitheach agus le cleasaíocht, ag séideadh fé gach taobh i gcoinnibh an taoibh eile, ag tabhairt na leath-bhfabhar* uathu, na nithe do thógfadh taobh agus ná tógfadh an taobh eile, go dtí gur mhó an fuath a bhí ag uaislibh na Cómhairle agus ag taoiseachaibh na sló dá chéile ná mar a bhí ag aon taobh acu don namhaid. Tar éis naoi mblian bhí an gnó san Chíll Chuinne tititthe as a chéile chómh glan agus dá mba briseadh eile mar bhriseadh Chionntsáile a bheadh tagaithe orthu. Ansan tháinig Cromuil[4], agus do dhein sé sin léirscrios agus éirleach agus cos-ar-bolg, ar Ghaelaibh agus ar an gcreideamh, agus ba neamhní an léirscrios a lean briseadh Chionntsáile seochas é.

Tar éis bhriseadh Chionntsáile, bíodh gur ag na Gallaibh a bhí an bua, bhí lán a gcroí d'eagla acu roimis na Gaelaibh. Mar gheall ar an eagla san, dheineadar síocháin leó. Níor shíocháin dáiríribh an tsíocháin sin, áfach. Síocháin chun fíll agus chun uisce-fé-thalamh ab ea í. Ní raibh sí i bhfad déanta nuair a thosnaigh an feall. Do leog na Gaíll orthu go bhfuaradar eólas ar éirí amach eile ' bheith beartaithe ag uaislibh na nGael i gcoinnibh na nGall agus i gcoinnibh rí Sacsan*.

---

4 *Cromwell* in the 1915 edition, here and elsewhere.

I: Mo Shínsear

Coir bháis ab ea an beartú san dá bhféadfí é ' dheimhniú. Chun é ' dheimhniú ní raibh le déanamh ach breith, 'na nduine agus 'na nduine, ar na huaislibh Gaelacha agus iad do bhreith anonn go Lúndain agus iad do thriail thall, agus dá dtabharfí ciontach iad, an chroch a thabhairt dóibh. Do thuig na huaisle Gaelacha an cleas san. Bhí ciall cheannaigh fálta acu go daingean um an dtaca san. Bhí ' fhios acu go maith ná raibh aon choir déanta acu, ná raibh aon éirí amach beartaithe acu, ná aon chuímhneamh acu ar a leithéid; ná raibh uathu ach cead suaimhnis agus socrachta tar éis a naoi mbliana cogaidh. Ach bhí ' fhios acu, leis, nuair a curtí dlí Shasana i bhfeidhm ar dhuine, nár chosaint don duine sin macántacht ná neamh-chiontacht, go mór mór má ba dhuine é go raibh talamh nú tiarnas nú saibhreas aige le cailliúint.

Do thuig uaisle na nGael an ní sin go maith an uair sin, agus do theitheadar a hÉirinn sara bhféadfí an cleas Gallda san a dh'imirt orthu, iad do thriail agus iad do dhaoradh agus iad do chrochadh.

Nuair a bhíodar imithe, bhí áthas ar an rí agus ar na Gallaibh. Níorbh fheárr leó rud a dheineadar uaisle na nGael ná teitheadh lena n-anam. Bhí talamh breá fada fairseag Chúig' Uladh fágtha 'na ndiaidh acu, chómh maith díreach agus ' bheadh sé fágtha 'na ndiaidh acu dá bhfanaidís agus go gcrochfí iad. Sin a raibh ón namhaid. Do thóg an namhaid an talamh agus do roinneadar eatarthu é.

D'imigh na huaisle Gaelacha dob aoirde an uair sin a Cúig' Uladh. Bhí uaisle móra na Múmhan imithe roimis sin. Níor fhág san in Éirinn, thuaidh ná theas, ach na mion-uaisle agus na daoine bochta. Deich mbliana agus daichead 'na dhiaidh san, nuair a críochnaíodh an léirscrios a dhein Cromuil, do deineadh iarracht mharaitheach ar shliocht Gael go léir, idir uasal agus íseal, do ghlanadh a talamh na hÉireann amach, le díbirt nú le bás. Ní ghlacfaidís an creideamh nua pé mealladh ná marú a déanfí orthu chuige. Ní ghlacfaidís é ar ais ná ar éigin. Cheap an namhaid, dá bhrí sin, ná raibh le déanamh leó ach iad do dhísciú ar fad. Bhí a chiall féin ag an namhaid sa ghnó san.

I: Mo Shínsear

Nuair a díbreadh na huaisle móra a Cúig' Uladh, d'fhan talamh Chúig' Uladh ag an namhaid. Dá bhféadfí sliocht Gael go léir do mharú nú do dhíbirt a hÉirinn, d'fhágfadh san talamh na hÉireann go léir ag an namhaid. Is é an talamh a bhí ón namhaid, ar scáth creidimh.

An léirscrios a lean briseadh Chionntsáile, do luigh sé go trom ar uaislibh móra na nGael, ach chuaigh a lán de sna mion-uaislibh saor uaidh. Ach nuair a tháinig léirscrios Chromuil, do luigh sé ar an uile dhuine de shliocht na nGael, idir uasal agus íseal. Do leath sé ar fuid na dútha go léir, isteach i ngleanntaibh uaigneacha agus in áiteannaibh imigéiniúla, i dtreó nár fhéad aon áit ná aon aicme daoine dul uaidh. Daoine a bhí an uair sin 'na gcónaí in sna háiteannaibh imigéiniúla san, agus go raibh a sínsear rómpu 'na gcónaí iontu ar feadh na gcéadta blian agus na bhfichidí glún, go sámh agus go suaimhneasach, saor ó bhuaireamh agus ó chruatan na gcogaí a bhí coitianta ar siúl lasmu' dhíobh, do shrois léirscrios Chromuil iad. Do creachadh agus do scriosadh iad. An méid nár cuireadh chun báis díobh, dob éigean dóibh teitheadh lena n-anam as na sean-áiteannaibh cónaithe sin, beó bocht, agus imeacht ar fuid an tsaeil.

Bhí an uair sin sa taobh thiar d'Uíbh Laeire, sa Mhúmhain, caisleán nár ró-mhór, agus Caisleán Charraig na Cora an ainm a bhí air. Bhí beirt driothár 'na gcónaí sa chaisleán san˙. Diarmaid Ó Laeire ab ainm do dhuine acu, agus Conchúr Ó Laeire ab ainm don duine eile. Do shrois an léirscrios iad. B'éigean dóibh imeacht, agus an caisleán agus an dúthaigh d'fhágáilt ag coigríoch éigin iasachta. Thánadar aneas go Baile Mhúirne. Do phós duine acu bean de mhuíntir Dhuinnín a bhí 'na cónaí ar na hUlánaibh, agus d'fhan sé ansan. De réir mar a hínseadh dom dob é sin Conchúr. Chuaigh Diarmaid soir go háit ar a dtugtí Carraig na Madraí, agus chuir sé fé ann. Tamall 'na dhiaidh san, do chuaigh duine de shliocht Chonchúir ó thuaidh go Dúth' Ealla, agus chuaigh sé chun cónaithe ar an Mullach Rua, cheithre mhíle ar an dtaobh thuaidh de Shráid an Mhuilinn, in aice Chuilinn Uí Chaoimh. Do phós sé sin bean ar a dtugtí Aoibhlín an Réileáin. Is

I: Mo Shínsear

dó' liom gur de mhuíntir Cheallacháin gurbh ea í. Bhí mac acu san agus Conchúr ab ainm do, agus fear ana-chiallmhar, ana-stuama, ab ea é. Do phós sé bean de mhuíntir Icí, iníon do Thadhg Ó hIcí, Tadhg mhac Aindriais, a bhí 'na chónaí thiar ar an Athán, ar bruach Abhann Móire. Neill ní Taidhg a tugtí ar an inín. Bhí lán tí de chlaínn acu. Siobhán ab ainm do dhuine de sna hiníonaibh.

Bhí Diarmaid, fé mar a hínseadh dom, 'na chónaí ar Carraig na Madraí. Bhí mac aige sin agus Conchúr ab ainm do. Nuair a bhí an Conchúr san pósta agus ag déanamh do féin, bhí buachaill aimsire aige, agus Conchúr ab ainm don bhuachaill, leis, agus de mhuíntir Laeire ab ea é, agus dá dheascaibh sin, "Conchúr Máistir" agus "Conchúr Buachaill" a tugtí ar an mbeirt. Bhí clann ag an gConchúr Máistir sin, ach chómh tiubh agus a thagaidís do gheibhidís bás. Bhí sé féin agus a bhean go hana-bhuartha mar gheall air sin. Do tharla, tráth, go raibh súil le duine eile clainne acu. Bhí an t-am ag teacht, ach má bhí, do bhí an bhuairt agus an t-eagla orthu araon go n-imeódh an leanbh san fé mar ' imigh an chuid eile a tháinig roimis. Bhí an bhuairt agus an t-eagla ar an máthair chómh mór san gur bhaol, dá mba ná beadh aon chúis eile chun na díobhála ' dhéanamh, nár bheag an bhuairt aigne chuige. Roinnt laethanta sara dtáinig an t-am chun na clainne ' theacht, do bhuail chúthu an doras isteach bean ná feacaigh éinne acu riamh roimis sin˙. D'fhiafraigh fear an tí dhi cárbh as í.

"Thánag i bhfad ó bhaile anso chúibh", ar sise, "aduaidh ó Chíll Dara".

Ansan d'fhéach sí ar an mnaoi.

"Ná bíodh aon bhuairt ná aon eagal ort an turas so", ar sise. "Mairfidh an té atá ag teacht anois, ach is ar aon choinníll amháin é", ar sise. "Tugtar ainm chúil le cine air, agus mairfidh sé".

Nuair a bhí an méid sin ráite aici, d'imigh sí uathu an doras amach, agus ní fheacaigh éinne í, beó ná marbh, san áit 'na dhiaidh san.

I: Mo Shínsear

Níorbh fhada go dtáinig an chlann; mac óg. Conchúr nú Diarmaid nú Art nú Céadach nú Fear, na hainmneacha do bhain leis an gcine; ach do tugadh Barnabí ar an mac san, ainm nár hairíodh riamh roimis sin ar éinne de mhuíntir Laeire. Tháinig mac eile 'na dhiaidh. Do leanadh ar an gcúl le cine, agus do tugadh Peadar mar ainm air. Do mhair an bheirt, agus do dhein fir mhóra mhaithe dhíobh. Do phós Barnabí agus bhí beirt mhac aige. Thug sé Diarmaid ar dhuine acu, in ainneóin an chúil le cine, agus thug sé Peadar ar an mac eile, ainm a dhriothár.

Nuair a bhí an bheirt mhac san éirithe suas, b'éigean do Bharnabí imeacht ó Charraig na Madraí. Níor fhéadas riamh a dhéanamh amach cad é an chúis.

San am gcéanna san, bhí 'na chónaí thuaidh ar Gleann Daimh, ag bun Mhullach an Ois, fear 'narbh ainm do Diarmaid Ó Tuathaigh. Bhí beirt iníon aige, Siobhán Ní Thuathaigh agus Máire Ní Thuathaigh. Tá ar an dtaobh theas de Ghleann Daimh baile gurb é ainm* atá air ná Lios Caragáin. Bhí an baile sin 'na thalamh in áirde le línn Bharnabí Uí Laeire agus a bheirt mhac a bheith ag imeacht ó Charraig na Madraí. Do thóg Diarmaid Ó Tuathaigh an talamh san a bhí in áirde, agus dhein sé dhá fheirm de, agus thug sé an dá fheirm dá bheirt iníon, do Shiobhán agus do Mháire. Bhí meas ana-mhór aige ar bheirt mhac Bharnabí Uí Laeire. Dhein sé dhá chleamhnas leó. Thug sé Siobhán do Dhiarmaid agus thug sé Máire do Pheadar, agus chuir sé isteach sa dá fheirm ar Lios Caragáin iad chun cónaithe. Bhí féar bó agus fiche ins gach feirm díobh, agus bhí an dá lánúin óg láidir, ábalta ar pé tairbhe a bhí sa talamh do bhaint as. Níor thalamh maith é. Talamh fiain fliuch ab ea an chuid ba mhó dhe. Ach do tógadh dhá lín tí mhóra mhaithe chreidiúnacha air. Bhí lán tí de chlaínn ag gach lánúin acu. Bhí chúig dhuine dhéag nú sé dhuine dhéag clainne ag Peadar agus ag Máire Ní Thuathaigh. Diarmaid ab ainm don mhac ba shine a bhí ag Peadar.

I: Mo Shínsear

Nuair a tháinig an t-am chuige, do tráchtadh ar chleamhnas idir an Diarmaid sin agus Siobhán Ní Laeire, an iníon úd Chonchúir Uí Laeire a bhí an uair sin 'na chónaí thuaidh ar an Mullach Rua, in aice Chuilinn Uí Chaoimh. Do tuigeadh gur mhaith an cleamhnas le déanamh é. Do tuigeadh, leis, go raibh an gaol ann, agus go mb'fhéidir nárbh fholáir col do réiteach sara ndéanfí an pósadh. Do cómhairíodh an gaol, ar an dá thaobh, siar go dtí an bheirt driothár, Diarmaid Óg agus Conchúr Ó Laeire, an bheirt úd a díbreadh a Caisleán Charraig na Cora; agus do fuaradh, ón gcómhaireamh, go raibh an gaol, ar gach taobh, níba shia amach ná an cúigiú glúin. Do deineadh an cleamhnas. Do pósadh Diarmaid Rua Ó Laeire, mac do Pheadar Ó Laeire agus do Mháire Ní Thuathaigh ar Lios Caragáin, le Siobhán Ní Laeire, iníon do Chonchúr Ó Laeire agus do Neill Ní Icí, a bhí ar an Mullach Rua. Sa bhliain d'aois an Tiarna míle ocht gcéad tríochad˚ a naoi, bhí mac ag an mbeirt sin. Mise an mac san.

II: Lios Caragáin

Bhí ochtar mac agus ochtar iníon ag Peadar Ó Laeire agus ag Máire Ní Thuathaigh, mo sheanathair agus mo sheanamháthair. Bhí dhá fheirm thailimh acu, an fheirm ar Lios Caragáin, féar bó agus fiche, agus feirm eile thíos ar Cíll Ghobnatan, féar chúig cínn déag de bhuaibh. Bhí san maith go leór, ach níor ró-mhór an saoltas é chun sé dhuine dhéag clainne do thógaint air agus do chur i gcrích as. Dá maireadh an t-athair go dtí go mbeadh˚ sé suas le deich mbliana agus trí fichid nú mar sin, b'fhéidir go bhféadfadh sé rud éigin fónta ' dhéanamh don chlaínn; ach tháinig an bás air, slán mar a n-ínstear é, nuair ná raibh sé ach ocht mbliana agus daichead. Dá ghiorracht í an aimsir a fuair sé chuige, bhí an chuid ba mhó den chlaínn iníon curtha i gcrích aige sara bhfuair sé bás, agus iad curtha i gcrích go maith aige. Ní raibh aige le déanamh don chlaínn mhac ach an talamh do roinnt eatarthu. D'fhág sé Lios Caragáin le huacht ag ceathrar acu, a leath ag beirt agus an leath eile ag an mbeirt eile. Fuair duine den cheathrar san bás go luath i ndiaidh an athar. Ansan do dhein an triúr a bhí 'na dhiaidh trí treana den fheirm eatarthu féin, i dtreó ná raibh

II: Lios Caragáin

ach féar seacht mbó ag an nduine acu. Duine den triúr san ab ea m'athair-se.

Déarfadh duine nár mhaith an chiall d'aon fhear óg bean do thabhairt leis agus é féin do shocrú chun cónaithe ar fheirm bheag den tsórd san, féar seacht mbó, agus gan ann ach droch-thalamh. Gan amhras níor mhaith an chiall do é dá mbeadh caoi aige ar a mhalairt de shocrú a dhéanamh do féin, ach ní raibh. Ní raibh aon fhéachaint suas an uair sin ag éinne de mhuíntir na hÉireann ach an talamh. Bhíodar féin agus a sínsear, an uair sin agus ar feadh na gcéadta blian roimis sin, geárrtha amach glan ó aon tsaghas eile slí bheatha ach amháin bheith ag obair ar an dtalamh ag déanamh cíosa do mháistríbh; agus do geárrfí amach ón slí bheatha san, leis, iad, ach nárbh fhéidir aon daoine eile ' dh'fháil a dh'fhéadfadh oiread cíosa ' dhéanamh as an dtalamh agus a dh'fhéadaidís sin a dhéanamh. Dá éaghmais sin, nuair a pósadh m'athair agus mo mháthair, ní raibh an scéal in aon chor chómh holc ag feirmeóiríbh na hÉireann agus ' bhí sé acu tamall 'na dhiaidh san. Bhí prátaí ag fás agus bhí airgead maith le fáil ar ím. Dhéanfadh an t-ím an cíos, agus ansan bheadh gach aon toradh eile dá mbainfí as an dtalamh, bheadh sé ag an bhfeirmeóir do féin. Do chothódh na prátaí agus an bainne an lín tí, agus chuirfeadh stráice lín agus an olann a bheadh ar thrí cínn de chaoiribh balcais éadaigh orthu.

Is fíor go mbíodh droch-mheas an uair sin ar an bpráta agus ar an mbraon bainne mar bhia. Ach tá so le rá agam-sa anois, ag féachaint siar dom ar an aimsir sin agus ar an mbia sin, agus ar na daoine a tógadh leis an mbia sin. Na fir agus na mná a bhí an uair sin in Éirinn, ba threise agus ba dhea-shláintí iad go mór ná na fir agus na mná atá ann anois. Ní feictí choíche an uair sin cailín ná buachaill gan lán béil d'fhiaclaibh breátha láidre geala istigh i gceann gach duine acu, agus gach fiacal acu san chómh cruaidh chómh daingean le carraig chloiche[5]. Cad a chítear anois? Ní túisce a dh'fhásaid na fiacla i

---

5 *Caraig cloiche* in the 1915 edition. Lenition on *cloiche* is shown in the original manuscript.

II: Lios Caragáin

mbéalaibh na leanbh ná siúd ag dreó agus ag feóchadh iad láithreach, agus ag imeacht 'na smúsach, agus go gcaitear fiacla bréagacha do chur isteach nú ní fhéadfadh an leanbh bia ' dh'ithe in aon chor! Cad a chuireann an dreó agus an feóchadh ar na fiaclaibh? Cuireann an droch-ghoile. Agus cad fé ndeár an droch-ghoile? Cad fé ndeár é ach an bia ' bheith mí-fholláin. Agus an bia mí-fholláin sin a dheineann an t-éirleach san ar na fiaclaibh, ar ndóin tá ' fhios ag an saol go ndeineann sé díobháil mhór don cholainn go léir. Tá ' fhios ag an saol nách féidir do leanbh, do gharsún nú do chailín bheag, sláinte cheart a bheith acu nuair a bhíd na fiacla ag leaghadh ar an gcuma san amach as an gceann acu. Dá mb'áil leó an tae agus an bhollóg bhán do chaitheamh uathu, agus cromadh arís ar an bpráta agus ar an mbainne do chaitheamh mar bhia agus mar dhigh, nú ar an arán cruithneachtan d'ithe in inead na bollóige báine, bheadh fiacla agus goile agus sláinte acu mar a bhíodh ag á sínsear.

Is dó' liom gurb é cuímhne is sia im cheann me ' bheith ar a baclainn ag mnaoi éigin, ní cuímhin liom anois cérbh í. Bhí sí 'na seasamh ar aghaidh an dorais isteach, i dtreó go raibh radharc agam-sa an doras amach agus anonn ar an mbaile ar a dtugtí an Chathairín Dubh, agus ar an gcnuc ar a dtugtí an Doire Liath. Bhí, agus tá fós, drom fada fiaclach beárthnach[6] ar an gcnuc san, agus is cuímhin liom go maith me ' bheith ag déanamh iúnadh de sna fiaclaibh, agus de sna beárthnachaibh[7] a bhí eatarthu, agus dhá fhiafraí dhíom féin cad fé ndeár iad a bheith chómh garbh san i ndrom an chnuic sin. Is cuímhin liom, 'na dhiaidh san, conas mar a chuireas aithne ar chnuc atá lastuaidh den Doire Liath agus gurbh é ainm a tugtí air ná an Chorra Liath. Tamall 'na dhiaidh san arís, is cuímhin liom go bhfeicinn, soir ó dheas ónár ndoras féin, tigh agus craínn mhóra 'na thímpall, agus go ndeirtí liom gurbh é sin tigh Shiobhán Ní Bhuachalla ar Bán an tSeana-chnuic, nú, Bárr an tSeana-chnuic, ní

---

6 *Bearnach* in the 1915 edition. Adjusted here in line with the manuscript and pronunciation.
7 *Bearnachaibh* in the 1915 edition. Adjusted here in line with the manuscript and pronunciation.

II: Lios Caragáin

fheadar ceocu. Bhí mac ag Siobhán Ní Bhuachalla, agus Conchúr Ó Corcartha ab ainm do. Chuireas aithne air nuair a bhíomair araon éirithe suas. Fear galánta creidiúnach ab ea é, agus cómharsa mhaith.

Tar éis roinnt aimsire bhíos ábalta ar ghabháil amach sa chlós agus ar dhul soir go cúinne na hiothlann, i dtreó go mbíodh radharc agam, ní hamháin anonn ar an gCathairín agus ar an nDoire Liath agus soir ó thuaidh ar an gCorra Liath, ach anonn, leis, ar ár gcuid tailimh féin go léir. Níor thalamh fónta é. Bhí an chuid ba mhó dhe fiain, gan saothrú riamh. Bhí bóthar ó chúinne na hiothlann anonn go dtí áit ar a dtugtí Barra na Ré, mar a dtáinig bóithrín eile crosta air. Bhí tigh beag ag an gcruis sin agus Peig na Cruise a dtugtí ar sheanamhnaoi a bhí 'na cónaí sa tigh bheag san. Seanabhean dheas ghrámhar ab ea í. Is minic 'na dhiaidh san a thugas tamall de lá 'na tigh beag ag cainnt léi. Ní raibh aon fhocal Béarla aici, ach bhí Gaelainn ana-bhreá ana-bhlasta aici. Beannacht Dé lena hanam!

Cúinne na Ré a tugtí mar ainm ar an gcúinne den réidh a bhí ar an dtaobh eile den bhóthar ó thigh Pheig na Cruise. Linn-na ab ea an réidh sin. Réidh gan puínn tairbhe ab ea í. Ní raibh ag fás uirthi ach fraoch, agus ní puínn de sin féin a bhí ag fás uirthi. Do briseadh isteach 'na dhiaidh san an cúinne den réidh sin a bhí in aice na cruise, agus Páircín Chúinne na Ré a tugadh mar ainm ar an bpáircín a deineadh ann.

Tamall beag siar ó thuaidh ó Pháircín Chúinne na Ré, agus ó thigh bheag Pheig na Cruise, bhí tigh beag eile agus bhí mac do Pheig na Cruise 'na chónaí ann. Bhí sé pósta ag mnaoi de mhuíntir Chríodáin. Máire Rua a tugtí ar an mnaoi sin. Labhrás ab ainm don fhear, do mhac Pheig na Cruise, Labhrás Ó Duinnín. Bhí iníon ag an mbeirt sin agus Peig ab ainm di. Peig Labhráis a tugtí uirthi. Ní raibh aon fhocal Béarla aici, ná ag á hathair. Sin í an cailín beag a bhíodh ag ínsint na scéal dúinn. Is í ' dh'inis an scéal san Shéadna dhúinn. Bhíos féin ag éisteacht léi dhá ínsint. Bhíomair go léir óg go maith an uair sin. Do chimeádas an scéal im cheann, agus do chuireas síos i leabhar é

II: Lios Caragáin

mórán blianta 'na dhiaidh san. Ní dó' liom go bhfuil aon rian de thigh Pheig na Cruise le feiscint ag an gcruis anois, ná aon phioc de rian an tí bhig eile ach chómh beag. Ní fheadar ca bhfuil Peig Labhráis anois, ná an maireann sí in aon chor. Tá Labhrás féin agus Máire Rua tar éis bháis le mórán aimsire, gura maith an mhaise dá n-anam é!

D'airíos rud a dhein Máire Rua nuair a bhí an droch-shaol ann, agus b'fhéidir nár mhiste é ' dh'ínsint anso. Ar an ngarraí prátaí is ea ' mhaireadh gach aon duine bocht an uair sin, agus ar pé braon bainne a gheibheadh sé ón bhfeirmeóir go mbíodh slí fir oibre aige uaidh. Thugadh an feirmeóir leath-acra tailimh leasaithe don fhear oibre, agus do dhíoladh an fear oibre cíos an tí bhig, agus pé rud a bhíodh le díol as an leath-acra, leis an obair a dheineadh sé don fheirmeóir. Bhíodh an bata scóir acu, agus chimeádaidís araon an cúntas ar an mbata scóir. Is amhlaidh a bhíodh an bata scóir 'na dhá leath ar a fhaid, agus leath acu ag an bhfear oibre agus an leath eile acu ag an bhfeirmeóir. Nuair a bhíodh an cúntas acu le cur síos, do thagaidís i bhfochair a chéile agus a leath féin den bhata ag gach duine acu. Ansan, cuir i gcás go mbeadh chúig lá oibre déanta ag an bhfear oibre, do shínfidís an dá leath-bhata suas lena chéile, agus do gheárrfadh duine acu chúig scór le sciain ar an dá leath-bhata, scór, nú fáibre, in aghaidh gach lae oibre dár deineadh. Do geárrfí na fáibrí i dtreó go luífeadh an scian ar an dá leath-bhata in éineacht, agus go mbeadh gach fáibre geárrtha isteach iontu araon. Ansan do chimeádfadh gach éinne a leath féin den bhata scóir, agus níorbh fhéidir d'éinne acu éagóir a dhéanamh ar an nduine eile, mar níorbh fhéidir scór do ghearradh amach ná scór do chur isteach gan an dá leath-bhata do shíneadh le chéile arís, agus nuair a sínfí le chéile iad, do chaithfeadh na fáibrí teacht isteach lena chéile cruínn, fé mar a gearradh iad ar dtúis.

Sara dtáinig an dubh ar na prátaí, bhíodh an toradh chómh maith san go mbíodh a ndóthain mór bídh, i gcómhair na bliana, ag lín tí ná beadh ró-mhór, sa méid prátaí a bheadh sa leath-acra tailimh leasaithe. Dá mbeadh lín tí mór ann, ní bheadh acu ach breis tailimh

II: Lios Caragáin

leasaithe do bheith sa gharraí acu. Ní raibh aon chuímhneamh acu ar aon tsaghas eile bídh, agus dá mbeadh féin, ní raibh aon fháil acu air. D'fhág san i bpúnc uathásach iad nuair a tháinig an dubh ar na prátaí.

Ach i dtaobh Mháire Rua. Bhí an garraí aici féin agus ag Labhrás. Tháinig an dubh air. D'airíos í féin dhá ínsint conas mar a chaith sí an lá ag féachaint ar an ngarraí, nuair a bhí na gais ag lobhadh agus ag titim, agus í ag gol, agus ná feidir sí 'en domhan cá bhfaighidís aon rud le n-ithe˙. Ní raibh aon mhaith sa gharraí. Nuair a bhí pé roinnt bídh a bhí sa tigh ite acu, do ghoíll an t-ocras ar Labhrás bocht. Tháinig daitheacha air. Ní fhéadfadh sé éirí as an leabaidh. B'éigean do Mháire gabháil amach ag "soláthar", mar adeirtí, .i. a d'iarraidh déarca. D'imíodh an bhean san amach ar maidin, agus í ar dúchéalacan, agus théadh sí siar go Claeidigh treasna na gcnuc, ceathair nú cúig de mhíltibh slí. Bhí daoine muínteartha éigin ansan aici. Do tugtí galúinín bainne dhi. Thugadh sí léi abhaile an galúinín bainne sin. Chuireadh sí ar an dtine é go dtí go ndeineadh gruth agus meadhg de. Ansan do thugadh sí an gruth do Labhrás agus d'óladh sí féin an meadhg. Do lean an bhean san ag déanamh an ghnímh sin go dtí go bhfuair Labhrás bocht bás. Ní fheadar-sa cá raibh an "bhean uasal" eile do dhéanfadh an uair sin é. An creideamh láidir a bhí istigh 'na croí, is é ' chuir ' fhéachaint ar Mháire Rua an gníomh san do dhéanamh.

Ach ní raibh aon chuímhneamh ag éinne in Éirinn ar phrátaíbh dúbha an chéad lá úd a sheasaíos-sa ag cúinne na hiothlann ag féachaint anonn ar thigh Pheig na Cruise, agus ar Pháircín Chúinne na Ré, agus ar thigh Mháire Rua, agus ar na páirceannaibh beaga eile atá uaidh siar, Páirc na dTulchán agus Páirc na Luachra; agus ar an gCnucán Rua, agus ar an gcaidhséar atá déanta, anuas tríd an gCnucán Rua agus tríd an bportach, ag sruthán a thagann anuas ón gCorra Liath. Táid siad go léir ansúd fós díreach mar a bhíodar an chéad lá a dh'fhéachas-sa anonn orthu ó chúinne na hiothlann. Táid siad go fuar˙ agus go fiain agus go bocht, ach má táid féin, is orthu is feárr liom bheith ag cuímhneamh anois nuair a bhíonn uain agam ar

chuímhneamh, mar is orthu agus ar a ndéanamh a bhíos ag
cuímhneamh an chéad uair riamh a hínseadh dom gurbh é Dia a
dhein an domhan.

III: Rógairí

Do théinn soir go minic go cúinne na hiothlann, ach dob fhada go
ndeigheas* thairis sin soir. Bhí blúire beag de thalamh gan daingean
lastuaidh den iothlainn, agus an Seana-Mhacha a tugtí air. Ní raibh
aon cheart ag éinne seochas a chéile chun an tSeana-Mhacha, mar
níorbh fhiú aon rud é. Bhí daoine 'na gcónaí i dtigh a bhí laistiar dár
dtigh-na. De mhuíntir Iarlaithe ab ea iad. Bhíodh géanna mhuíntir
Iarlaithe ar an Seana-Mhacha go minic. Bhí ar na géannaibh sin
ganndal mór bán, "scafaire gléigeal ganndail"*, agus ní raibh an
beithíoch allta san le fáil, san Aifric theas ná in sna hÍndiathaibh thoir
ná in aon pháirt eile den domhan, a dh'fhéadfadh scannradh do chur i
gcroí aon duine mar an scannradh do chuireadh an rógaire ganndail
sin im chroí-se an uair sin. Nuair a thagainn go cúinne na hiothlann
agus nuair a chínn na géanna ar an Seana-Mhacha, do rithinn thar
n-ais chómh géar agus do rithfeadh duine ó león bhuí nú ó león
bhreac. Dá mbeadh na géanna i bhfad suas uaim, d'fhanfainn tamall,
b'fhéidir, ag féachaint orthu, ach bhíodh mo cheann cromtha agam
agus me ar scáth na carraige sara bhfeicfeadh an ganndal me.
Uaireanta bhíodh radharc maith agam air agus gan aon radharc aige
orm. Níorbh iúnadh an scannradh. Nuair a thógadh sé a cheann agus
sheasaíodh sé suas díreach, bhíodh sé ní b'aoirde go mór ná mise. Do
thuiginn uaireanta go bhfeiceadh sé me go maith, ach go mbíodh an
bithiúnach á leogaint air ná feiceadh. Bhíodh a cheann cromtha aige
agus é ag piocadh an fhéir ghlais, ach bhíodh ' fhios agam-sa go
maith gur ag faire orm a bhíodh sé, agus ag feitheamh féachaint an
raghainn amach ar an Seana-Mhacha, i dtreó go sínfeadh sé a
mhineál fada bán agus go rithfeadh sé chúm chun me ' dh'ithe. Do
chuas amach ar an Seana-Mhacha aon uair amháin nuair a mheasas
ná raibh sé féin ná na géanna ann in aon chor. Bhíodar ann i ganfhios
dom. Níor thugas aon rud fé ndeara go dtí go bhfeaca chúm é, agus a

III: Rógairí

cheann chun an tailimh aige, agus a mhineál sínte aige. Do bhéiceas agus do ritheas. Do rugas na cosa uaidh, ach b'ar éigin é. D'iompaigh sé thar n-ais agus d'aireófá míle ó bhaile é ag screadaigh agus ag maíomh as an ngaisce a bhí déanta aige. Do chonac agus d'airíos go minic ó shin an screadach chéanna agus an maíomh céanna ag teacht a ganndal nár ghé, a ganndal fir, mar gheall ar ghníomh ná raibh aon phioc níba chróga ná gníomh an ghanndail úd a bhí ar an Seana-Mhacha an uair úd.

Tá páirc ar aghaidh an dorais amach, agus "an pháirc sin amu'" a tugtí an uair sin uirthi. Bhí beárna ar aghaidh an dorais chun dul isteach sa pháirc sin. Do bhuailinn-se amach, agus soir an bheárna san agus soir trí lár na páirce, uaireanta, nuair a bhíodh an ganndal ar an Seana-Mhacha. Ansan bhíodh radharc agam ó thuaidh ar an gCnuc mBuí, agus ar an gcaol, mar ar maraíodh ganndal eile i bhfad 'na dhiaidh san˙, agus ar Ghleann Daimh, mar a raibh Tadhg na nUbh 'na chónaí; agus suas ar Charraigín an Radhairc, agus ar Thúirín an Chasúrlaigh, agus síos ar Pháirc na gCloch, agus ar Pháirc na Coise, agus ar Pháirc na hAbhann agus ar Pháirc na Gainímhe. Chuireas aithne orthu go léir i ndiaidh ' chéile. Páircíní beaga bochta crua ab ea iad. Droch-thalamh ab ea an áit go léir. Ach sara dtáinig an dubh ar na prátaí, d'fhásaidís go maith in aon tsaghas tailimh, agus bia breá folláin flúirseach ab ea iad do dhaoinibh nú do bhuaibh nú do chapaillibh, nú d'aon rud beó a dh'fhéadfadh bia a dh'ithe in aon chor. Bheadh bliain anois agus arís, b'fhéidir, agus thiocfadh meathlú ar na garraithibh, trí thiormacht aimsire, nú trí dhroch-ghaoith éigin, nú mar gheall ar ghalar éigin a bheadh ar an síol, i dtreó go bhfanfadh na prátaí ró-mhion, nú ná beadh aon ábhar acu sa talamh. Thabharfadh san bliain ghannachúiseach do dhaoinibh. Bheadh "Conchúr Mór sa chúinne" ag á lán˙. Ní fhanadh puínn d'aon tsaghas eile bídh sa tír. Pé gráinne arbhair a saothraítí do caití é ' dhíol, nú an chuid ba mhó dhe, chun an chíosa ' dhéanamh. Dheineadh daoine a ndícheall chun oiread de sna prátaíbh miona do chimeád agus ' dhéanfadh an garraí do chur i gcómhair na haifliana. Ansan, b'fhéidir, do thiocfadh an aimsir go rafar i gcaitheamh na haifliana. D'fhásfadh

III: Rógairí

na garraithe go saibhir, chómh saibhir sin go mbeadh na clasa dúnta ins gach aon gharraí i gcaitheamh an tsamhraidh, agus brat trom de bhláthannaibh bána orthu i ndeireadh an tsamhraidh, agus prátaí nua le fáil iontu oíche Lúnasa, lán sciathóige fé gach aon ghas, agus nár ith duine riamh isteach 'na bhéal bia dob fheárr ná iad. Ansan ní chuímhneódh éinne an chuid eile den bhliain sin "ar *July* an chabáiste".

Is é cúis 'na dtugtí "*July* an chabáiste" ar an mí sin, ná so—nuair a thagadh droch-bhliain, ní bhíodh aon rud le n-ithe ag daoinibh ach an cabáiste i gcaitheamh an mhí sin, i dtreó nuair a thagadh oíche Lúnasa agus na prátaí nua, go mbíodh árdáthas ar gach éinne deireadh ' bheith le "*July* an chabáiste".

Nuair a bhíodh mo chuaird tabhartha agam tríd an bpáirc a bhí ar aghaidh an dorais amach, do théinn soir sa pháirc a bhí lastoir di. An Pháirc Dhrannach a tugtí ar an bpáirc sin, mar bhí sí árd 'na lár fé mar a bheadh dronn uirthi. Is dó' liom gur ón árdán san atá i lár na páirce drannaí sin a fuaras an chéad radharc síos ar an bpáirc mbuí agus ar chnapóigín páirce atá laistíos di go dtugtí "Árd Phádraig" uirthi. Ní fheadar cad 'na thaobh gur tugadh "Árd Phádraig" uirthi, murab amhlaidh a mheas duine éigin go raibh deallramh éigin aici leis an Árd Phádraig úd atá lastuaidh den Bheárnain Dearg i gCúntae Luimní. Pé'n Éirinn é, bhí aithne mhaith agam-sa ar an Árd Phádraig a bhí 'nár gcuid tailimh féin i bhfad sarar chuireas eólas ná aithne ar an Árd Phádraig eile.

Is dó' liom, leis, gur im sheasamh ar lár na Páirce Drannaí a bhíos, im sheasamh ar bharra na druinne, nuair a leogas mo shúil an chéad uair riamh ar Dhaingean na Saileach. Siar ó dheas uaim is ea ' chonac an daingean san, agus is é a bhí ag féachaint go garbh agus go goirgeach agus go mí-chothromach. Níor mhiste daingean a thabhairt air. Níor dhó' le duine go bhféadfadh aon rud beó dul isteach air; agus dá dtéadh rud isteach i measc na gcarraigreach san ná beadh aon bhreith aige ar theacht amach go deó astu, táid siad chómh mí-chuíosach san,

III: Rógairí

chómh hannspianta san. Ach cad 'na thaobh gur tugadh Daingean na Saileach air? Ní raibh oiread agus an meathán ba shuaraí de shlait sailí ná de shlait fuínseóige ná d'aon tsaghas eile slaite le feiscint ar na carraigreachaibh géara glasa loma atá air, ón gceann thuaidh de go dtí an ceann theas, ná óna mhullach go dtí a bhun. Bíodh, áfach, go raibh san mar sin an chéad lá a fuaras-sa radharc siar air ó lár na Páirce Drannaí, do hínseadh dom 'na dhiaidh san ná raibh na carraigreacha chómh nochtaithe sin i gcónaí. Duairt fear liom a bhí trí fichid blian d'aois nuair a rugadh mise, go raibh Daingean na Saileach clúdaithe go breá le coílltibh nuair a bhí sé féin 'na gharsún, agus ná beadh bac air dul ón gceann thuaidh go dtí an ceann theas den chnuc ar ghéagaibh crann, gan aon chos leis do chur ar an dtalamh. Do leagadh an t-adhmad, ach do lean an ainm, Daingean na Saileach, ar an gcnuicín.

Nuair a bhíodh gort sa pháirc ar aghaidh an dorais amach, ní fhéadainn dul amach inti ná dul tríthi soir, mar bhíodh an t-arbhar ní b'aoirde go mór ná me féin, agus do raghainn amú ann. Ansan, nuair a bhíodh an gort bainte, ní fhéadainn dul soir tríd an bpáirc, mar bhíodh na coínlíní agus na briogadáin sa choínleach, agus do phriocfaidís mo chosa. Ní bhíodh bróga ar aon leanbh an uair sin, ná ar aon daoine óga. Ar dhaoine a bhíodh éirithe suas féin, ní bhíodh bróg ná stoca ach amháin Dé Domhnaigh, nuair a bhídís ag dul go dtí an tAifreann, nú an lá a bheidís ag dul in áit éigin as baile. Bhíodh a rian air, bhíodh cosa crua folláine acu gan beann ar fhuacht. Anois ní foláir bróga do chur ar chosaibh an linbh i bhfad sara bhféadann sé siúl ná cos do chur ar an dtalamh in aon chor. Fágann san cosa leice ag á lán acu, leiceacht cos a leanann díobh i gcaitheamh a saeil. B'fheárr an tseana-shlí.

Is cuímhin liom lá áirithe, nuair a bhíos, is dó' liom, trí bliana dh'aois. Bhí gort nú coínleach sa pháirc a bhí ar aghaidh an tí amach, i dtreó go mb'éigean dom fanúint istigh. Bhí bata agam agus me ag marcaíocht an bhata síos agus suas ar fuid an úrláir, mar dhea gur chapall an bata. Chonac a lán daoine iasachta amu' sa chlós agus iad

III: Rógairí

ag cogarnaigh agus ag cainnt. Thuigeas go raibh duine mór éigin ag teacht agus go rabhadar ag feitheamh leis. D'airínn anois is arís an focal "an máistir", agus "Mr. Saunders". Fé dheireadh do tháinig duin' uasal mór beathaithe isteach, agus do shuigh sé ar chathaoir i lár an tí, agus do líon na daoine iasachta go léir isteach 'na dhiaidh. Bhí m'athair ar dhuine den mhuíntir a tháinig isteach. Is é do chuir an chathaoir i lár an tí don duin' uasal chun go suífeadh sé uirthi. Ní raibh focal a héinne. Ní bhíodh scáth ná eagal orm féin an uair sin roim aon tsaghas duine, uasal ná íseal, murarbh ionann is roimis an nganndal úd. Siúd anonn me agus do sheasaíos ar aghaidh an duin' uasail amach.

"Good morrow, Mr. Saunders!", arsa mise leis, go fáilteach.

"Oh, good morrow, boy! Good morrow, boy!", ar seisean, agus do rug sé ar ghualainn orm agus tharraig sé chuige me go rabhas idir a dhá ghlúin aige.

"Tell me, my boy", ar seisean, "did you eat any meat today?"

"Don't you know", arsa mise, láithreach bonn, "that I ate a piece of a goose long ago, when it was Christmas!"

Mheasas go dtitfeadh an t-anam tur te as a raibh láithreach le neart gáirí. Do gháir an duin' uasal féin, leis, agus do scaoil sé uaidh me.

Is cuímhin liom an méid sin anois chómh maith chómh glan agus dá mba inné nú seachtain ó shin a thitfeadh sé amach. Is cuímhin liom, leis, go dian-mhaith an iúnadh a tháinig orm nuair a chonac ag cur an anama amach ag gáirí iad go léir, agus ná feaca féin go raibh aon chúis gháirí sa méid aduart. Tháinig lá, tamall 'na dhiaidh san, agus do thuigeas go hálainn cad a chuir ag gáirí iad.

Chun an chíosa d'árdú orthu go léir is ea ' tháinig an "máistir" an uair sin. Nuair a chuir sé chúm-sa an cheist i dtaobh na feóla, is amhlaidh

III: Rógairí

a bhí sé ag lorg leathscéil. Dá n-abrainn-se gur itheas feóil an mhaidean san, nú inné roimis sin, nú seachtain roimis sin, do bheadh an leathscéal a bhí uaidh aige. D'fhéadfadh sé a rá, "Bíonn feóil le n-ithe agaibh-se gach aon tseachtain. Tispeánann san go bhfuil mo chuid tailimh-se agaibh ró-shaor. Caithfidh sibh tuilleadh cíosa ' thabhairt dom". Ach nuair ná raibh ag an leanbh le maíomh ach gur ith sé smut de ghé fadó nuair a bhí an Nollaig ann, do baineadh na cosa glan ó aon leathscéal chun cíosa d'árdú. Sin é an rud a chuir ag gáirí iad go léir. Do gháir an duin' uasal féin, ach is dó' liom gurbh í "gáire Sheáin dóite" an gháire a dhein sé. Do scaoil sé uaidh me tapaidh go maith ar aon chuma. Níor theastaigh a thuilleadh den ghé uaidh.

Ní dó' liom gur fhéad sé an cíos a dh'árdú an uair sin. Bhí léas ag na tineóntaithibh ar an dtalamh. Níorbh uiriste an cíos a dh'árdú orthu go dtí go dtitfeadh an léas. Mar sin féin, áfach, léas mí-ámharach ab ea é. Léas i bpáirt ab ea é. Thug san ana-bhúntáiste don mháistir. Dá bhfágadh duine de sna tineóntaithibh a chíos gan díol, d'fhéadfadh an máistir a chur ' fhiachaibh ar an gcuid eile é ' dhíol thar a cheann.

Sa bhliain d'aois an Tiarna míle ocht gcéad a haon (1801) is ea do deineadh an léas. An uair sin díreach is ea ' bhí "aimsir Bhonapart[8]" ag tosnú. Níorbh fhada go raibh airgead mór le fáil ar gach aon rud a bhí ag an bhfeirmeóir le díol. Do thuig an máistir an méid sin, agus bhí a chroí briste mar gheall ar an léas a bheith ann dhá chosc ar aon árdú cíosa. Do chrom sé féin agus an t-*agent* a bhí aige ar an uile shaghas uisce-fé-thalamh a dhéanamh féachaint an bhféadfaidís an léas do bhriseadh. Sid í an tseift ar ar shocraíodar˙ chuige sin. Bhí ar na tineóntaithibh aon duine amháin ná bíodh a chíos ollamh aige nuair a bhíodh sé ag glaoch. Do scaoileadh leis ar feadh roinnt blianta go dtí go raibh sé mórán i ndiaidh lámha. Ansan do héilíodh ar an gcuid eile an cíos a bhí ar an bhfear san. D'éirigh ana-chlampar dlí mar gheall air sin. Ní dhíolfadh an chuid eile cíos an fhir sin. Níor bheag le gach éinne a chíos féin do dhíol. Do mheas an máistir go

---

8 *Bhonaparte* in the 1915 edition.

III: Rógairí

bhféadfadh sé an léas do bhriseadh mar gheall air sin. Tar éis mórán costais agus mórán clampair, do dhíoladar é, agus do thug an dlí dhóibh talamh an fhir sin go dtí go mbeadh a gcuid féin fálta thar n-ais acu as an dtalamh. Tamall 'na dhiaidh san, d'éirigh clampar eile den tsaghas chéanna. Ní cuímhin liom go raibh an áit aon lá riamh gan clampar den tsórd san go dtí gur thit an léas san, tímpall na bliana 1874. Do hárdaíodh an cíos ansan i bhfeirmitíbh. Ach níor díoladh puínn riamh den chíos árd san. D'fhan an chuid ba mhó dhe gan díol go dtí go dtáinig an stailc úd a cuireadh suas i gcoinnibh crua-chíosa.

Tá a gcuid tailimh ceannaithe amach anois, fé sna dlithibh nua so, ag claínn na ndaoine a thug an aimsir úd go léir ag troid i gcoinnibh na héagóra.

IV: Clampar Dlí

Is cuímhin liom, agus me ana-bheag, bheith im shuí sa chúinne in aice na tine tráthnóna geímhridh. Bhí seana-Dhiarmaid Ó Laeire, driotháir athar do m'athair-se, 'na shuí ar chathaoir lasmu' dhíom ar an dtaobh gcéanna den tine. Dá chómhartha san féin, bhí gadhar leis a tháinig in éineacht leis 'na luí istigh idir chosaibh na cathaoireach. Thagadh sé féin agus an gadhar go minic mar sin chúinn, nuair a bhíodh na hoícheanta fada ann, agus thugadh sé tamall de thosach na hoíche ag cainnt agus ag ínsint seana-scéalta. An oíche seo adeirim, do thárla dho bheith ag trácht ar an gcéad chlampar dlí a dh'éirigh i measc na dtineóntaithe mar gheall ar an léas a bheith i bpáirt acu. D'éirigh an clampar san i bhfad sara dtánag-sa ar an saol. Ní raibh m'athair ach 'na leanbh nuair ' éirigh sé. Bhí duine de sna tineóntaithibh 'na chónaí ar an dtaobh thuaidh den chnuc, ag bun na faille ar a dtugtar Faill na bhFiach. Leaba Dhiarmada a tugtar ar an dtaobh san den chnuc, agus Lios Caragáin ar an dtaobh theas, mar a rabhamair féin 'nár gcónaí.

IV: Clampar Dlí

Bhí an léas roinnt blianta ar bith. Bhí an t-airgead breá mór dá fháil ar gach aon rud, mar gheall ar chogaíbh Bhonapart. Bhí an "máistir" go cráite canncrach toisc gan neart a bheith dho an cíos d'árdú. Is é rud ar ar shocraigh sé féin agus a reachtaire ná scaoileadh leis an dtineóntaí a bhí ar Leaba Dhiarmada agus gan aon leathphinge cíosa d'éileamh air ar feadh i bhfad. Do leogadar orthu gur le trua dho a dheineadar é. Ní bhíodh an cíos aige nuair a bhíodh sé ag glaoch agus an chuid eile ag díol, agus do leogaidís orthu nár mhaith leó bheith dian air. Nuair a bhí oiread amu' aige agus gur dhó' leó go ndiúltódh an chuid eile d'é ' dhíol thar a cheann, do chomáineadar an dlí ar siúl. Do chosain an chuid eile an cás. Tar éis mórán trioblóide agus mórán costais do bhuadar ar an máistir. Do dhíoladar an cíos thar cheann an fhir a dh'fhan siar, ach do tugadh dóibh úsáid na feirme a bhí aige sin go dtí go mbeadh a gcuid féin acu thar n-ais aisti. Ansan is ea d'éirigh an toirmeasc ar fad. Ní thabharfadh fear na feirme talamh ná airgead dóibh. B'éigean dóibh gabháil trí chúrsa eile dlí chun é ' chur a seilbh, agus nuair a bhí údarás dlí acu chun na sealbha, b'éigean dóibh féin dul agus é ' chur amach, nú é ' ghabháil 'na phríosúnach, gan aon chúnamh ó armáil na ríochta.

Do chruinnigh cuallacht díobh. Bhí cuid acu luath láidir óg. Bhí fear díobh go raibh an-urchar ciotóige aige. Aon rud go gcaithfeadh sé cloch leis as an gciotóig, do bhuailfeadh sé é. Dónall Ó Tuathaigh ab ainm do. Ní raibh aon arm tine acu. Thugadar aghaidh ar an dtigh. Sarar thánadar ró-achomair don tigh, tháinig an fear a bhí uathu amach agus gunna aige. Do stad˚ cuid acu nuair a chonacadar an gunna. D'aimsigh Dónall Ó Tuathaigh dhá chloich, cloch ins gach láimh leis. Do shiúlaigh sé go réidh i dtreó an fhir go raibh an gunna aige. Do thóg seisean an gunna agus shín sé i dtreó Dhónaill é. Níor staon Dónall. Do shiúlaigh sé cos ar chois i dtreó an ghunna. Theastaigh ó Dhónall teacht i ngiorracht faid a urchair féin d'fhear an ghunna. Nuair a fuair fear an ghunna ag teacht ró-achomair do é, do ghoibh sé amas cruínn air, agus tharraig sé an tricear. Do bhuail an casúr a bhuille, ach do theip tine. Do lean Dónall ag teacht. Do thóg an fear eile an gunna arís agus thug sé iarracht eile ar an urchar do

IV: Clampar Dlí

chaitheamh. Do theip tine an tarna huair. Do theip tine an tríú huair. Fé dheireadh bhí Dónall chómh hachomair agus ' theastaigh uaidh ' bheith. Do chaith sé urchar na ciotóige. Do haimsíodh fear an ghunna i gclár a éadain leis an gcloich díreach sara raibh uain aige ar a mhéar do luí ar an dtricear an ceathrú uair˙. Do thit sé. Do tógadh uaidh an gunna agus do ceangladh é. Nuair a tháinig sé chuige féin, bhí sé istigh i gcarra trucaileach agus iad san dhá bhreith leó go Magh Chromtha 'na phríosúnach.

Ní raibh de stoc acu le tabhairt leó as an áit ach cúpla seana-chaíora. Bhíodar ag gabháil síos Bóthar na Cathairíneach agus an dá sheana-chaíora rómpu amach, agus an gunna 'na láimh ag duine acu. Bhíodar deimhnitheach go raibh an gunna folamh agus gurbh in é cúis 'nar theip tine na trí huaire as a chéile. Thuigeadar ná raibh ón bhfear ach eagla ' chur orthu; ná raibh aon aidhm aige ar éinne do mharú. D'éirigh aighneas éigin eatarthu. Bhí an t-aighneas ag dul i ngéire. Do thóg an fear go raibh an gunna 'na láimh aige, do thóg sé an gunna le spórt, mar dhea chun an aighnis do chosc. "Eist do bhéal nú lámhfad thu!", ar seisean le duine den bheirt a bhí ag déanamh an aighnis. Bhí a mhéar ar an dtricear. Do luigh sé ar an dtricear. Le línn luí ar an dtricear do do bhuail fear eile lámh ar bhairille an ghunna agus d'iompaigh sé i leataoibh é. Do ghluais an t-urchar 'na lán-neart agus do thit ceann de sna caoire marbh ar an mbóthar!

Bhí iúnadh agus alltacht orthu go léir. Ní raibh aon choinne acu ná go raibh an gunna folamh. Do chaith an fear go raibh an gunna 'na láimh aige, chaith sé é féin ar ghealacán a dhá ghlún˙ ar an mbóthar ag breith a bhaochais le Dia nárbh é an duine a bhí marbh aige in inead na seana-chaeireach. Agus b'é duine ' bheadh marbh aige é˙ ná an Dónall Ó Tuathaigh céanna do bhí tar éis an phríosúnaigh do leagadh tamall beag roimis sin leis an gcloich a chaith sé as an gciotóig leis.

"Airiú, a chrochaire", ar siad go léir leis an bpríosúnach, "do mheasais dáiríribh Dónall Ó Tuathaigh do lámhach!"

IV: Clampar Dlí

Níor labhair an príosúnach focal. D'iompaíodar air agus do geófí go maith air mura mbeadh Dónall Ó Tuathaigh dhá chosaint.

Do rugadh síos go Magh Chromtha é, agus do cuireadh trí pé cúrsaí dlí a bhí riachtanach é. Do dhíol duine éigin de sna tineóntaithibh an cíos a bhí ar an bhfeirm agus do tugadh do an fheirm go dtí go mbeadh a chuid féin thar n-ais aige aisti.

Bhíos-sa ag éisteacht leis an méid sin scéil agus me sáite istigh sa chúinne, agus níor chuaigh aon fhocal den scéal amú uaim; agus ní raibh oiread agus aon fhocal amháin dár tháinig chúm gur ghá dhom a dh'fhiafraí cad é an brí a bhí leis. Thuigeas an chainnt chómh cruínn agus do thuig seana-Dhiarmaid féin í.

Lá éigin tímpall na haimsire céanna, bhí beirt fhear ag obair thíos i bPáirc na gCloch. Ní cuímhin liom anois ceocu ag cur phrátaí a bhíodar nú ag baint phrátaí. Bhíos féin ann, leis. Bhíos im sheasamh ar a n-aghaidh amach ag éisteacht leó agus iad ag cainnt. Is iad beirt a bhí ann ná Labhrás Ó Duinnín agus fear 'narbh ainm do Mícheál Ó Laeire. Firín ana-bheag, ana-dhubh, ab ea é, agus Mícheál Dubh a tugtí air. Pé cainnt a bhí ar siúl acu, measaim gurb amhlaidh nár mhaith leó mise ' bheith ag éisteacht chómh géar leis an gcainnt. Chaitheadar uathu an chainnt, agus d'iompaíodar orm-sa.

"'Sea anois, a Pheadair", arsa Mícheál Dubh, "ceocu againn is measa leat?"

"Is measa leis mise", arsa Labhrás.

"Thugais d'éitheach, ní measa", arsa Mícheál; "is measa leis mise", ar seisean.

"Deirim-se gur bréag dhuit sin", arsa Labhrás; "is measa leis mise".

"Cuirfidh mé geall leat", arsa Mícheál, "gur measa leis mise".

IV: Clampar Dlí

"'Sea, a Pheadair", arsa Labhrás, "ceocu againn is measa leat?"

"Is measa liom tusa", arsa mise, "agus is feárr liom Mícheál"'.

Do stad an bheirt agus d'fhéachadar orm. Ansan d'fhéachadar ar a chéile, agus do sceartadar ar gháirí.

"Airiú, nách géar-chúiseach an bioránach é!", arsa Labhrás.

"Is ait an freagra é", arsa Mícheál Dubh. "Is measa leis tusa agus is feárr leis mise!"

Lena línn sin, d'fhéach Labhrás anonn i dtreó a thí féin a bhí thall ar mhullach na ré. Bhí gáirdín beag cabáiste aige thall ar aghaidh an tí amach. Bhí cúpla gabhar aige thall, leis. Do thárla, nuair ' fhéach sé anonn, go raibh an dá ghabhar 'na seasamh in aice chlaí an gháirdín, lasmu' den chlaí, ach gur dhó' le duine ' dh'fhéachfadh orthu ó Pháirc na gCloch, go rabhadar laistigh den chlaí. Cheap Labhrás bocht gur laistigh a bhíodar agus ná fágfaidís aon bhlúire den chabáiste gan ithe. Chuir sé a mhéar 'na bhéal agus do leog sé fead bhreá láidir bhínn ar an muíntir thall. Ní raibh aon mhaith dho ann; níor airigh éinne é. Do leog sé fead eile. Níor tháinig éinne amach as an dtigh.

"Ó, a chreach láidir é! Mo gháirdín breá! Beidh sé ite! Beidh sé ite!", ar seisean.

Siúd anonn é agus é ag rith. Nuair a shrois sé an áit thall, fuair sé gur lasmu' den chlaí a bhí na gabhair, agus ná raibh aon bhlúire díobhála déanta don gháirdín.

V: Dhá Arm Aigne

Ag féachaint siar dom anois ar an saghas Gaelainne a bhí dá labhairt im thímpall ins gach aon bhall an uair sin, agus dhá cur i gcúmparáid dom leis an nGaelainn a dh'airínn 'na dhiaidh san in áiteannaibh eile,

V: Dhá Arm Aigne

téann sé 'na luí go daingean ar m'aigne go raibh sí níos feárr agus níos cruinne agus níos slachtmhaire, agus 'na theannta san níos treise mar arm aigne, ná aon tsaghas Gaelainne dár airíos riamh ó shin, a béalaibh daoine ná a leabhraibh. Dhá cur i gcúmparáid dom le teangthachaibh eile, le Laidean nú le Gréigis nú le Frainncis, fé mar a dh'fhoghlamaíos roinnt díobh 'na dhiaidh san, téann sé 'na luí ar m'aigne, gurbh fheárr d'arm aigne í ná aon teanga acu. B'fhéidir go raibh an Ghréigis ní b'fheárr ná í nuair a bhí an Ghréigis beó agus muíntir na Gréige dhá labhairt, ach ní raibh ar mo chumas-sa an chúmparáid a dhéanamh ach amháin idir mo Ghaelainn bheó féin agus an Ghréigis a fuaras in sna leabhraibh; agus chómh fada agus ' chuaigh an chúmparáid sin bhí an bua ageam Ghaelainn féin. Is dócha go ndéarfadh duine a tógadh in áit eile, nú i gcúig' eile, in Éirinn, an rud céanna i dtaobh Gaelainne na cúige gur tógadh é féin ann. Ach tá roinnt nithe againn chun an scéil do bhrath. Sarar fhágas-sa Lios Caragáin, níor airíos riamh amach a béal duine na habartha so, .i. tá mé; bhí mé; bhí siad. D'airínn i gcónaí táim; bhíos; bhíodar, &c. Nithe beaga is ea iad san, ach is nithe beaga iad a thagann isteach go mion minic sa chainnt. Agus is slacht ar an gcainnt an módh dlúite seochas an módh scurtha. Ar an gcuma gcéanna, is neamh-shlacht ar an gcainnt an módh scurtha seochas an módh dlúite. Dá éaghmais sin, bíonn sa chainnt dhlúite neart agus fuinneamh nách féidir a bheith sa chainnt a bhíonn ag titim as a chéile.

Lasmu' ar fad den deifríocht san atá, i slacht agus i neart agus i bhfuinneamh, idir an chainnt go mbíonn a lán den mhódh scurtha inti agus an chainnt a ghlacann mar rogha an módh dlúite, bhí sa Ghaelainn a bhí im thímpall-sa deich mbliana agus trí fichid ó shin, tréithe chun nirt agus chun fuinnimh agus chun deisbhéalaí agus chun géire úrlabhra agus chun solasmhaire, nách féidir liom a dh'fháil anois in aon tsórd cainnte dá bhfuil ar siúl, i mBéarla ná i nGaelainn. Tá bárr á thabhairt don mhódh scurtha sa Ghaelainn, agus módh scurtha ar fad is ea an Béarla. Tá an Béarla tititihe as a chéile ar fad.

V: Dhá Arm Aigne

Mura mbeadh an bhean úd a tháinig aduaidh agus do thug léi an ainm chúil le cine úd, ní bheadh "Peadar" mar ainm orm-sa. B'fhéidir ná beinn ann in aon chor. Agus mura mbeadh gur díbreadh amach i measc na gcnuc seana-Bharnabí agus a bheirt mhac, Diarmaid agus Peadar, ní bheadh an Ghaelainn agam, nú ní bheadh sí ar aon tslacht agam, agus ní bheinn dhá scrí' anso anois mar atáim. Táim ag déanamh mo dhíchill ar í ' chur síos im scríbhinn díreach mar a fuair mo chluas í ó dhaoine mar sheana-Dhiarmaid Ó Laeire agus mar Mhícheál Dubh, agus mar Mháire Rua, agus mar a hiníon, .i. Peig.

Ach má bhí caoi mhaith agam ar an nGaelainn a bheith agam ar áilleacht ón gcéad neómat 'nar thosnaigh cainnt ar theacht dom, bhí caoi mhaith agam, leis, ar Bhéarla ' bheith agam ar an áilleacht gcéanna díreach, ón gcéad neómat gcéanna. Seo mar a thárla san. Bhí, mar aduart, athair mo mháthar, Conchúr Ó Laeire, 'na chónaí ar an Mullach Rua, cheithre mhíle ó thuaidh ó Shráid an Mhuilinn. Bhí feirm mhór thailimh aige ann, agus talamh fónta ab ea é, murarbh ionann agus portaithe agus carraigreacha Lios Caragáin. Bhí féar daichead bó aige den talamh san, agus bhí sé acfuinneach neamh-spleách go maith. In éaghmais é ' bheith acfuinneach, fear creidiúnach ab ea é go raibh meas ag uasal agus ag íseal air. Bean ana-chreidiúnach, i measc uasal agus íseal, leis, ab ea an bhean a bhí pósta aige, Neill Ní Icí, Neill ní Taidhg, iníon do Thadhg 'ach Aindriais a bhí thiar ar an Athán, mar adúradh. Bhí cúigear mac acu agus triúr iníon. Do cuireadh tabhairt suas maith ar an gclaínn, 'sé sin fé mar a bhí caoi an uair sin ar aon ní i bhfuirm tabhairt suas do chur ar chlaínn in Éirinn. Do cuireadh beirt den chlaínn iníon, chómh luath agus ' bhíodar in aois chuige, siar go Cíll Áirne ar scoil, agus do cuireadh beirt den chlaínn mhac ar scoil Laidne. Do chuaigh duine den bheirt mhac san isteach sa choláiste 'na dhiaidh san chun bheith 'na shagart. Nuair a bhí roinnt blianta caite sa choláiste aige, do thuig sé in' aigne ná raibh an ghlao fálta aige ó Dhia chun bheith 'na shagart, agus tháinig sé abhaile agus chrom sé ar scoil Laidne do mhúineadh i gCeann Tuirc. Tamall sarar fhág sé an coláiste, fuair a athair bás. Ansan do tháinig an bheirt iníon abhaile ó Chíll Áirne. Do

V: Dhá Arm Aigne

pósadh duine acu, Neill, le fear gurbh ainm do Risteárd Ó Laeire, a bhí 'na chónaí thiar ar Cnuc an Eireabaill, chúig mhíle soir ó thuaidh ó Chíll Áirne. Chuaigh an iníon eile den bheirt soir go Ceann Tuirc ag triall ar a driotháir chun bheith ag tabhairt cúnta dho sa scoil. I dteannta na nith' eile a múineadh di i gCíll Áirne, do múineadh roinnt éigin Frainncise dhi. Ní dócha gur múineadh an Fhrainncis di i dtreó go dtuigfeadh fear ón bhFrainnc í, ach do múineadh di í chómh maith agus do féadadh é. Nuair a chuaigh sí ag triall ar a driotháir agus bhí sí ag cabhrú leis sa scoil, is ag múineadh Béarla agus Frainncise a bhíodh sise, agus eisean ag múineadh na Laidne agus na Gréigise. Ansan, nuair a bhí sí cheithre bliana fichead nú mar sin, do pósadh í féin agus m'athair agus tháinig sí go Lios Caragáin.

Thug sí léi mórán leabhar, leabhair Bhéarla agus leabhair Frainncise˙. Chómh luath agus ' bhíos-sa ábalta ar aon mhúineadh do ghlacadh, do thosnaigh sí ar Bhéarla do mhúineadh dhom, agus ansan ar an bhFrainncis do mhúineadh dhom, i dtreó go mbínn bodhar go minic ó dhaoine a thagadh isteach, nú do bhuaileadh umam amu', dhá iarraidh orm Frainncis do labhairt dóibh.

Pé saghas an Fhrainncis, bhí an Béarla go bríomhar aici, ní b'fheárr go mór agus níba chruinne, agus níba chirte, ná aon Bhéarla do múintí in sna scoileannaibh. Ach ba chuma dhómh-sa cad é an saghas Béarla do múintí in sna scoileannaibh, mar bhí na scoileanna ró-fhada uaim. An scoil ba ghiorra dhúinn bhí sí chúig mhíle mhóra uainn. Ba mhaith an bhail orm-sa nárbh fhéidir dom dul ar an scoil sin. Dá mbeadh sí níba chóngaraí dhúinn, is dócha, ní nách iúnadh, go dtabharfainn mo laethanta istigh inti; agus dá dtugainn, níorbh fhéidir dom gan an droch-Bhéarla do dhul i bhfeidhm ionam. B'éigean dom fanúint sa bhaile, agus pé múineadh a thug mo mháthair dom, déanamh leis, go dtí gur neartaíos. Bhíos trí bliana déag sara ndeigheas isteach in aon scoil. Bhí a raibh de leabhraibh Béarla sa bhaile againn léite agus ath-léite agam um an dtaca san. Chómh luath agus ' bhí ionam gabháil amach ag aeireacht na mbó, bhíodh pé leabhar ab fheárr a thaithneadh liom, bhíodh sé agam amu'

V: Dhá Arm Aigne

cois claí nú tuir nú sceiche agus me dhá lé'. 'Sé rud a tháinig as dom ná go raibh mórán de Mhilton agus de Shakespeare agus de Rudeki (leabhar ná feaca riamh ó shin) de ghlanmheabhair agam.

Má bhí Béarla maith ageam mháthair agus tabhairt suas maith uirthi, bhí an Ghaelainn aici ar áilleacht, leis. Ní raibh tigh a hathar ach tímpall le ceathrú mhíle ó Chuilinn Uí Chaoimh. Bhí Gaelainn bhreá dá labhairt an uair sin i gCuilinn Uí Chaoimh agus ar fuaid Dhúth' Ealla go léir. Ní deirim ná go bhfuil Gaelainn mhaith le haireachtaint fós i gCuilinn. Ach tá sí nách mór caite uathu ag formhór mhuíntir Dhúth' Ealla. Thugas féin tamall aimsire, bliain is dó' liom, i nDúth' Ealla, in aice Cheann Tuirc, breis agus deich mbliana is daichead ó shin. Bhí aos óg na háite an uair sin ag éirí suas agus gan aon fhocal Gaelainne acu, agus donas an scéil ar fad, an saghas Béarla a bhí acu, níor airíos riamh roimis sin ná riamh ó shin aon chainnt chómh gránna leis. Nuair a bhínn ag éisteacht leó, chuiridís coitianta i gcuímhne dhom an focal adeireadh Diarmaid Ó Muímhneacháin:—

> Na daoine is lú ciall in Éirinn
> Daoine gan Bhéarla gan Ghaelainn.

I gCuilinn Uí Chaoimh a bhíodh Diarmaid 'na chónaí, agus is dócha gur thug sé fé ndeara na daoine óga ag caitheamh na Gaelainne uathu agus ag labhairt an Bhéarla ghránna bhriste.

Bhí ana-sheans orm-sa pé'r domhan é. Bhí idir Bhéarla agus Gaelainn agam os cionn mo chliabháin. Mura mbeadh an áit 'nar rugadh agus 'nar tógadh me, áfach, ní bheadh an Ghaelainn agam, agus mura mbeadh an mháthair a tugadh dom, ní bheadh an Béarla agam. Agus féach, mura mbeadh idir Ghaelainn agus Béarla do bheith agam mar atáid, ní bheadh aon bhreith in aon chor agam ar an obair a dhéanamh atá déanta agam. Pé feabhas fé leith a bheadh ar an mBéarla agam, ní thabharfadh sé aon chumas dom ar an nGaelainn do ghlacadh mar arm aigne agus do láimhseáil mar arm aigne. Is amhlaidh a bheadh an Béarla 'om chur amú sa láimhseáil sin. Pé feabhas fé leith a bheadh agam ar an nGaelainn, bheadh an cur amú céanna aici-se á dhéanamh orm i dtaobh an Bhéarla. Ach do fuaras greim fé leith ar gach arm den dá arm aigne, agus eólas fé leith ar conas gach arm acu do láimhseáil; ansan, in inead bheith ag cur a chéile amú orm, is amhlaidh a bhíd siad ag cabhrú lena chéile agam.

VI: An Gorta

Chómh luath agus ' bhíonn aon chiall ag teacht do leanbh, is gnáth daoine ' bheith ag cur na ceiste chuige cad í an ghairm beatha ' bheadh aige nuair a bheadh sé mór. Is cuímhin liom go maith an cheist sin a bheith dhá cur chúm féin go fíor-mhinic. Ní cuímhin liom go raibh aon fhreagra riamh agam le tabhairt ar an gceist ach an t-aon fhreagra amháin, .i. gur im shagart a bheinn. Bhí an méid sin socair os cómhair m'aigne ó thosach, agus ní cuímhin liom go raibh a mhalairt riamh os cómhair m'aigne, ná ní cuímhin liom cathain a thosnaigh m'aigne ar bheith dhá shocrú gur im shagart a bheinn nuair a bheinn éirithe suas.

Tá ' fhios agam go maith go mbíodh daoine ag déanamh magaidh den scéal, mar ba léir do gach éinne ná raibh in aon ghaobhar don ghustal riachtanach ageam athair chun tabhairt féna leithéid d'obair. Bhí ' fhios agam féin, leis, chómh luath agus ' tháinig aon tuiscint dom, ná raibh an gustal aige, agus níor chuir san me ó é ' bheith daingean i m'aigne gur im shagart a bheinn, pé cuma 'na dtiocfadh san chun cínn. Mura mbeadh an dubh a theacht ar na prátaí agus an droch-shaol do theacht i ndiaidh an duibh, ní deirim ná go mbeadh sé ábalta ar an méid scolaíochta a bheadh riachtanach do thabhairt dom. Ach d'iompaigh an droch-shaol gach aon rud taobh síos suas. Agus rud ab iúntach, is iad na feirmeóirí móra láidre do thit ar dtúis. An fear ná raibh aige ach an fheirm bheag, féar sé nú seacht de bhuaibh, do chimeád sé a ghreim, agus an fear go raibh an fheirm mhór fhairseag aige do briseadh é go luath nuair a tháinig an t-athrú saeil. An té ná raibh aige ach an beagán, níor chaill sé ach an beagán. Ní raibh an cíos mór ná na glaeite móra air roimhe sin. Bhí taithí aige ar

VI: An Gorta

mhaireachtaint gan iomarca rabairne. Níor ró-dheocair do cúbadh chuige beagáinín eile, agus na glaeite beaga d'fhreagairt gan iomarca cruatain do chur air féin. Ach an té go raibh an fheirm mhór aige bhí taithí ar an mbeatha chostasúil aige. Bhí sé neamh-spleách an fhaid a fhreagair an fheirm. Nuair a tháinig an t-athrú, do stad toradh na feirme láithreach. Bhí an chailliúint ró-mhór, agus bhí an rabairne ró-mhór agus na glaeite ró-mhór. Níorbh fhéidir iad do fhreagairt agus do scuabadar dá bhonnaibh é. Is cuímhin liom go maith conas mar a dh'airínn an scéal nua dá ínsint agus iúnadh á dhéanamh de: "Ó! Ar airís? Tá a leithéid seo briste! Tá a chuid tailimh in áirde. Tá sé féin imithe. D'éalaigh sé. Tá a chuid tailimh in áirde".

Do hairítí go minic, "Tá a chuid tailimh in áirde"; ach ní hairítí in aon chor an uair sin, "Tá a chuid tailimh tógtha ag duine eile". Ní raibh aon fhonn ar éinne talamh a thógaint. Na daoine a chailleadh a gcuid tailimh, bhíodh an scéal go holc acu. Ní bhíodh bia ná creidiúint acu, agus ní bhíodh le déanamh acu ach dul a d'iarraidh déarca. Ní fada a bhídís a d'iarraidh na déarca nuair a thagadh breóiteacht orthu agus gheibhidís bás. Ní bhíodh an taithí acu ar an ocras ná ar an gcruatan, agus ní sheasaídís i bhfad nuair a thagadh an t-ocras agus an cruatan orthu. Go minic, nuair a bhíodh an t-ocras dian orthu, do chaithidís éirí agus gabháil amach agus aghaidh a thabhairt ar thigh cómharsan éigin a bhíodh, b'fhéidir, chómh dealbh leó féin, nú geall leis, féachaint an bhfaighidís lán béil de rud éigin le n-ithe a bhainfeadh an bhuile ocrais díobh.

Is cuímhin liom bheith, lá, agus me ocht mbliana dh'aois, is dó' liom, im sheasamh ag cúinne na hiothlann. Chonac bean ag gabháil chúm aníos an cnucán. Bhí sí cos-lomrachta. Bhí sí ag siúl ana-réidh agus bhí saothar uirthi mar' bheadh ar dhuine a bheadh ag rith. Bhí a béal ar leathadh i dtreó go raibh radharc agam ar na fiaclaibh agus í ag séideadh. Ach is é rud a chuir an iúnadh ar fad orm ná a cosa. Bhí a cosa ataithe i dtreó go raibh gach aon chos acu, óna glúinibh síos, chómh mór chómh ramhar le galún. Chuaigh an radharc san chómh daingean san in achrann i m'aigne go bhfuil sé os cómhair mo shúl

VI: An Gorta

anois chómh gléineach agus ' bhí sé an lá san, bíodh go bhfuil tímpall chúig bliana agus trí fichid ó shin ó chonac é. Bhí an bhean san neamh-spleách neamh-angarach go maith go dtí go dtáinig an dubh ar na prátaí.

Bhíos lá eile, ní fheadar an roimis siúd nú 'na dhiaidh é, istigh 'nár dtigh féin im sheasamh ar lic an tínteáin. Tháinig buachaill an doras isteach. Chonac an aghaidh a bhí air agus an sceón a bhí 'na dhá shúil, sceón ocrais. Tá an aghaidh sin agus an dá shúil sin os cómhair m'aigne anois chómh glan chómh soiléir agus ' bhíodar an lá san nuair ' thugas an t-aon fhéachaint amháin sin orthu. Thug duine éigin cannta aráin do. Thug sé snap ar an arán agus thug sé a dhrom linn agus a aghaidh ar an bhfalla, agus sháigh sé an t-arán 'na bhéal, agus dhírigh sé ar an arán a dh'ithe le hairc i dtreó gur dhó' leat go dtachtfadh sé é féin. Níor mheasas an uair sin go raibh aon iúnadh ró-mhór agam á dhéanamh de féin ná den airc a bhí air chun an aráin; ach d'fhan an radharc i m'aigne, agus fanfaidh an dá lá 's 'n fhaid a mhairfead'.

Is cuímhin liom tráthnóna éigin i gcaitheamh na haimsire sin agus na daoine ag rith isteach 's amach agus iad ag cainnt. Sa gheímhreadh ab ea é. Bhí an oíche tar éis titim. D'airíos an focal, "Thíos ag Carraigín an Easaigh is ea ' dh'airíos an liú!" "Sin é arís é!", arsa duine eile, agus do ritheadar go léir amach. Tamall 'na dhiaidh san, thánadar isteach arís agus seanduine bocht acu eatarthu. Chuireadar 'na sheasamh ar an úrlár é. Is ar éigin a bhí sé ábalta ar sheasamh. Bhíos-sa ar a aghaidh amach agus radharc agam ar a cheannathaibh. Bhí a bhéal ar leathadh agus a bheóil tarraicthe, síos agus suas, i dtreó go raibh na fiacla, an méid a bhí aige dhíobh, nochtaithe. Chonac an dá starr-fhiacal mhóra fhada bhuí 'na bhéal agus an sceón 'na dhá shúil agus an scannradh 'na ghnúis. Chím anois iad chómh maith agus do chonac an uair sin iad. Cómharsa dob ea é. Is amhlaidh a chomáin an t-ocras amach é féachaint an bhféadfadh sé aon rud le n-ithe ' dh'fháil. Chuaigh an fear bocht amú ar fuaid an phortaigh a bhí laistíos de Charraigín an Easaigh. Nuair a fuair sé é féin ag dul amú,

VI: An Gorta

tháinig eagal air go dtitfeadh sé i bpoll éigin agus go mbáfí é. Níor dhein sé ach stad agus cromadh ar liúireach. Béas ab ea é sin an uair sin ag daoine a bheadh ag dul amú. Bhí liú áirithe chuige, agus do thuig gach éinne conas an liú san do chur suas, i dtreó nuair a haireófí an liú go mbeadh ' fhios ag gach éinne a dh'aireódh é cad é an brí ' bheadh leis, agus go gcruinneódh na daoine fé dhéin an té ' bheadh ag dul amú.

Bhí stábla beag ag ceann an tí againn. Tháinig duine bocht 'narbh ainm do Pádraig Ó Buachalla agus do tugadh bheith istigh sa stábla dho féin agus dá mhnaoi agus do bheirt leanbh a bhí acu. D'fhanadar sa stábla ar feadh roinnt seachtainí; bhí bothán beag acu féin 'na dhiaidh san[9]. Síle ab ainm don té ba shine den bheirt leanbh. Bhí buachaill aimsire againn agus Conchúr ab ainm do. D'airíos Síle lá ag cainnt leis.

"A Chon", ar sise.

"Teacht, a Shíle", arsa Con.

"Níl aon chainnt agam-sa anois", ar sise.

"Airiú, cad eile cad 'tá agat', a Shíle?", arsa Con.

"Tá Béarla", ar sise.

"Airiú, cad é an Béarla ' fhéadfá-sa ' bheith agat?", arsa Con.

"Béarla Pheadair agus Sheáinín Philib", ar sise. Duine bocht a bhí i mbothán in aice na háite ab ea Seáinín Philib.

"Agus ar ndóin is cainnt Béarla, a Shíle", arsa Con.

---

9 *Bhí bothán beag acu féin 'na dhiaidh san*: this appears to have been added by Norma Borthwick in her editing of the 1915 edition.

VI: An Gorta

"Cainnt Béarla!", ar sise, agus iúnadh uirthi. "Ar ndóin", ar sise, "dá mb'ea, do tuigfí é!"

Bhí máthair Shíle lá agus mám gairbhéil aici sa chorcáinín tón-leathan go ndeineadh sí an císte do bhácáil ann, bácús a tugtar air. Bhí sí ag sciúradh agus ag sciomar an bhácúis bhig, istigh ann, leis an ngairbhéal.

"Ó, a Mham!", arsa Síle, "an amhlaidh a chuirfir an gairbhéal sa chíste?"

"Is amhlaidh, a Shíle", arsan mháthair.

Siúd amach Síle. Chonaic sí Con.

"Ó, a Chon", ar sise, "cad a dhéanfaimíd? Cad a dhéanfaimíd in aon chor?"

"Cad 'tá anois ort, a Shíle?", arsa Con.

"Tá", ar sise, "gairbhéal glas a bheith ageam mháthair á chur sa chíste dhúinn, agus ní fheadar 'en tsaol conas ' fhéadfaimíd an císte ' dh'ithe. Brisfar ár bhfiacla go léir. Tá cuid de sna clocha sa ghairbhéal ana-mhór. Ní fágfar fiacal i gceann éinne againn. Ach is cuma do Dhiarmaidín é. Níl aon fhiacal in aon chor aige fós".

Driotháir beag óg a bhí ag Síle ab ea Diarmaidín. Siúd isteach Con go bhfeicfeadh sé cad a bhí ag máthair Shíle á dhéanamh. Nuair a chonaic sé cad é an gnó a bhí den ghairbhéal, bhí spórt acu.

Tháinig an gorta, agus b'éigean do Shíle agus dá hathair agus dá máthair agus do Dhiarmaidín imeacht síos go Magh Chromtha agus dul isteach sa *phoorhouse*[10]. An túisce 'na rabhadar istigh ann do scaradh iad go léir lena chéile. Do cuireadh an t-athair i measc na

---

10 *I dtigh na mbocht* in the 1915 edition.

VI: An Gorta

bhfear. Do cuireadh an mháthair i measc na mban. Do cuireadh Síle i measc na gcailíní mbeag. Agus do cuireadh Diarmaidín i measc na leanbh óg. Bhí an tigh go léir, agus a raibh de dhaoine bochta ann, múchta le gach aon tsaghas droch-bhreóiteachtaí. Na daoine, chómh tiubh agus ' thagaidís isteach, nách mór, ag titim le héagruas, slán mar a n-ínstear é, agus iad ag fáil bháis chómh tiubh agus ' thagadh an galar orthu. Ní bhíodh slí dá leath sa tigh. Ní dheinidís, an méid ná féadadh dul isteach díobh, ach dul agus iad féin do shíneadh ar phort na habhann ar an dtaobh thíos den droichead. Do chítí ansan iad gach aon mhaidean tar éis na hoíche, agus iad sínte 'na sraitheannaibh ann, cuid acu ag corraí agus cuid acu socair go leór, gan aon chor acu á chur díobh. Do tagtí ar ball agus do tógtí an chuid acu ná bíodh aon chor acu á chur díobh, agus do curtí isteach i dtrucailíbh iad agus do beirtí suas iad go háit in aice Charraig an Staighre mar a raibh poll mór leathan doimhinn ar oscailt dóibh, agus do curtí síos sa pholl san i dteannta ' chéile iad. Do deintí an rud céanna leis an méid a bhíodh marbh istigh sa tigh díobh tar éis na hoíche.

Ní ró-fhada, tar éis dul isteach dóibh, agus tar éis scarúint lena mháthair do, go dtáinig an bás ar Dhiarmaidín. Do caitheadh in áirde ar an dtrucail an corp beag agus do rugadh suas go dtí an poll mór é, agus do caitheadh isteach ann é i dteannta na gcorp eile. Ach ba chuma don leanbh é. Bhí a anam thuas i láthair Dé, in aoibhneas, i bhfad sarar caitheadh a chorp sa pholl. Níorbh fhada gur lean Síle Diarmaidín. Chuaigh a corp óg sa pholl, ach chuaigh a hanam suas mar a raibh Diarmaidín, i láthair Dé, in aoibhneas na bhflaitheas, mar a raibh sólás aici agus cómhluadar naomh agus aingeal, agus cómhluadar na Maighdine Muire, agus cainnt a bhí níos feárr go mór ná "Béarla Pheadair agus Sheáinín Philib".

Bhí an t-athair agus an mháthair ag fiafraí agus ag ceistiúchán chómh minic agus d'fhéadadar é i dtaobh Shíle agus Dhiarmaidín. Ní raibh an bheirt i bhfad tar éis bháis nuair ' airíodar é. Bhí an Ghaelainn ag na daoine bochta go léir. Ní raibh sí ag na huachtaránaibh, nú ní raibh sí acu ach go holc. D'fhéadadh na daoine bochta eólas d'fháil ar

VI: An Gorta

a chéile go minic i ganfhios do sna huachtaránaibh. Chómh luath agus ' fuair an t-athair agus an mháthair go raibh an bheirt leanbh tar éis bháis, tháinig a leithéid sin de bhuairt agus d'uaigneas orthu ná féadfaidís fanúint san áit. Bhíodar deighilte óna chéile, ach fuaradar caoi ar fhocal éigin do chur chun a chéile. Shocraíodar ar éaló as an áit. Cáit ab ainm don mhnaoi. Do shleamhnaigh Pádraig amach as an dtigh ar dtúis. Do stad sé thuas i mbarra Bhóthair na Sop ag fanúint le Cáit. I gcionn tamaill do chonaic sé ag teacht í, ach bhí sí ag siúl ana-réidh. Bhí an bhreóiteacht uirthi. Chomáineadar leó suas i dtreó Charraig an Staighre. Thánadar chun na háite 'na raibh an poll mór. Bhí ' fhios acu go raibh an bheirt leanbh thíos sa pholl san i measc na gcéadta corp eile. Do stadadar in aice an phuíll agus ghoileadar a ndóthain. Thuas ar an nDoire Liath, lastoir den Chathairín, a bhí an bothán 'na rabhadar 'na gcónaí ann sara ndeigheadar isteach sa *phoorhouse*. D'fhágadar an poll mór, agus thugadar aghaidh siar ó thuaidh ar an nDoire Liath, mar a raibh an bothán. Bhí an áit sé mhíle ' shlí uathu, agus bhí an oíche ag teacht, ach chomáineadar leó. Bhí an t-ocras orthu agus bhí an bhreóiteacht ar Cháit. B'éigean dóibh siúl ana-réidh. Nuair a bhí cúpla míle den tslí curtha dhíobh acu, b'éigean do Cháit stad. Ní fhéadfadh sí dul a thuilleadh. Do casadh cómharsain orthu. Do tugadh deoch agus blúire éigin bídh chúthu, ach ní leogfadh scannradh d'éinne bheith istigh a thabhairt dóibh toisc iad a bheith tagaithe lom díreach ón *bpoorhouse*, agus an droch-bhreóiteacht a bheith ar an mnaoi. Níor dhein Pádraig ach an bhean do thógáilt chuige ar a mhuin agus comáint leis siar ó thuaidh fé dhéin an bhotháin.

Bhí an fear bocht féin lag go maith. Bheadh sé dian air an tslí ' chur de gan aon ualach a bheith air. Nuair a bhí an t-ualach air, b'éigean do stad go minic agus an t-ualach do leogaint uaidh siar ar chlaí an bhóthair ar feadh tamaill. Ach pé tuirse a bhí air, do lean sé ag cur na slí dhe. Níor scar sé leis an ualach. Do shrois sé an bothán. Bhí an bothán fuar folamh roimis, gan tine gan teas.

VI: An Gorta

Amáireach a bhí chúinn, tháinig cómharsa éigin chun an bhotháin. Chuaigh sé isteach. Chonaic sé an bheirt istigh agus iad araon marbh, agus dhá chois a mhná istigh 'na bhrollach ag Pádraig, fé mar ' bheadh sé a d'iarraidh iad do thé'. Do dheallródh an scéal gur mhothaigh sé lagachar an bháis ag teacht ar Cháit agus a cosa fuar, agus gur chuir sé na cosa isteach 'na bhrollach féin chun an fhuachta do bhaint astu.

"Ba mhaith, agus ba dhílis, agus dob uasal an fear é!", adéarfaidh duine éigin, b'fhéidir, "agus dob uasal an gníomh a dhein sé!"

Is fíor. Ach deirim-se an méid seo leat. Do deineadh na mílte gníomh den tsaghas chéanna san ar fuaid na hÉireann i gcaitheamh na haimsire sin, agus níor dhein éinne puínn iúnadh dhíobh mar gheall ar a bhfeabhas de ghníomharthaibh. Dar le gach éinne, níor dhein Pádraig Ó Buachalla ach an rud a dhéanfadh aon fhear gurbh fhiú é Críostaí ' thabhairt air.

Bhí an firín úd 'narbh ainm do Mícheál Ó Laeire 'na chónaí i mbothán ná raibh i bhfad ón mbothán 'na bhfuair Pádraig Ó Buachalla agus a bhean bás ann. Mícheál Dubh a tugtí mar leas-ainm ar Mhícheál Ó Laeire. Caitlín Pruiséal ab ainm dá mhnaoi. Bhí lán tí de chlaínn acu. Ní raibh oiread agus aon fhocal amháin Béarla acu féin ná ag éinne den chlaínn. Tháinig an gorta go dian orthu. Tadhg ab ainm don mhac ba shine a bhí acu. Chonaic sé a athair agus a mháthair ag dul i laige leis an ocras, agus an té ab óige den chlaínn sínte marbh i gcúinne an bhotháin. D'árdaigh sé tua agus scian leis, agus siúd amach é, ar thitim na hoíche. Chuaigh sé isteach i gcró beithíoch le duine de sna cómharsain, agus mhairbh sé ceann de sna buaibh. Bhain sé cuid den chroiceann den bhoin. Do nocht sé an méid den fheóil a theastaigh uaidh a bhreith leis. Thug sé leis an dá cheathrúin dheiridh˙. Tháinig sé abhaile. Bhí béile mhaith an oíche sin acu go léir. Nuair a bhí an t-ocras bainte dhíobh, do rug Tadhg leis amach an corp a bhí sa chúinne, agus dhein sé poll amu' sa gháirdín, agus chuir sé an corp ann.

VI: An Gorta

Nuair a tháinig an mhaidean, d'éirigh muíntir na bó. Do fuaradh an bhó marbh amu' sa chró, agus an dá cheathrúin dheiridh di imithe. D'imigh an fear gur leis í go Magh Chromtha agus thug sé leis varántas cuardaigh. Bhí tuairim aige cár rugadh an fheóil. Tháinig sé féin agus pé oificeach dlí a bhí lena chois aige, go bothán Mhíchíl Dhuibh. Do fuaradh na cnámha agus cuid den fheóil. Do gabhadh 'na phríosúnach Tadhg agus do rugadh síos go Magh Chromtha é, agus do cuireadh isteach sa phríosún é. Nuair a tháinig an t-am, do trialadh é. Do daoradh é gan puínn ríghnis, agus do cuireadh an loch amach é*. Níor airíos aon tuairisc riamh ó shin ar cad d'imigh air 'na dhiaidh san, ná ar cad í an chrích a rug é.

D'imigh Mícheál agus Caitlín agus an méid a bhí beó den chlaínn, d'imíodar as an mbothán agus chuadar ag siúl rómpu.

Roinnt laethanta tar éis iad a bheith imithe bhí cómharsa éigin ag gabháil thar an mbothán. Chonaic sé gadhar sa gháirdín agus rud éigin 'na bhéal aige. Chaith sé cloch leis an ngadhar; do chaith an gadhar uaidh an rud a bhí 'na bhéal aige agus do rith sé leis féin. Tháinig an chómharsa agus ba bheag ná gur thit sé le scannradh agus le huathás nuair a fuair sé gurbh é rud a bhí 'na bhéal ag an ngadhar ná lámh duine! Níor dhein Tadhg an poll doimhinn a dhóthain sarar chuir sé an corp úd síos ann.

D'aimsigh an chómharsa bosca nú rud éigin dá shórd, agus thóg sé an chuid eile den chorp aníos as an bpoll, agus do rug sé leis go dtí an roilig ba ghiorra dho an bosca, agus chuir sé ann é. Níorbh aon iúnadh an uair sin éinne amháin a dh'fheiscint ag dul chun roilige agus cómhra i dtrucail aige, nú ar a mhuin dá mba ná béadh an trucail ná an capall aige.

Sin mar a bhí an scéal an uair sin, go gránna agus go fuafar agus go déistineach, mórthímpall na háite 'nar tógadh mise. Tuigim go raibh an scéal ar an gcuma gcéanna díreach mórthímpall na hÉireann go léir. Agus, donas an scéil ar fad, ní le toil Dé, i gceart, a bhí an scéal ar

VI: An Gorta

an gcuma san. Le toil daoine is ea ' bhí an scéal amhlaidh. Do scaoileadh amach a hÉirinn an bhliain sin oiread arbhair, ní hea, ach a dhá oiread, agus ' chothódh a raibh de dhaoine beó in Éirinn. Bhí cuanta na hÉireann lán de loingeas, agus na loingeas lán d'arbhar na hÉireann, ag imeacht as na cuantaibh, agus na daoine ar fuaid na hÉireann ag fáil bháis leis an ocras.

"Cad 'na thaobh nár cimeádadh an t-arbhar?", adéarfaidh duine, b'fhéidir.

Níor cimeádadh é mar níorbh fholáir é ' dhíol chun an chíosa ' dhéanamh, é féin agus an t-ím agus an fheóil, agus an uile bhlúire eile de thoradh an tailimh, ach amháin an práta. Do rug an dubh an práta leis, agus ansan níor fhan aon bhlúire bídh le n-ithe ag na daoine.

"Cad 'na thaobh", adéarfaidh duine, b'fhéidir, "nár deineadh dlí chun na ndaoine do chosaint ar an éagóir sin a chuir ' fhéachaint orthu an t-arbhar do dhíol agus gan aon rud le n-ithe do chimeád dóibh féin?"

Mo thrua do cheann gan chiall! "Dlí chun na ndaoine do chosaint", arsa tusa. Airiú, dá dtráchtfá an uair sin le huaislibh Shasana ar dhlí chun na ndaoine do chosaint, déarfaidís gur ar buile ' bheifá.

Ní chun na ndaoine ' chosaint a dheineadh muíntir Shasana dlithe an uair sin in aon chor. Chun na ndaoine do bhrú síos agus do chreachadh, agus do chur chun báis le gorta agus le gach aon tsaghas éagóra is ea ' dheineadh muíntir Shasana dlithe an uair sin. Is ait an scéal é, ach bhí sórd seanfhocail ag muíntir Shasana an uair sin. Sid é an seanfhocal:—

> Éagóir ar an máistir is ea ceart do thabhairt don tineóntaí.

MO SCÉAL FÉIN

VII: Scoil Charraig an Ime

Nuair a bhíos tímpall trí bliana déag d'aois, do cuireadh suas tigh scoile i gCarraig an Ime thoir. Go dtí san is istigh sa bhaile a bhíodh an scoil agam féin agus ag an gcuid eile de chlaínn m'athar agus mo mháthar. Bhímís ag obair fan lae ar an bhfeirm bheag, an méid againn a bhí ábalta ar aon rud i bhfuirm oibre do dhéanamh. Nuair a thagadh an oíche, do lasadh mo mháthair coinneal ar an mbórd, agus chuireadh sí 'nár suí tímpall an bhúird sinn, agus thugadh sí na leabhair dúinn, agus mhúineadh sí ár gceachtanna dhúinn. Bhí an múineadh ' thugadh sí dhúinn ní b'fheárr go mór 'ná an múineadh a tugtí do sna leanaíbh a bhíodh in sna scoileannaibh. Mar sin féin, do ceaptí, ní nárbh iúnadh, gur chóir gurbh fheárr an múineadh a tugtí in sna scoileannaibh.

Do hoscladh scoil Charraig an Ime. Do cuireadh múinteóir isteach ann dárbh ainm Cormac Ó Luasa. Do cuireadh mise ar scoil ann. Is cuímhin liom go maith an chéad lá ' chuas isteach ann. Ní fheidir Cormac cad é an rang den scoil 'na gcuirfeadh sé me. Bhí cuid den eólas ró-mhaith agam, agus bhí tuilleadh dhe ná raibh in aon chor agam. Bhíos ábalta ar na leabhair a bhí acu do lé' ar áilleacht, ní b'fheárr go mór ná na buachaillí dob fheárr a bhí aige. Ansan bhí rudaí eile nár airíos riamh aon teacht thórsu. Is é rud a dheineadh sé ná tamall thíos agus tamall thuas a thabhairt dom. Chuireadh sé tamall ag múineadh me agus tamall ag foghlaim. Bhí tabhairt suas maith air féin, agus an ceann go maith aige. Ach bhí sé ana-theasaí.

Sa scoil sin a chonac, an chéad uair riamh, rud a chuir iúnadh mo chroí orm, daoine óga ag foghlaim focal, agus dhá lé', agus dhá labhairt, agus dhá ínsint cad é an brí a bhíodh leó, agus gan aon phioc dá fhios acu cad é an brí a bhíodh leis na foclaibh ná leis an mbrí! Ní baol go mbíodh rud den tsórd san sa bhaile againn. Ní baol go bhfágtí aon fhocal gan a bhrí ' thabhairt dúinn i dtreó go dtuigfimís idir fhocal agus brí.

VII: Scoil Charraig an Ime

Is cuímhin liom conas mar a bhínn, uaireanta, nuair a bhímís ag scrúdú na gceacht agus sinn 'nár suí ag *descannaibh* na scoile. Bhínn im shuí agus na buachaillí eile, cuid acu níba mhó agus níba shine go mór ná me, bailithe im thímpall i dtreó go mbínn múchta acu, agus me ag freagairt ceisteanna dhóibh, dhá ínsint dóibh cad é an brí a bhíodh leis na foclaibh a bhíodh sa cheacht. Iúnadh orthu san cá bhfuaras-sa an t-eólas go léir, agus iúnadh orm-sa conas ' fhéadfadh éinne ' bheith gan an t-eólas san. Do chíodh Cormac sinn, ach ní leogadh sé air go bhfeiceadh. Bhíodh ' fhios aige go mbíodh tairbhe dá dhéanamh, agus bhíodh sé sásta.

Níorbh aon iúnadh in aon chor an scéal a bheith mar sin idir mise agus na buachaillí eile úd. Níor tugadh dóibh sin riamh an chaoi a tugadh dómh-sa ar an eólas a bheith agam ar na foclaibh Béarla úd. Ní airídís choíche aon fhocal sa bhaile ach Gaelainn, nú Béarla briste. An Béarla a bhí in sna leabhraibh a bhí acu, ba mhar a chéile dhóibh é nú Gréigis.

Bhí an Ghaelainn go breá againn go léir. Bhí sí go hálainn ag Cormac féin. Bhí an clós a bhí ar aghaidh tí na scoile amach, bhí sé lán de charraigreachaibh móra cloch. Chonac beirt fhear ann lá agus iad ag briseadh na gcloch chun iad a bhreith as an áit. Bhí Cormac ag cainnt leis na fearaibh. As Gaelainn a bhíodar ag cainnt. Bhí aon chloch amháin ann agus bhí teipithe ar na fearaibh í ' bhriseadh, bhí sí chómh cruaidh sin. Bhí sí trí nú ceathair de throithibh ar raímhre ar gach aon tslí, agus í, ba dhó' leat, chómh cómh-chruínn le liathróid coise. Bhí na fir ag iniúchadh uirthi, féachaint a' bhféadfaidís aon áit ' fháil 'na scoilfeadh buille maith láidir den órd í ach í ' bhualadh ann. Bhí ag teip orthu. Do rug Cormac ar an órd. Fear óg láidir cruaidh fuinniúil ab ea é an uair sin.

"Drididh amach uaithi!", ar seisean.

Bhain sé casadh as an órd, agus bhuail sé a bhuille chómh maith agus ' bhí 'na chuisleannaibh agus 'na chorp é ' bhualadh. Bhíos ag

VII: Scoil Charraig an Ime

féachaint air. Ba dhó' leat gur mhó go mór an fuinneamh a bhí leis an órd ag éirí den chloich ná mar a bhí leis ag teacht anuas uirthi. Is dó' liom gur chrith an t-adhmad i láimh Chormaic i dtreó gur chuir sé codladh grífín sa láimh. Chaith sé uaidh an t-órd agus chuir sé an lámh 'na phóca.

"Is éadroma cleite ná é, a Chormaic!", arsa duine de sna fearaibh.

Bhí an séipéal in aice na scoile i gCarraig an Ime, agus théimís go léir ó thigh na scoile isteach sa tséipéal nuair a bhíodh an Teagasc Críostaí le foghlaim againn. Ní bhíodh aon fhocal Béarla dá labhairt sa tséipéal ach fíor-bheagán. Bhíodh dhá oiread ag foghlaim Teagaisc Críostaí sa tséipéal agus ' bhíodh ag foghlaim léinn sa scoil, agus ní baol ná go dtuigtí an uile fhocal den mhúineadh a tugtí sa tséipéal.

Is cuímhin liom lá agus sinn go léir i dteannta ' chéile istigh sa tséipéal. Bhí sagart ann agus é ag múineadh an Teagaisc Críostaí, agus ba ró-mhaith chuige é. Bhí an Ghaelainn aige go ceólmhar. Théinn féin agus buachaillí eile go minic treasna na gcnuc cos-lomrachta ar maidin Dé Domhnaigh chun an tséipéil 'na mbíodh sé chun Aifrinn do rá ann, i dtreó go bhféadfaimís éisteacht leis an seanmóin Ghaelainne ' thugadh sé uaidh, bhíodh an tseanmóin chómh breá san. Bhí sé sa tséipéal an lá adeirim, agus bhí, an chuid ba lú dhe, suas le cúpla céad duine ag foghlaim ann. Tráth éigin i gcaitheamh na haimsire, do bhuail chúinn an doras isteach garsúinín ana-bheag agus seál fíllte fén' oscaill aige. Shiúlaigh sé chúinn aníos go hana-réidh agus an dá shúil ar an sagart aige. Cheap an sagart go mb'fhéidir go raibh scáth air nú eagla. Do labhair sé go réidh agus go cneasta leis.

"'Sea, a gharsúin", arsan sagart, "cad 'tá uait?"

"Tá duine de sna cailíní beaga san, a Athair", arsan garsúinín, agus ní raibh scáth ná eagla 'na chainnt ná 'na ghlór. Do labhair sé chómh dána agus dá mbeadh sé chómh mór chómh láidir leis an sagart féin.

VII: Scoil Charraig an Ime

Do phléascamair go léir ar gháirí. Do chuir an sagart féin sceartadh gáire as. Níor chuir san aon chorrabhuais ar an ngarsún.

"Agus cad ab áil leat den seál san?", arsan sagart.

"Chun é ' chasadh uirthi, a Athair", arsan garsún.

Ansan is ea ' bhí an spórt againn agus sinn go léir in sna trithíbh gáirí. Lena línn sin, do léim duine de sna cailíníbh amach ón gcuid eile, agus do rith sí chun an gharsúin agus do shnap sí uaidh an seál, agus chaith sí aniar uirthi é agus siúd amach í. D'fhéach sé 'na diaidh.

"Imigh soir go Meall na hEórnan, a Pheig", ar seisean, "agus abair leó go mbeimíd ag déanamh ime Dé Luain agus go mbeid' na spealadóirí againn Dé Máirt".

Nuair a bhí an méid sin ráite aige, do bhuail sé chúinn suas agus sheasaimh sé 'nár measc.

Níor scar cuímhne an gharsúin sin riamh ó shin le m'aigne. I bhfad 'na dhiaidh san, nuair a thagadh an leanbh agus an chainnt suas chúm i m'aigne agus bhínn ag breithniú ar an scéal, bhínn ag cur an linbh sin, mar a bhí sé an uair sin, i gcúmparáid leis an gcuma 'na raibh' sé tamall 'na dhiaidh san má chuaigh sé ar scoil Ghallda, agus má fhoghlaim sé an saghas Béarla a bhí in sna scoileannaibh sin. Bhí sé an uair sin go neamh-scáfar agus go seasmhach in' aigne, go súil-aibidh agus go hollamh chun freagra ' thabhairt nuair a curfí ceist chuige. D'fhéach sé suas idir an dá shúil ar an sagart nuair a bhí sé ag cainnt leis. Bhí sé dána gan bheith droch-mhúinte.

Ní fheaca riamh ó shin é. Ach do chonac daoine dhá shórd go minic ó shin. Agus tá ' fhios agam go dian-mhaith, má thug sé roinnt aimsire in aon scoil Ghallda agus má fhoghlaim sé an saghas Béarla a bhíodh iontu, nárbh fhada gur imigh an tseasmhacht as a shúilibh agus as a chroí, agus má bhí air teacht isteach i séipéal agus seál fén' oscaill

VII: Scoil Charraig an Ime

aige, agus gur chuir sagart éigin na ceisteanna úd chuige, gurb amhlaidh a bhí sé ag smidireacht gháirí in inead freagra ' thabhairt, agus gur ag lútáil a bhí sé in inead seasamh díreach. In inead bheith dána gan bheith droch-mhúinte gurb amhlaidh a bhí sé droch-mhúinte gan bheith dána.

Bhí beirt nú triúr ban sa pharóiste agus cúpla gearrchaile le gach mnaoi acu ag foghlaim Teagaisc Críostaí sa tséipéal. Ní dhéanfadh Gaelainn an gnó in aon chor do sna mnáibh sin. Níorbh fholáir an Teagasc Críostaí ' mhúineadh as Béarla dá gclainn. Bhí ceathrar nú cúigear, as an dá chéad, agus iad ag casadh le Teagasc Críostaí ' dh'fhoghlaim as Béarla. Do curtí mise dhá mhúineadh. Bhíos ana-bheag agus iad san ana-mhór. Is cuímhin liom go maith an obair a bhíodh agam orthu a d'iarraidh brí na bhfocal do chur isteach 'na gceann, agus é ag teip orm glan. Ar dtúis ní fhéadaidís an focal do rá. Nuair adeirinn leó "Resurrection" do rá, ní deiridís ach "Rerusection", nú rud éigin mar sin. Ansan nuair a thugainn an brí dhóibh, do thuiginn ná téadh an brí isteach in aon chor 'na n-aigne. Fé dheireadh, nuair a thugainn an brí dhóibh fé leith, gan bac leis an bhfocal, do ghlacaidís é, ach ní fhéadadh mo dhícheall an focal agus an brí ' thabhairt in éineacht dóibh. Bheadh "Resurrection" acu, agus bheadh "to rise again from the dead" acu, ach ní fhéadaidís choíche a thuiscint gurbh aon ní amháin an dá ní sin. Ansan, nuair adeirinn ná raibh sa dá ní ach an t-aon ní amháin, .i. "Aiséirí ár Slánaitheóra", do lasadh a súile agus do gháiridís.

Roinnt blianta 'na dhiaidh san, bhí an scéal níba sheacht measa ná san féin. Bhí formhór na ndaoine óga ag foghlaim an Teagaisc Críostaí as Béarla agus gan aon fhocal Gaelainne acu. Ansan ní raibh "Resurrection" acu, ná "rising again from the dead", ná "Aiséirí ár Slánaitheóra"!

Ní dó' liom gur deineadh éagóir aigne riamh ar dhaoinibh óga, in aon pháirt den domhan, chómh mór agus a deineadh ar aos óg na hÉireann nuair a cuireadh orthu an saghas múineadh sin a dh'fhág sa deireadh iad gan Bhéarla gan Ghaelainn. Nuair a bhíos-sa ar scoil i gCarraig an Ime, suas le trí fichid blian ó shin, is ea ' bhí an éagóir sin ag tosnú. Mura mbeadh idir Bhéarla agus Gaelainn a bheith ró-dhaingean istigh ionam-sa, bheadh an scéal go holc agam.

Dá mba ná beadh agam ach an Ghaelainn anois, ní tabharfí aon toradh orm, pé olc maith a bheadh sí agam. Agus dá mba ná beadh agam ach an Béarla, ní fhéadfainn aon úsáid a dhéanamh de chun na Gaelainne do shaothrú, pé olc maith a bheadh sé agam.

VIII: Trí Liathróidí Dúbha

Tá faid mhaith sa tslí ó Lios Caragáin go Carraig an Ime, agus slí gharbh anacair is ea an tslí. Nuair a bhíodh an aimsir fliuch fuar, do chaithinn fanúint sa bhaile. Bhíodh an aimsir fliuch fuar minic go leór. Do thuig m'athair, beannacht Dé len' anam, go raibh a lán den aimsir ag imeacht gan tairbhe uaim. Bhí scoil i Magh Chromtha an uair sin, agus bhí árdcháil uirthi féin agus ar an máistir a bhí uirthi. Is dó' liom go mb'fhéidir go raibh Cormac Ó Luasa ag cainnt le m'athair agus go nduairt sé leis gur mór an trua gan mo sheans a thabhairt dom i scoil Magh Chromtha.

Tímpall na haimsire céanna san, d'éirigh clampar dlí arís idir thineóntaithe an bhaile agus an máistir. D'fhan duine de sna tineóntaithe gan a chíos do dhíol nuair a bhí an cíos ag glaoch. An t-*agent* a bhí os a gcionn Broderick ab ainm do. Cladhaire rógaire ab ea é. Do leog sé don fhear a bhí ag fanúint siar ón gcíos a dhíol fanúint siar go dtí go raibh cuid mhaith gan díol aige. Do dhein sé an méid sin i dtreó go bhféadfadh sé teacht orthu go léir leis an éileamh. Bhí súil aige go ndiúltóidís don éileamh. Bhí ' fhios aige go raibh cuid acu agus gurbh ar éigin a bhíodar ábalta ar a gcuid féin den chíos do chur le chéile agus gan bac don éileamh eile. Dá ndiúltaídís, bheadh an léas briste, agus d'fhéadfadh sé iad go léir do chaitheamh amach, agus árdú cíosa ' dh'fháil don mháistir, agus breab mhaith a dh'fháil do féin as gach feirm bheag dá dtabharfadh sé do thineóntaí nua.

VIII: Trí Liathróidí Dúbha

Do chuir na tineóntaithe le chéile agus do chosnadar an dlí. Chuireadar le chéile, ach ba dheocair leó cur le chéile. Thagaidís chun ár dtí-na ag déanamh cómhairle, mar b'é an tigh ba chóngaraí dhóibh go léir é. Is cuímhin liom go maith lá agus iad bailithe istigh sa tigh againn. Thugadar an lá go léir ag cainnt agus do theip orthu socrú ar cad ba cheart dóibh a dhéanamh.

"Tá sé in' oíche", arsa duine acu. "Tá sé chómh maith againn dul abhaile anois agus teacht anso arís Dé Céadaoin seo chúinn. Tá aimsir ár ndóthain fós againn chun labhairt lenár n-atúrnae".

Bhí Seán Ó Laeire, mac do sheana-Dhiarmaid Ó Laeire, ag éisteacht leis an gcainnt sin. Do labhair sé. (Ní raibh aon fhocal Béarla dá labhairt sa chómhairle sin.)

"'Sea!", arsa Seán Ó Laeire. "Tá an lá go léir caite ansan agaibh ag cainnt agus níl aon rud déanta agaibh. Níl socair agaibh ar cad 'tá le déanamh agaibh ach chómh beag agus ' bhí nuair a thánúir anso ar maidin. Imeóidh sibh abhaile anois. Tiocfaidh sibh anso arís Dé Céadaoin seo chúinn. Tiocfaidh Seán Ó Luasa anso agus gur cuma nú *watch* gach aon tsúil leis. Tiocfaidh Mícheál Ó Laeire anso agus gur fiú chúig phúint gach aon fhocal uaidh. Tiocfaidh Barnaby anso agus gur cuma é nú Socrates. Tiocfaidh sibh go léir anso agus cimeádfaidh gach éinne agaibh a aigne bheag aige féin, agus ní dhéanfaidh sibh aon tsocrú an lá san ach chómh beag agus 'tá déanta inniu agaibh. Sleamhnóidh an aimsir uaibh go dtí go mbeidh sé ró-dhéanach chun labhartha' le haon atúrnae. Ansan beidh Broderick agus Saunders anuas sa bhroiceall oraibh go léir, agus neart dóibh a rogha cor a thabhairt díbh".

Bhíodar go léir ag cur an anama amach ag gáirí nuair a bhí deireadh ráite aige. Do shocraíodar ar dhul láithreach agus labhairt leis an atúrnae, agus an dlí ' chur i bhfeidhm chun iad féin do chosaint. Do bhuadar ar an máistir sa dlí. Do díoladh cíos an fhir a bhí i ndiaidh

VIII: Trí Liathróidí Dúbha

lámha, agus do tugadh dóibh an fheirm a bhí aige go dtí go mbeadh a gcuid féin thar n-ais acu aisti.

Nuair a bhí an méid sin clampair i leataoibh, do shocraigh m'athair ar me ' chur ar scoil síos go Magh Chromtha, ar feadh tamaill ar aon chuma. Ba ró-dheocair do é ' dhéanamh. Bhíos díreach ag tosnú ar bheith ábalta ar roinnt oibre ' dhéanamh, agus bhí gá leis an gcúnamh aige, dá shuaraí é. Ach bhí an dúil sa léann aige féin riamh, agus theastaigh uaidh roinnt éigin de a thabhairt dá mhac, pé cuma 'na dtiocfadh sé air.

Bhíos i Magh Chromtha go minic roimis sin. Is cuímhin liom go rabhas ann tamall maith roimis sin, agus go rabhas im sheasamh ag ceann an droichid, ag bun Bhóthar na Sop. Bhíos ag féachaint anonn ar an gcaisleán atá thall ag an gceann eile den droichead. Chonac, ar aghaidh an chaisleáin amach, ar an dtaobh thoir den tsráid bheag˚ ar a dtugtar Sráid an Chaisleáin, tigh éigin mór agus fallaí árda daingeana 'na thímpall, agus trí slata caola árda 'na seasamh in áirde as, agus mar ' bheadh liathróidín dubh in áirde ar fad ar bharra gach slaite acu. Ní raibh aon phioc dá fhios agam an uair sin cad é an brí a bhí leis na slataibh sin agus na liathróidí beaga in áirde orthu. I bhfad 'na dhiaidh san is ea do hínseadh dom gur sparraí iarainn gurbh ea na slata san, agus gur trí plaoisceanna gurbh ea na trí liathróidí beaga. B'in iad trí cínn na bhfear a crochadh mar gheall ar Mh'leachlainn Ó Dhúgáin. Cárthaigh ab ea iad, agus triúr driothár ab ea iad, Cormac agus Ceallachán agus Tadhg˚. Do chuir Malachi ' fhéachaint ar Chormac Bob Hutchinson do lámhach. Ansan do dhearbhaigh sé ar Chormac. Ansan bhí eagal air go ndéanfadh duine éigin den bheirt driothár díoltas air féin mar gheall ar an ndearbhú, agus is é rud a dhein sé ná dearbhú ar an dtriúr in éineacht. Do crochadh an triúr in éineacht, agus do cuireadh a dtrí cínn ansúd in áirde ar na sparraíbh caola árda úd, agus do fágadh ann iad ar feadh mórán blianta. Do chonac-sa ann iad agus me im sheasamh ag ceann an droichid an lá úd. Níor ró-fhada 'na dhiaidh san gur tógadh anuas na trí plaoisceanna. Bhí náire ar na huaislibh iad ' fhágaint ann níba shia.

VIII: Trí Liathróidí Dúbha

Do lean an gníomh san, agus gníomhartha eile do dhein sé 'na dhiaidh san, dá gcasadh mar asachán le Malachi agus le gach éinne dá ghaoltaibh riamh ó shin. Níor mhaith le héinne aon bhaint a bheith aige leó, bhí a leithéid sin de ghráin ag an bpoiblíocht go léir orthu. Ba mhór an éagóir é sin, áfach, mar daoine galánta macánta ab ea a bhformhór, chómh galánta chómh macánta le haon treabhchas eile daoine a bhí sa dúthaigh.

Bhí Diarmaid Ó Tuathaigh, athair Mháire Ní Thuathaigh, athair mo sheanamháthar-sa, 'na chónaí ar Gleann Daimh. Tá sruthán idir an áit 'na raibh sé 'na chónaí agus feirm eile atá laistiar den fheirm sin. Bhí an fheirm thiar le cur. Cé ' thiocfadh agus ' thógfadh an fheirm thiar ach fear 'narbh ainm do Dónall Ó Dúgáin, gaol gairid do Mhalachi[11]. Bhí Diarmaid Ó Tuathaigh ar buile, a rá go mbeadh éinne den droch-aicme sin chómh cóngarach do. Ní fada ' bhí Dónall Ó Dúgáin laistiar den tsruthán 'na chónaí nuair a bhuail sé féin agus Diarmaid Ó Tuathaigh um á chéile maidin bhreá shamhraidh.

"Dia 's Muire dhuit, a Dhiarmaid Uí Thuathaigh!", arsa Dónall.

Thug Diarmaid a chúl leis agus bhuail sé thairis gan labhairt. Do ghluais an aimsir. Níorbh fhada go dtug Diarmaid fé ndeara gur chómharsa ana-mhaith, ana-shíochánta, ana-chneasta Dónall, pé gaol a bhí le Malachi[12] aige. Bliain díreach ón lá a bheannaigh Dónall do Dhiarmaid, do bhuail an bheirt um á chéile arís.

"Dia 's Muire dhuit, a Dhónaill Uí Dhúgáin!", arsa Diarmaid.

Thug Dónall a chúl leis agus bhuail sé thairis, díreach mar a dhein Diarmaid an chéad lá úd. Bliain eile díreach ón lá san, do bhuail an bheirt um á chéile an tríú huair.

---

11 Spelt *Mhailcí* in the manuscript.
12 Spelt *Mailici* in the manuscript.

VIII: Trí Liathróidí Dúbha

"Ó, Dia 's Muire 's Pádraig duit, a Dhiarmaid Uí Thuathaigh!", arsa Dónall, díreach mar adéarfadh sé dá mba an neómat san a bheadh Diarmaid tar éis beannú dho. Má thug Diarmaid bliain gan labhairt, thug Dónall bliain gan freagairt. Do gháir an bheirt go sultmhar agus bhíodar ana-mhuínteartha lena chéile as san amach.

Tháinig an t-am chuige, agus an chaoi air, agus do cuireadh síos go Magh Chromtha me go dtí an scoil a bhí ag fear dárbh ainm Mícheál de Bhál. Bhí an scoil chómh maith san go dtagadh scoláirthí chúithi ón ndúthaigh go léir mórthímpall. Is cuímhin liom go maith go raibh an meascán mearaí céanna ar an máistir sin a bhí ar Chormac Ó Luasa i gCarraig an Ime, i dtaobh cad é an rang sa scoil 'nar cheart me ' chur. Bhí cuid den eólas ró-mhaith agam d'aon rang íseal, agus gan cuid de maith a dhóthain agam do rang uachtarach. Ach do socraíodh an scéal. Is cuímhin liom, leis, nuair a bhímís ag scrúdú na gceacht in sna leabhraibh léinn, go mbíodh gasra de sna buachaillíbh im thímpall, ag brú isteach orm ar gach aon taobh, agus a leabhar ag gach duine acu, agus me dhá ínsint dóibh conas na focail do rá agus cad é an brí a bhíodh leó. Níor chóir, áfach, aon chreidiúint a thabhairt dómh-sa mar gheall air sin. An t-eólas a tugadh dómh-sa sa bhaile ar leabhraibh agus ar léann an Bhéarla, níor tugadh dóibh sin riamh é.

I mBóthar na Sop, i dtigh fir 'narbh ainm do Seán Ó Sé, is ea ' bhínn ar lóistín. Bhí aithne aige féin agus ageam athair ar a chéile. Fear fial dea-chroíoch ab ea é. Níor thóg sé aon leathphinge díolaíochta riamh as mo lóistín, agus bhíos ann tamall maith, cúpla bliain nú trí. Théinn suas abhaile go Lios Caragáin gach aon tSatharn. Tá mac don Seán Ó Sé céanna san sa tsráid chéanna san 'na chónaí anois, agus Seán Ó Sé is ainm do, agus tá sé chómh bunúsach chómh creidiúnach d'fhear agus atá le fáil sa bharúntacht.

Tar éis roinnt aimsire ' bheith caite agam sa scoil sin Mhíchíl de Bhál i Magh Chromtha, ní cuímhin liom anois i gceart cad é ' mhéid

VIII: Trí Liathróidí Dúbha

aimsire, do labhair Mícheál de Bhál le m'athair. Bhuaileadar suas Bóthar na Sop le cois a chéile agus iad ag cainnt.

"Is mór go léir an trua", arsa Mícheál, "gan caoi ' thabhairt don gharsún san ar na teangthachaibh a dh'fhoghlaim. Níl a thuilleadh agam-sa le múineadh dho, 'sé sin a thuilleadh go mbeadh aon tairbhe dho ann. Agus an méid atá múinte agam do", ar seisean, "cad é an tairbhe dho anois é más thuas sa bhaile ' cheapann tú é ' chimeád?"

D'inis m'athair do go n-airíodh sé mise dhá rá i gcónaí riamh gurbh fheárr liom ná a bhfeaca riamh gur im shagart a bheinn.

"Ach cad é an mhaith bheith ag trácht air sin", ar seisean, "agus gan aon bhreith agam-sa ar chailliúint leis chun sagairt a dhéanamh de!"

"Ní bheadh an chailliúint chómh mór in aon chor agus is dó' leat é", arsan fear eile. "Tá scoil Laidne anso i Magh Chromhtha anois. D'fhéadfá a chur ar an scoil sin anois agus ní bheadh agat le díol as ach púnt sa ráithe. I gcionn cúpla bliain nú trí, ón aithne atá curtha agam-sa air, do raghainn in urrús duit air, go mbeadh oiread Laidne agus Gréigise foghlamtha aige agus ' bhéarfadh isteach i gColáiste Mhaí Nuat é. Ansan ní bheadh ort aon leathphinge eile do chailliúint leis, agus i gcionn sé nú seacht de bhlianaibh, dá mb'é toil Dé go seasódh a shláinte, bheadh sé ag teacht chút abhaile 'na shagart. Tá an chúiléith ann chun na foghlama agus an éirim. Má chimeádann tú sa bhaile é, ní bheidh puínn dá bhárr agat. Ní fhásfaidh sé ró-mhór choíche. Ní bheidh an téagar ná an neart ann ba ghá chun sclábhaíochta ' dhéanamh ar an bhfeirm, agus, dá mbeadh féin, tá do dhóthain cúnta agat sa chuid eile den chlaínn".

B'é crích an scéil é gur shocraigh m'athair ar me ' chur ag foghlaim na Laidne.

MO SCÉAL FÉIN

IX: Scoil Magh Chromtha agus Coláiste Cholmáin

Bhí scoil Laidne ar an dtaobh thall den droichead, i Magh Chromtha, an uair sin, díreach ag bun an chaisleáin, ag firín beag dárbh ainm Mac Nally. Do raghfá thar droichead anonn i dtreó an chaisleáin, agus nuair a bheifá ag an gceann thall den droichead, díreach ag ceann slaite an droichid, d'iompófá isteach i leith do lámha deise agus do raghfá síos cúpla ciscéim staighre nú trí. Ansan do chífá doras ar t'aghaidh amach. Do bhuailfá an doras. Do hosclófí dhuit. Do raghfá isteach sa halla. Do hosclófí doras eile dhuit ar do láimh dheis. Do raghfá isteach i seómra. Chífá ansan istigh rómhat seisear nú mór-sheisear garsún 'na suí ag bórd agus an máistir ag ceann an bhúird, iad san ag foghlaim agus an máistir dhá múineadh. Chífá finneóg ar aghaidh an dorais isteach. D'fhéachfá an fhinneóg san amach agus chífá, buailte suas le bun na finneóige, an abha, an Solán, ag gabháil thar an bhfinneóig soir, agus isteach fé shúilibh an droichid, go breá ciúin leathan réidh.

Istigh sa tseómra san, agus mo ghuala chlé leis an bhfinneóig sin, is ea do leogas-sa mo shúile an chéad uair riamh ar na trí foclaibh beaga míllteacha úd, .i. *hic, haec, hoc*. Níl ansan agat ach trí cínn acu, ach tá deich gcínn fhichead acu ar fad i ndíochlaonadh an aon fhocailín sin amháin. Tháinig taithí mhaith agam orthu 'na dhiaidh san, ach an chéad uair riamh a chuireas chun iad d'fhoghlaim, ansúd ar aghaidh na finneóige úd isteach, do bhriseadar mo chroí ionam. Dá n-ínstí dhom ar dtúis cad é an brí a bhí leó, do gheóbhadh m'aigne greim éigin orthu; ach níor hínseadh. Dob ait an saghas múineadh é. Na focail dá ngabháil ar dtúis de ghlanmheabhair sara dtugtí aon chaoi don bhreithiúntas ar iad do láimhseáil in aon chor! Agus gur chóir go mbeadh ' fhios ag éinne go mbeadh aon chiall aige gurb usa go mór rud a ghlacadh de ghlanmheabhair nuair a tuigtear é ná sara dtuigtear é. Ach go deimhin le fírinne, is mó go mór an fhoghlaim gan tuiscint a deintí sa tseómra bheag úd ná an fhoghlaim le tuiscint.

IX: Scoil Magh Chromtha agus Coláiste Cholmáin

Ach ní rabhas ró-fhada sa tseómra nuair a bhíos ag gabháil do Chaesar. Is cuímhin liom go rabhas lá éigin gan dul ar scoil. Ní cuímhin liom anois an chúis a chimeád gan dul ann me. Bhíos istigh i dtigh Sheáin Uí Shé um thráthnóna agus me ag gabháil do Chaesar ar mo dhícheall. Thánag go dtí an focal *propterea quod*. Bhí ' fhios agam gurbh ionann *propterea* agus 'because'. "Agus", arsa mise liom féin, "cad chuige an *quod*?" Bhíos i bpúnc. Ní fhéadfainn in aon chor a dhéanamh amach cad é an gnó a bhí ag an *quod* san áit sin. Cé ' bhuailfeadh chúm isteach ach an máistir. Tháinig sé féachaint cad a chimeád ón scoil me an lá san. D'ínseas do. Bhí sé sásta. Duairt sé go raibh eagal air gur breóite a bhíos. Siúd chun an leabhair me.

"Look here, sir", arsa mise, "what is the meaning of this *propterea quod*?"

"Oh", ar seisean, "*propterea quod* is 'because'".

"But", arsa mise, "what is *quod*?"

"Oh", ar seisean, "that is quite simple. *Quod* is 'because'; *propterea quod* is 'because'"; agus d'fhéach sé orm chómh maith lena rá, "You must be very stupid not to see that simple matter".

Níor chuas níba shia ar an scéal leis, ní nárbh iúnadh. Bhí *propterea* 'because' agam. Agus bhí *quod* 'because' agam. Agus bhí *propterea quod* 'because' agam. Agus mura sásódh san me, cad a shásódh me?

Chuir an máistir sin i gcuímhne dhom scéal a dh'airíos i bhfad roimis sin ó Sheán Ó Laeire, ón bhfear úd aduairt le Seán Ó Luasa gur chuma nú *watch* gach aon tsúil leis.

Fadó, nuair a tháinig na Franncaigh isteach i gcuan Bheanntraí, bhí beirt aeirí bó in áit éigin lastoir de Bheanntraí. Diarmaid ab ainm do dhuine acu agus Dónall ab ainm don fhear eile. Bhí an dá fheirm ar a rabhadar ag aeireacht teórannach dá chéile. Do bhuaileadh an bheirt

IX: Scoil Magh Chromtha agus Coláiste Cholmáin

um á chéile go minic ar dhá thaobh chlaí na teórann agus bhídís ag seanchaíocht. Ní túisce a bhí na Franncaigh istigh i gcuan Bheanntraí ná mar a leath an scéal go tiubh ar fuaid na dútha san mórthímpall. Do bhuail an bheirt aeirí um á chéile.

"Dia 's Muire dhuit, a Dhiarmaid".

"Dia 's Muire 's Pádraig dhuit, a Dhónaill".

"An bhfuil aon scéal nua agat, a Dhiarmaid?"

"Imbriathar go bhfuil, a Dhónaill, agus nách aon scéal fónta é ach togha droch-scéil".

"Ach! Dia linn! A Dhiarmaid. Agus cad é an saghas scéil é?"

"Tá go bhfuil *invasion* ana-mhór go léir ag teacht".

"Agus cé ' inis duit, a Dhiarmaid, go raibh sé ag teacht?"

"Tá sé i mbéal gach éinne".

"Ach! Go bhfóiridh Dia orainn! Cad a dhéanfaid na daoine in aon chor?"

"Ní fheadar 'en tsaol cad a dhéanfaid siad. Beidh an scéal go holc acu, is baolach".

"Agus cogar, a Dhiarmaid. Cathain atá sé ag teacht?"

"Ambasa ach tá sé buailte leat, a mhic ó".

"*Invasion* mór! Dia linn is Muire!"

IX: Scoil Magh Chromtha agus Coláiste Cholmáin

"*Invasion* mór go díreach, an t-*invasion* is mó dár tháinig ar Éirinn riamh fós".

"Agus cogar, a Dhiarmaid. Mar is eól duit, ní duine ró-thuisceanach mise i nithibh den tsórd san. Cad é an saghas ruda, an dtuigeann tú me, an t-*invasion* mór so?"

"Tá, a Dhónaill, (an dtuigeann tú me?) *invasion*; 'sé sin le rá, *invasion*. Níl ach mar adéarfadh duine *invasion*, ansan, tá ' fhios agat".

"Ó, tá ' fhios agam, a Dhiarmaid".

Do chuireadh Seán Ó Laeire sceartadh gáire as nuair a bhíodh an scéal san ínste aige, agus go deimhin do chuireadh gach éinne a bhíodh ag éisteacht leis sceartadh gáire as. Do mhínigh an máistir úd *propterea quod* dómh-sa ar an gcuma gcéanna díreach:—

"Níl ach mar adéarfá *because* ansan, tá ' fhios agat".

"Tá ' fhios agam", arsa mise, agus d'fhágas ansan an scéal.

Bhí ana-dhúil ag an máistir i ngal tobac. An fhaid a bhímís-na ag casadh le *hic, haec, hoc* d'fhoghlaim, bhíodh an máistir bocht ag ól a phíopa. Bhí an fear bocht go maith chuige. Bhíodh sé ag tarrac an phíopa agus an deatach ag gluaiseacht ar fuid an tseómra go dtí gurbh ar éigin ' fhéadaimís a chéile ' dh'fheiscint, ní áirím leabhar do lé'.

Fé dheireadh d'imigh sé as an sráid ar fad, agus d'fhág sé ansan sinn.

Bhí scoil eile Laidne i Magh Chromtha an uair chéanna. Thuas i mBóthar Massy a bhí an scoil sin, agus fear dárbh ainm Toiréalach Ó Goilí a bhí dhá múineadh. Nuair a bhí Mac Nally imithe, chuamair go léir suas ag triall ar Ó Goilí. Is dó' liom gur thugas leath-bhliain ar an scoil sin.

IX: Scoil Magh Chromtha agus Coláiste Cholmáin

An uair sin díreach is ea do hoscladh Coláiste Cholmáin i Mainistir Fhear Maí. Níorbh fhéidir dómh-sa, ná dá lán dem shórd, dul isteach sa choláiste sin, mar do chaithfinn deich bpúint fhichead sa mbliain do dhíol asam féin ann.

Nuair a hoscladh Coláiste Cholmáin, bhí cuid de sna sagartaibh ar fuid na dútha ag gearán go cruaidh ar an éagóir a dhéanfadh an coláiste sin ar na buachaillíbh go raibh éirim aigne acu agus ná raibh an gustal airgid ag á n-aithreachaibh. Mar gheall ar an ngearán, do dhein an tEaspag, an tAthair Liam Ó Catháin, socrú. Do shocraigh sé, aon bhuachaill go mbeadh an éirim aigne thar bárr aige agus ná beadh an t-airgead aige, go gcaithfí é ' ghlacadh saor isteach i gColáiste Cholmáin. Do shásaimh an méid sin a lán de sna sagartaibh. Bhí cuid acu ná raibh sásta. Dúradar 'na n-aigne ná féadfadh an socrú san puínn tairbhe ' dhéanamh. Ná raibh aon airgead chun an choláiste ' chimeád suas ach an t-airgead a dhíolfadh na buachaillí astu féin ann. Dá bhrí sin, nárbh fhéidir ach fíor-bheagán díobh a ghlacadh isteach saor, pé éirim aigne ' bheadh acu. Duairt a lán de sna sagartaibh gurbh fheárr leogaint do gach aon bhuachaill a chuid léinn do sholáthar 'na rogha scoil agus ansan an t-inead i gColáiste Mhaí Nuat a thabhairt don bhuachaill ab fheárr. Duairt tuilleadh acu nár mhaith in aon chor an rud é sin. Gur mhór an oscailt aigne, agus an oscailt súl, d'aon bhuachaill caoi ' thabhairt do ar roinnt aimsire ' chaitheamh i scoil éigin phoiblí in aice an bhaile sara raghadh sé isteach i gColáiste Mhaí Nuat. Dá éaghmais sin, nuair a bheadh triail comórtais idir bhuachaillíbh ó sna scoileannaibh tuatha agus na buachaillí a bheadh i gColáiste Cholmáin, go mbéarfadh buachaillí an choláiste an bua leó pé éirim aigne ' bheadh ag buachaillíbh na tuatha. Dúradh 'na choinnibh sin, go raibh an múineadh in sna scoileannaibh tuatha, nú i gcuid acu ar aon chuma, ní b'fheárr ná an múineadh a bheadh le fáil istigh sa choláiste, tar éis an deich bpúint fhichead sa mbliain a bheith díolta as.

Bhí sagart paróiste sa Domhnach Mhór, deich míle soir ó thuaidh ó Magh Chromtha, agus bhí sé ar an aigne sin go daingean. Chun a

IX: Scoil Magh Chromtha agus Coláiste Cholmáin

thispeáint go raibh an ceart aige do rug sé leis ó Magh Chromtha Toiréalach Ó Goilí, agus d'oscail sé scoil sa Domhnach Mhór do, agus chuir sé ag múineadh na dteangthacha ann é.

D'fhág san mise arís ar seachrán. Ach bhí fear de mhuíntir Shúilliobháin, fear ó Chiarraí, ag múineadh scoile i gCeann Tuirc, agus bhí fear gurbh ainm do Tomás Ó Laeire 'na chónaí ar Doire na Móna, tímpall trí mhíle siar ó Cheann Tuirc. Clann na beirte driothár ab ea an Tomás Ó Laeire sin agus mo mháthair-se. Chuas ó thuaidh go Ceann Tuirc ar scoil agus thagainn go Doire na Móna gach aon oíche go tigh Thomáis Uí Laeire. Thugas, is dó' liom, bliain nú bliain go leith ag dul ar an scoil sin.

Bhí an scoil sin maith go leór ar feadh tamaill. Bhí mórán scoláirthí ag teacht ann, agus ní raibh aon chúnamh ag an máistir. Is amhlaidh a bhíodh gach éinne dhá mhúineadh féin chómh maith agus d'fhéadadh sé é, go minic. Amu' i seana-stábla a bhíodh an scoil againn. Bhí an seana-stábla maith go leór i gcaitheamh an tsamhraidh. Nuair a tháinig an geímhreadh, bhí an donas le fuaire air. Nuair a bhíodh an aimsir an-fhuar, bhíodh tine againn. Ní raibh aon tsimné ar an stábla. Bhí poll sa bhfalla, áfach, laistiar den tine. Bhíodh an poll go maith an fhaid a bhíodh imeacht na gaoithe tríd siar. Ach nuair a bhíodh an ghaoth ag séideadh tríd an bpoll aniar, bhímís múchta ag an ndeatach. Ba mheasa go mór an deatach ná an fuacht. Agus go deimhin is amhlaidh a bhíodh an fuacht agus an deatach in éineacht againn, mar ní bhíodh an tine ach go holc.˙

Fé dheireadh do tuigeadh ins gach aon bhall nárbh aon mhaith do scoileannaibh tuatha bheith ag dul i gcomórtas leis an gcoláiste a bhí i Mainistir Fhear Maí. Do chrom na haithreacha, fé mar a bhí aon ghustal acu chuige, ar na buachaillíbh do chur go dtí an coláiste. Do socraíodh nithe sa choláiste i dtreó go bhféadfadh buachaill teacht ann agus gan bheith air an deich bpúint fhichead do dhíol. D'fhéadfadh sé teacht agus lóistín a thógaint sa tsráid agus dul isteach sa choláiste gach aon lá. Ansan ní bheadh air ach sé púint sa

IX: Scoil Magh Chromtha agus Coláiste Choláin

mbliain do dhíol as an scolaíocht agus d'fhéadfadh sé é féin do chothú chómh saor agus dob fhéidir é.

Tuig i t'aigne, a léitheóir, go raibh an saol ana-chruaidh an uair sin ar mhuíntir na hÉireann. An té go mbíodh feirm thailimh aige, chaitheadh sé bheith ag obair ó dhubh go dubh chun an chíosa ' dhéanamh, agus chun é féin agus pé muiríon a bhíodh air do chothú agus do chlúdach ar chuma éigin. An fear a bheartaíodh tabhairt suas do chur ar mhac leis, do chaitheadh sé dúbailt oibre do bhaint as féin agus as an gcuid eile den chlaínn chun an t-éinne amháin sin do chur chun cínn. Dá bhrí sin, an buachaill a raghadh go Coláiste Choláin agus do thógfadh lóistín sa tsráid do féin, do chaithfeadh sé é féin do chothú gan puínn rabairne, nú bheadh éagóir aige á dhéanamh ar an muíntir a bheadh sa bhaile 'na dhiaidh, ag obair go cruaidh chun eisean do chur chun cínn.

Fé mar a bhí na buachaillí ag imeacht as na scoileannaibh tuatha, bhíodar san, ní nách iúnadh, ag dul chun deiridh agus ag dul in olcas. Do thuig m'athair-se in' aigne nárbh aon mhaith dho me ' chimeád níba shia i gCeann Tuirc. Do shocraigh sé in' aigne gurbh fhearra dho me ' chur go Coláiste Choláin im scoláirthe lae. Do dhein sé an ní sin. Thugas bliain ar lóistín sa tsráid agus ag dul isteach sa Choláiste gach aon lá. Nuair a tháinig deireadh na bliana agus an triail comórtais, féachaint cé ' gheóbhadh dul go Coláiste Mhaí Nuat, do chuas isteach sa chomórtas chómh maith le cách.

Bhí búntáiste mhór ag na buachaillíbh a bhí 'na gcónaí istigh sa Choláiste ar na buachaillíbh a bhí amu' ar lóistín, mar do bhítí ag múineadh na muíntire istigh gach aon tráthnóna. Chuaigh ceathrar agus trí fichid de sna buachaillíbh isteach ar an gcomórtas san. Nuair a bhí an triail déanta, do fuaradh go rabhas-sa ar an gceathrú duine. Ní raibh ach triúr ann a bhí ní b'fheárr ná me. Ní raibh aon mhaith dhom sa méid sin, mar ní raibh ach trí hinid folamh i Mágh Nuat an bhliain sin. Chuaigh m'athair ansan agus do labhair sé leis an Easpag agus chuir sé i gcuímhne dho an socrú a deineadh nuair a hoscladh

IX: Scoil Magh Chromtha agus Coláiste Cholmáin

an Coláiste. Mar gheall ar an socrú san, do thug an tEaspag inead saor sa Choláiste dhom i gcaitheamh na bliana a bhí chúinn, agus nuair a tháinig an triail arís do chuas go Mágh Nuat. Sa bhliain d'aois an Tiarna míle ocht gcéad trí fichid a haon ab ea é sin.

X: Siúl na gCnuc

Ón uair a thosnaíos ar na teangthachaibh d'fhoghlaim i Magh Chromtha, bhínn thuas sa bhaile go minic. Théinn abhaile gach aon tSatharn, agus ansan thagainn anuas arís ar maidin Dé Luain. Dá éaghmais sin, bhínn thuas sa bhaile nuair a tugtí laethanta saoire do lucht na scoile. Do leanadh na laethanta saoire cúpla seachtain nú trí. An fhaid a bhínn sa bhaile, bhínn ag obair ar an bhfeirm bheag i dteannta na cod' eile den chlainn. Thug san taithí mhaith dhom ar gach aon tsaghas oibre sclábhaíochta ' dhéanamh. Bhíos ábalta ar rámhainn do láimhseáil nú ar shluasaid do láimhseáil. Ní hannamh a bhí teinneas im ghéagaibh agus im dhrom ó bheith ag baint fhéir le speil, nú ag baint mhóna le sleán, nú ag baint choirce le corrán. Bhí ' fhios agam an mó dias a dhéanfadh teadhall agus an mó teadhall a dhéanfadh dórnán, agus an mó dórnán a dhéanfadh punann. Bhí ' fhios agam conas súiste do chasadh agus láithreán arbhair do bhualadh, gach re mbuille i gcoinnibh buailteóra eile, agus mo bhuille do bhualadh ar an gcuma dob fheárr chun an ghráinne ' bhaint as an dtuí.

Uaireanta is ag aeireacht a curtí mise nuair a bhíodh an chuid eile ag obair. Deirtí liom go bhféadfainn bheith ag gabháil don leabhar i dteannta na haeireachta ' dhéanamh. Is cuímhin liom lá agus me ag déanamh na haeireachta go bhfeaca gamhna iasachta i dteannta na mbó. Thall ar an muíng mbig a bhí na ba agam. Cheapas, ní nárbh iúnadh, gur anoir ó bhuaibh na Cathairíneach a tháinig na gamhna iasachta. Chromas ar na gamhna iasachta, dar liom, do dheighilt amach ónár mbuaibh féin agus do chomáint soir abhaile. Ní raighidís soir dom. Pé dícheall a dhéanfainn ar iad a chomáint soir, ní raighidís soir dom. Chonaic an mhuíntir eile me agus iad ag obair i bPáirc na

X: Siúl na gCnuc

hAbhann. Bhíodar ag faire orm agus iad ag gáirí. D'ínseadar dom ar ball gur linn féin na gamhna a bhí agam á chomáint chun siúil. Is amhlaidh a bhí na gamhna imithe as m'aithne toisc me ' bheith as baile chómh mór. Do castí liom go minic 'na dhiaidh san an dearúd a dheineas. "Sin é", adeirtí, "an buachaill nár aithin a ghamhna féin!"

Lá éigin eile dá dtánag abhaile, bhí cúpla gabhar le tabhairt aduaidh ó Leaba Dhiarmada.

"Raghad-sa agus tabharfad liom iad", arsa mise. Bhí an fonn orm chun an chnuic do shiúl. Chuireas an cnuc ó thuaidh díom. Do shuíos ar Fhaill na bhFiach ag féachaint uaim síos agus ag féachaint im thímpall ar na sléibhtibh. Nuair a bhí tamall maith caite ansan agam, bhuaileas an cnuc siar agus thugas tamall im shuí in áit eile. Fé dheireadh chuas síos go dtí an áit 'na raibh an dá ghabhar. Bhíodar ceangailte dhá chéile. Chomáineas rómham iad an cnuc suas i dtreó go bhféadfainn teacht cóngar an chnuic abhaile leó. B'fhearra dhom gurbh é an tímpall a gheóbhainn, soir go Carraig an Stáca, mar a raibh an cosán fém chois agam. Ní hé sin a dheineas, ach aghaidh a thabhairt ar an gcnuc. Ní raibh ' fhios agam go raibh oiread den lá caite agam ag féachaint im thímpall. Um an dtaca 'na rabhas féin agus na gabhair ar mhullach an chnuic, bhí sé in' oíche dhubh. I dteannta é ' bheith in' oíche dhubh, bhí ceó tagaithe ar an gcnuc. Leis an ndoircheacht agus leis an gceó is ar éigin ' fhéadainn na gabhair a dh'fheiscint agus iad rómham amach ar an bhfionnán. Chromas ar an dtalamh fém chosaibh agus im thímpall do bhreithniú, chómh fada agus d'fhéadas é sa doircheacht, le heagla go raighinn amú. Bhí m'aghaidh, dar liom, lom díreach, síos ar an áit 'na raibh ár dtigh féin. Bhíodh an dá ghabhar a d'iarraidh gabháil soir in inead gabháil siar ó dheas i dtreó na háite 'na raibh ár dtigh, dar liom-sa. Do thánag rómpu agus chasas anoir iad cúpla uair. Fé dheireadh do ritheadar uaim soir, agus níor fhéadas teacht rómpu go dtí gur chuadar isteach i gclós éigin. Siúd gadhair ag amhastraigh láithreach. Do leanas na gabhair isteach sa chlós. Bhí doras an tí ar m'aghaidh amach. Tháinig bean amach. "Cé hé sin?", ar sise. D'aithníos í láithreach. D'ínseas di

X: Siúl na gCnuc

cérbh é me. Cailín de mhuíntir Luasa ab ea í. Nuair a bhíos ag dul isteach sa chlós san, thabharfainn an leabhar gur isteach i gclós Mhíchíl Bhreathnaigh thoir ar Gleann Daimh a bhíos ag dul. Nuair a chonac an tigh, mheasas, bhíos deimhnitheach de, gurbh é tigh Mhíchíl Bhreathnaigh a bhí agam. Nuair a labhair an cailín liom, is í céad cheist a tháinig chun m'aigne ná "Cad a thug anso i leith go tigh Mhíchíl Bhreathnaigh í sin?" I ndiaidh ' chéile, do léiríodh dom gurbh amhlaidh a bhí meascán mearaí tar éis teacht orm. Is ag an dá ghabhar a bhí an ceart. Bhíos-sa a d'iarraidh na ngabhar do chomáint as an slí chóir dá n-ainneóin. Chimeád na gabhair mise ar an slí chóir do m'ainneóin. Dá dtugadh na gabhair mo shlí féin dómh-sa an oíche sin, is siar chun Millín na Móna a thabharfaimís aghaidh, áit a bhí lán an uair sin de phollaibh doimhne uisce. Ní bheadh aon bhreith againn gan dul isteach i bpoll éigin acu. Gan aon dabht ar domhan, do báfí mise an oíche sin mura mbeadh an dá ghabhar úd a bheith ag tispeáint na slí dhom.

Lá éigin, an fhaid a bhíos ag dul ar scoil go Ceann Tuirc, thug mo neamh-thuiscint féin cúntúirt eile orm, agus ba ró-dhóbair dom gan teacht saor as. D'fhágas Lios Caragáin Lá Domhnaigh agus d'éisteas Aifreann i gCarraig an Ime. Ansan thugas aghaidh ó thuaidh bóthar Shráid a' Mhuillinn, chun dul go Doire na Móna an oíche sin agus bheith in am chun dul go Ceann Tuirc ar maidin Dé Luain a bhí chúinn. Nuair a bhíos ag gabháil Céim Carraige síos, do chonac ar m'aghaidh anonn Caisleán Chille Míde agus cnuc Cláraí. Bhí an lá go hálainn agus an spéir ana-ghlan. Duart liom féin ná raibh aon teóra leis an radharc le breáthacht a bheadh agam ar an ndúthaigh go léir mórthímpall dá mbeinn ar mhullach an chnuic sin. Duart liom féin go bhféadfainn gabháil suas fan an chaisleáin go bárr an chnuic agus féachaint im thímpall, agus ansan rith le fánaidh síos isteach sa tsráid, agus go mbeinn sa tsráid chómh luath, nách mór, agus dá ngabhainn an bóthar. Siúd suas me chun an chnuic chómh luath agus ' thánag ar aghaidh an chaisleáin. Níor shroiseas barra an chnuic chómh luath agus ' mheasas do shroisfinn é. Um an dtaca 'na rabhas ar bharra an chnuic, bhí an ghrian i bhfad níba shia siar, agus síos, ná mar a

X: Siúl na gCnuc

cheapas a bheadh sí. Bhí an radharc go breá gan amhras. Bhí Mullach an Ois agus Claeideach, agus na cnuic mhóra eile go léir, laistiar díom agus laisteas díom, agus iad

    ag bagairt a gcínn de dhruím a chéile,*

agus gan aon bhlúire ceóigh orthu, ach iad chómh glan san gur dhó' le duine gur nite a bhíodar. Bhí Muisire ar m'aghaidh soir agus é chómh nite leó. Ní raibh an cómhartha soininne air:

    Ceó ar Mhuisire 's Clárach lom
    An cómhartha soininne is feárr ar domhan.

Bhí Dúth' Ealla go léir leata amach ansúd fém shúilibh, soir, agus ó thuaidh agus siar, agus an ghrian ag taithneamh air, agus é chómh breá chómh mór chómh leathan! Bhí na cnucáin bheaga thíos ag bun an chnuic, agus bíodh go rabhadar árd go maith dá mbeifá laistíos díobh, ní mhothófá aon aoirde in aon chor iontu nuair a bheifá ag féachaint síos orthu ó mhullach an chnuic. Ba dhó' leat gur talamh leibhéalta ar fad iad.

Ach bhí an ghrian ag dridim ró-fhada síos chun na gcnuc a bhí laistiar díom, agus do ritheas le fánaidh síos i dtreó na sráide. Bhí an tslí síos chun na sráide níba shia ná mar a mheasas, agus níba chrosta go mór ná mar a mheasas. B'éigean dom clathacha móra ' chur díom, agus páirceanna treafa, agus cumair a bhí lán de sceachaibh, agus fé dheireadh, nuair a bhíos ag dul isteach sa tsráid, bhí titim na hoíche ann. Bhí titim na hoíche ann agus bhí seacht míle, de mhíltibh móra fada, idir me agus Doire na Móna, agus ní raibh aithne agam ar éinne i Sráid an Mhullinn, ná ag éinne orm. Thugas aghaidh ar an mbóthar. Shiúlaíos soir tríd an sráid go géar; ó thuaidh go Drisean; go Droichead an Chaoil. Bhíos ag cur an bhóthair díom agus doircheacht na hoíche ag méadú. Fé dheireadh do mhothaíos an tuirse ag teacht orm. Ansan mhothaíos an tart ag teacht orm. Ansan do mhothaíos me féin ag lagú leis an ocras. Bhíos gan aon bhlúire bídh a dh'ithe ó

X: Siúl na gCnuc

fhágas an baile ar maidin. Ach do chomáineas liom. Um an dtaca go rabhas chómh fada soir ó thuaidh le Doire na Graí, bhíos chómh buailte amach san gur shíneas ar bharra chlaí an bhóthair chun an tuirse ' chur díom beagán. Bhíos ar mo shuaimhneas ansan ar feadh tamaill. Ar ball do shamhlaíos go rabhas ag titim im chodladh. Lena línn sin, do mhothaíos mar a bheadh codladh grífín ag rith tríom ballaibh* go léir. Do léimeas suas. Thuigeas láithreach dá dtiteadh mo chodladh i gceart orm ar mhullach an chlaí sin gur marbh a gheófí ann me ar maidin. Siúd chun bóthair arís me. Bhí eólas na slí go maith agam. Do shroiseas tigh Thomáis Uí Laeire ar Doire na Móna. Bhíodar gan dul a chodladh nuair a shroiseas an tigh, bíodh go raibh sé i bhfad tar éis a dódhéag a' chlog san oíche. Bhí driotháir do Thomás sa tigh. Diarmaid ab ainm do. Bhí sé féin agus mise ana-mhór lena chéile. B'é an chéad duine é a chonaic me ag teacht an doras isteach chuige. Bhí iúnadh air cad a thug chómh déanach me. Bhí iúnadh ba mhó ná san air nuair a fuair sé gurbh ar éigin a bhí ionam labhairt leis. Do tugadh mo dhóthain le n-ithe agus le n-ól dom láithreach. Chuas a chodladh, agus go deimhin do chodlas go sámh.

Níor ínseas d'éinne cad a chuir an tuirse go léir orm, ná conas mar ba dhóbair dom fanúint i mbarra an chlaí ar thaobh an bhóthair in aice shéipéil Dhoire na Graí. Níor ínseas d'éinne in aon chor riamh ó shin é. Bhí náire orm a thabhairt le rá d'éinne go dtabharfainn a leithéid de chúrsa, gan ghá gan riachtanas.

Tá aon rud amháin, áfach, a chuireann canncar mór anois orm agus atá ag cur canncair orm riamh ó shin. Ag machnamh dom 'na dhiaidh san ar an gcuma 'na mbídís ag féachaint orm an oíche sin, nuair a mheasaidís ná bínn ag féachaint orthu, do buaileadh isteach i m'aigne gur mheasadar gurbh amhlaidh a casadh cuideachta éigin orm i Sráid an Mhuillinn agus gur rugadar isteach i dtigh tábhairne éigin me—agus gurbh é sin a chimeád amu' chómh déanach me, agus do chuir an tuirse go léir orm agus do bhain mo chainnt díom!

X: Siúl na gCnuc

Féach gurb uiriste éagóir a dhéanamh ar dhuine! Go mór mór nuair a thugann duine féin an chaoi chuige le beart éigin mhí-chuíosach.

XI: An Mhangarta

Tá sé chómh maith agam a dh'ínsint san áit seo conas mar a dheineas beart a bhí mí-chuíosach go leór i bhfad sara ndeigheas isteach in aon scoil riamh ach amháin an scoil a thug mo mháthair dom. Bhíos, is dó' liom, tímpall deich mbliana dh'aois, nú b'fhéidir ag déanamh ar bheith aon bhliain déag. Bhí trí nú ceathair de chollaibh beaga seasca ageam athair le cur siar go dtí an Leitir Cheanann, ar an gcnuc, i dtreó go gcaithfidís an samhradh ann agus go bhfágfí an fhosaíocht sa bhaile ag na buaibh bainne. Bhí fear oibre againn. Mícheál Ó Fineagáin ab ainm do. Bhí daitheacha ag imirt ar an nduine mbocht. Dhéanfadh sé obair maith go leór ach ní fhéadfadh sé rith. Dúradh leis na ba seasca do chomáint leis siar go dtí an cnuc. Dúradh liom-sa dul lena chois i dtreó dá mbeadh na ba ag rith uaidh, a d'iarraidh teacht thar n-ais abhaile, go ndéanfainn-se rith agus teacht rómpu dho.

Chomáineamair linn iad, Daingean na Saileach siar; síos ar bhóthar Chnuic an Iúir; siar go Béal an Gheárrtha; siar trí Charraig an Adhmaid; siar chun an Mhuilinn. Ag an Muileann do chuamair ó dheas thar an ndroichead. Ansan do chomáineamair an bóthar siar iad go Cúil Aodha; fan Loch' an Bhogaigh siar; trí Dhoirín na Gréine; agus siar go bun an chnucáin mar a dtosnaíonn an bóthar ag gabháil suas Cúm na nÉag. Tháinig tuirse ar Mhícheál ag bun an chnuic sin. Duairt sé liom-sa aire ' thabhairt do sna buaibh agus do shín an duine bocht ar thaobh an bhóthair agus choidil sé greas do féin. Ní raibh aon locht ag na buaibh air sin. Bhí féar breá glas ar gach taobh den bhóthar agus d'itheadar a ndóthain de.

Nuair a bhí a ghreas codlata déanta ag Mícheál agus greas maith ínnír déanta ag na buaibh, do chomáineamair linn arís iad; suas cliathán an chnuic go barra Chúm na nÉag agus siar bóthar Neidín go dtí gur

XI: An Mhangarta

shroiseamair an Leitir Cheanann, nú, mar aduairt file éigin nú bean chaointe éigin, "an Leitir ná léitear".

Chuamair isteach i dtigh na ndaoine go mba leó an cnuc. Fuaramair rud le n-ithe agus le n-ól go fial. Bhí sé 'na thráthnóna mhór-luath. D'fhan Mícheál istigh, ach do chuas-sa in éineacht le fear óg de mhuíntir an tí a bhí chun na mbó do chomáint suas an cnuc chun na háite 'na rabhadar le fanúint, i dteannta na mbó eile a bhí ann ar an gcuma gcéanna.

Bhí bean ón gcómharsanacht san pósta, ar Pruthas, i bparóiste Thuath na Droman, ag driotháir athar dómh-sa. An fhaid a bhíomair ag gabháil suas an cnuc, bhí radharc againn ó dheas ar na tithibh a bhí ar an dtaobh theas den ghleann. Chromas ar cheistiúchán ar an mbuachaill a bhí lem chois dhá fhiafraí dhe cé ' bhí 'na chónaí, "sa tigh úd thall",—"sa tigh eile úd thall"—agus mar sin, go dtí gur ainmnigh sé duine de mhuíntir Thuama.

"Ná fuil bean as an dtigh sin pósta lastoir in áit éigin?", arsa mise.

"Tá go díreach", ar seisean. "Tá sí pósta ag fear de mhuíntir Laeire thoir ar fad ar Pruthas".

"Cad é an ainm atá ar an bhfear san?", arsa mise.

"'Peadar Rua', a thugaid siad air", ar seisean.

Sin a raibh uaim. D'fhéachas go géar ar an dtigh i dtreó gur chuireas a chómharthaí isteach i m'aigne go daingean. Chomáineamair linn suas na ba go dtí gur chuireamair isteach i gcumar bhreá chluthar iad, mar a raibh a lán eile ba seasca, agus gairithean a thaithn leó acu agus iad ag ínníor air go suairc.

XI: An Mhangarta

Bhíomair ar an gcliathán thuaidh den "Leitir ná léitear" an uair sin agus bhí radharc breá againn. Bhí gleann ana-dhoimhinn, ana-leathan lastuaidh dínn, agus cnuc ana-mhór, an-árd lastuaidh den ghleann.

"Cad é an ainm atá ar an gcnuc mór san?", arsa mise.

"Ar airís riamh teacht thar an Mangartain?", ar seisean.

"D'airíos go minic", arsa mise. "'Mangarta an Cheóigh' a dh'airínn in amhránaibh air".

"Ní miste Mangarta an Cheóigh a thabhairt air go deimhin", ar seisean. "Bíonn an ceó go trom agus go dorcha air uaireanta".

"Is dócha", arsa mise, "go bhfuil radharc ana-mhór óna bharra".

"Tá", ar seisean, "radharc ana-mhór óna bharra. Ba dhó' leat go bfeicfá Éire go léir óna bharra dá mbeadh an lá glan".

"Tá sé ana-ghlan anois", arsa mise. "Ní bheidh an ghrian ag dul fé go ceann tamaill. Beidh aimsir ár ndóthain againn chun dul suas go dtí a bharra agus an radharc breá ' dh'fheiscint. Téanam ort".

D'fhéach sé orm.

"An bhfuil ' fhios agat", ar seisean, "cad é an fhaid atá an cnuc san uait anois?"

"Ba dhó' liom", arsa mise, "go bhfuil sé dhá mhíle go maith uainn".

"Dhá mhíle!", ar seisean agus iúnadh air. "Is é méid atá an cnuc san uait anois, a mhic ó", ar seisean, "ná deich míle; agus dob usa dhuit go mór fiche míle de bhóthar a shiúl ná an deich míle sin!"

XI: An Mhangarta

Ní duart a thuilleadh, ach dheineas ceapadh i m'aigne féin. Duart liom féin go n-éireóinn ana-mhoch ar maidin amáireach a bhí chúinn agus go raghainn go barra an chnuic sin sara mbeadh Mícheál Ó Fineagáin as a leabaidh.

Thánamair abhaile. Chuas isteach sa tigh. Bhí seanabhean ag cainnt istigh agus mheasas go raibh fearg uirthi. Do buaileadh isteach i m'aigne gur doicheall a bhí uirthi rómham. Níor leogas aon rud orm. Do shleamhnaíos chun an dorais. Níor dheocair dom sleamhnú chun an dorais, mar ní rabhas tar éis dul i bhfad isteach ón ndoras. Chómh luath agus ' fuaras me féin ar an dtaobh amu' den doras, chuireas an talamh díom! Síos liom chun na glaise agus anonn thar glaise, agus suas, ar an dtaobh theas den ghlaise agus den bhóthar, chun tí mhuíntir Thuama. Chómh luath agus ' thánag isteach sa chlós, siúd trí nú ceathair de ghadhraibh ag amhastraigh orm. Siúd beirt nú triúr 'om chosaint orthu. Bhuaileas thórsu go léir isteach, idir ghadhraibh agus lucht cosanta. Bhuaileas suas chun na tine. Bhí sé tamall beag tar éis na hoíche ' thitim. Nuair a shroiseas an tine chonac seanabhean bhreá mhór bhrothallach mháithriúil agus í 'na suí ar fhuarma in aice na tine, i leith mo lámha clé. D'fhéachas uirthi agus d'imíos agus shuíos ar chathaoir a bhí ar an dtaobh eile den tine. Níor labhras le héinne agus níor labhair éinne liom, ar feadh tamaill. Fé dheireadh do labhair an bhean mhór liom go breá séimh sultmhar.

"'Sea, a gharsúin", ar sise, "cár ghabhais chúinn?"

"Go deimhin", arsa mise, "ba chóir go n-aithneódh sibh me!", agus do gháireas.

Níor labhair éinne ar feadh tamaill eile, ach bhí an bhean mhór ag cur na súl tríom. Fé dheireadh do labhair sí arís.

"B'fhéidir gur anoir a ghabhais chúinn?", ar sise.

"Is anoir", arsa mise, "agus Peadar Ua Laoghaire is ainm dom".

XI: An Mhangarta

"'Sea, a Pheadair Uí Laoghaire", ar sise, "aithním go maith anois tu. Mac do Dhiarmaid is ea thu".

"Mac do Dhiarmaid is ea me", arsa mise.

Do cuireadh gach aon chóir orm láithreach agus ní baol gur mhothaíos aon doicheall rómham. Ní raibh aon bhlúire doichill san áit eile rómham ach chómh beag, pé rud a chuir i m'aigne go raibh.

Chuas a chodladh. Ach bhí an Mhangarta i m'aigne agam. Chómh luath agus ' chonac an chéad amhscarnach de sholas an lae ar maidin, bhíos im shuí agus amu'. Siúd síos me go dtí an bóthar. Nuair a thánag ar an mbóthar, d'fhéachas uaim ó thuaidh. Ní raibh aon radharc ar an Mangartain ón mbóthar, ach bhí ' fhios agam cad é an treó baíll 'na raibh an cnuc. Shiúlaíos an bóthar siar go dtí go rabhas, mar a mheasas, ar aghaidh an chnuic ó dheas, nú, go dtí go raibh, de réir mo bhreithiúntais, an Mhangarta ar m'aghaidh ó thuaidh díreach. Ansan d'imíos isteach thar claí an bhóthair agus thugas m'aghaidh ó thuaidh tríd an sliabh. Bhí an talamh ana-gharbh, ana-mhí-chothromach, lán de chlochaibh agus de thúrtógaibh agus de phollaibh agus de charraigreachaibh, ach do chomáineas liom ó thuaidh díreach. Bhí srutháin leathana dhoimhne rómham le gabháil thórsu. Do stadainn uaireanta ar bruach srutháin acu ag féachaint síos ar na breacaibh beaga a bhíodh iontu thíos, ag sceinnt anonn 's anall, agus ag dul isteach fé sna clochaibh nuair a chídís me. Ansan do chomáininn liom ó thuaidh arís agus me ag faire chúm, ag brath air nárbh fhada go bhfeicfinn ceann mór ramhar na Mangartan ag éirí chúm de dhruím an chnuic ar a rabhas ag siúl. Ach bhí an ghrian ag éirí lastoir agus ní raibh an Mhangarta ag éirí lastuaidh. Bhí tigh mhuíntir Thuama agus na tithe eile a bhí sa chómharsanacht ag imeacht as mo radharc laisteas, agus ní raibh aon rud lastuaidh díom fós, ná lastoir díom, ná laistiar díom, ach an sliabh agus é lán de sna clochaibh agus de sna túrtógaibh agus de sna carraigreachaibh. Bhí an ghrian ag dridim suas ar an spéir lastoir agus an brothall ag tosnú

XI: An Mhangarta

ar theacht aisti, agus bhí tart ag teacht orm. Bhaineas deoch breá a ceann de sna sruthánaibh, agus chomáineas liom ó thuaidh.

Fé dheireadh do chonac ceann mór ramhar na Mangartan ag éirí chúm. D'fhéachas go géar air. Do mheasainn go mbíodh sé ag suathadh agus ag guagadh agus dhá luascadh féin anonn 's anall in aghaidh gach ciscéim dá dtugainn. Thuigeas go maith gurbh é an fhaid a bhí sé uaim fé ndeár an luascarnach san, nú a dheallramh. Chomáineas liom ó thuaidh tamall eile go dtí gur oscail an gleann mór leathan doimhinn fúm thíos lastuaidh díom, agus idir me agus an Mhangarta.

Bhí tamall maith den mhaidin imithe um an dtaca san. Bhí ocras ag teacht orm. Bhíos suaite go maith, agus tuirse orm agus allas orm, ó bheith ag siúl tríd an sliabh. D'fhéachas ar an ngleann a bhí ansúd ar leathadh ar m'aghaidh amach, agus d'fhéachas uaim ó thuaidh ar an Mangartain—agus chuímhníos ar an deich míle úd a bhí níba dheocra do shiúl ná fiche míle. Ambasa ach do chuímhníos gurbh fheárr gan dul a thuilleadh.

Ansan d'fhéachas im thímpall. Bhí ' fhios agam go raibh Cúm na nÉag ar m'aghaidh soir díreach, agus go bhféadfainn cóngar mór a dhéanamh ach aghaidh a thabhairt soir. Bhí ' fhios agam, leis, nárbh fhada go mbuailfeadh tigh éigin umam, agus nár bhaol ná go bhfaighinn mo dhóthain le n-ithe ann. Siúd soir me tríd an sliabh. Bhíos ag cur na slí dhíom soir go dtí gur mheasas nárbh fhéidir dom gan bheith ag teacht ar Chúm na nÉag. Thánag ar chúm, ach níorbh é Cúm na nÉag é. Clais mhór fhada ab ea an cúm, mar a bheadh gearradh mór fada leathan tríd an sliabh, ó thuaidh agus ó dheas, agus sruthán beag ag rith ó dheas tríd an ngearradh, le titim an tailimh, agus bóthar tríd an ngearradh, fan an tsrutháin. Ba dhó' le duine gurbh é rud an gearradh san, tríd an sliabh, ná caidhséar a dhein an sruthán do féin, ach amháin go raibh an caidhséar ró-mhór, ró-leathan, ró-dhoimhinn, agus an sruthán ró-shuarach. Dá mbeadh seachtain fearthana ann, áfach, agus an fhearthainn trom, ní dó' liom

XI: An Mhangarta

go mbeadh an sruthán ró-shuarach chun an chaidhséir a dhéanamh. Do stadas ar bruach an chaidhséir ar feadh tamaill. Bhí cúis staid agam. Bhí an tsál imithe ó bhróig liom. Ní raibh puínn greama ag bonn na bróige eile. Agus bhí tuirse agus ocras orm. Bhíos ag féachaint an bóthar ó thuaidh. Bhí radharc i bhfad ó thuaidh agam, mar bhí an bóthar díreach agus bhí an áit 'na rabhas árd go maith os cionn an bhóthair agus os cionn an tsrutháin. Níorbh fhada go bhfeaca ag gabháil chúm an bóthar aduaidh rud a chuir iúnadh agus alltacht orm. Bhí an rud ag siúl ar nós duine. Ach ní fheaca ar aon duine riamh a leithéid de cheann le méid. Bhí sé ag siúl ana-ghéar. Fé mar a bhí sé ag teacht i gcóngar dom is ea ba mhó a chonac an deallramh daonna air, ach an ceann a bheith ag dul i méid go huathásach. Níorbh fhada go bhfeaca go raibh adharca beaga ar an gceann. Go luath tar éis na n-adharc a thabhairt fé ndeara dhom, do thuigeas an scéal go léir. Bean a bhí ann agus corcán ar a ceann aici, a ceann sáite suas i mbéal an chorcáin aici agus an corcán lán d'fhéar thirim, i dtreó ná gortófí an ceann, agus trí cosa an chorcáin in áirde mar ' bheadh trí adhaircíní.

Chómh luath agus ' thuigeas an méid sin, do ritheas síos agus thar sruthán soir agus bhíos 'na coinnibh ar an mbóthar um an dtaca 'na dtáinig sí suas.

Níor leogas blúire orm i dtaobh na preibe do bhí bainte aici asam.

"Dia 's Muire dhuit!", arsa mise léi.

"Dia 's Muire dhuit is Pádraig, a gharsúin", ar sise; "ach ní aithním thu. Ní dó' liom", ar sise, "gur éinne de gharsúnaibh na háite seo thu?"

"Ní hea", arsa mise. "Anoir ó Chluan Droichead is ea me, agus táim ag déanamh cóngair soir abhaile. Táim ag tabhairt aghaidh soir ar Chúm na nÉag. An bhfuil Cúm na nÉag i bhfad soir as so?"

XI: An Mhangarta

D'fhéach sí go géar orm.

"Ó Chluan Droichead!", ar sise. "Aililiú!", ar sise. "Cúm na nÉag!", ar sise. Ansan, fé mar ' bheadh a hiúnadh curtha dhi aici, d'iompaigh sí orm. "Ach", ar sise, "tá Cúm na nÉag an-fhada soir as so, agus tá an tslí ana-gharbh ana-mhí-chothromach. Buail mar seo síos in éineacht liom-sa agus cuirfead ar an mbóthar thu. Tá bóthar breá réidh agat ón gcruis seo thíos soir go Cúm na nÉag, agus as san soir go dtí muileann Bhaile Mhúirne. Agus go deimhin is fada an bóthar é dhuit-se le siúl anois".

Chomáineas liom síos lena cois. Níorbh fhada go bhfeaca, thíos ag an gcruis, fear agus bata 'na láimh aige agus é ag crothadh an bhata chúm go feargach. Mícheál Ó Fineagáin a bhí ann. Bhí an duine bocht tar éis an lae ' chaitheamh 'om chuardach. Nuair ' éirigh sé ar maidin ní raibh aon tuairisc orm ag éinne dho. Chonaic duine éigin me ag dul anonn go tigh Mhuíntir Thuama. Chuaigh sé anonn. Ní raibh aon tuairisc thall orm ach gur thugas an oíche ann agus ná feacaigh éinne me ag imeacht ar maidin. Tháinig sé anall. Thall ná abhus ní raibh aon tuairisc orm.

"Cad a dhéanfad in aon chor!", ar seisean. "Conas a thabharfad aghaidh ar a athair agus ar a mháthair!"

"Imigh ort abhaile", arsa gach éinne leis. "Thoir sa bhaile rómhat a gheóbhair é, gabhaim-se orm!"

Ar an mbóthar ag dul abhaile a bhí sé nuair a chonaic sé chuige aduaidh an bóthar úd tríd an gcaidhséar me. Bhí fearg air, ach ba mhó an t-áthas a bhí air ná an fhearg. Ní leogfadh sé as a radharc as san amach me go dtí go rabhamair araon sa bhaile. Nuair a shroiseamair an baile, bhí iúnadh orm-sa. Níor labhair sé oiread agus focal amach as a bhéal chun aon ghearáin a dhéanamh orm mar gheall ar an scannradh a chuireas air! Ní baol gur labhras féin ar an scéal go dtí i bhfad 'na dhiaidh san.

MO SCÉAL FÉIN

XII: Ar Mhullach na Mangartan

I bhfad 'na dhiaidh san, leis, do chuas go mullach na Mangartan, ach is ón dtaobh thuaidh a chuas in áirde air, ó Chíll Áirne. Bhíos níba shine agus níba threise an uair sin ná mar a bhíos an lá a chuas siar go dtí an "Leitir ná léitear". Bhíos i m'aonar agus bhí an lá ana-bhreá. D'fhágas Cnuc an Eireabaill chómh luath agus ' bhí mo *bhrecfaist* ite agam, agus chuireas gach aon chóngar díom siar ó dheas go dtí go rabhas ag bun an chnuic. Ansan do chuardaíos an cosán a bhí, mar a hínseadh dom, ó bhun an chnuic suas go dtí a bharra, an cosán a deineadh ann fé chosaibh na ndaoine iasachta a thagadh ann chun Cíll Áirne agus na radharcanna breátha atá tímpall air a dh'fheiscint. Chómh luath agus do thánag ar an gcosán, do chomháineas liom suas. Nuair a thagadh an saothar orm, trí dhéine an chnuic, do stadainn agus d'fhéachainn im thímpall ar an ndúthaigh a bhí laistiar díom. Bhí an radharc san ag leathnú agus ag dul i mbreáthacht fé mar a bhíos ag dridim suas. Nuair a bhíos tamall maith suas, bhí an radharc chómh breá chómh mór chómh leathan san˙ go stadadh m'anál orm nuair ' fhéachainn im thímpall air. Fé dheireadh do shroiseas an fiaradh. Do stadas ansan tamall maith ag féachaint im thímpall. Dob uathásach an radharc é! Bhí an lá chómh glan le criostal. Bhí scamaill bheaga bhána ar an spéir, ach bhíodar an-fhada suas agus bhí an t-aer fúthu gan aon bhlúire ceóigh ann, i dtreó gur fhéadas an talamh, agus na páirceanna, agus na coíllte, agus cuid de sna haibhníbh, agus cuid de sna teampallaibh, agus an chuid de sna tithibh cónaithe ná raibh ró-fhada uaim, a dh'fheiscint go soiléir. Bhí Cíll Áirne ansúd thíos i m'aice, chómh cóngarach san dom, dar liom, go measainn go bhféadfainn méaróg chloiche do chaitheamh síos isteach sa tsráid bheag.

Ar éadan an chnuic is ea ' bhíos an uair sin. Bhí an titim lasmu' dhíom agus a leithéid d'fhánaidh ann go measainn dá scaoilinn cloch síos ná stadfadh sí go dtí go mbeadh sí ag bun an chnuic. Bhí barra an chnuic go breá leathan leibhéalta laistiar díom, agus gur dhó' leat

XII: Ar Mhullach na Mangartan

nuair a dhridfá isteach air nách ar mhullach cnuic a bheifá in aon chor ach ar réidh bhreá leathan. Do dhrideas isteach air. Ní raibh aon choinne agam, go dtí go rabhas ag siúl air anonn 's anall ar an gcuma san, go raibh an mullach chómh breá fada fairseag. Bhí na cnuic mhóra eile, agus na cnuic bheaga ar a measc, laistiar agus laisteas agus lastoir díom. Ba dhó' leat ná raibh sa chuid eile acu ach cruiceóga bheaga seochas an beithíoch cnuic a bhí fém chosaibh. Ní raibh ach Corrán Tuathail, a bhí ansúd laistiar díom, go raibh aon téagar ná aon aoirde ann, dar liom. Bhí an Dá Chí' agus Mullach an Ois lastoir díom, agus d'fhéachadar ana-shuarach. D'fhéachas ó dheas féachaint an aithneóinn an "Leitir ná léitear". Do theip orm glan aon phioc dá dheallramh a dhéanamh amach i measc na sliabh eile. Ní raibh san áit ar fad ach grathain sléibhte. Bhí radharc siar ó dheas agam ar na hinbhiribh atá ag teacht isteach ón bhfarraige idir na cnucaibh, i dtreó gur dhó' le duine gurb amhlaidh a bheadh na cnuic ag dul fé uisce, agus nárbh fhada go mbeadh an fharraige os a gcionn; nú gurb amhlaidh a bheadh na cnuic ag éirí as an uisce, agus nárbh fhada go mbeadh an fharraige imithe siar ar fad amach as na gleanntaibh sin atá idir na cnucaibh. Ag féachaint orthu dhom, thugas fé ndeara láithreach an chosúlacht chruínn atá idir an radharc a chonac ansúd, idir chnucaibh agus uisce, agus an radharc a chíonn éinne nuair ' fhéachann sé ar an gcúinne thiar theas de mhapa na hÉireann ar fhalla thí scoile'. Níor fhéadas gan fanúint tamall maith ag féachaint ar an mapa úd atá ansúd anois, agus nách fios dómh-sa ná d'éinne eile cad é an fhaid atá ó cuireadh ann é.

Tar éis me ' bheith tamall maith ag féachaint air agus ag machnamh air, d'iompaíos agus bhuaileas soir tríd an réidh bhreá leathan ar an mullach. Ní fada soir a chuas nuair a baineadh árdgheit asam. Do chonac ar m'aghaidh amach poll mór leathan doimhinn, síos in sa chnuc. B'é saghas puíll díreach é ná an poll a bheadh ann dá mb'amhlaidh a bainfí ceann de Chíochaibh Danann aníos a lár na Mangartan agus an Chí' sin do chaitheamh thall in aice na Cíche eile, mar a bhfuil sí anois, an taobh a bhí suas di, sa chnuc, ar an dtalamh, agus an ceann caol di, a bhí síos sa chnuc, é suas anois. Ba dhó' leat,

XII: Ar Mhullach na Mangartan

dá dtógfí ón dtalamh arís í agus í ' chur isteach sa pholl, an ceann caol di síos, go líonfadh sí an poll agus go mbeadh mullach na Mangartan 'na réidh bhreá leathan, ar aon leibhéal ó thaobh taobh, mar a bhí sé sarar tógadh an cnuc eile sin aníos as.

Má fhanas tamall maith ag féachaint siar ar na sléibhtibh agus ar na hinbhiribh in iarthar Éireann, ó Bhaoi Bhéarra go hinbhear Neidín agus go hinbhear Thrá Lí agus go hinbhear an Daingin, do thugas tamall ba mhó ná é ag féachaint uaim síos sa pholl úd gur baineadh, dar liom, an chíoch ba ghiorra dhom de Dhá Chích Danann aníos as uair éigin fadó. Níor fhéadas dul ró-achomair don pholl. Bhí an titim óna bhruach síos ró-dhíreach agus, dá dtéinn ró-imeallach ar an mbruach, ba bhaol dom go n-imeódh an fód óm chosaibh agus go scaoilfí le fánaidh me. Thánag chómh hachomair, áfach, agus go raibh radharc agam ar an loch uisce atá thíos i mbun an phuíll. Féachann an loch san go fada síos agus go gránna agus go huaigneach agus go dubh.

Shamhlaíos gurbh amhlaidh a bhí draíocht éigin ag an loch san dá imirt ar mo shúilibh, d'fhanas chómh fada san ag féachaint síos air. Nuair ' fhéachainn im thímpall tamall, soir ar an Dá Chí' nú ó dheas ar na hinbhiribh, níorbh fhada go n-iompaíodh mo shúile thar n-ais arís, agus síos ar an loch gránna dubh úd. D'fhéachainn anonn ar an dtaobh thoir den pholl agus chínn radharc álainn ann, taobh an phuíll 'na sheasamh thall, ar m'aghaidh anonn agus an ghrian ag taithneamh air agus scáileanna na scamall mbeag leata amach air agus iad ag gluaiseacht fan é go breá réidh, díreach mar a bhí na scamaill bheaga féin ag gluaiseacht thuas os mo chionn ar an spéir. Ansan, nuair ' fhéachainn síos arís ar an loch, agus nuair a chuirinn cor díom anonn nú anall, shamhlaínn go mbíodh an loch, agus bun an phuíll ar fad, ag suathadh agus ag luascarnaigh anonn 's anall, díreach mar a bhíodh mullach an chnuic féin nuair a bhíos ag féachaint air aneas ón "Leitir ná léitear".

XII: Ar Mhullach na Mangartan

Nuair a bhínn cortha de bheith ag féachaint síos ar an loch gránna dubh agus anonn ar an dtaobh thoir den pholl, agus 'om shuathadh féin anonn 's anall go bhfeicfinn an luascarnach laistíos, d'fhéachainn uaim ó thuaidh ar an ndúthaigh bhreá a bhí leata amach lastuaidh díom. Bhí um an dtaca san an bhreacarnach chéanna ar an ndúthaigh sin a bhí ar an dtaobh thoir den pholl, mar bhí na scamaill bheaga tar éis iad féin do leathadh amach ar an spéir go léir, agus bhí na scáileanna beaga leata amach ar an ndúthaigh go léir. Ní fheaca riamh roimis sin, agus ní fheaca riamh ó shin, radharc chómh breá leis an radharc a bhí leata fém shúilibh nuair a bhíos ag féachaint siar agus ó thuaidh agus soir ar an ndúthaigh sin, agus an bhreacarnach san, scátha agus solais, ar leathadh air. Bhí an bhreacarnach chéanna ar an spéir thuas, os cionn na dútha, ach so a bheith de dheifríocht idir an mbreacarnach thuas agus an bhreacarnach thíos, .i. an rud ba scáth laistíos gur sholas lastuas é, agus an rud ba sholas laistíos go mba scáth lastuas é. Scamaill gheala ab ea na scamaill bheaga a bhí ar an spéir agus bhíodar níba ghile ná mar a bhí an spéir 'na dtímpall. Tríd an spéir a bhí gan scamall a thagadh solas na gréine anuas, agus an scamall beag geal is é ' chuireadh an scáth ar an dtír laistíos de.

Thugas oiread san aimsire ag féachaint ar na radharcannaibh breátha san, ar na sléibhtibh agus ar na hinbhiribh laisteas díom, ar an ndúthaigh, ní hea, ach ar na dútaíbh móra leathana lastuaidh díom, ar an bpoll uathásach a bhí ansúd ageam chosaibh, ar an loch dubh draíochta a bhí ansúd thíos, ag suathadh agus ag luascarnaigh, i mbun an phuíll, agus ar an mbreacarnach scátha agus solais a bhí orthu go léir, go raibh an tráthnóna ag teacht sarar tháinig aon phioc dá chuímhneamh chúm go raibh Cnuc an Eireabaill tamall maith soir ó thuaidh uaim, agus go gcaithfinn dul ann i gcómhair na hoíche. Ansan féin ba ró-dheocair liom imeacht ón radharc. Ag dul i mbreáthacht a bhí an radharc fé mar a bhí an ghrian ag dridim síos agus an solas ag athrú; an solas ag lagú agus na scáthanna ag dorchú; agus an loch thíos i mbun an phuíll ag dúchtaint tuilleadh agus ag dul, ba dhó' le duine, tuilleadh fén ndraíocht. Thugas iarracht ar imeacht. Do stadas tamaillín eile. Thugas iarracht eile ar imeacht agus

XII: Ar Mhullach na Mangartan

do stadas tamaillín chun aon fhéachaint amháin eile ' thabhairt im thímpall orthu go léir. Fé dheireadh do ritheas as an áit.

B'usa go mór agus ba shaoráidí teacht an cnuc anuas ná dul suas. Mar sin féin, bhíos tamall maith ag teacht anuas mar, an fhaid a lean an radharc leathan, ní fhéadainn gan stad anois agus arís chun mo shúile do shásamh air. Um an dtaca 'na rabhas ag bun an chnuic, bhí an oíche ann, i dtreó gurbh ar éigin a bhí solas mo dhóthain agam chun na Fleisce do ghabháil. Do ghabhas í, áfach, gan mo chosa do fhliuchadh, agus chomáineas liom ó thuaidh go dtí gur chuireas mo chos ar bhóthar Chille Áirne. Bhí an oíche dhubh ann um an dtaca san; ach bhí an oíche go breá agus go ciúin, agus níorbh fhada gur éirigh an ghealach. Nuair a bhí an ghealach 'na suí agus an solas agam ba chuma liom an oíche nú an lá agam. Chomáineas liom an bóthar soir. Thánag go dtí áit 'na raibh falla mór árd cloiche ar an dtaobh thuaidh den bhóthar, ar mo láimh chlé, agus seana-chaisleán laistigh den fhalla. Do hínseadh dom cúpla lá roimis sin go raibh droch-ainm ar an seana-chaisleán agus ar an áit sin den bhóthar; go bhfeictí púca nú sprid nú rud éigin mí-nádúrtha den tsórd san ann. Bhí sé ag déanamh amach ar uair an mheán oíche nuair a thánag go dtí an áit. Bhíos ag cuímhneamh ar an bpúca, ach má bhíos, ní le haon eagla roimis an bpúca é. Bhíos dhá rá i m'aigne gur mhór an díth céille do dhaoine bheith dhá mheas go bhféadfadh púcaí ' bheith san oíche ann ach chómh beag agus ' bheidís ann i lár an lae. Lena línn sin, siúd chúm an bóthar anoir ainmhí éigin uathásach agus é ar cos in áirde go dian. Bhí craínn ar gach taobh den bhóthar san áit, i dtreó nár fhéadas in aon chor a dhéanamh amach cad é an saghas ruda an t-ainmhí. Bhí baitín beag im láimh agam. D'árdaíos an baitín dá laíghead agus dá shuaraí é. Do rith an t-ainmhí chúm go dtí go raibh sé ar m'aghaidh amach. Díreach agus é ag gabháil thorm siar, do leagadh ar an mbóthar é. D'éirigh a leath agus ghoibh sé siar ar cos in áirde agus d'fhan an leath eile ar an mbóthar. Bhíos ag iniúchadh ar an leath a bhí ar an mbóthar. Ach níor fhéadas a dhéanamh amach cad é an saghas ruda é. Lena línn sin, d'éirigh sé den bhóthar agus dhein sé orm.

XII: Ar Mhullach na Mangartan

"Fan uaim amach!", arsa mise, "pé rud thu!", agus mo bhaitín in áirde agam.

Do labhair sé.

"Ó, mhuise!", ar seisean, "go mbrisidh an D---l do chosa, mar asal!". agus é ag féachaint an bóthar siar i ndiaidh an ruda a bhí imithe siar ar cos in áirde.

"Gabhaim párdún agat!", ar seisean liom-sa. "Is amhlaidh a chaitheas me féin anuas den bhithiúnach asail sin. Do leagas é d'aon ghnó chun teacht anuas de. Ag dul soir go Sráid an Mhuillinn atáim. D'fhágas Cíll Áirne um thráthnóna chun dul soir go Sráid an Mhuillinn. Bhíos chómh fada soir leis an mBarra Dubh nuair a bhuail an t-asal san umam ar an mbóthar. Do rugas air agus do léimeas in áirde air chun é ' bhreith liom agus marcaíocht a bheith agam as tamall den bhóthar. Chómh luath agus ' bhíos socair in áirde air agus do fuair sé ná féadfadh sé me ' chaitheamh de, cad a dhein sé ach iompáil an bóthar siar! Níor fhéadas é ' chasadh toisc gan srian ná ceannrach a bheith agam air. Bhéarfadh sé siar isteach go Cíll Áirne me arís mura mbeadh me dhá leagadh ansan ar an mbóthar. Do rugas ar chluais air a d'iarraidh é ' chasadh soir, agus is amhlaidh a leagas é, an rógaire bithiúnaigh!"

Ansan d'inis sé dhom cérbh é agus cad é an gnó a bhí soir go Sráid an Mhuillinn aige. Ó thigh na mbocht i gCíll Áirne dob ea a tháinig sé agus go tigh na mbocht i Sráid an Mhuillinn a bhí sé ag dul. Garsún cheithre mblian ndéag nú chúig mblian ndéag ab ea é. Cheap sé an éagóir a dhéanamh ar an asal agus thug an t-asal "cor in aghaidh an chaím" do.

Chomáineamair araon linn ansan an bóthar soir, agus dheineamair cuideachtanas dá chéile go dtí gur shroiseamair an bóithrín ó thuaidh chun an tí ar Cnuc an Eireabaill mar a raibh mo ghaolta-sa 'na gcónaí

XII: Ar Mhullach na Mangartan

agus mar a raibh mo thriall i gcómhair na hoíche. Do scaramair le chéile ar an áit sin. Ní fheaca riamh ó shin é beó ná marbh.

Ní raibh sé ach tamall beag roim lá nuair a shroiseas an baile. Bhí muíntir an tí 'na gcodladh, ní nárbh iúnadh. Do fágadh bia agus deoch im chómhair-se in aice na tine. D'itheas an bia agus d'ólas an deoch. Ansan duart mo phaidreacha agus chuas a chodladh. Ní baol ná gur chodlas go sámh.

Eidir-fhaisnéis is ea an méid sin cainnte atá ráite i dtaobh na cuarda san a thugas go "Mangartain an aeir aoibhinn", mar aduairt an file. An "Leitir ná léitear" fé ndeara dhom cuímhneamh ar an gcuaird sin. Do chuas suas aon uair amháin eile go mullach na Mangartan, tamall maith i ndiaidh an lae sin, ach ní raibh an lá chómh breá ná an spéir chómh glan, agus bhí daoine lem chois, agus níor fhéach an radharc chómh hálainn in aon chor, ná chómh hoirirc, ná chómh huasal, agus ' bhí sé an chéad lá úd a chonac é. Is dócha gur lá mar an lá san a bhí ag an bhfile thuas air nuair a thug sé "Mangarta an aeir aoibhinn" ar an gcnuc. D'airíos féin "Mangarta an Cheóigh" á thabhairt ar an gcnuc gcéanna in amhrán eile. Is eagal liom gur minicí go mór a bhíonn an cnuc 'na "Mhangartain cheóigh", ná mar a bhíonn sé 'na "Mhangartain aeir aoibhinn".

XIII: Mágh Nuat

Sa bhliain d'aois an Tiarna míle ocht gcéad trí fichid a haon is ea do chuas síos go Coláiste Mhaí Nuat chun mo théarma aimsire do chaitheamh ann 'om ollmhú chun bheith im shagart.

B'é dlí an Choláiste an uair sin go gcaithfeadh duine ocht mbliana, nú seacht mbliana, nú sé bliana, do chaitheamh ann, ag foghlaim na n-ealaíon a bheadh riachtanach do i dtreó go mbeadh an t-eólas ceart aige chun go ndéanfí sagart de. Do curtí triail ar na hógánaigh ag dul isteach dóibh, in éaghmais na trialach a chuireadh na hEaspaig amu' orthu. Dá dtispeánadh an triail nár ghá don ógánach na hocht

XIII: Mágh Nuat

mbliana do chaitheamh istigh, do maithfí bliain do. Ansan, dá dtispeánadh an triail nár ghá dho na seacht mbliana do chaitheamh istigh do maithfí obair dhá bhlian do. Do maitheadh obair dhá bhlian dómh-sa. Ba mhór an tairbhe dhom é sin mar tá aer na háite ana-dhian ar shláinte na mbuachaillí a théann isteach ann ón dtuaith. Do bhí sé dian orthu an uair sin pé'r domhan é. Ní fheadar an bhfuil aon fheabhas tar éis dul air nú ná fuil. Chuaigh buachaillí breátha móra láidre isteach ann an bhliain chéanna do chuas-sa isteach. Chómh luath agus ' bhí bliain caite istigh acu, bhí cuid acu seirgthe go maith. Nuair a théidís abhaile i gcaitheamh ráithe an tSamhraidh, do chuiridís an fheóil suas arís agus thagadh a neart dóibh. Ach d'imíodh an fheóil agus an neart arís nuair a bhídís roinnt aimsire tar éis teacht thar n-ais. Nuair a bhíodh deireadh na haimsire caite agus iad ag dul amach 'na sagartaibh críochnaithe, bhíodh na cnámha lom go maith acu go léir, go mór mór ag an gcuid acu do tógadh ar an dtuaith. An chuid acu do tógadh in sna sráideannaibh nú in sna bailtibh móra, ní ghoilleadh an áit istigh chómh mór in aon chor orthu. Ní bhíodh an neart iontu, ó thosach, a bhíodh in sna fearaibh óga a thagadh ón dtuaith, ach an méid nirt a bhíodh acu, do chimeádaidís é i gcaitheamh na haimsire. Bhídís lag neambríoch i gcúmparáid le buachaillíbh na tuatha, ar dtúis; ach ag déanamh amach ar dheireadh na haimsire, bhídís sin ar an gcuma gcéanna nách mór, agus bhíodh an t-anam sladaithe, nú geall leis, as an mbuachaill a tháinig isteach ón dtuaith.

Thagadh buachaillí ana-chalma isteach ann ó Chúntae Thiobraid Árann. Is cuímhin liom buachaill a tháinig isteach an bhliain chéanna a chuas féin isteach. Bhí sé os cionn sé troithe ar aoirde, agus bhí sé chómh cúmtha chómh córach san 'na dhéanamh gur bhreá liom bheith ag féachaint air agus é ag siúl in éineacht lena chomrádaithibh. Bhíodar go léir árd go maith, dea-chúmtha go maith, ach do mheasainn go mbíodh a cheann agus leath a mhiníl suas glan os a gcionn go léir. Bhí neart uathásach ann. Bhí sé féin agus triúr eile buachaillí lá ag imirt chluiche le liathróid lámha. Bhí ainm an nirt go léir air. Thug an triúr eile cogar dá chéile go mbéarfaidís i dtriúr air

XIII: Mágh Nuat

agus go leagfaidís é. Bhíos féin ag féachaint ar an imirt. Ní raibh puínn maitheasa riamh ionam chun aon chluichí gleacaíochta den tsórd san. Ba gheárr go bhfeaca an triúr ag breith isteach ar an éinne amháin. Bhí a lámha tímpall an chuím air ag beirt acu, agus bhí greim ar ghlúinibh air ag an dtríú duine. Do lúb an fear láidir a ghlúinibh*, agus do leog sé síos é féin go dtí go raibh an bheirt uachtarach daingean aige féna dhá oscaill, agus greim lena dhá láimh aige ar dhá cheathrúin an fhir íochtaraigh. Ansan do dhírigh sé suas é féin agus thóg sé an triúr in éineacht glan* ón dtalamh agus shiúlaigh sé mórthímpall na cúirte leó. Nuair a leog sé uaidh iad, dob éigean dóibh suí síos ar feadh tamaill chun teacht chúthu féin ón bhfáscadh a thug sé dhóibh. Agus ní raibh sé ach ag gáirí an fhaid a bhí an gníomh san aige á dhéanamh. Agus fir luatha láidre chumasacha ab ea an triúr.

"'Sea", ar seisean, nuair a leog sé uaidh iad, "an beag libh den spórt?"

"Mheasamair", arsa duine acu, "go mbeadh sé le rá againn gur leagamair thu. Ach cad ba ghá dhuit me ' dh'fháscadh chómh mór? Bhainis m'anál díom, agus is ar éigin atá ionam labhairt fós!"

"Tu féin fé ndeár é", arsa duine eile acu leis an bhfear a labhair. "Mura mbeadh tusa, ní thabharfaimís fé in aon chor. Tá teinneas im dhrom agus suas im chúl fós!"

Bhí cathú ar an bhfear mór nuair a chonaic sé an cás 'na rabhadar, agus bhí sé ag gabháil a leathscéil leó agus dhá rá nár mhothaigh sé an neart san aige á chur sa bhfáscadh; nár mheas sé gur thug sé dhóibh ach an fáscadh do chimeádfadh a ghreim orthu chun iad do thógaint ón dtalamh.

"Dar fia", arsan tríú duine acu, "ach dá bhfáiscthá a thuilleadh mise, bhíos marbh agat!"

Cúpla bliain 'na dhiaidh san, do chonac-sa an fear san agus is ró-bheag an neart a bhí ann. Do ghoíll aer na háite air agus do ghoíll

XIII: Mágh Nuat

an bia air, agus do thit sé i gceann a chos. B'éigean do dul abhaile. Bhí sé ró-imithe, áfach, sarar chuaigh sé abhaile. Ní raibh sé i bhfad sa bhaile ag á mhuíntir nuair ' imigh sé abhaile ar an síoraíocht, gura maith an mhaise dho é!

Duart gur ghoíll aer na háite air. Do ghoíll. Ach níorbh aon iúnadh é sin. Tá an áit ró-íseal agus tá an chanáil ag gabháil trí lár na tíre, siar, lasmu' d'fhalla an Choláiste, agus fliuchann ceó na canáile sin an t-aer i dtreó go mbíonn an t-aer mí-fholláin do chliabh an duine, agus go músclann sé an uile shaghas galair cléibh ann.

Ach duart gur ghoíll an bia air. Ba mhó d'iúnadh an ghoilliúint sin ná an ghoilliúint eile. Tugtar, nú do tugtí an uair sin ar aon chuma, an chaoireóil ab fheárr dár bhlais aon daonnaí riamh le n-ithe dhúinn. Níorbh fhéidir aon locht ' fháil uirthi. Ní lú ná mar ab fhéidir aon locht ' fháil ar an arán a tugtí dhúinn. Ach dá fheabhas a bhíodh idir fheóil agus arán, ní dheinidís puínn tairbhe do chuid againn. An chuid againn a théadh isteach ón dtuaith, ní bhíodh taithí ar an bhfeóil againn. An gráinne agus an práta agus an bainne is ea ' bhíodh againn sa bhaile ar fad. Ní bhíodh an fhéoil le fáil ach go hannamh, nú b'fhéidir go ró-annamh. Ansan, nuair a théimís isteach sa Choláiste, ní bhíodh le fáil ach an fheóil ar fad. Bhíodh an t-aer breá folláin agus an bia ar ar tógadh sinn fágtha 'nár ndiaidh lasmu' againn. Bhíodh an bia laistigh go hana-mhaith, ach ní har an mbia sin a tógadh sinn. Ní bhíodh an taithí againn air. Ní théadh sé chun sochair dúinn. Bhíodh a rian air, nuair a thagaimís abhaile ar ár laethantaibh saoire sa tsamhradh, is ar éigin ' aithníodh ár máithreacha sinn, bhímís ag féachaint chómh lom chómh mílítheach chómh hocrach san.

An fhaid a bhímís sa bhaile, bhíodh ár ndóthain arís againn den bhia ar ar tógadh sinn, an t-arán coirce agus an t-arán cruithneachtan ón muileann, an t-ubh circe agus an t-ubh lachan, an leamhnacht agus an bainne ramhar agus an bhláthach, an práta agus an goblach, agus an blúire bagúin anois is arís. B'in é an bia a théadh chun sochair

XIII: Mágh Nuat

dúinn. Do chuirimís suas an fheóil arís go tiubh, agus na pluic, agus thagadh an neart agus an fuinneamh arís ionainn, i dtreó, nuair a bhíodh an trí mhí laethanta saoire caite agus théimís thar n-ais go dtí an Coláiste, gurbh ar éigin ' aithnídís˙ na huachtaráin sinn, agus gurbh ar éigin ' aithnímís a chéile.

Chuireas féin an chéad bhliain díom ann gan aon léic a theacht im shláinte, bíodh go rabhas ana-lom nuair a thánag abhaile sa tsamhradh. Chuas thar n-ais sa bhfómhar agus me láidir go maith. Ní rabhas i bhfad istigh, áfach, nuair a thosnaigh an goile ar bheith ag cur orm. As san amach b'éigean dom cuid mhaith de m'aimsir do chaitheamh i dtigh na n-easlán ann, agus níor fhéadas a thabhairt d'aireachas dom chuid léinn ach oiread agus ' bhéarfadh saor me trí gach scrúdú fé mar a thagadh sé. Bhíodh an trí mhí go breá fada agam sa tsamhradh, agus ba bheag ná go leighseadh san an méid díobhála a bhíodh déanta ag an gcuid eile den bhliain.

I gcaitheamh na sé mblian a thugas sa Choláiste sin, bhínn ag machnamh go minic ar na coláistíbh úd a bhí in Éirinn i dtosach aimsire. Ní bhíodh aon tithe breátha móra slinne an uair sin ag múinteóiríbh ná ag macaibh léinn. Is amhlaidh a bhíodh a thigh beag féin ag gach éinne, tigh beag deas cluthar agus díon maith tuí air agus gan de thrioscán istigh ann ach an bórd agus an leabaidh agus cúpla cathaoir, b'fhéidir, agus an tínteán. Ínstear dúinn gur ghnáth leis na macaibh léinn bheith ag dul amach mórthímpall ar fuaid na cómharsanachta ag soláthar an bhainne dhóibh féin. Ní raibh na fallaí breátha 'na dtímpall, mar a bhí 'nár dtímpall-na, ach measaim gurbh fheárr an tsláinte a bhíodh acu ná an tsláinte a bhíodh ag macaibh léinn Choláiste Mhaí Nuat, an fhaid a bhí aithne agam-sa ar an áit, ar aon chuma. B'fhéidir go bhfuil an scéal níos feárr anois acu.

XIV: Baol ar an nGaelainn

An fhaid a bhíos-sa sa bhaile agus gan taithí ná eólas agam ach ar na cómharsain a bhí im thímpall i bparóiste Chluan Droichead agus i

XIV: Baol ar an nGaelainn

bparóiste Bhaile Mhúirne, níor tháinig lá dá chuímhneamh riamh chúm go raibh aon bhaol ar an nGaelainn. Ach nuair a chuas isteach sa Choláiste agus chuireas aithne ar bhuachaillíbh a tógadh in áiteannaibh eile, agus nuair a fuaras ná raibh aon fhocal Gaelainne acu, bhí iúnadh agus alltacht orm. Ansan is ea do buaileadh isteach i m'aigne go raibh an Ghaelainn ag imeacht; go mbeadh sí ag imeacht fé mar a bheadh na seandaoine ag imeacht agus na daoine óga ag teacht; go n-éireódh sliocht agus an dá theanga˚ acu, Gaelainn agus Béarla in éineacht; ansan go n-éireódh sliocht i ndiaidh an tsleachta san, agus gan aon fhocal Gaelainne acu. Nuair a buaileadh an méid sin isteach i m'aigne, tháinig uaigneas thar bárr orm agus brón agus ceann-fé. Ba bheag ná gurbh fheárr liom imeacht go dtí dúthaigh éigin iasachta, agus mo shaol do chaitheamh agus do chríochnú ann, ná bheith in Éirinn agus Éire ag iompáil 'na dúthaigh iasachta. Dar liom, níorbh í Éire in aon chor í nuair a bheadh sí gan aon fhocal Gaelainne dá labhairt inti.

Is é rud a tháinig dom as an machnamh, agus as an mbrón agus as an uaigneas, ná gur shocraíos i m'aigne, pé rud a dhéanfadh aon duine eile, go gcimeádfainn féin mo chion den Ghaelainn gan dul ar neamhní. Chromas láithreach ar bheith ag rá na Coróinneach Muire as Gaelainn fé mar adeirimís sa bhaile í, agus fé mar adeirimís thuaidh ar Doire na Móna í an fhaid a bhíos ann. Do chimeád san me gan dul as taithí na cainnte. Do chromas, leis, ar bheith ag lé' na Gaelainne dhom féin as na leabhraibh Gaelainne a gheibhinn i leabharlán an Choláiste, agus do scrínn síos aon rud a thaithneadh liom i leabhar beag a bhíodh im póca agam.

Bhínn ag déanamh na hoibre sin, ach, tríd agus tríd, bhínn coitianta dhá fhiafraí dhíom féin an raibh aon mhaith im ghnó; nú an bhféadfadh mo dhícheall cosc do chur leis an meathlú a bhí ar an nGaelainn. Bhí a lán rudaí os cómhair mo shúl, im thímpall, a bhí coitianta á chur 'na luí ar m'aigne "gur bhaoth mo ghnó". An chuid ba mhó de sna buachaillíbh eile, nuair a chídís an obair a bhíodh ar siúl agam, ní dheinidís ach a gceann do chrothadh agus gáire '

XIV: Baol ar an nGaelainn

dhéanamh agus scaoileadh liom. I ndiaidh ar ndiaidh do thuigeas i m'aigne go mb'fhéidir go raibh dearúd agam á dhéanamh. Chínn gach éinne a d'iarraidh é féin do chur ar aghaidh agus do bheachtú in eólas agus i gclisteacht agus i gcumas ar an mBéarla. Cad ' fhéadfadh éinne amháin a dhéanamh?

I ndiaidh ' chéile do mhaolaigh an díogras ionam agus thugas aghaidh ar na gnóthaibh a bhain le hobair an Choláiste i mBéarla agus i Laidin agus sa bhFrainncis. Do leanas, áfach, ar mo Choróinn Mhuire do rá as Gaelainn nuair a bhínn ag dul a chodladh. Do scrínn síos im leabhar scríbhinne, anois agus arís, blúire beag Gaelainne nuair a bhuaileadh sé umam. Is cuímhin liom conas mar a bhíos lá ag féachaint ar leabhar Gaelainne sa leabharlán. Chonac ar chiúmhais leathanaigh ann an dán beag so:—

> A choluim an cheóil bhrónaigh sa ndún dubh thall,
> Is doilbh an róimh nósmhar san fút go fann.
> Tulach Uí Róigh mhórga na múrtha meann
> Gan choire; gan spórt seólta; gan lúbadh lann!*

Thuigeas gurb amhlaidh a bhí an file ag féachaint uaidh ar sheana-chaisleán bhriste éigin, agus go bhfeacaigh sé colúr 'na sheasamh in áirde ar bharra an tseana-chaisleáin agus "Cú-ú! cú-ú!" aige, agus gur bheartaigh an file in' aigne an colúr san a bheith "ag éamh 's ag osnaíol", ag caoineadh na huaisleachta a bhí ar an gcaisleán san sarar deineadh seana-chaisleán briste dhe. Ní raibh aon tuairisc sa leabhar, ná ar chiúmhais an leabhair, ar cad é an caisleán é ná ar cá raibh sé. Bhíos féin á chuímhneamh go mb'fhéidir gur "Tulach Uí Ruairc" ba cheart a bheith sa dán agus gurbh ar sheana-chaisleán éigin le Brian na Múrtha do chonaic an file an colúr.

Nuair a bhí sé ag dul 'na luí ar m'aigne ná raibh ach cailliúint aimsire dhom ann, bheith ag casadh le haon rud a dhéanamh a chuirfeadh cosc leis an meathlú a bhí ag cur na Gaelainne as an saol, do chonac i leabhar éigin cainnt aduairt Eóghan Ó Camhraí i dtaobh na hoibre a

XIV: Baol ar an nGaelainn

bhí aige féin agus ag cuid de lucht a chómh-aimsire á dhéanamh, .i. "go rabhadar ag cruinniú agus ag míniú na seana-Ghaelainne a bhí in sna leabhraibh a scríodh fadó, i dtreó, nuair a bheadh an Ghaelainn a bhí dá labhairt imithe as an saol, go mbeadh fuíollach éigin nú iarsma éigin fágtha in Éirinn 'na diaidh".

"Dar fia", arsa mise i m'aigne, "má bhíodar súd chómh deimhnitheach, agus an Ghaelainn chómh beó agus a bhí sí an uair sin, go raibh sí ag dul chun báis agus ná raibh aon bhreith acu féin, dá fheabhas éirim aigne a bhí acu, ar í ' chimeád ó bhás, cad 'déarfaidís dá mbeidís beó an uair seo agus go bhfeicfidís conas mar atá an Ghaelainn imithe a breis agus leath an oileáin! Má thuigeadar súd ná raibh aon bhreith acu féin ar an meathlú do chosc an uair sin, cad 'déarfaidís leis an té a mheasfadh go mbeadh aon bhreith ag éinne ar an meathlú do chosc anois!"

B'é crích an mhachnaimh agam é gur stadas. Ach, mar aduart, do leanas ag rá na Coróinneach Muire as Gaelainn.

Le línn na haimsire sin, do thárla go raibh buíon de sna macaibh léinn a bhíodh dá dtabhairt in éineacht isteach i halla mór gach aon tráthnóna, chun roinnt foghlama ' dhéanamh ar conas Béarla do lé' agus do scrí' agus do labhairt mar ba chóir agus mar ba chuí agus mar ba cheart do dhaoine foghlamanta. Do ráinig go rabhas-sa ar an mbuín sin. Bhí sagart óg ó dhóiseas Chorcaí i mbun na hoibre sin dúinn. Chuireadh sé 'nár suí sinn uaireanta agus thugadh sé dhúinn ní éigin ar a scríofaimís aiste Bhéarla dho. Is cuímhin liom gur thug sé dhúinn, aon tráthnóna amháin, an rá so chun na haiste do scrí' air, .i. "*Perseverando vinces*", .i. "Beireann buan bua", .i. "By perseverance you will conquer"[13].

Bhíomair go léir 'nár suí go ciúin, a pheann agus a dhubh agus a bhlúire páipéir ag gach éinne agus é ag machnamh ar a dhícheall a

---

13 "By perseverance you will conquer" stood in the manuscript, but is not found in the 1915 edition.

XIV: Baol ar an nGaelainn

d'iarraidh cuímhneamh ar rud éigin a chuirfeadh sé síos. Uair a' chluig a tugadh dúinn chun na hoibre do dhéanamh. D'imigh an aimsir, agus ba ghairid an mhoíll uirthi imeacht. Ba dhó' le duine ná raibh thar chúig neómataí san uair a' chluig sin. Do buaileadh an cluigín. Do shín gach éinne suas a pháipéirín pé beag mór a bhí scríofa aige air.

Um thráthnóna amáireach a bhí chúinn, thánamair go léir chun an halla chéanna. Is orm-sa a bhí an iúnadh nuair a glaodh m'ainm ar dtúis. Do síneadh chúm anuas an páipéirín chun go léifinn amach é os a gcómhair go léir. Ansan d'imigh rud greannúr orm. Bhí sé air agam mo scríbhinn féin do lé', rud atá thar éis imeacht orm go minic ó shin, leis. Bhíos ag treabhadh thríd ar feadh cúpla neómat.

"Tabhair dómh-sa é", arsan múinteóir.

Shíneas chuige suas é. Do léigh sé amach é chómh breá chómh réidh agus dá mb'é féin do bheadh tar éis é ' scrí'. Admhaím gur thaithn sé go maith liom. Thaithn sé go maith leó go léir. Mholadar go mór é pé'r domhan é.

Nuair a bhí deireadh na bliana ag teacht, do ceapadh aiste dhúinn go léir le scrí' agus bhí duais aonair le fáil ag an té do scríofadh an aiste ab fheárr. Sid é an rud ar a raibh orainn an aiste do scrí' .i. "*The Elizabethan Age of English Literature*".

Tháinig deireadh na bliana. Chuamair go léir isteach sa halla mór. Bhí seisear nú mór-sheisear Easpag ar an árdán thuas. Do tugadh dómh-sa an duais aonair˙. Bhí orm roinnt den aiste do lé' i láthair na nEaspag.

Is cuímhin liom, i dtosach na scríbhinne, gur thráchtas ar léann na Gréige agus gur mholas é; gur thráchtas ar léann na Rómha agus gur mholas é; gur thráchtas ar na léannaibh eile ar fuaid na hIúróipe, an Fhrainncis agus an Almáinnis agus an Spáinnis, na saighseanna léinn

XIV: Baol ar an nGaelainn

sin a shíolraigh ón nGréigis agus ón Laidin, agus do mholas iad. Ansan do thráchtas ar léann agus ar údaraibh Shasana in aimsir Elisabet, agus do mholas idir léann agus údair. Níor dheocair dom iad do mholadh. Bhí eólas maith agam ar a lán acu. Bhíodar agam sa bhaile. Thug mo mháthair léi aduaidh ón Mullach Rua iad, beannacht Dé lena hanam!

Sin é díreach an pháirt den scríbhinn a marcáladh dom le lé' os cómhair na nEaspag. Do léas amach é go hárd agus go neamh-scáfar.

Bhí duine de sna hEaspagaibh 'na shuí thuas i lár baíll, díreach ar m'aghaidh amach. Nuair a stadas, d'éirigh sé 'na sheasamh agus d'fhéach sé idir an dá shúil orm.

"Dheinis an méid sin go maith, a bhuachaill", ar seisean. "Thugais do chuaird mórthímpall orthu go léir. Do mholais léann na Gréige. Do mholais léann na Rómha. Do mholais léann na Frainnce agus léann na Spáinne agus léann na hAlmáinne. Ansan do mholais go hárd léann Shasana. Agus féach, oiread agus aon fhocal amháin amach as do bhéal ní dúraís i dtaobh léinn na hÉireann".

Duairt sé a lán eile ansan á chur ar mo shúilibh dom go raibh dearúd mór déanta agam, mar go raibh léann na hÉireann ní b'fheárr agus ní b'uaisle agus níba shine ná aon léann de sna léannaibh eile sin a dh'ainmníos.

Bhíomair araon ag féachaint go daingean agus go dlúth agus go díreach idir an dá shúil ar a chéile an fhaid a bhí sé ag cainnt.

Seán Mac Éil, Árdeaspag Thuama, is é do chas an t-asachán san liom-sa an lá san, i gColáiste Mhaí Nuat, os cómhair na nEaspag eile a bhí ann, agus os cómhair na n-uachtarán, agus os cómhair na gcoláisteánach go léir, agus admhaím ó chroí gur bhain sé an mhóráil díom i gceart. D'athraigh m'aigne láithreach. D'imigh an mhór-urraim a bhí tagaithe agam don Bhéarla, agus do las arís im chroí an

XIV: Baol ar an nGaelainn

meas a bhí agam riamh roimis sin ar an nGaelainn. Do chromas arís ar na leabhraibh Gaelainne sa leabharlán do lé' agus do scrúdadh, agus ar na blúiríní beaga filíochta do thaithneadh liom do chur síos im leabhar scríbhinne. Nuair a thagainn abhaile ar laethantaibh saoire, bhínn ag gluaiseacht anso agus ansúd ar fuid na cómharsanachta ag bailiú amhrán agus seana-chainteanna Gaelainne ó sheandaoine go mbíodh a leithéidí acu. Is cuímhin liom go ndeigheas siar lá go dtí an Tóchar, mar a raibh Dónall Ó Loíngsigh 'na chónaí, agus go bhfuaras ó sheanduine bheag a bhí 'na chónaí in aice Locha an Bhogaigh, amhrán ar a dtugtí "An Bodach beag tóstalach". Tá an t-amhrán san i gcló anois agus ní gá é ' chur síos anso. Fuaras uaidh, leis, "An Giolla Rua"*, an t-amhrán a chuir i m'aigne an tuairisc úd ar an gceól sí atá curtha síos agam i "Séadna".

XV: Gnó Sagairt; agus Teacht na bhFíníní

Do ghluais na sé bliana a thugas sa choláiste agus ba mhar a chéile, geall leis, iad go léir. Ní raibh de dheifríocht eatarthu ach an deifríocht a bhí idir na céimeannaibh oibre a bhí againn le déanamh. Bhí a céim oibre féin ceapaithe do gach bliain díobh, bliain abhcóidíochta, bliain ealaíontachta, agus ansan, cheithre bliana diagachta. Chuireas díom iad gan aon rud neamh-choitianta do thitim amach dom. Ní bhfuaras a thuilleadh duaiseanna. Níor dheineas aon iarracht ar iad ' fháil. Bhí a mhalairt de chúram orm. Ón gcéad bhliain amach, bhí an tsláinte ag bagairt orm agus bhí an bhagairt ag dul i ngéire in aghaidh gach bliana, i dtreó, nuair a bhí deireadh na haimsire ag dridim liom, gur chuma liom ach go mbéarfainn na cosa liom as an áit. Thug Dia dhom, moladh 's baochas leis, gur rugas. Fuaras na húird, gach órd acu fé mar a tháinig mo theideal chuige, go dtí gur cuireadh fé ghrád sagairt me an t-aonú lá déag de Mheitheamh an tSamhraidh sa bhliain d'aois an Tiarna, míle ocht gcéad trí fichid a seacht. Thánag abhaile, agus ní rabhas sa bhaile ach roinnt laethanta nuair a tháinig leitir an Easpaig chúm á rá liom dul ag déanamh gnótha sagairt i bparóiste Chille Sheanaigh, in aice Mhala. Paróiste mhór fhada leathan is ea í, ó Nead an Fhiolair soir go

XV: Gnó Sagairt; agus Teacht na bhFíníní

teórainn Bhaile na Móna agus ó bhruach Abhann Móire ó dheas go dtí Áth an Dalláin agus go dtí Bárr an Chárthainn, geall leis. Sa taobh theas den pharóiste a cuireadh im chónaí me, ar an mBínn. "Bínn na Míol" an ainm iomlán. "Míol-mhaí" a tugtí ar "ghiorrae", agus bhíodh mórán giorraithe san áit, agus uime sin a tugadh "Bínn na Míol" ar an sliabh san. Sin mar a mhíníodar muíntir na háite˙ dhómh-sa an ainm. Is dócha gur acu ab fheárr fios an scéil.

Tá carraig sa taobh thoir den pharóiste agus is orm-sa a bhí an iúnadh nuair ' airíos "Carraig Clíona" mar ainm ar an gcarraig sin, agus ar an mbaile 'na bhfuil an charraig ann. Ní féidir liom a dhéanamh amach an bhfuil aon bhaint ag an "gCarraig Clíona" so le "Clíona na Carraige Léithe". Deir an "Giolla Rua" san amhrán aduart, go raibh "Aoibhill agus Meas agus Clíona na Carraige Léithe" ag gluaiseacht ar tosach sa tslua sí a chuaigh leis go hEóchaill chun an Duineárdaigh do chosaint ar an mbás. Bhí slua sí a tháinig aduaidh ó Chonnachtaibh a d'iarraidh an Duineárdaigh a bhreith leó. Do troideadh cath idir iad agus slua sí na Múmhan. Do bhuaigh slua sí na Múmhan ar an slua sí aduaidh, ar "Dhaor-aicme Chonnacht", agus tháinig an Duineárdach saor ón mbreóiteacht a bhí air. Tá an t-amhrán le fáil i gcló anois.

D'inis seanduine éigin san áit dom go raibh duin' uasal 'na chónaí in áit éigin ar bruach Abhann Móire sa tsean-aimsir fadó riamh; gurb óganach ana-dhathúil é; gur thit Clíona na carraige sin Chille Sheanaigh i ngrá leis; gur chuir sí chuige mar theachtaire seana-chailleach ar a dtugtí Caitlín Dubh; gur órdaigh sí do Chaitlín a dh'ínsint don óganach uasal cad é an spré a bhí le fáil aige léi dá bpósadh sé í:

> Chúig céad˙ gabhar odhar ar aon dath;
> Chúig céad tonna d'ór na Gréige;
> Chúig céad loilíoch ceannann, bléineann;
> Chúig céad caíora ar ínse taobh leó.

XV: Gnó Sagairt; agus Teacht na bhFíníní

Níor fhéad sé a thuilleadh ' thabhairt dom, agus ní fheadar ar thug sé an méid sin sa cheart dom. B'fhéidir go bhfuil tuilleadh dhe ag duine éigin eile.

Ní foláir dom trácht, sara ndridead níos sia ó aimsir an choláiste, ar ní do thárla an fhaid a bhíos ann. I dtreó go dtuigfar an ní sin i gceart, ní mór dom dul siar tamall. Nuair a bhíos ag dul ar scoil go Carraig an Ime, bhí ar an scoil gcéanna buachaill gurbh ainm do Muircheartach Ó Muímhneacháin. Bhí sé éirithe suas in' fhear, geall leis, an uair sin. Bhí an ceann agus an éirim agus an chúiléith go maith aige. D'imigh sé ó dheas go dtí an Scibirín, is dó' liom, ag múineadh scoile, nuair ' fhág sé scoil Charraig an Ime.

Níor airíos a thuilleadh cúntais air go dtí go rabhas ar scoil i gCeann Tuirc ag foghlaim na Laidne. Ansan do tháinig chúinn ráfla éigin ón Scibirín agus ón ndúthaigh sin mórthímpall, .i. go raibh buíon éigin ar bun ann agus go rabhadar ceapaithe ar éirí amach do dhéanamh, agus ar chómhacht Sacsan do bhriseadh in Éirinn agus ar Ghaelaibh d'fhuascailt ó dhaor-smacht na Sacsan. "Phoenixmen" a tugtí ar an mbuín sin˙. Níor mheasas gur chuir rialtas na hÉireann puínn suime iontu. Fé dheireadh do shrois ráfla gránna sinn 'na dtaobh. Do hínseadh dúinn gur dhein duine acu féinig feall ar an gcuid eile acu; gur imigh sé agus gur dhíol sé iad; gur thug sé a n-ainmneacha don namhaid, agus go raibh bertha˙ ortha agus go rabhadar istigh i bpríosún go daingean fé ghlasaibh dúbha. Is cuímhin liom go bhfeaca ainm Mhuircheartaigh Uí Mhuímhneacháin ar ainmneachaibh na bhfear a bhí curtha isteach. De mhuíntir Shúilliobháin ab ea an fear a dhein an feall. "Ó Súilliobháin Gallda" a tugtí air. An seana-scéal i gcónaí!

> Oh for a tongue to curse the slave
> Whose treason like a withering blight
> Comes o'er the counsels of the brave
> To blast them in their hour of might!˙

XV: Gnó Sagairt; agus Teacht na bhFíníní

Ba dhó' liom féin go mbeadh an fhilíocht níos feárr dá n-abarthí

Oh for a rope to hang the slave, &rl.

Ach is cuma é. Níor chuir an eascaine ná an téad aon chosc riamh leis an *informer* in Éirinn. Níorbh fhéidir é an fhaid a bhí an éagóir chómh trom chómh tiubaisteach san nárbh fhéidir le daoine macánta í ' dh'fhulag gan iarracht éigin a dhéanamh fé cheilt 'na coinnibh, agus ansan, an t-airgead chómh flúirseach ag lucht na héagóra do dhéanamh, chun na breibe ' thabhairt go fial don *informer*. Ba thrua an scéal é! "Clocha ceangailte agus madraí scaoilte!" Éagóir i riocht cirt. An bhréag i riocht na fírinne. Cos-ar-bolg i riocht dlí. An éagóir 'na suí thuas go dána "ar bhínse an tsaor-chirt", agus daor-bhreith á thabhairt ar an macántacht. Sin mar atá an scéal anso in Éirinn againn an fhaid atá cuímhne im cheann-sa. Tá súil le hathrú againn anois agus tá a rian air, tá an éagóir ar dearg-bhuile. Tá eagal uirthi go gcurfar as an mbínse í. Tá súil agam gurb é eagla na háirithe dhi é.

Níor cuireadh an dlí ró-dhian ar na *Phoenixmen*. Ní feacathas sa ghnó ach rud suarach. Do tuigeadh gurbh fheárr gan iomad suime ' chur ann. Chuaigh gach aon rud chun suaimhnis 'na thaobh, chómh fada agus do feiceadh ar aon chuma. Bhí fear sa ghnó agus Diarmaid Ó Donnabháin Rossa ab ainm do. Do hairíodh an ainm sin arís, agus go minic, 'na dhiaidh san.

Ní ró-fhada a bhíos istigh sa choláiste nuair a thosnaigh ráflaí ar theacht chúinn isteach i dtaobh uisce-fé-thalamh eile a bhí ar siúl ar fuid na hÉireann i gcoinnibh Shasana. "Fíníní" a tugtí ar an mbuín a bhí ag déanamh na hoibre an uair sin. Ón sean-ainm .i. "Fianna Éireann" a shíolraigh an ainm "Fíníní". Is dócha gur "Fianna" a tugadh ar dtúis orthu; ansan gur cuireadh "Fenians" mar Bhéarla ar an bhfocal; ansan gur cuireadh "Fíníní" mar Ghaelainn arís ar an bhfocal Béarla *Fenians*. Mheasadar go bhféadfaidís iad féin do chosaint ar an *informer* ach gan aon eólas a thabhairt d'éinne ar a ngnó ach eólas ná féadfí a dhíol, eólas ná beadh aon tairbhe don namhaid ann, agus, dá

XV: Gnó Sagairt; agus Teacht na bhFíníní

bhrí sin, ná ceannófí ó éinne. Níor dhein san, áfach, ach an t-eólas tairbheach do chimeád ag uachtaránaibh áirithe, agus d'fhág san rud a ceannófí go daor ag na huachtaránaibh sin[14] dá mba mhaith leó é ' dhíol. Ansan, dá mbeadh fiche duine acu ná díolfadh é, b'fhéidir go mbeadh éinne amháin do dhíolfadh, agus, donas an scéil—do bhí. Níorbh fhéidir gan a bheith.

Airím daoine, uaireanta, ag tromaíocht ar mhuíntir na hÉireann, á rá, "dá gcurtí Éireannach ar bhior os cómhair na tine go bhfaighfí Éireannach eile do chasfadh an bior". Is fíor é, b'fhéidir. Ach tá rud eile chómh fíor leis. Dá gcurtí duine de mhuíntir Shasana ar bhior os cómhair tine, do gheófí duine eile acu do chasfadh an bior. Dá gcurtí Spáinneach, nú Almáinneach, nú Franncach, nú duine ó aon náisiún eile sa domhan, ar bhior os cómhair tine, do gheófí duine eile den náisiún céanna, ní hea ach beirt, triúr, ceathrar, do chasfadh an bior. Tá maíomh ana-mhór dá dhéanamh le breis agus céad blian as an gcuma 'nar throid muíntir America i gcoinnibh Shasana agus as an gcuma 'nar bhuadar orthu, agus as an gcuma 'nar chaitheadar díobh smacht Shasana. Léadh éinne tuairisc an troda san agus chífidh sé go soiléir nách fiú trácht ar an bhfeallaire Éireannach seochas na feallairí a bhí tímpall ar Washington gach aon ré sholais, ag dul isteach 'na bhéal le dílse dho, mar dhea, agus san am gcéanna na breabanna móra 'na bpócaíbh acu ar é ' thabhairt suas, beó nú marbh, do chómhacht Shasana. Dá ndeintí comórtas idir na tíorthaibh, is é mo thuairim láidir go bhfaighfí níos mó daoine dílse ar Ghaelaibh ná mar a gheófí i náisiúnaibh eile, agus níos lú ropairí. Ní ró-mhór an sásamh aigne é sin, ámh, agus go bhféadfadh aon ropaire amháin, go mór mór dá mbeadh iúntaoibh as agus eólas aige ar na nithibh bunaidh, na mílte do chrochadh agus a saothar do chur ar neamhní.

---

14 The 1915 edition has *d'fhág san ag na huachtaránaibh sin rud a ceannófí go daor uathu.*

XV: Gnó Sagairt; agus Teacht na bhFíníní

[15]Nuair a chonaic na *Phoenixmen* an rud a dhein Ó Súilliobháin Gallda leó, do shocraíodar a n-aigne ar an gcluiche d'imirt feasta ar chuma ná fágfadh ar chumas Shúilliobháin Ghallda eile an feall san do dhéanamh orthu. D'athraíodar a n-ainm, leis. Thugadar Fíníní orthu féin. Chuadar siar go haimsir Fhínn mhic Cúmhaill chun na hainme ' dh'fháil. Dar leó, agus dob fhíor dóibh é, do dhein Fionn agus Fianna Éireann an tír seo na hÉireann do chosaint ar gach namhaid iasachta an fhaid a mhair a réim in Éirinn. Níor neamh-oiriúnach an ainm "Fianna" le tabhairt, 'na n-aimsir féin, ar bhuín a bhí ceapaithe ar an namhaid iasachta do dhíbirt a hÉirinn.

"Nárbh fheárr an chiall dóibh", adéarfaidh duine, b'fhéidir, "éirí as an obair ar fad, ó bhí ' fhios acu, pé dícheall a dhéanfaidís air, nárbh fhéidir dóibh gan Ó Súilliobháin Gallda éigin do bheith le fáil, luath nú mall, istigh i lár na cómhairle ba phríobháidí a bheadh ar bun acu?"

D'éireóidís as an obair tapaidh go maith, dá mb'fhéidir dóibh é. Níorbh fhéidir dóibh éirí as an obair, mar bhí an cos-ar-bolg ró-thiubaisteach ar fad á dhéanamh ar mhuíntir na hÉireann. Na cíosanna ag éirí go dtí ná raibh bia ná deoch, ná fiú balcais éadaigh ar aon tslacht, ag an dtineóntaí. Na daoine ar mhullach a gcínn ag obair ó dhubh go dubh agus ó cheann ceann den bhliain, agus an uile bhlúire de thoradh na sclábhaíochta go léir agus de thoradh an allais go léir ag imeacht sa chíos. Níorbh fhéidir cur suas leis. Níor cuireadh suas leis.

Bhí cúpla bliain caite istigh i Mágh Nuat agam sarar hairíodh, i mbéalaibh daoine, puínn trácht ar na Fíníníbh. Ansan do tosnaíodh ar bheith dhá ínsint go raibh a leithéidí ann; go mbídís amu' san oíche in

---

15 At the start of this paragraph, the original manuscript has the following, which may have been crossed out by Norma Borthwick: *Dá bhrí sin, nuair a cheapaid daoine a bhíonn fé annsmacht uisce-fé-thalamh a dhéanamh i gcoinnibh na hannsmachta ní folair dóibh, dar leó, an gnó ' dhéanamh ar chuma ná fágfaidh an droch-dhuine scéith orthu.*

XV: Gnó Sagairt; agus Teacht na bhFíníní

áiteannaibh uaigneacha ag foghlaim conas arm tine agus arm faoir do láimhseáil. Buíon fé cheilt ab ea iad, ach ní rabhadar fé cheilt ar fad. Bhí páipéar poiblí i mBaile Átha Cliath acu agus níor dhaoine maola ná daoine gan acfuinn aigne an mhuíntir a bhí i mbun an pháipéir sin. Bhí eólas acu agus bhí tabhairt suas orthu agus bhí tuiscint acu. Bhí Diarmaid Ó Donnabháin Rossa in' fhear eagair ar an bpáipéar, agus ba láidir dána neamh-scáfar an fear é. Bhí daoine ag scrí' don pháipéar san agus, chómh fada 's chuaigh mo bhreithiúntas féin, ón radharc a gheibhinn anois agus arís ar an bpáipéar, ba ró-dheocair fir ba threise aigne ná ba ghéire cainnt a dh'fháil an uair sin in aon pháirt den domhan go raibh Béarla dá labhairt ann. Béarla ar fad a bhí sa pháipéar. Ní raibh aon fhocal Gaelainne ag dul in aon pháipéar an uair sin. Níor dhó' leat ar chainnt an pháipéir go raibh aon ní in aon chor ag an mbuín dá dhéanamh ná raibh acu dá ínsint sa pháipéar. Chuiridís síos an uile ghníomh éagórtha a dheineadh tiarna talún ar thineóntaí, agus deiridís go dána, mura gcuireadh muíntir Shasana, ós acu a bhí déanamh na ndlithe, cosc leis na héagóraibh sin, gur dhóibh ba mheasa; go n-éireódh muíntir na hÉireann 'na gcoinnibh agus go gcomáinfaidís amach as oileán na hÉireann iad idir chorp ceart.

Bhí san go maith, ach dhein muíntir an pháipéir sin ní eile, ní nár cheart dóibh a dhéanamh. Bhí sean-aithne ag cléir na hÉireann agus ag seandaoine na hÉireann, an uair sin, ar na hiarrachtaíbh a deintí ar éirí amach i gcoinnibh cómhachta Shasana. Chonacadar cad é an deireadh a bhí ar an iarracht a dhein an Brianach[16]. Chonacadar cad é an deireadh a bhí ar obair na mBuachaillí mBán˙. Chonacadar an feall agus an crochadh a dhein M'leachlainn Ó Dúgáin. Bhí sé daingean 'na n-aigne ná beadh ar obair na bhFíníní ach deireadh den tsaghas chéanna, fir óga dá seóladh ar aimhleas ar feadh tamaill, agus ansan, feall agus éitheach agus airgead fola agus crochadh agus ruagadh thar na farraigíbh ar fhearaibh óga na hÉireann, agus an "Times", diabhal coímhdeachta Shasana, ag tromaíocht orthu go mallaithe, agus ag guí gurbh imeacht gan teacht orthu é. Do thuig an chléir agus na sagairt

---

16 Smith O'Brien.

XV: Gnó Sagairt; agus Teacht na bhFíníní

an méid sin go dian-mhaith agus, ní nárbh iúnadh, bhíodar a d'iarraidh na mbuachaillí do chómhairliú agus do chur ar a leas, agus iad a chimeád amach a buínibh na bhFíníní. Do thuig na cínn a bhí ar na buínibh sin an taobh san den scéal.

"Ní haon mhaith dhúinn-na", ar siad lena chéile, "bheith a d'iarraidh na bhfear óg so do ghléasadh mar is cóir i gcoinnibh Shasana an fhaid atá greim chómh daingean ag na sagartaibh seo orthu. Ní foláir dúinn aghaidh a thabhairt ar an ngreim sin do bhogadh".

Thugadar aghaidh air. Thug an páipéar a bhí acu aghaidh bhéil ar aon tsagart 'na raibh sé de mhisneach aige a rá le buachaillíbh óga a pharóiste fanúint amach ó sna Fíníníbh nú go mbeadh cathú orthu; gurbh í an chroch a gheóbhaidís ar ball, nú an loch amach. Bhí an páipéar san coitianta á chur 'na luí ar na buachaillibh go raibh na sagairt sin ag gabháil páirte le muíntir Shasana. Bréag ghránna ab ea é sin. Bhí a lán nithe chun na bréige sin do chur i bhfeidhm. Bhí na buachaillí ró-óg. Ní raibh cuímhne acu ar an sean-aimsir, ar aimsir na mBuachaillí mBán, agus ar Mh'leachlainn, agus ar chrochadh na gCárthach. Bhí ' fhios acu go maith, ámh, conas a bhí a saol acu féin á chaitheamh; conas mar a bhí ar an uile dhuine acu bheith ag obair go cruaidh gach aon lá 'en tseachtain, agus an uile bhlúire de thoradh na hoibre sin ag imeacht sa chíos. Agus anois, dar leis an bpáipéar úd, b'in iad na sagairt ag cabhrú leis an éagóir sin. Do cuireadh 'na luí orthu gur namhaid gurbh ea an sagart, go raibh sé 'na namhaid ag Éirinn agus 'na charaid ag namhdaibh na hÉireann.

Nuair a chínn féin an obair sin á dhéanamh sa pháipéar san, do bhínn ar buile chun an pháipéir. Bhí ' fhios agam go maith go raibh an cos-ar-bolg ag muíntir Shasana á dhéanamh ar Éirinn. Bhí fuath fíochmhar agam do mhuíntir Shasana mar gheall air sin. Ní cuímhin liom riamh gan an fuath san a bheith ar lasadh istigh im chroí. Is cuímhin liom, agus me ana-bheag, gur tispeánadh dom cainnt éigin a bhí sa "Times" á rá ná raibh dlithe Shasana cruaidh a ndóthain in aon chor ar na cuirpeachaibh sin, .i. muíntir na hÉireann. Is cuímhin liom

XV: Gnó Sagairt; agus Teacht na bhFíníní

gur rugas ar an bpáipéar, agus gur chuireas anuas ar an dtalamh é, agus gur ghabhas de chosaibh ann go dtí go raibh sé 'na ghioblaibh. Agus b'in é anois an páipéar Éireannach so dhá ínsint os cómhair an domhain go rabhas im charaid ag an Sasana céanna san agus im namhaid ag Éirinn!

Rud ba mheasa ná san féin. Chuaigh an bhréag i bhfeidhm ar a lán de sna buachaillíbh. Chuaigh an bhréag i bhfeidhm ar feadh tamaill orthu pé'r domhan é. Thagainn abhaile gach aon tsamhradh, mar aduart, ón gcoláiste. Nuair a bhuaileadh na buachaillí umam ar an dtuaith, nú ar bhóthar Magh Chromtha, bhídís go léir ana-mhuínteartha liom agus an-urramúil d'abhar an tsagairt, dar leó. An dá shamhradh dheirineacha thugas fé ndeara athrú, athrú gránna, athrú a chuir seirithean agus diomá agus buairt mhór go léir orm. Do bhuaileadh ceathrar nú cúigear buachaillí umam ar bhóthar Magh Chromtha agus iad ag siúl go dásachtach, a gcosa acu á "tharrac in éineacht", mar adeirtear i dTáin Bó Cuailnge. Nuair a bhídís ag gabháil thorm do dhúbhadh agus do dhoirchíodh ar na gnúiseannaibh acu, agus d'fhéachaidís a cúinníbh a súl orm mar ' fhéachfadh duine ar ropaire bithiúnaigh.

XVI: "A Dhia, Saor Éire!"

Do ghluais an dá bhliain. Tháinig an t-earrach deirineach a thugas i Mágh Nuat. I gcaitheamh an trí ráithe a tháinig roim Lá Fhéil' Pádraig an earraigh sin, bhí gach aon tsaghas ráflaí ag gluaiseacht i dtaobh na bhFíníní. Bhí an t-éirí amach le bheith ann Lá Samhna. Ansan bhí sé le teacht Lá Coille. Ansan bhí sé le teacht gan aon dabht Lá Fhéile Bríde. Fé dheireadh tháinig sé. Do ghluais deich míle fear amach ó chathair Chorcaí. Fir bhreátha óga láidre ab ea iad. Dá mbeadh na hairm acu, agus an chóir orthu, agus an stiúrú ceart orthu, dhéanfaidís obair a bhainfeadh cuid den mhóráil den "Times". Mar a bhí, do chuireadar crith chos agus lámh ar a raibh de *landlordaibh* agus de sheóinínibh in Éirinn ó Dhoncha Dí go Tigh Mháire. Ach bhí aon ní amháin san éirí amach san agus chuir sé áthas mór orm-sa. Bhí

XVI: "A Dhia, Saor Éire!"

na buachaillí go léir sin, 'na gcéadtaibh agus 'na míltibh, ar a nglúinibh i láthair sagart, fé mar ' fhéadaidís na sagairt d'fháil, ag déanamh a bhfaoistine dhóibh féin i dtreó go mbeidís ollamh chun dul i láthair Dé nuair a thitfidís sa chath a bhí le teacht, dar leó. Chuir san in úil dom ná raibh sa droch-fhéachaint úd a thugaidís orm, bliain nú cúpla bliain roimis sin, ach an éagóir is gnáth le duine a dhéanamh, uaireanta, ar a aigne agus ar a chroí féin, agus ar a choínsias féin, nuair a chuireann droch-chómhairle agus droch-chómhluadar suas é chun rud a dhéanamh a bhíonn lom díreach i gcoinnibh a thuisceana agus i gcoinnibh a chroí.

Bhíomair go léir istigh sa choláiste an mhaidin do ghluais an t-éirí amach. Bhí an uile shagas ráflaí ag teacht chúinn. "Traenanna lán de shaighdiúiribh dearga ag gluaiseacht ó dheas! Gach aon traein acu leath-mhíle ar faid! Traenanna eile ag teacht aneas agus iad lán de shaighdiúiribh gunta! Srutháin fola ar na bóithribh iarainn ó sna saighdiúiribh gunta a bhí dhá dtabhairt aneas. An Churrach agus a raibh de bharraicibh air i lámhaibh na bhFíníní!" Mar sin dóibh.

Tháinig an sneachta. Bhíomair go léir ag cur is ag cúiteamh féachaint conas a raighimís ó dheas abhaile, nú an gcaithfimís an tslí do shiúl.

Do lean an sneachta. Ansan tháinig athrach na scéal. Ansan tháinig an dlí; na príosúnaigh; an chúirt; na trialacha; agus—an seana-scéal i gcónaí—an t-*informer*. Agus cérbh é an t-*informer*, an dó' leat? Duine de sna cínn urraid. Fear go raibh eólas agus fios a ngnóthaí go léir aige! Fear a bhí ag tabhairt an eólais sin go léir do namhaid na bhFíníní, do mhuíntir an Chaisleáin i mB'l'Átha Cliath, ar feadh mórán aimsire roimis sin, i ganfhios d'éinne beó. Fear gur mheas an uile dhuine de sna Fíníníbh nár mhair an fear san᾿ riamh a bhí níba dhílse ná é. Bhíodh sé ansúd 'na measc, sáite ins gach cómhairle leó ba dhiamhaire agus ba dhiscréidí ná ' chéile; a n-ainmneacha go léir curtha síos go Baile Átha Cliath aige agus fiacha a gcod' fola geallta dho, agus a lán den airgead fola 'na phóca aige an uair sin féin! Ba thúisce leó go mór a chómhairle ' ghlacadh ná cómhairle sagairt a

XVI: "A Dhia, Saor Éire!"

ghlacadh—go dtí go bhfeacadar ansúd é, sa chúirt, ag freagairt ceisteanna, agus gach aon fhocal dá dtagadh as a bhéal ag fáscadh na cnáibe níba dhéine ar a mineálaibh. Ba thrua an radharc é!

"Ach", adéarfaidh duine, b'fhéidir, "má bhí éinne amháin 'na ropaire fíll, féach ar na míltibh a bhí fíor-dhílis, daoine do chaillfeadh an t-anam seacht n-uaire níba thúisce ná mar a dhéanfaidís feall den tsórd san".

Agus nách in é donas an scéil ar fad! Na mílte ann d'fhearaibh breátha cróga dílse dea-aigeanta, agus neart d'aon ropaire amháin iad go léir do chrochadh nú do chur an loch amach, agus an gnó, gur chailleadar a raibh 'en tsaol acu leis, i dteannta a sláinte, b'fhéidir, do chailliúint leis, neart do an gnó san do chur ar neamhní in aon lá tiubaisteach amháin, tar éis blianta fada ' bheith caite dhá shaothrú agus dhá thabhairt chun rafaireachta. Cuireann an t-aon *informer* amháin saothar na mílte fear fónta ar neamhní.

"Agus nách ait an scéal a rá ná féadfí gnó ' dhéanamh ar shlí ná fágfadh ar chumas aon *informer* dochar a dhéanamh do?"

Ní féadfí. Níor féadadh riamh agus ní féadfar go deó. Ní féidir é. An fhaid a bheid droch-dhlithe dá ndéanamh, dlithe a chuirfidh rómpu éagóir a dhéanamh ar dhaoine macánta, beid na daoine macánta san ag éirí i gcoinnibh na ndroch-dhlithe sin. Ansan beid lucht na ndroch-dhlithe do dhéanamh ag breabadh na ropairí chun scéith ar na daoine macánta agus iad a thabhairt chun na croiche. Dlithe éagórtha, dlithe chun robála, fé ndeár an droch-obair go léir. As na droch-dhlithe a dh'fhásann an t-*informer*.

Chuir an dlí agus an t-*informer* deireadh leis an éirí amach. An deich míle fear a ghluais amach ó Chorcaigh, níorbh fhada go bhfeacadar ná raibh aon mhaith 'na ngnó; go raibh na cínn a bhí chun na hoibre go léir do stiúrú, go rabhadar daingean fé ghlasaibh na bpríosún. Ansan ní raibh le déanamh ag gach éinne ach dul fé cheilt go dtí go

XVI: "A Dhia, Saor Éire!"

bhféadfadh sé imeacht thar farraige i ganfhios do sna slóite lucht faire a bhí ag muíntir Shasana ar na cuantaibh.

Thánamair go léir abhaile ón gcoláiste nuair a tháinig an samhradh, agus ní raibh orainn siúl abhaile. Bhíos féin, mar aduart, ag déanamh gnótha sagairt sa pharóiste sin Chíll Sheanaigh. Bhí an t-*informer* tar éis oibre na bhFíníní do bhriseadh agus do scaipeadh agus do chur ar neamhní. Bhí formhór na gceann urraid daingean fé ghlasaibh na bpríosún nú díbeartha an loch amach le daor-bhreithibh dlí. An dlí nár fhéad an ceart a dhéanamh agus muíntir na hÉireann do chosaint ar an éagóir a bhí ag an *landlord* á dhéanamh orthu, bhí sí ollamh go maith ar mhuíntir na hÉireann do dhaoradh agus do chur thar farraige nuair a mheasadar féin iad féin do chosaint ar an éagóir sin.

Ach bíodh go raibh formhór na gceann urraid fé ghlasaibh, nú curtha anonn, bhí roinnt acu fós gan tabhairt chun lámha. Bhí ar an roinnt sin ceann urraid oirirc de mhuíntir Cheallaigh. Bhí an tóir 'na dhiaidh go te, ach do shleamhnaigh sé anonn go Sasana, é féin agus Captaein Déiseach. Nuair a bhíodar thall i Manseister[17] do chonaic duine éigin den lucht faire é agus d'aithin sé é. Do gabhadh é láithreach. Bhí sé féin agus an Captaein i gcarra dúnta dá mbreith chun an phríosúin. D'airigh Fíníní na cathrach an scéal. Chruinníodar tímpall ar an gcarra. Do bhriseadar an glas agus do leogadar an bheirt amach. Do maraíodh an fear a bhí dhá gcimeád, ach tionóisc ab ea an marú. D'imigh an bheirt, ach do rugadh ar chúigear den lucht fuasaclta, agus do trialadh i marú an duine iad, agus do daoradh chun báis iad, chun a gcrochta. Do fuaradh ar ball go raibh duine den chúigear agus ná raibh sé san áit in aon chor an lá san. Bhí duine eile den chúigear agus Cúnún ab ainm do. Americánach ab ea é ó ghéillsine. Ní raibh aon údarás ag dlí Shasana os a chionn. Chómh luath agus do hairíodh thall in America go rabhthas chun é ' chrochadh, tháinig teachtaireacht dhána anall ó rialtas America dhá rá le muíntir Shasana gan baint le hé ' chur chun báis nú gur dhóibh ba mheasa. Do scaoileadh chun siúil é. Do crochadh an triúr eile. Bhíos i gCeann

---

17 *Manchester* in the 1915 edition.

XVI: "A Dhia, Saor Éire!"

Tuirc ar Caibideal, me féin agus na sagairt eile a bhain leis an áit, agus tháinig an tásc chúinn. Bhí iúnadh agus fearg orainn go léir. Bhí ' fhios againn go léir gur le tionóisc a maraíodh an duine; ná raibh éinne ciontach 'na bhás. Bhí ' fhios againn, leis, go raibh muíntir Shasana ag imeacht as a meabhair le scannradh roimis na Fíníní agus go rabhadar ar buile le feirg, a rá gur fhéad na Fíníní a leithéid de sceón a chur iontu. Mar gheall ar an ngráin a bhí ag muíntir Shasana ar na Fíníníbh agus ar mhuíntir na hEireann is ea do crochadh an triúr fear san. Mura mbeadh an sceón agus an scannradh agus an ghráin a bhí istigh i gcroí mhuíntir Shasana ní crochfí na fir.

Nuair a bhí an triúr 'na seasamh ar chlár na croiche agus an téad ar mhineál gach fir acu, do phógadar a chéile agus díreach sarar baineadh an clár óna gcosaibh, "A Dhia, saor Éire!" ar siad. Do lean an focal san i mbéalaibh Éireannach ó shin, agus leanfaidh an fhaid a bheidh duine de shliocht Gael beó ar thalamh na hÉireann. Agus, an fhaid chéanna díreach, beidh clú an trír sin ag dul i méid agus in oirearcas, agus beidh aithis Shasana ag dul i ngráinniúlacht.

XVII: I gCíll Sheanaigh agus i gCíll Úird

An fhaid a bhíos i bparóiste Chíll Sheanaigh, bhí orm dhá Aifreann do rá gach aon Domhnach agus gach aon lá saoire. Thugainn seanmóin uaim ag gach Aifreann díobh, seanmóin as Béarla ag Aifreann díobh, agus seanmóin as Gaelainn ag an Aifreann eile. Tá trí séipéil sa pharóiste, séipéal i gCíll Pheadair, séipéal sa Ghleanntán, agus séipéal ag Bínn na Míol. Ní foláir Bínn na Míol a thabhairt air, mar tá Bínn eile siar ó dheas uaidh agus Bínn na Leacht a tugtar air. Is minic a tháinig glaoch ola san oíche chúm ó Bhínn na Leacht.

Is cuímhin liom aon ghlaoch ola amháin díobh agus ní baol ná go gcimeádfad cuímhne air. Do rith buachaill chúm isteach agus saothar air i dtreó gur ar éigin ' fhéad sé labhairt.

"Tá fear ag fáil bháis, a Athair", ar seisean.

XVII: I gCíll Sheanaigh agus i gCíll Úird

"Canad?", arsa mise.

"Thiar ar Bínn na Leacht, a Athair", ar seisean.

"Cad 'tá air?", arsa mise.

"Do shloig sé a theanga, a Athair!", ar seisean.

"Aililiú!", arsa mise, "conas ' fheadfadh sé a theanga do shlogadh?"

"Bhí sé ag ól bhainne raímhir, a Athair", ar seisean, "agus do shloig sé siar a theanga in éineacht leis an mbainne. Níl aon fhocal cainnte aige", ar seisean, "agus nuair ' fhéachamair isteach 'na bhéal, níor fhéadamair aon radharc ' fháil ar a theangain. Is baolach ná béarfair 'na bheathaidh air, a Athair", ar seisean.

Chomáineas liom siar. Do rugas 'na bheathaidh air. Bhí a chainnt aige nuair a shroiseas é.

"Airiú, cad fé ndeara dhuit do theanga ' shlogadh!", arsa mise leis.

"Ó mhuise!", ar seisean, "an breallán buachalla san!", ar seisean. "Bhí tart orm agus d'ólas an deoch ró-thapaidh, agus tháinig crampa nú rud éigin den tsórd san im scórnaigh i dtreó gur chrap mo theanga siar ar fad im chúl-chraos agus gur mheas sé siúd gurb amhlaidh a shloigeas mo theanga! Níl aon chiall aige!"

Bhí an crampa imithe a scórnaigh an fhir bhoicht i dtreó ná raibh aon ghá le hola aige, agus thánag-sa abhaile ar mo shuaimhneas.

Ní gan chúis a tugtar Bínn na Leacht ar an mbaile sin. Táid na leachtanna ann. Tá ar dtúis ann dhá roth mhóra leathana cloch, roth mór lasmu' agus an roth eile laistigh de sin agus iad aeininneach (*concentric*[18]). De chlochaibh, curtha 'na seasamh, mar ' bheadh clocha

---

18 This translation is given in the original manuscript.

XVII: I gCíll Sheanaigh agus i gCíll Úird

roilige, atá an dá roth san déanta. Tá ansan, siar ó dheas ón roth amu', dhá líne de chlocaibh[19] agus na clocha 'na seasamh ar an gcuma gcéanna, agus an dá líne fan a chéile, agus gan iad ró-fhada amach ó chéile. Ní cuímhin liom anois cad é an fhaid adéarfainn atá iontu, ach is dó' liom go rabhadar ceathair nú cúig de shlataibh nú mar sin. Bhí cúpla cloch nú trí thiar ag an gceann thiar díobh dhá dtabhairt chun a cheile i dtreó gur *pharallelogram* iad. Tá breis agus cheithre bliana agus daichead ó chonac iad.

Tá bóthar siar ó Bhínn na Míol go Nead an Fhiolair agus go Cíll Chóirne. Mórán blianta sara dtánag-sa go Bínn na Míol, bhí sagart áirithe 'na chónaí i gCíll Chóirne. Do buaileadh breóite é. Cheap sé go mbeadh sé tagaithe chuige féin i gcómhair an Domhnaigh a bhí chuige, ach ní raibh. Bhí sagart a bhí báidhiúil leis thoir i mBaile na Móna. Chomáin sé teachtaire soir um thráthnóna Dé Sathrainn dhá iarraidh ar shagart Bhaile na Móna teacht, dá mb'fhéidir é, agus an tAifreann do rá thar a cheann i gCíll Chóirne. Bhí capall ana-mhaith ag sagart Bhaile na Móna agus "Gríosach" an ainm a bhí aige ar an gcapall. D'éirigh sé go moch ar maidin Dé Domhnaigh agus siúd siar é, siar Áth an Dalláin, siar Bínn na Míol, siar Gleann na hAithrí, siar go Nead an Fhiolair agus go dtí séipéal Chíll Chóirne. Duairt sé an tAifreann díreach ar an uair a bhí ceapaithe, gan aon neómat ríghnis. Is dócha go mb'fhéidir go raibh taithí ag cuid den phobal ar an Aifreann a bheith tamall beag deirineach. Pé scéal é, bhí a lán acu déanach chun an Aifrinn an mhaidean san. Bhí an sagart ag dul soir abhaile arís tar éis an Aifrinn do rá, agus bhuail cuid den phobal uime ar an mbóthar. Iad san ag teacht go dtí an tAifreann agus an tAifreann ráite aige sin. Bhí air bheith in am chun Aifrinn do rá an lá céanna i mBaile na Móna tar éis dul abhaile dho. Do labhair sé le cuid de sna daoine a bhí déanach.

"Ohó!", ar seisean.

"Gríosach, a chodail i mBaile na Móna,

---
19 *Dhá líne cloch* in the 1915 edition.

XVII: I gCíll Sheanaigh agus i gCíll Úird

Do sciob sé an tAifreann ó mhuíntir Chíll Chóirne!"

Thagadh glaoch ola chúm go minic aníos ar fad ó bhruach Abhann Móire, agus is minic gur i lár na hoíche ' thagadh sé. Uaireanta, b'fhéidir, bheinn tar éis bheith thíos ann i gcaitheamh an lae, ag déanamh gnótha Domhnaigh nú ag tabhairt turas ar scoileannaibh. Ansan, b'fhéidir, nuair a bheinn im shámh-chodladh, i lár na hoíche, thiocfadh an glaoch ola, agus chaithinn éirí agus imeacht síos arís. Ach bhíos óg láidir an uair sin agus ní bhíodh puínn binne agam ar nithibh den tsórd san.

Gaelainn a labhradh gach éinne liom an uair sin nuair a théinn mar sin ag cur na hola orthu. Na teachtairí féin, bíodh go mbíodh cuid acu óg go maith, is Gaelainn a labhraidís liom.

An sagart paróiste a bhí os a gcionn, bhí Gaelainn bhreá aige. An tAthair Tomás Ó Muirithe ab ainm do. Aneas ó Chairbre a tháinig sé. Tháinig sé aneas sarar deineadh dá dhóiseas de dhóiseas Chluanach agus Rosa. Bhí sé suas le deich mbliana agus trí fichid nuair a bhíos-sa agus é féin i bparóiste Chille Sheanaigh. Do mhair sé go dtí go raibh sé aon bhliain déag agus cheithre fichid. Nuair a bhíos-sa bliain agus ráithe i gCíll Sheanaigh, chuir an tEaspag soir go Cíll Úird me, agus beagán aimsire 'na dhiaidh san chuaigh an t-athair Tomás ó dheas go hIniscarra[20]. Ansan is ea ' fuair sé bás agus é aon bhliain déag agus cheithre fichid, tar éis é ' bheith trí fichid blian 'na shagart. Bhí obair chruaidh air cuid den aimsir sin. Chonaic sé an droch-shaol go léir. Chonaic sé na daoine ag fáil bháis cois na gclathach agus ar na bóithribh—agus an bia ag imeacht thar farraige chun cíosa ' dhéanamh do sna máistríbh talún. Ní féidir liom cuímhneamh air anois féin gan buile feirge ' theacht orm.

Is cuímhin liom go maith an lá ' fhágas Bínn na Míol agus me ag dul go Cíll Úird soir. Do cuireadh ríghneas éigin ar leitir an Easpaig. Níor tháinig sí chúm go dtí ar maidin Dé Sathrainn. Níor mhór dhom

---

20 *Iniscairthe* in the 1915 edition.

XVII: I gCíll Sheanaigh agus i gCíll Úird

bheith i gCíll Úird ar maidin Dé Domhnaigh a bhí chúinn chun dá Aifreann do rá, an chéad Aifreann acu amu' in Araiglinn, agus Aifreann a dódhéag i gCíll Úird.

Bhí láir mhaith agam agus trap beag deas éadrom. Chomáineas liom isteach go Mala agus an bóthar soir ó Mhala. Nuair a bhíos cúpla míle soir ó Mhala, thugas fé ndeara an lá ag dorchú.

"Tá eagal orm go mbeidh tóirthneach againn", arsa mise i m'aigne féin.

Lena línn sin, d'airíos fothram trom láidir éigin nár airíos riamh a leithéid eile.

"Ní tóirthneach é sin!", arsa mise i m'aigne.

Do stadas an láir agus d'fhanas tamall im stad féachaint an aireóinn arís é. Níor airíos. Bhíos ag cuímhneamh agus ag cuímhneamh, féachaint cad leis go samhlóinn é. Theip orm cuímhneamh ar aon tsaghas fothraim a chuirfinn i gcúmparáid leis. Bhí sé ana-láidir, ana-throm. Ba dhó' le duine go raibh sé sa spéir agus fé thalam in éineacht. Dá gcuireadh sé an tarna guth as, d'fhéadfainn, b'fhéidir, tuairim éigin a thabhairt fé cad é an saghas fothraim é, ach níor chuir. Chomáineas liom agus d'imigh sé as mo cheann.

Fuaras an bóthar ó Mhala go Cíll Úird níba shia go mór ná mar a shíleas. Bhí sé ag déanamh amach ar a dódhéag san oíche nuair a shroiseas an áit. Do chailleas roinnt mhaith aimsire, tar éis na hoíche ' theacht orm, ag glaoch ar dhaoine a bhí 'na gcodladh agus ag cur tuairisce na slí orthu. Do shroiseas Cíll Úird. Bhí na dóirse go léir dúnta agus na daoine 'na gcodladh. Chonac solas in aon tigh amháin. Thugas aghaidh ar an solas. Do ghlaos ar mhuíntir an tí. Tháinig bean chun an dorais chúm. D'ínseas di cérbh é me, agus d'fhiafraíos di a' bhféadfadh sí bheith istigh a thabhairt dom go lá, mar go raibh orm

XVII: I gCíll Sheanaigh agus i gCíll Úird

dul amach go moch ar maidin go hAraiglinn chun an Aifrinn do rá ann.

"Ochón, a Athair", ar sise, "tabharfad agus fáilte; agus go deimhin féin ní ró-mhaith an chóir is féidir dom a chur ort, a Athair", ar sise. "Ach bíodh an chóir olc nú maith, ní ró-fhada a bheidh an tigh seo againn chun bheith istigh a thabhairt d'éinne ann. Táimíd féin le cur amach as ar maidin Dé Luain! Tar isteach, a Athair", ar sise.

Chuas isteach. Bhí tigh folamh amu' sa chlós agus chuireas mo láir isteach ann agus thugas rud le n-ithe dhi. Bhí san agam sa trap bheag. Do cuireadh cóir chodlata orm féin chómh maith agus d'fhéad na daoine bochta é. Bhíos im shuí ar maidin ar an gcéad sholas. Thug bean an tí stiúrú agus cómharthaí an bhóthair dom agus do ghluaiseas, im charra bheag, soir go dtí an droichead atá ar abhainn Araiglinn; soir ó thuaidh trí Bhaile na Páirce, mórthímpall i radharc an tseana-chaisleáin atá 'na sheasamh ar mhullach cnucáin ar an dtaobh thiar den abhainn, d'abhainn Araiglinn; fan na habhann arís, soir ó thuaidh, go dtí gur shroiseas an crosaire mar a n-iompaíthear siar go dtí Cúil Múchan. Do leanas an bóthar díreach soir ó thuaidh fé bhun Bhaile na mBodach. Ansan do shroiseas droichead eile agus chuas thar abhainn siar agus suas cnucán, agus bhíos ag séipéal Araiglinn. Séipéal nua ab ea é. Bhí sé an-árd, agus do luíodh an ghaoth go mór ar an gcnucán nuair a bhíodh aon phuínn nirt inti. Tá dhá shruthán dheasa ag teacht chun a chéile thoir thíos ag bun an chnucáin, agus deineann an cnucán fothain mhór don ínse bheag atá thíos idir an dá shruth. Níor fhéadas gan a mheas gur mhór an trua nár deineadh an séipéal thíos ar an ínse sin in inead é ' dhéanamh thuas ar mhullach an chnucáin. Ínse an Chlampair an ainm a tugtar ar an ínse sin.

Nuair a bhí an pobal cruinnithe, duart an tAifreann dóibh, agus ansan thugas aghaidh siar ó dheas arís ar Chíll Úird, agus bhíos ann ar a dódhéag chun an tarna hAifrinn do rá ann. Bhí iúnadh a chroí ar an sagart paróiste nuair a chonaic sé ag teacht me. Bhí ' fhios aige go

XVII: I gCíll Sheanaigh agus i gCíll Úird

raibh an sagart a bhí aige rómham imithe, ach ní raibh ' fhios aige go rabhas-sa tagaithe. Bhí sé ar buile chúm nuair nár thugas aghaidh ar a thigh féin. D'ínseas do conas mar a bhí sé ró-dhéanach san oíche nuair a shroiseas an áit agus ná raibh ' fhios agam cá raibh a thigh.

Ar maidin Dé Luain a bhí chúinn, bhíos ag féachaint ar pháipéar. Níor chuireas suím ró-mhór in aon rud dá bhfeaca ann go dtí gur luigh mo shúil ar an méid seo, .i. "Extraordinary occurrence. About 2 o'clock, p.m. on Saturday last a distinct shock of earthquake was felt in the neighbourhood of Mallow. It was accompanied by a loud subterranean noise which lasted only a moment. Several persons felt the shock and heard the sound"'.

Thuigeas ansan cad é an brí a bhí leis an bhfuaim úd d'airíos agus me cúpla míle soir ó Mhala Dé Sathrainn roimis sin. Tráth éigin sa bhfómhar, sa bhliain d'aois an Tiarna míle ocht gcéad trí fichid a hocht, is ea do hairíodh an fothram san agus do mothaíodh an t-aon luascadh talún amháin sin, in aice Mhala. Níor mhothaíos-sa an luasc, toisc me ' bheith sa charra, is dócha, agus an carra ag gluaiseacht.

An fhaid a bhíos i gCíll Úird an uair sin, thugas breis agus bliain im chónaí i dtigh athá ar chnucán os cionn droichid Araiglinn, tímpall míle soir síos ón mbaile bheag ar a dtugtar Cíll Úird. Do hínseadh dom go raibh an Barún Piogoid[21] 'na chónaí sa tigh chéanna nuair a bhí sé óg, nuair a bhí sé 'na mhac léinn, agus go raibh seómra beag aige ar mhullach carraige laistiar den tigh agus go dtugadh sé a lán dá aimsir sa tseómra san in' aonar ag déanamh foghlama. Bhí sé 'na bhreitheamh i mB'l'Átha Cliath nuair a bhíos-sa im chónaí sa tigh. Tigh ana-dheas chun cónaithe is ea an tigh an fhaid a bhíonn an samhradh ann, ach tá sé 'na sheasamh ar ghrua an chnucáin ar an dtaobh thuaidh, agus nuair a thagann an geímhreadh, beireann an fuacht air go hana-dhian. Baile-idir-dhá-Abhainn an ainm a tugtar ar an mbaile. Ritheann abha Araiglinn isteach san Abhainn Mhór lastoir den bhaile, agus ritheann an Fhuínsean isteach san Abhainn Mhór

---

21 *Pigott* in the 1915 edition.

chéanna laistiar den bhaile, agus fágann san an baile idir an dá abhainn. Tá seana-chaisleán tamall ó dheas ón áit 'na bhfuil an tigh, agus an Rí-theaghlach a tugtar mar ainm air. "Rathealy" a tugtar i mBéarla air, i dtreó gur dhó' le duine gur ó dhuine éigin de mhuíntir Éalaithe a tugadh an ainm. Sin mar a loiteann an Béarla gach aon rud Gaelach go mbíonn aon teangmháil aige leis. Tá bóthar breá réidh fan bhruach Abhann Móire soir go hInse an Léime agus go dtí an Baile Dubh agus go Lios Mór, agus as san go Ceapach Chuínn.

Ní fada a bhíos ar an gcnucán úd i mBaile-'dir-dhá-Abhainn, nuair a bhí eólas maith curtha agam ar na bóithribh go léir, a bhfuil tríd an bparóiste dhíobh. Do hínseadh dom go raibh tobar beannaithe sa chúinne thoir den pharóiste agus gur "Tobar na hOla" a tugtí air. Chómh luath agus d'airíos é ' bheith ann, chuas soir go bhfeicfinn é. Áit an-uaigneach is ea an áit 'na bhfuil sé. Tobairín deas is ea é, agus uisce ana-bhreá ann. D'ólas deoch as agus thaithn sé go mór liom. Do hínseadh dom go mbíodh daoine ag tabhairt turas ann, mórthímpall an tobair, agus go mbíodh cómchalán ann uair sa mbliain. Do hínseadh dom gur thárla, nuair a bhí cómhchalán éigin acu ann agus mórán daoine cruinnithe ann, gur éirigh bruíon fhíochmhar eatarthu agus gur doirteadh fuil ann, mórán de, agus ansan gur cuireadh mallacht ar an áit, agus gur tugadh "Tobar na Fola" ar an dtobar in inead "Tobar na hOla".

XVIII: Séamas Fréiní, an Foghlaí

An bóthar mór ó Chorcaigh go Baile Átha Cliath, bóthar an chóiste, mar a tugtar air, is trí Chíll Úird ó thuaidh a ghabhann sé, trí lár na gcnuc. Táid na cnuic an-uaigneach. Roinnt aimsire ó shin, bhíodar níos uaigní go mór ná mar atáid siad anois, agus ná mar a bhíodar nuair a bhíos-sa sa pharóiste. Bhíodh foghlaí ar an mbóthar san agus bhíodh sé ag robáil na ndaoine. Do thárla go raibh file 'narbh ainm do Éamonn de Bhál ag gabháil an bóthar lá. Tháinig sé chun áite a bhí an-uaigneach. Do phreab an foghlaí chuige amach ó chlaí an

XVIII: Séamas Fréiní, an Foghlaí

bhóthair. Séamas Fréiní ab ainm don fhoghlaí. Thóg sé suas a phiostal ar aghaidh an fhile amach.

"Sín chúm aon airgead atá agat", ar seisean.

"Níl aon leathphinge airgid agam-sa, a mhic ó", arsan file. "Tar anso agus cuardaigh me más dó' leat go bhfuil", ar seisean.

D'fhéach Fréiní air.

"Peocu 'tá airgead agat nú ná fuil", ar seisean, "níl puínn dá dheallramh ort. Chím go bhfuil bróga nua ort", ar seisean, "pé ball 'na bhfuarais iad". D'fhéach sé síos ar a chosaibh féin agus ar na seana-bhrógaibh briste a bhí orthu. "Is dó' liom", ar seisean, "go n-oiriúnfadh na bróga nua san mise. Bain díot iad". B'éigean do. "Caith chúm i leith iad", arsa Fréiní. Do chaith. "Drid uaim síos ansan tamall anois", arsa Fréiní.

Do dhrid. Ansan do bhain Fréiní dhe a sheana-bhróga féin agus chuir sé uime na bróga nua. Nuair a bhíodar ar a chosaibh, do sheasaimh sé suas agus do bhreithnigh sé conas a dh'oiriúnadar é.

"Ó", ar seisean, "táid siad go hálainn! Go hálainn ar fad! Táid siad chómh hoiriúnach dom agus dá mba dhom féin a déanfí iad. Seo", ar seisean, "bídís sin agat-sa", agus chaith sé na seana-bhróga chun an fhile.

Chuir an file na seana-bhróga uime agus chomáin sé leis ar a chuaird féin agus d'imigh Fréiní an cnuc amach.

D'airigh file eile scéal na mbróg. Dhein sé an véarsa so:—

> Is brón liom an sceón so do ghlacais, a Éamoinn,
> Mar chóbach neamh-chróga gan neart 'na ghéagaibh;
> 'S gur dhó' linn, dar ndóchaint, gur cheap le céad tu!

XVIII: Séamas Fréiní, an Foghlaí

'S do bhróga do sheóladh 'na ghlaic chun Fréiní!'

Bhí an véarsa san ag dul ó bhéal go béal. D'airigh Éamonn é. Thug sé an freagra so air:—

A óig-fhir nách feólta do chanas véarsa,'
Ní dreóileacht neamh-chróga do bhain dom féinig,
Ach rógaire ar bhóthar do ghread le piléir me,
'S nár mhó aige siúd feóirling ná anam Éamoinn!

Do hínseadh dom gníomh eile a dhein an Fréiní céanna. Do ghluais an cóiste lá ó Chorcaigh. Bhí bean ó Bhaile Átha Cliath ar an gcóiste agus níor fhéad sí gan bheith ag cainnt. Níor stad a béal ach dhá fhiafraí de gach éinne eile dá raibh ar an gcóiste ar dhó' leis go raibh aon bhaol go mbuailfeadh Fréiní úmpu.

"Tá míle púnt anso agam", adeireadh sí, anois agus arís, "agus cad a dhéanfad in aon chor má bhuaileann sé umainn!"

Do chuireadar an bóthar díobh gan aon bhárthann go dtí gur fhágadar Cíll Úird laisteas díobh agus go rabhadar ag déanamh ar an sliabh. Nuair a bhíodar san áit ab uaigní den tsliabh, siúd chúthu Fréiní. Chómh luath agus do labhair Fréiní le fear na gcapall, do stad an cóiste. Tháinig Fréiní go doras an chóiste agus a phiostal ar leibhéal aige.

"'Sea, a cháirde ionúine, ná bíodh aon achrann againn, ach sínidh amach chúm pé airgead atá agaibh".

Bhí fear ann nár labhair puínn ó fhág sé Corcaigh. Do bhéic sé amach, agus é ag gol le scannradh, chómh luath agus do labhair Fréiní.

"Ó, a dhuin' uasail", ar seisean, agus tharraig sé amach a raibh d'airgead 'na phóca aige, lán a ghlaice de mhion-airgead, "sin a bhfuil d'airgead agam-sa agus ná lámhaigh me! Seo dhuit é ach gan me '

XVIII: Séamas Fréiní, an Foghlaí

mharú. Ní fheadar an mór an t-airgead atá ag éinne eile anso, ach féach, tá míle púnt ag an mnaoi uasail sin ansan. Sín chuige an míle púnt san atá agat, a bhean uasal, i dtreó ná lámhfaidh sé sinn!"

B'éigean di an míle púnt a thabhairt do Fréiní. Bhí Fréiní ag gáirí agus a chúis aige. Níor chuaigh sé ró-dhian ar an gcuid eile acu. Thóg sé pé méid a thugadar do agus d'imigh sé. Ansan is ea ' bhí an chainnt ag an mnaoi a chaill an míle púnt. Níor stad a béal ach ag mallachtaí agus ag spídiúchán ar an bhfear a scéigh uirthi. Níor labhair seisean a thuilleadh. Do shroiseadar cathair Bhaile Átha Chliath. Chómh luath agus do stad an cóiste, istigh sa chathair, chuir an fear ciúin a lámh 'na phóca agus tharraig sé amach blúire páipéir agus shín sé chun mná na cainnte é.

"Seo", ar seisean, "sin é do mhíle púnt agat". Órdú míle púnt ar bhannc Bhaile Átha Cliath ab ea an blúire páipéir.

"Féach", ar seisean, "tá deich míle púnt anso agam-sa, agus tá an t-airgead san agam á thabhairt anso ó bhannc Chorcaí go dtí bannc Bhaile Átha Cliath. In ór atá sé agam. Bhí eagal orainn an t-ór d'fhágáil i gCorcaigh mar d'airíomair go rabhthas ar tí an bannc i gCorcaigh do bhriseadh. B'éigean dom mo sheans a ghlacadh le Fréiní agus an t-ór a thabhairt liom. Mura mbeadh tusa agus do mhíle púnt, bhí mo dheich míle imithe uaim-se".

Nuair a chonaic an bhean an ainm a bhí thíos ar an mblúire páipéir, bhí sí sásta. Bhí aithne mhaith aici ar an bhfear 'na raibh a ainm ar an mblúire páipéir. B'é an fear céanna a thug di an blúire páipéir, ach níor aithin sí in aon chor é, bhí an cheilt chómh maith san air. Nuair ' inis sé dhi cérbh é, bhí áthas mór uirthi.

Ní fheadar-sa an fíor an scéal. Nílim ach á insint fé mar a hínseadh dom é.

XVIII: Séamas Fréiní, an Foghlaí

Do hínseadh dom conas a maraíodh Fréiní sa deireadh. Do bhuail sé uime dhuin' uasal a bhí tar éis roinnt mhaith airgid d'fháil an lá san.

"Sín chúm an t-airgead san atá ansan agat", arsa Fréiní leis.

"Is dócha ná fuil aon dul uaidh agam", arsan duin' uasal, agus chaith sé sparán trom ar an dtalamh uaidh. Do chrom Fréiní chun an sparáin do thógaint. Lena línn sin, do shnap an duin' uasal piostal as a phóca féin, agus chuir sé piléar tríd an bhfear a bhí ar a chromadh. Do ghoin an piléar san é, ach níor mhairbh sé ar an spota é. Do dhírigh sé é féin agus thug sé aghaidh a phiostail féin ar an nduin' uasal. Mheas an duin' uasal go raibh uair a bháis tagaithe. Do stad Fréiní gan an t-urchar do chaitheamh.

"Ní bheidh t'anam-sa orm", ar seisean. "Táim ag dul i láthair Dé. Ní beag dom a bhfuil im choinnibh".

D'imigh sé thar claí. Roinnt laethanta 'na dhiaidh san, do fuaradh marbh é tamall ón áit.

Bhí ana-bháidh ag na daoine leis. Do roinneadh sé ar dhaoinibh bochta cuid mhór den airgead a bhaineadh sé de dhaoinibh saibhre. Gan amhras ní raibh sa rabairne sin ach "fial stiall de leathar dhuine eile". Mar sin féin, bhíodh daoine baoch de, agus thugaidís bheith istigh do nuair a bhíodh gá aige leis go minic.

Ní le daoine bochta amháin a bhíodh sé fial uaireanta. Bhuail duin' uasal uime oíche.

"Sín chúm a bhfuil d'airgead agat!", arsa Fréiní leis.

Do shín an duin' uasal chuige sparán mór airgid a bhí aige.

XVIII: Séamas Fréiní, an Foghlaí

"Féach anois, a Shéamais", arsan duin' uasal, "ní hé mo thuairim go ndéanfá an méid sin orm dá dtuigthá i gceart conas atá an scéal agam".

"Cad 'tá sa scéal ná tuigim?", arsa Séamas.

"Ní liom-sa an t-airgead san in aon chor", arsan duin' uasal. "Cíos é sin atá fálta agam inniu ó thineóntaithibh a leithéid seo de thiarna talún", dhá ínsint do cérbh é, "agus caithfead-sa an cíos san do thabhairt don tiarna talún san pé ball 'na soláthród é. Ní bheidh sé siúd aon leathphinge chun deiridh leis an obair seo".

"An mar sin é?", arsa Séamas.

"Is ea go deimhin", arsan fear eile.

"Tá go maith", arsa Séamas. "Ní chuirfead-sa an cruatan san ort-sa. Dá bhféadainn an t-airgead a bhaint de féin, bheinn sásta, ach ní díot-sa is ceart dom a chuid siúd a bhaint. Seo dhuit do sparán, ach tabhair dom uait féin cúpla púnt ar iasacht. Tá gnó áirithe agam de".

Do thug. Agus is mó lóistín oíche agus béile mhaith bhídh a fuair Séamas i dtigh an duin' uasail sin 'na dhiaidh san nuair a bhíodh gá go cruaidh aige le lóistín oíche agus le béile bhídh.

Tá baile sa taobh thoir thuaidh den pharóiste agus Gort na Sceiche an ainm a tugtar air. Tá an baile sin naoi míle ó Chíll Úird. Is minic a thagadh glaoch ola chúm ón mbaile sin i lár na hoíche. Do bhínn im dhúiseacht uaireanta agus d'airínn an teachtaire agus é ag teacht, ar sodar, ar muin capaill, agus "Gort na Sceiche! Gort na Sceiche!" adeireadh cosa an chapaill sa tsodar ar an mbóthar, agus mise im dhúiseacht sa leabaidh ag éisteacht leis an sodar, "Gort na Sceiche! Gort na Sceiche!", agus me ag cuímhneamh ar an naoi míle ' shlí a bhíodh rómham. Ní ghoilleadh an scéal puínn orm, áfach. Chómh

XVIII: Séamas Fréiní, an Foghlaí

luath agus ' bhínn san iallait agus ar an mbóthar, níorbh fheárr liom bheith sa leabaidh. Bhíos óg an uair sin.

Tá áit ag bun Ghort na Sceiche agus na Mianacha a tugtar ar an áit. Do hínseadh dom go raibh iarann dá thógaint as an dtalamh ann roinnt aimsire ó shin, agus go ndeintí corcáin ann agus go gceannaíodh na cómharsain na corcáin sin, agus gur chorcáin mhaithe iad ach gurbh ana-dheocair iad a chimeád glan ar an dtaobh istigh; gur dhócha ná glantí an t-iarann i gceart sa tine, nú sa bhfúirnéis. Tugtar "an Fúirnéis", leis, mar ainm ar an mbaile.

XIX: An Staonadh ón Ólachán

Ní ró-fhada a bhíos tagaithe amach as an gcoláiste, críochnaithe im shagart agus ag déanamh oibre sagairt i measc na ndaoine, nuair a thugas ní fé ndeara. Thugas fé ndeara an díobháil tiubaisteach a bhí ag an ólachán á dhéanamh do mhuíntir na hÉireann. Chonac an ceárdaí sáite i dtigh an tábhairne gach aon tráthnóna Dé Sathrainn, agus é ag fanúint ann go dtí go mbíodh pá na seachtaine imithe, nú an chuid ba mhó dhe, agus an bhean agus an chlann sa bhaile gan béile na hoíche acu, gan, b'fhéidir, balcais éadaigh ar aon tslacht; ansan, an fear san ar a leabaidh ar maidin Dé Domhnaigh agus gan é ábalta ar éirí ná ar dhul fé dhéin aon Aifrinn. Chonac an bhean agus a meabhair bainte dhi ó bheith a d'iarraidh aire ' thabhairt don fhear san agus dá chlaínn agus dá thigh, agus gan an t-airgead aici chuige, í féin leath-lomrachta agus an chlann leath-lomrachta agus an tínteán fuar folamh, gan tine ná abhar tine, gan teas gan cúmpórd. Chonac an feirmeóir ag teacht abhaile ar meisce ón aonach nú ón margadh, agus é féin agus a chapall i gcúntúirt titim i ndíg an bhóthair agus bheith báite nú bascaithe, agus an t-airgead ba cheart do a thabhairt leis abhaile fágtha aige in sna tithibh tábhairne a bhí ar na crosairíbh roimis; fáltas fial fágtha ins gach tigh acu aige; nár mhó leis seile tobac ná leath-choróinn gheal do chaitheamh uaidh ins gach tigh tábhairne acu; agus ansan, nuair a thagadh a chiall do amáireach 'na dhiaidh san, gur dhó' le duine air gurbh fhiú leath-shobhran an

XIX: An Staonadh ón Ólachán

leathphinge rua nuair a bheadh roinnt bheag éigin aige á thabhairt dá mhnaoi chun rudaí ' sholáthar don tigh! Chonac na huilc sin go léir agus na mílte olc eile 'na dteannta, agus do buaileadh isteach i m'aigne gur cheart dom iarracht éigin do dhéanamh ar chur 'na gcoinnibh, a bheag nú a mhór; dá mba ná tiocfadh liom a dhéanamh ach a bheag féin, gurbh fheárr é ' dhéanamh ná gan aon rud a dhéanamh.

Seo mar a tuigeadh dom ba cheart tabhairt fén obair, .i. a iarraidh ar gach éinne staonadh ó gach deoch meisciúil. Bhí ' fhios agam go maith go mbeadh mórán daoine agus gur dheocair iad do thabhairt chun an staonadh san do dhéanamh. Bhí ' fhios agam, leis, nárbh fholáir dom éadan ana-dhána ' bheith orm chun a iarraidh ar aon duine an staonadh san do dhéanamh gan me féin á dhéanamh chómh maith le cách. Thuigeas nárbh fholáir dom féin an tosnú do dhéanamh. Chómh maith do dheineas. Do dheineas an tosnú. Shocraíos m'aigne i lathair Dé ar gan deoch meisciúil a dh'ól a thuilleadh. Ansan do chromas ar dhaoine eile do chómhairliú chuige. Is cuímhin liom aon fhear amháin agus bhíos á rá leis gur cheart do an staonadh ' dhéanamh. Bhí gach aon leathscéal aige ar bharra a theangan dom chun gan é ' dhéanamh. Gach aon chúis dár thug sé dhom chun gan é ' dhéanamh, thugas-sa cúis i gcoinnibh na cúise sin do chun a dhéanta. Fé dheireadh do bhris ar an bhfoighne aige agus duairt sé mar seo:

"Mhuise go deimhin féin, a Athair, ní feárr bheith siar ná aniar ar an scéal, is maith leis an sagart féin, nuair a bhíonn dínnéar maith ite aige, a bhraon beag púins do chur anuas ar an ndínnéar!"

"Tá dearúd sa méid sin ort", arsa mise. "Ní bhlaisim aon bhraon púins choíche ná aon bhraon d'aon tsaghas eile dí a chuirfeadh meisce ar dhuine".

Do stad sé ar feadh tamaill agus iúnadh air. Ansan: "Is dó', a Athair", ar seisean, "caithim-se bheith amu' san oíche fé fhuacht agus fé

XIX: An Staonadh ón Ólachán

fhliuchra, agus do raghadh an fuacht tríom chroí dá mba ná hólfainn braon biotáille nú braon de rud éigin te mar sin".

"Bím-se amu' san oíche, fé fhuacht agus fé fhliuchra níos minicí ná mar a bhíonn tusa", arsa mise. "Bíonn tú go sámh ar do leabaidh go minic nuair a bhím-se san iallait, ar bhóthar Ghort na Sceiche, nú ar bhóthar Ínse an Léime, agus fearthainn dá stealladh orm le fuinneamh gaoithe, agus ní bhíonn aon ghá agam le haon bhraon biotáille nuair a thagaim abhaile".

"Is dó', a Athair", ar seisean, "b'fhéidir ná goilleann annró ort-sa chómh mór agus ' ghoillfeadh sé ar dhuine eile. Dá bhfaighinn droch-fhliuchadh, thiocfadh, b'fhéidir, luíochán trom orm mura n-ólfainn deoch maith láidir biotáille chun an fhuachta do chur amach as mo chroí".

"Tá dearúd sa méid sin ort", arsa mise leis. "Is amhlaidh a chuireann an biotáille tuilleadh fuachta isteach ionat i dteannta an fhuachta a bhíonn istigh ionat roimis".

D'fhéach sé idir an dá shúil orm agus sult ar lasadh 'na shúilibh féin.

"Dar fia, a Athair, ach sin é an scéal is greannúire dár airíos-sa de scéaltaibh greannúra riamh! Nuair ' ólaim braon de bhiotáille mhaith, mothaím an teas aige dá chur isteach im chroí agus tríom ballaibh beatha go léir".

"Teas bréagach is ea an teas san", arsa mise leis. "Imíonn sé go luath 'na dhiaidh san, agus beireann sé leis, as do chuid fola, pé teas a bhí ann roimis. Ansan téann an fuacht isteach id chroí dáiríribh, agus ní mhothaíonn tú an fuacht san mar bhaineann an biotáille an mothú asat".

B'éigean dom éirí dhe. Bhí roinnt cainnte den tsaghas chéanna agam leis uaireanta 'na dhiaidh san. Ní raibh aon mhaith dhom ann. Ní

XIX: An Staonadh ón Ólachán

fhéadfainn a chur 'na luí ar a aigne go raibh aon díobháil sláinte sa "bhraon dí". Ach pé cainnt a bhí eadrainn, ní duairt sé focal amach as a bhéal, arís, i dtaobh "gur mhaith leis an sagart féin a bhraon púins a dh'fháil".

Nuair a bhíos im chónaí thíos ar an gcnucán os cionn droichid Araiglinn, bhíodh orm teacht aníos go Cíll Úird chun an Aifrinn do rá agus chun glaoch ola d'fhreagairt sa tsráid bheag. Agus is minic gur i lár na hoíche do thagadh an glaoch ola. Thuigeas dá mbeinn im chónaí thuas sa tsráid bheag go mbeinn in aice mo ghnótha ann, de ló agus d'oíche. Ach ní raibh tigh le fáil sa tsráid bheag.

Do lean an scéal ar an gcuma san ar feadh breis agus bliain. Fé dheireadh do tháinig athrú. Bhí dochtúir 'na chónaí sa tsráid. Shocraigh sé ar dhul chun cónaithe ó thuaidh go Baile Mhistéala. Chómh luath agus ' bhí sé imithe as an dtigh a bhí i gCíll Úird aige, do thógas-sa an tigh, agus thánag aníos chun cónaithe ann. Bhíos in aice mo ghnótha ansan. Dá éaghmais sin, bhíos meánach sa pharóiste, agus ná bóithre díreach ón dtigh agam soir go hInse an Léime; agus soir ó thuaidh go Baile na mBodach agus go Gort na Sceiche; agus ó thuaidh go dtí an barrac, mar a mbíodh an foghlaí, lá éigin; agus siar ó thuaidh go dtí Beárna na Gaoithe, agus go dtí Cathair Druinne, agus go dtí an Cnucán. Bóithre fada is ea iad go léir, ach bhíodh dúbailt faid iontu nuair a bhíos thíos ag droichead Araiglinn, mar do chaithinn teacht aníos chun na sráide chun dul ar na bóithribh eile ach amháin bóthar Ghort na Sceiche agus bóthar Ínse an Léime.

Bíodh gur theip cuid de na seandaoinibh orm agus cuid de sna daoinibh a bhí i meán aois, i dtaobh an ólacháin, níor theip na daoine óga orm. Ní rabhas i bhfad im chónaí sa tsráid bheag nuair a thugas fé ndeara na garsúin bheaga agus iad ag imeacht fiain ar fuid na háite gach aon tráthnóna. Chuímhníos gur mhaith an rud seómra beag a dh'fháil dóibh, agus leabhair dheasa, agus iad do chruinniú ag lé' na leabhar ar feadh uair a' chluig nú cúpla uair a' chluig gach aon tráthnóna. Ní raibh aon leabhar Gaelainne le fáil in aon bhall an uair

XIX: An Staonadh ón Ólachán

sin, mura soláthródh duine Bíobla Gallda, ach níorbh fhéidir baint in aon chor leis an mBíobla san toisc an droch-ainm a bheith fachta aige ó sna *Soupers*.

Do scríos go Baile Átha Cliath agus fuaras leabhair a bhí chómh Gaelach agus d'fhéadfadh leabhair Bhéarla ' bheith; an "Story of Ireland", agus "Poets and Poetry of Ireland", agus "Speeches from the Dock", agus mar sin. Bhí an tÁrd-Bharún Piogoid beó an uair sin i mBaile Átha Cliath. D'airigh sé an scéal i dtaobh na mbuachaillí agus i dtaobh na leabhar, agus chuir sé deich bpúint chúinn chun tuilleadh leabhar do cheannach. Ansan do cheannaíomair tuilleadh de sna leabhraibh, leabhair mhaithe bhunúsacha Bhéarla, Shakespeare, agus Milton, agus a leithéidí, agus bhí cuid mhaith leabhar againn ansan, leabhair nár airigh na buachaillí aon trácht riamh orthu go dtí san. Thagaidís isteach gach aon tosach oíche, nuair a bhíodh na hoícheanta fada againn, agus bhídís ag lé' na leabhar, a leabhar féin ag gach duine, go dtí go mbíodh sé in' am staid. Ansan do léinn féin blúire beag de bheatha naoimh éigin dóibh, agus chuirinn abhaile iad. Is cuímhin liom gur thugas mórán oícheanta ag lé' Beatha an Churé d'Ars dóibh, agus gur chuireadar ana-spéis ann.

Tar éis tamaill do mheallas iad chun staonadh ó gach deoch meisciúil, agus do dheineadar é go fonnmhar. Dheineas cárta beag dóibh agus chuireas an gheallúint ar an gcárta, i gcló, mar seo:

"Mar shásamh im peacaíbh, agus chun gach peaca do sheachaint feasta le cúnamh Dé, agus in onóir do Bhríd Naofa, staonfad ó gach deoch meisciúil".

Bhí an obair go léir, agus sinn féin, agus an leabharlán, fé choimirce Bhríde Naofa againn. D'airíos 'na dhiaidh san gur lean a lán acu den gheallúint sin ar feadh i bhfad, agus gur lean cuid acu dhe i gcaitheamh a saol.

XIX: An Staonadh ón Ólachán

Nuair a thagadh Lá Fhéile Bríde, bhíodh féasta beag againn; mísleáin, agus cácaí, agus sólaistí eile den tsórd san. Bhíodh ólachán áirithe, leis, againn, agus d'ólaimís sláinte ár naoimh, sláinte Bhríde, "Muire na nGael", mar a tugtí uirthi fadó. Tá tobar breá fíor-uisce thíos i mBaile-'dir-dhá-Abhainn agus "Tobar an Dúna" an ainm atá ar an dtobar san. Chuirimís capall agus trucail, agus meadar bhreá mhór istigh sa trucail, síos chun an tobair sin agus do tugtí chúinn aníos lán na meidre den uisce sin, agus i ngloine den uisce sin is ea d'óladh gach duine againn sláinte Bhríde Naofa.

Bhí cárta eile againn agus sid iad na smaointe a bhí ar an gcárta san.

> Mo ghrá Dia!
> Mo ghrá an Creideamh!
> Mo ghrá Éire!
>
> Gráin ar uabhar aigne!
> Gráin ar ainbhios!
> Gráin ar easaontacht!
>
> Ní dhéanfad maíomh.
> Ní dhéanfad achrann.
> Ní bhead ar meisce.

Cárta bán ab ea an cárta san. Cárta glas ab ea an cárta eile. Bhí an dá chárta san ag gach duine dár mbuín. Do rugadar leó abhaile na cártaí. Ní deirim ná go bhfuil fo-chárta acu le fáil fós i gcuid de sna tithibh ar fuid na paróiste sin.

I mBéarla is ea ' bhí na focail ar na cártaibh. Níorbh fhéidir na focail do chur orthu i nGaelainn an uair sin, bíodh gur mhó go mór an Ghaelainn a bhí dá labhairt sa pharóiste ná an Béarla a bhí dá labhairt inti. Dá éaghmais sin, bhí an Ghaelainn a labharthí, bhí sí ar áilleacht. Ba bhreá liom bheith ag éisteacht leis na seandaoinibh dhá labhairt. Nuair a chuirinn an ola dhéanach ar sheanduine acu, agus nuair a

XIX: An Staonadh ón Ólachán

thugainn an Corp Naofa dho, agus nuair adeireadh sé ansan, ó chroí amach, "Mo ghrá mo Thiarna Íosa Críost! Mo ghrá go daingean É!", do stadadh m'anál orm agus thagadh luas croí orm agus do sceinneadh deóracha óm shúilibh i dtreó go n-iompaínn i leataoibh beagán.

Sin í an chainnt go raibh an creideamh inti. Sin iad saghas daoine naofa a bhí in Éirinn an uair sin agus roimis sin, agus gan aon fhocal Béarla acu. Ba bhaoth an gnó don namhaid bheith a d'iarraidh a chur ' fhéachaint orthu súd an creideamh do shéanadh.

Bhí cheithre scoileanna "Náisiúnta" sa pharóiste, agus ní raibh oiread agus aon fhocal amháin Gaelainne ag aon duine de sna múinteóiribh a bhí ag múineadh aos óg in sna scoileannaibh sin. B'uathásach an éagóir é dá dhéanamh ar mhúinteóiribh agus ar aos óg in éineacht. Na múinteóirí dhá marú féin a d'iarraidh múineadh ' dhéanamh le cainnt nár tuigeadh, agus aigne an lucht foghlama dá ciapadh agus dá dalladh agus dá cur amú, ó bheith a d'iarraidh eólais do ghlacadh trí chainnt nár tuigeadh. Agus ansan, éagóir eile ba thiubaistí ná an dá éagóir i dteannta ' chéile, cigire, nú "*inspector*", ag teacht ón mBórd agus ag dul isteach in sna scoileannaibh sin, dhá bhféachaint agus ag breithniú orthu, agus gan aon léas eólais aige ar an dá éagóir úd, an éagóir ar na múinteóiribh agus an éagóir ar an aos óg.

Tá so agam le rá, áfach. Chómh fada agus ' chuaigh an obair a deineadh in sna scoileannaibh, an méid oibre dob fhéidir a dhéanamh in ainneóin na n-éagórtha go léir, do deineadh é ar chuma do chuir iúnadh orm-sa. Do tugadh an t-eólas don mhuíntir óg agus do ghlac an mhuíntir óg an t-eólas, trí bhóthar chruaidh an Bhéarla, trí bhóthar iasachta an Bhéarla, ar chuma do dhéanfadh creidiúint do mhúinteóiribh agus do lucht foghlama in éineacht dá mba ná beadh an bóthar cruaidh ná iasachta. An éirim aigne a bhí ar gach taobh fé ndeár an toradh san a bheith ar an obair.

XIX: An Staonadh ón Ólachán

Ach na daoine a bhí i meán aois an uair sin, na daoine a bhí idir na seandaoine agus muíntir na scoileanna, bhí Béarla acu san dá labhairt agus ní dó' liom gur labhradh riamh amach a béalaibh daoine cainnt ba ghráinne ná an Béarla san. Féach ansan an sclábhaíocht a bhí ar na múinteóiribh agus ar na leanaíbh. An Béarla gránna san dá labhairt coitianta leis na leanaíbh sa bhaile, agus ansan na múinteóiribh a d'iarraidh Béarla éigin slachtmhar a mhúineadh do sna leanaíbh sin ar an scoil. Ansan, an cigire ag teacht agus ag gabháil de chosaibh ins gach aon rud; ag spídiúchán ar na múinteóiribh, os cómhair na leanbh go minic, nuair ná cuiridís Béarla cruínn i mbéalaibh na leanbh, agus ag spídiúchán ar na leanaíbh nuair adéarfadh leanbh acu, "I do be", nú, "We does be".

Bhíos ag éisteacht le cigire acu lá. Chuir sé ceist éigin chun linbh i dtaobh cad a chimeád sa bhaile é an lá roimis sin, nú rud éigin den tsórd san.

"I does be thinning turnops, sir", arsan leanbh.

"And what does your brother be doing?" arsan cigire.

"He do be minding the cows, sir", arsan leanbh.

"'I does be', 'He do be'. That is nice teaching!", ar seisean leis an múinteóir. "Well, Mr. 'Do be'", ar seisean leis an leanbh, "how are you today, Mr. 'Do be'? And how is old Mr. 'Do be'? And how is Mrs. 'Do be'? And how are all the other little 'Do be's' and 'Does be's'?"

B'in iad athair agus máthair an linbh, agus an chuid eile den chlaínn a bhí i ndiaidh an linbh sin sa bhaile. Féach air sin mar tharcaisne á thabhairt don lín tí sin! Tarcaisne phoiblí, os cómhair na scoile go léir!

Ná measadh éinne ná titeadh rud den tsórd san amach ach go hannamh. Do thiteadh sé amach go minic, go hana-mhinic. Tá sé ag

XIX: An Staonadh ón Ólachán

titim amach fós, uaireanta[22]. Do chonac féin cigire go minic ag rástáil isteach i scoil agus a hata ar a cheann aige, agus gan aige don mhúinteóir, os cómhair na leanbh, ach an focal ba tharcaisní 'na phluic.

Thugas cheithre bliana i gCíll Úird an uair sin. Bhí an leabharlán mór go maith i ndeireadh na haimsire sin. I gcaitheamh na haimsire sin is ea ' tháinig an cogadh mór úd idir an Fhrainnc agus an Almáinn. I gcaitheamh bliana an chogaidh sin, do bhíodh na páipéir againn sa leabharlán agus sinn ag faire ar an gcuma 'na raibh an cogadh ag gluaiseacht, agus gan amhras is leis an bhFrainnc a bhíodh ár mbáidh go léir idir óg agus críonna againn. Bhí brón mór orainn nuair a chonacamair an bua ag an Almáinn.

I gcaitheamh na haimsire sin, leis, is ea ' bhí ár bhfeisirí Éireannacha, agus Isaac Butt 'na cheann urraid orthu, "ag seasamh a gcirt" thall i bPárlimint Shasana. Bhíodh cruinniúcháin mhóra againn ins gach aon pháirt d'Éirinn ag gabháil páirte le Butt sa ghnó san, agus lena bhuín. Is cuímhin liom go ndeigh gasra mór de mhuíntir Chíll Úird ó thuaidh go Baile Mhistéala Lá Domhnaigh, go dtí cruinniú mór díobh a bhí ann, agus go mb'éigean dom dul leó, agus gur mheasamair go raibh árdobair déanta againn nuair a bhí obair an lae sin déanta againn. Ba bheag ná go raibh Éire saor againn ó dhaor-smacht Gall, dar linn.

XX: Ár Scoil i Ráth Chormaic

Nuair a tháinig an t-am, de réir mar a thuig an tEaspag, do cuireadh ó dheas me, treasna na habhann, treasna Abhann Móire, go Ráth Chormaic. Ní rabhas i bhfad sa pharóiste sin nuair a thosnaíos ar an obair chéanna a bhí ar siúl agam i gCíll Úird. Chruinníos cuid de bhuachaillibh na sráide bige sin agus do labhras leó. D'ínseas dóibh i dtaobh na hoibre a bhíodh ar siúl agam i gCíll Úird an fhaid a bhíos ann, i dtaobh na leabhar agus i dtaobh an dá chárta, agus i dtaobh

---

22 *Uaireanta*: this word was supplied by Norma Borthwick in the 1915 edition and is not in the original manuscript.

XX: Ár Scoil i Ráth Chormaic

staonadh ón ólachán go mór mór. Do tógadh na cártaí agus do gealladh an staonadh. Do thógamair tigh agus do ceannaíodh na leabhair agus bhí an leabharlán againn, fé choimirce Bhríde Naofa, díreach mar a bhí i gCíll Úird.

Níorbh fhada gur thugas fé ndeara go raibh tuiscint i gceól ag á lán de sna buachaillibh i Ráth Chormaic. Bhíodh amhráin againn, amhráin Bhéarla ab ea iad, áfach. Ní raibh aon fhocal Gaelainne dá labhairt sa tsráid bheag. Ach má b'amhráin Bhéarla féin iad, bhídís ar áilleacht le feabhas guthaí agus le binneas glórtha agus le fuaim árd agus le huchtach.

Bhí eólas maith, leis, ag cuid de sna buachaillíbh ar cheól úirlisí, ar cheól fliúite agus ar cheól veidhlín. Do thuigeas i m'aigne go mb'fhéidir gur mhaith an rud, ó bhí an dúil sa cheól acu agus an éirim cheóil chómh maith san acu, na húirlisí práis do sholáthar agus banna práis a bheith againn. Dheineamair suas daichead púnt agus chuireamair fios ar roinnt de sna húirlisíbh práis. Do labhras le fear de lucht ceóil an airm istigh sa Mhainistir[23] agus d'iarras air teacht chúinn amach go Ráth Chormaic cúpl' uair sa tseachtain agus a mhúineadh do sna buachaillíbh conas na húirlisíbh práis do láimhseáil agus an ceól do bhaint astu. Shocraíomair ar an ndíolaíocht a gheóbhadh sé agus tháinig sé. Bhí sé ag teacht ar feadh roinnt aimsire; níor ró-fhada é. Do phioc cuid de sna buachaillíbh suas an t-eólas go tiubh i dtreó go rabhadar san ábalta ar an gcuid eile do mhúineadh agus gur fhéadamair comáint linn agus gan bheith ag díol ár gcod' airgid le fear na casóige deirge. Sara raibh mórán aimsire curtha dhíobh ag na buachaillí, bhíodar ábalta ar na húirlisíbh do láimhseáil go cliste, agus do sheinnidís an ceól chómh maith agus d'fhéadfadh aon bhanna airm é ' sheinnt.

Bhíos i Ráth Chormaic tímpall dhá bhliain˙, is dó' liom, nuair a bhí an méid sin gnótha déanta. Ansan díreach is ea ' tháinig leitir chúm ó

---

23 .i. *Mainistir Fhear Maí* (Fermoy). [This note was supplied by Norma Borthwick in the 1915 edition.]

XX: Ár Scoil i Ráth Chormaic

Bhaile Átha Cliath dhá ínsint dom go raibh buíon ar bun sa chathair sin, buíon "chun na Gaelainne do chimeád beó".

"Dar fia", arsa mise i m'aigne féin, "más maith é is mithid é!"

Chomáineas leitir chúthu dhá iarraidh orthu na leabhairíní a bhí acu do chur chúm. Tháinig an chéad cheann de sna leabhairíníbh. D'ínseas do sna buachaillíbh cad a bhí déanta agam. D'airídís me go minic ag tabhairt seanmóna as Gaelainn uaim don phobal Dé Domhnaigh. Dúradar go léir láithreach gur mhaith leó an Ghaelainn d'fhoghlaim. Chuireas macshamhail den leabhairín i láimh gach buachalla agus chromadar ar na foclaibh d'fhoghlaim. Bhí focail bheaga ana-shímplí in sna ceachtannaibh tosaigh, mar seo, chómh fada agus is cuímhin liom anois:

> lá = a day.
> breá = fine.
> bó = a cow.
> bán = white.
> gé = a goose.
> dubh = black.
> cat = a cat.
> mór = big.
> bean = a woman.
> beag = little.

Ansan bhí ceacht eile mar seo:—

> lá breá = a fine day.
> bean beag = a little woman.
> bó mór = a big cow.
> bean mór = a big woman.
> gé bán = a white goose.
> bó maith = a good cow.
> cat dubh = a black cat.

XX: Ár Scoil i Ráth Chormaic

bó dubh = a black cow.

Chuireamair dínn roinnt de sna ceachtannaibh. Ansan, nuair a bhí roinnt de sna ceachtannaibh foghlamtha ag na buachaillíbh do hínseadh an méid seo scéil dúinn:—

"The true Irish for 'a big cow' is really, not *bó mór*, but *bó mhór*. So also with those other instances; the true Irish is, not *bean mór*, but *bean mhór*; not *bean beag*, but *bean bheag*; not *bó maith*, but *bó mhaith*; not *bó dubh*, but *bó dhubh*. We really considered it better not to burthen the learner at the beginning with the mysteries of Irish aspiration"[24].

Chómh luath agus ' chonaic na buachaillí an méid sin, "What is this!", ar siad. "We were first taught to say *bó dubh*, and now we are told that *bó dubh* is wrong, and that we must say *bó dhubh*! Why were we not told the right word from the start?"

Chuireadar stailc suas. Ní fhoghlamóidís a thuilleadh Gaelainne as na leabhraibh sin. Chuireas-sa stailc suas chómh maith leó. Thuigeas i m'aigne aon daoine do cheap go bhféadfí an Ghaelainn a chimeád beó leis an saghas san oibre nárbh aon mhaith bheith ag brath orthu. Nuair ' airíodh duine de sna seana-chainnteóiribh *bó mór*, agus *bó dubh*, agus *bean beag*, bhídís ag cur an anama amach ag gáirí.

Thugas fé ndeara go raibh cuid de sna buachaillíbh agus go raibh éirim aigne acu agus solas breithiúntais agus cúiléith thar an gcoitiantacht, cuid acu i bhfad thar an gcoitiantacht. Do buaileadh isteach i m'aigne gur mhór an trua gan caoi ' thabhairt dóibh ar úsáid éigin thairbheach a dhéanamh den éirim sin agus den tsolas san agus den chúiléith sin.

---

[24] The 1915 edition continues here *nú rud éigin mar sin*, but the words are not found in the original manuscript.

XX: Ár Scoil i Ráth Chormaic

Bhí mo chuid eólais féin ar na seana-theangthachaibh, ar an Laidin agus ar an nGréigis, ag dul i ndúire agus i neamh-chruinneas agus i ndoirchí.

"Dar fia", arsa mise liom féin, "b'fhéidir nárbh fhearra dhom rud a dhéanfainn ná mo sheana-leabhair Laidne agus Gréigise do tharrac chúm arís agus díriú ar na seana-theangthachaibh uaisle sin do mhúineadh do dhuine nú do bheirt de sna buachaillíbh seo. Ca bhfios cad a thiocfadh as 'na dhiaidh so? Pé rud a thiocfadh as 'na dhiaidh so ná ná tiocfadh˙, do thiocfadh as anois go ndéanfainn m'eólas féin ar na seana-theangthachaibh d'athnóchaint, agus níor mhiste dhom san".

Tharraigeas chúm na seana-leabhair agus ghlanas an ceó dhíobh agus chromas ar fhéachaint tríothu. Ba gheárr go bhfeaca go raibh gá leis an athnóchaint. Do labhras le duine de sna buachaillíbh, an fear ab fheárr díobh. Tomás Ó Mórdha ab ainm do. B'é an fear ab fheárr é ar an gceól agus ar lé' na leabhar agus ar gach aon tsaghas eile oibre aigne dá mbíodh ar siúl againn. D'fhiafraíos de ar mhaith leis Laidean a dh'fhoghlaim.

"Cad é an gnó ' bheadh agam de, a Athair?", ar seisean.

"Ca bhfios ná go ndéanfadh Dia sagart díot", arsa mise. "Más maith leat Laidean d'fhoghlaim", arsa mise, "múinfead-sa dhuit í, agus ní bheidh agat le díol as an obair ach aon ní amháin".

"Agus cad é an ní é sin, a Athair?", ar seisean.

"An ní seo, a Thomáis", arsa mise; "má osclann Dia an bóthar duit chun bheith id shagart go ndéanfair féin leanúint den staonadh ón ól agus go ndéanfair do dhícheall chun a chur ' fhéachaint ar dhaoine eile an staonadh céanna ' dhéanamh".

XX: Ár Scoil i Ráth Chormaic

"Déanfad an ní sin, a Athair", ar seisean, "agus go deimhin, dá mb'é toil Dé dhom é, do thabharfainn an saol go léir ar bheith im shagart".

"Tá go maith", arsa mise. "Sid é an leabhar, féach, agus sid í an chéad cheacht atá agat le foghlaim, agus tá sé chómh maith againn tosnú anois".

Agus do thosnaíomair. Níorbh fhada go raibh an tarna buachaill in éineacht linn san obair. Sara raibh trí seachtaine curtha dhínn againn bhí mór-sheisear buachaillí agam ag foghlaim na Laidne uaim. Geallaim go mb'éigean dom féachaint chúm féin go maith, agus mo chuid sean-eólais do ghlanadh agus do líomhadh agus do chur i dtreó agus in eagar. Is uathásach an sás ceistiúcháin buachaillí idir a dódhéag agus a cúigdéag! Is feárr an t-eólas a chuireas-sa an uair sin ar an Laidin leis an athnóchaint sin, agus leis an múineadh, ná mar a chuireas uirthi nuair a bhíos dhá foghlaim i Magh Chromtha nú i gCeann Tuirc, nú i gColáiste na Mainistreach féin. Is feárr go mór a mhúineann múineadh duine ná mar a mhúineann foghlaim é.

Bhí buachaill 'na chónaí thuaidh in aice Bhaile Mhistéala agus Toiréalach Ó Siadhail ab ainm do. Bhí bean 'na cónaí in aice Rátha Chormaic, bean chreidiúnach, agus bhí gaol aici le Toiréalach. Bhí ' fhios aici go raibh aidhm ana-mhór ag Toiréalach ar bheith 'na shagart. D'inis sí dho i dtaobh na hoibre a bhí agam-sa á dhéanamh. Siúd chúm aduaidh é. Do thosnaigh sé ar an obair. Bhí sé an uair sin, is dó' liom, tímpall dhá bhliain déag nú trí bliana déag. Thugas fé ndeara go luath go raibh an éirim aige, agus an chúiléith, agus féith na foghlama.

Bhí an scoil ar siúl ansan, agus bhí an ceól ar siúl, agus bhí lé' na leabhar ar siúl, agus bhí gach aon rud ag dul chun cínn go hálainn. Ní raibh aon cheangal chun oibre orm féin ná ar na buachaillí. Nuair a thagadh gnó paróiste orm-sa, d'imíodh na buachaillí abhaile dhóibh féin, agus bhídís ag déanamh na hoibre sa bhaile chómh maith agus

XX: Ár Scoil i Ráth Chormaic

d'fhéadaidís é, agus ag cuímhneamh ar cheisteannaibh le cur chúm-sa nuair a thiocfainn thar n-ais ag triall orthu.

Bhí ana-shaol againn, agam-sa agus acu san, mise dhá mhúineadh agus iad san ag foghlaim uaim, agus aoibhneas aigne orainn ar gach taobh. Ní dó' liom go bhfuil aoibhneas le fáil ar an saol so a dh'fhéadfadh bheith níos aoibhinne ná an t-aoibhneas aigne sin a bhíonn ar mhúinteóir agus ar lucht foghlama nuair a bhíd siad ar aon aigne san obair, agus nuair a thuigid siad féin a chéile, agus nuair ná bíonn de thoisc ná de bhun ná d'aidhm acu leis an obair ach onóir do Dhia agus tairbhe don chreideamh. Bhí an t-aoibhneas san againn-na an uair sin, agus bhíomair ag dul ar aghaidh leis an obair go buacach.

XXI: I Magh Chromtha

I lár an aoibhnis dúinn, do tháinig athrú. Tháinig leitir ón Easpag á rá liom-sa dul siar go Magh Chromtha agus gnó sagairt do dhéanamh ann. Chuir san stad leis an obair i Ráth Chormaic. D'imíos siar. Ní fada a bhíos thiar nuair a lean an chuid ba mhó de sna buachaillíbh me. Ghlacadar lóistín sa tsráid agus thagaidís chun mo thí-se gach aon lá agus do ghluais an múineadh agus an fhoghlaim arís.

Suím aimsire tar éis na hoibre do thosnú i Magh Chromtha, tháinig leitir chúm ó Bhaile Átha Cliath, ón "gCumann" úd "chun na Gaelainne do chimeád beó". Do tráchtadh liom ar an ngá a bhí leis an obair a bhí ag an gCumann á dhéanamh, agus ar an ngá a bhí le hairgead chun na hoibre do dhéanamh. Dhá fhírinne ghlan ̇ ab ea an dá ní sin gan amhras. Chuireas púnt airgid chúthu agus do scríos leitir chúthu, agus is i nGaelainn do scríos í. Thugas iarracht, sa leitir, ar roinnt nithe do chur ar a súilibh dóibh i dtaobh an chuma 'nar cheart an obair a bhí curtha rómpu acu do dhéanamh. Chuireadar freagra chúm ar mo leitir ag gabháil baochais an airgid liom. Agus chuireadar chúm cló den *Freeman's Journal* agus mo leitir Ghaelainne i gcló air ̇, díreach mar a scar mo lámh léi. Do thugadar le tuiscint dom, áfach, i dtaobh na cómhairle a bhí tabhartha agam dóibh, ná

XXI: I Magh Chromtha

raibh aon ghá le dithneas. Ba mhar a chéile an scéal agus a rá: "A dhuine mhacánta, tabhair-se aire dod ghnó féin agus leog dúinn-na an rud céanna ' dhéanamh".

Ní dúradh an chainnt tur ar an gcuma san, ach sin é brí a bhí leis an gcainnt. Ní raibh aon mhilleán in aon chor agam orthu. Ní féidir do dhuine a thuiscint conas is ceart an Ghaelainn do chimeád beó mura dtuigeann sé cad é an saghas ruda an Ghaelainn atá beó. Níor thuigeadar súd cad é an saghas ruda Gaelainn bheó ná cad é an saghas ruda Gaelainn mharbh. Bhí sé daingean 'na n-aigne gur thuigeadar an dá ní sin ní b'fheárr go mór ná mar a thuigeas-sa aon ní acu. Dá bhrí sin, níorbh fhéidir dóibh cómhairle do ghlacadh uaim-se 'na dtaobh, agus ní raibh aon mhilleán agam orthu. Ach níor dheineas a thuilleadh cur isteach orthu le leitreachaibh—ná le hairgead. An tAthair Eóin Ó Nualláin, sagart rialta, is é ' bhí an uair sin 'na cheann ar an gCumann san. Sagart ana-mhaith, ana-naofa, ana-dhea-chroíoch, ab ea é gan aon dabht. Dhein sé mórán oibre ar son na Gaelainne, agus obair chruaidh ab ea an obair a dhein sé. Ach cad é an tairbhe obair chruaidh gan eólas?

Bhí buíon fear i Magh Chromtha an uair sin. Is dó' liom gur "Young Men's Society" gurbh ea iad. Chonaic cuid acu an leitir i nGaelainn ar an *bhFreeman*. Thánadar chúm agus d'iarradar orm teacht chun a seómra tamall beag i dtosach gach oíche agus iarracht a dhéanamh ar Ghaelainn a mhúineadh dhóibh. Duart go dtiocfainn. Do thánag. Ní rabhas dhá neómat sa tseómra ag cainnt leó nuair a chonac go raibh eólas maith acu ar an nGaelainn cheana féin, agus ná raibh agam le déanamh ach a thispeáint dóibh conas í ' lé' agus do scrí'. D'aimsigh gach duine acu a pheann agus a dhubh agus a pháipéar, agus do ghluais an obair. Chómh luath agus ' bhí na leitreacha acu, do shuídís chun an bhúird agus do chromainn-se ar scéal éigin a dh'ínsint, agus do scrídís sin síos ar pháipéar gach focal fé mar a thagadh sé as mo bhéal.

XXI: I Magh Chromtha

Ní raibh puínn trioblóide san obair sin dómh-sa. Ní bhíodh orm dul ag triall orthu ach cúpla oíche sa tseachtain, agus ní bhíodh orm fanúint ach leath-uair a' chluig gach oíche. Ní raibh orm aon mhúineadh cainnte ' dhéanamh. Bhí an chainnt ag á bhformhór chómh maith díreach agus ' bhí sí agam féin.

Bhí an obair ar siúl ar an gcuma san, go héasca agus go hanamúil. Bhí beirt nú triúr buachaillí ón gcómharsanacht tagaithe chúm chun na Laidne ' dh'fhoghlaim agus iad tar éis na geallúna do thabhairt go staonfaidís ó gach deoch meisciúil. I lár na hoibre dhúinn, áfach, tháinig matalang crosta orainn. Do labhair an sagart paróiste liom agus thug sé le tuiscint dom nár thaithn leis me ' bheith ag múineadh na mbuachaillí. Duart leis, go breá réidh, gur istigh im thigh féin a bhíos dhá mhúineadh, agus go raibh sé chómh maith agam bheith ag déanamh na hoibre sin istigh im thigh féin le bheith ag imirt chártaí nú le bheith ag titim im chodladh.

Tamall 'na dhiaidh san, tháinig leitir chúm ón Easpag dhá rá liom go raibh sagart paróiste thuaidh sa Ráth[25] agus go raibh dúil ana-mhór aige scoil Laidne ' chur ar bun sa bhaile sin.

"Tá", arsan tEaspag liom, "airgead éigin le fáil ón Rialtas chun scoile den tsórd a chimeád suas san áit agus tá an t-airgead san díomhaoin toisc gan an scoil a bheith ann. Ba dhó' liom gur mhaith an rud duit-se dul ó thuaidh go dtí an Ráth agus an obair seo atá agat á dhéanamh i Magh Chromhtha do dhéanamh thuaidh".

Bhí ' fhios agam cad é an brí a bhí leis an gcainnt sin. Bhí ' fhios agam nár labhair an tEaspag mar sin gan sagart paróiste Magh Chromtha ' bheith ag gearán orm-sa agus ar mo scoil. Ach do scaoileas leis.

"Tá go maith, a Thiarna Easpaig", arsa mise. "Comáin ó thuaidh me".

---

25 .i. *Ráth Luirc* (Charleville). [This note was supplied by Norma Borthwick in the 1915 edition.]

XXI: I Magh Chromtha

Do buaileadh isteach i m'aigne, leis, go mb'fhéidir gurbh é toil Dé me ' dhul ó thuaidh. B'fheárr liom go mór fanúint i Magh Chromtha dá bhfágtí ann me. Ach do thuigeas go mb'fhéidir nárbh é sin toil Dé. Thuigeas go mb'fhéidir go raibh gnó éigin ceapaithe ag Dia dhom le déanamh sa Ráth nárbh fhéidir dom a dhéanamh i Magh Chromtha. Sin í an fhírinne. Bhí uaigneas orm mar gheall ar a bheith orm imeacht a Magh Chromtha, mar dá ghiorracht a bhíos ann, bhí báidh ana-mhór agam féin agus ag na daoine lena chéile. Ach bhí aon tsásamh aigne amháin agam ag imeacht dom. Ní hag leanúint mo thoile féin a bhíos. Chuireas mo thoil le toil Dé.

"Ca bhfios dómh-sa", arsa mise i m'aigne féin, "cad 'tá beartaithe ag Dia sa ghnó so? Ní chun mo thoile féin do leanúint a dhein Dia sagart díom!"

Ní chuirfinn an méid sin cainnte síos anso anois ach chun a thispeáint nár cheart aon mhilleán a bheith ar shagart paróiste Magh Chromtha. Má b'é toil Dé mise do dhul ó thuaidh go dtí an Ráth, ní raibh sa méid a dhein an sagart paróiste sin, leis, ach rud a cheadaigh toil Dé dho a dhéanamh. Níor chuaigh an duine bocht ó bhéalaibh na ndaoine sa ghnó. Bhí leath-amadán sa tsráid agus d'airíodh sé na daoine ag cainnt agus á rá gur dhíbir an sagart paróiste an sagart óg mar gheall ar bheith ag múineadh Laidne do sna buachaillíbh.

"Is ait an scéal é sin!" arsan t-amadán. "Cad é an díobháil do shagart bheith ag múineadh buachaillí? Dá mba ag múineadh cailíní óga a bheadh sé, ba cheart, b'fhéidir, a rá leis gan bheith dhá dhéanamh. Ach ag múineadh buachaillí!"

Chuaigh cainnt an amadáin i mbéalaibh na ndaoine agus bhí roinnt spóirt acu. Dúradar go tapaidh go raibh an ceart ag an amadán, agus do cuímhníodh ar an seanfhocal: "Dealg múnlaí, fiacal chon nú focal amadáin, na trí nithe is géire ar bith".

MO SCÉAL FÉIN

XXII: An Scoil sa Ráth

Bhailíos chúm mo chuid trioscáin agus mo chuid leabhar agus siúd ó thuaidh me. Chuas chun cainnte leis an sagart paróiste thuaidh. D'inis sé dhom conas a bhí gach aon rud le socrú; gur i seómra im thigh cónaithe féin a bheadh an scoil; go ndíolfadh gach duine de sna scoláirthíbh a deich fichead sa ráithe, .i. sé púint sa mbliain; go dtosnódh obair an lae ar a deich ar maidin agus go gcríochnófí ar a dó sa lá. An t-airgead a dhíolfadh na scoláirthí as a scolaíocht go gcurfí sa chiste é, i dteannta na hofrála, agus ansan go roinnfí ar na sagartaibh é díreach mar a roinntí an ofráil. Ar an gcuma san go mbeadh mo chion de ag teacht chúm-sa fé mar a bhí mo chion den ofráil ag teacht chúm. Go mbeadh ar na sagartaibh eile gnó na paróiste ' dhéanamh agus ná beadh orm-sa a dhéanamh ach obair na scoile.

D'éisteas leis an socrú san gan aon fhocal do rá amach as mo bhéal. Do hoscladh an scoil. Tháinig roinnt buachaillí. Chuireas ag obair iad. I gcionn roinnt laethanta tháinig cuid dem buachaillíbh féin chúm. Tháinig beirt nú triúr ó Ráth Chormaic agus duine ó Magh Chromtha. Agus tháinig Toiréalach Ó Siadhail ó Bhaile Mhistéala. Thógadar lóistín dóibh féin sa tsráid. Chuireas isteach san obair iad, fé mar a bhíodar oiriúnach chuige.

Bhí an obair ar siúl ansan, ach bhí aon ní amháin ag déanamh buartha dhómh-sa. Chonac an cruinneas a thispeáin an sagart paróiste i dtaobh an airgid, agus tháinig machnamh dom. Chómh luath agus d'fhéadas é, do ghlacas caoi ar labhairt leis an sagart paróiste i dtaobh an mhachnaimh a bhí i m'aigne.

"A leithéid seo, a Athair", arsa mise leis. "Tá roinnt buachaillí tagaithe anso im dhiaidh. Bhíos dhá mhúineadh i Magh Chromtha agus i Ráth Chormaic. Ní raibh aon trácht riamh eadrainn ar aon airgead, ní nárbh iúnadh. Ní foláir an múineadh a gheóbhaid siad anso do

XXII: An Scoil sa Ráth

thabhairt dóibh in aisce, fé mar a bhíodar dhá fháil i Ráth Chormaic agus i Magh Chromtha".

Do chroith sé a cheann.

"Ó", ar seisean, "ní dhéanfadh san an gnó in aon chor! Caithfid siad díol anso ar nós gach scoláirthe eile dá bhfuil ag teacht chun na scoile".

Do stadas, agus admhaím gur chorraigh mo chuid fola. Dhéanfainn scéal ana-ghairid do dhe mura mbeadh aon ní amháin. Mura mbeadh an t-aon ní amháin sin, déarfainn leis mar seo: "Más í sin aigne atá agat i dtaobh na scoile seo, caithfir duine éigin eile do sholáthar chun na scoile do mhúineadh". Ní duart an chainnt sin. Chimeádas istigh í. Chuireas srian leis an bhfeirg. Nuair a bhí mo lámh daingean agam ar an sriain, do labhras mar seo.

"Tá go maith, a Athair", arsa mise, "ach ós é an tEaspag a chuir mise anso, caithfidh an tEaspag an puínte seo do shocrú eadrainn".

Nuair a tháinig an tEaspag, do hínseadh an scéal do. Duairt sé láithreach go raibh an ceart agam-sa.

Déarfaidh duine, b'fhéidir, "Cad 'na thaobh nár éirís as an obair láithreach nuair a hiarradh ort an bheart spriúnlaithe sin do dhéanamh?"

Neósfad-sa san duit. D'ínseas cheana conas mar a bhí an leabharlán i gCíll Úird fé choimirce Bhríde Naofa againn, agus conas mar a bhí an leabharlán i Ráth Chormaic, agus an banna práis, agus an ceól, fé choimirce Bhríde againn. Bhí an obair go léir fé choimirce Bhríde. Chómh luath agus d'osclas an scoil sa Ráth, chuireas an scoil agus an obair agus me féin agus gach aon rud a bhain leis an ngnó fé choimirce Bhríde. Agus go mór mór, bhí an staonadh ó gach deoch meisciúil féna coimirce agam. Bríd Naofa, Muire na nGael, is í fé

XXII: An Scoil sa Ráth

ndeara dhómh-sa an fhearg do bhrú fúm an uair úd, nuair a hiarradh orm an bheart spriúnlaithe úd a dhéanamh. Ní fhéadainn gan gáire ' dhéanamh, i gcaitheamh an lae 'na dhiaidh san, nuair a chuímhnínn ar a laíghead dá fhios a bhí ag an sagart bocht úd gurbh ar Bhríd Naofa ba cheart do a bhaochas a bheith aige nár chaitheas chuige an scoil, agus ná duart leis, "Más maith leat airgead a dhéanamh as an scoil, múin féin í, dein féin an obair'".

Bhí cúis eile agam, leis, le gan an scoil do chaitheamh chuige. Theastaigh uaim an gnó do chríochnú do sna buachaillíbh a lean me. Dá gcaithinn uaim an scoil, do chaillfinn orthu san. Bheadh san spriúnlaithe, leis. Ní fheadar ná gur thúisce leó an t-airgead do dhíol ná mise d'éirí as an obair. Is dó' liom gur thúisce. Ach peocu ba thúisce nú nár thúisce, ní thógfainn-se aon airgead uathu.

Dá éaghmais sin arís, bhí cuid de sna buachaillíbh a bhí tagaithe chun na scoile ón sráid agus ón gcómharsanacht, agus bhí aithne curtha agam orthu, agus bhí fálta amach agam go raibh árdéirim aigne acu. Thuigeas gurbh fhiú iad roinnt dá ndua ' dh'fháil. Do bhrúfainn a lán feirge fúm níba thúisce ná mar a stadfainn d'iad a mhúineadh agus iad chómh maith san chun an eólais do ghlacadh. Dá éaghmais sin go léir, bhí an gheallúint i dtaobh staonadh ón ndeoch meisciúil déanta ag an uile dhuine de sna buachaillíbh a bhí tagaithe chúm ón áit. Dá n-éirínn as an obair an uair sin, bhí gach aon chúntúirt go raghadh an gheallúint sin ar neamhní in aigne a lán den mhuíntir a bhí tar éis í ' dhéanamh. Bhí greim eile leis orm. An obair a bhí agam á dhéanamh chómh fada roimis sin in onóir do Bhríd Naofa, in onóir do Mhuire na nGael, obair ab ea í ná féadfainn a chur uaim. Gan amhras bhí iúnadh ar na daoine a chonaic me ag déanamh na hoibre sin, ach níor thuigeadar na greamanna a bhí orm. Do socraíodh ná beadh aon chuid d'obair na paróiste orm, ach neamhní ab ea an socrú san. Dheineas mo chion d'obair na paróiste chómh maith le cách. Is dó' liom gur mheas a lán daoine gur díth céille a bhí orm. Níorbh aon iúnadh iad dhá rá. Ach níor thuigeadar na greamanna a bhí orm. "Fágaimís siúd mar atá sé!"

MO SCÉAL FÉIN

XXIII: An *Land League*

Is dó' liom gur díreach agus me ag imeacht ó Magh Chromtha do leogadh Mícheál Daibhéid amach as an bpríosún. Tháinig samhradh ana-fhliuch, agus fómhar ana-fhliuch. Ní raibh aon bhreith ag daoine ar chíosannaibh do dhíol. Do thuig cuid de sna tiarnaíbh talún thiar i gConnachtaibh go mbeadh na feirmeóirí a d'iarraidh lacáiste ' dh'fháil. Níor mhaith leis na tiarnaíbh aon lacáiste ' thabhairt uathu. Chuireadar glao amach chun a chéile agus thánadar i bhfochair a chéile ar aon láthair, agus shocraíodar ar gan aon lacáiste ' thabhairt d'aon tineóntaí. Is cuímhin liom go dtáinig ana-bhrón agus ana-bhuairt orm nuair ' airíos an scéal san. Bhí ' fhios agam ná beadh aon bhreith ar na cíosannaibh do dhíol. Mheasas ansan go gcaithfí na daoine go léir amach as a gcuid tailimh, agus go mbeadh arís againn an léirscrios a deineadh ar Éirinn i mbliain a hocht is daichead˙. Bhíodh an machnamh san ag baint codladh na hoíche dhíom. Níorbh fhada go dtáinig scéal eile aniar chúinn. Do chonaic Mícheál Daibhéid an rud a bhí déanta ag na tiarnaíbh. Chuir sé amach glao chun na dtineóntaithe dhá iarraidh orthu teacht i bhfochair a chéile ar aon láthair. Thánadar. Do labhair sé leó. B'é toradh a chainnte gur socraíodh ar gan aon leathphinge cíosa ' thabhairt d'aon *landlord*[26] ná tabharfadh lacáiste maith uaidh. Thug san "cor in aghaidh an chaím" do sna *landlordaibh*. Thuigeadar féin gur thug. Bhíodar ar buile. Do rugadh ar Mhícheál Daibhéid agus do sádh isteach arís é sa phríosún. Ní raibh sé amu' ach ar thicéad. Do briseadh a thicéad agus do cuireadh isteach arís é. Ach ní mar a meastar a bítear go minic. Bhí Disraeli 'na phríomh-mhinistir nuair a briseadh ticéad Mhíchíl Daibhéid. Trí seachtaine díreach 'na dhiaidh san do caitheadh Disraeli agus a bhuíon amach a hobair an Rialtais, agus chuaigh Gladston[27] isteach. An túisce 'na raibh Gladston istigh, do hoscladh doras an

---

26 *Tiarna talún* in the 1915 edition, where *tiarnaí/tiarnaí talún* regularly replaces *landlordaí* in the original manuscript too.
27 *Gladstone* in the 1915 edition. The original manuscript has *Gladston* in the nominative and *Ghladstoin* in the genitive.

XXIII: An Land League

phríosúin arís, agus do leogadh Daibhéid amach. Ansan is ea ' thosnaigh an ghleic idir na tineóntaithibh agus na *landlordaí*.

Bhain san an bhuairt mhór díom-sa, ach mar sin féin ní rabhas gan eagla. Bhí eagal orm ná beadh sé de mhisneach ag na tineóntaithibh an fód do sheasamh. Bhí eagal orm ná creidfidís go mbeadh aon bhreith acu ar an gcíos do chimeád gan an sirriamh do theacht láithreach agus iad do chaitheamh amach. Nuair a chonacadar Mícheál Daibhéid tagaithe amach as an bpríosún in ainneóin na *landlordaí* is ar éigin ' fhéadadar an scéal do chreidiúint. Ach níorbh fhada go raibh sé ansúd thiar 'na measc arís dhá ínsint dóibh conas a dhéanfaidís na *landlordaí* do throid. Ba ró-dheocair a chur 'na luí orthu gurbh fhéidir an troid sin do dhéanamh in aon chor. Bhí sé daingean 'na n-aigne ná raibh ag an *landlord* ach teacht agus iad do chaitheamh amach chómh luath agus ' dhiúltóidís don chíos a dhíol.

"Má théann sibh ag triall air 'núr nduine agus 'núr nduine, féadfaidh sé sibh a chaitheamh amach 'núr nduine agus 'núr nduine. Féadfaidh sé an duine a dhiúltóidh do chaitheamh amach láithreach. Ach má théann gach buíon tineóntaithe ag triall air in éineacht agus an diúltú ' dhéanamh in éineacht, cé ' fhéadfaidh sé a chaitheamh amach? Ní bheidh an diúltú aige le cur i leith aon duine fé leith. Ní féidir do an dlí ' chur oraibh go léir in éineacht. Téadh an bhuíon ag triall air agus tairgidís an cíos do, ach amháin an lacáiste a bheidh uathu. Má dhiúltaíonn sé don lacáiste ' thabhairt, tagadh an bhuíon uaidh gan aon chíos a thabhairt do. Tá easpa airgid ar a lán acu, agus tabharfaid siad uathu an lacáiste d'fhonn an chuid eile ' dh'fháil láithreach".

Ní ró-mhór an meas a bhí ag cuid acu ar an gcómhairle. Bhí an taithí acu riamh ar a thoil féin do thabhairt don *landlord*; ar aon chíos a hiarrfí orthu do dhíol níba thúisce ná eagla an *eviction* a bheith ag baint codladh na hoíche dhíobh. Ach bhí cuid acu, leis, agus ba thúisce leó aon tsaghas troda ' dhéanamh, pé rud a thiocfadh as dóibh, ná bheith ag sclábhaíocht ag déanamh airgid do dhaoinibh díomhaoine agus dhá shíneadh amach chúthu agus gá acu féinig leis.

XXIII: An Land League

Do cuireadh an *Land League* ar bun. I ndiaidh ar ndiaidh do leath an obair go dtí go raibh buíon den chonnradh san ins gach paróiste. Do cuireadh buíon acu ar bun go luath sa Ráth. Is cuímhin liom an lá go maith. Bhí cruinniú mór daoine ann, i bpáirc ná raibh i bhfad óm scoil. Chuas féin agus mo scoláirthí go léir go dtí an cruinniú.

Tháinig smaointe áirithe chun m'aigne nuair a chuas isteach i measc na ndaoine. Chuímhníos ar an am úd nuair a bhíos istigh sa choláiste i Mágh Nuat agus an páipéar úd i mBaile Átha Cliath ag tromaíocht go dian orm féin agus ar an gcuid eile againn, dhá rá go rabhamair ag gabháil páirte le cómhachtaibh Shasana, agus ' fhios againn féin istigh 'nár gcroí gurbh éitheach é sin; nách ag gabháil páirte le cómhachtaibh Shasana a bhíomair ach ag gabháil páirte lenár ndaoine féin, le muíntir na hÉireann, a d'iarraidh iad do chimeád ó dhul isteach in imreas le cómhachtaibh Shasana an fhaid a bhí an t-arm go léir acu san agus gan ag muíntir na hÉireann ach lámha folmha. Bhí ' fhios againn go dian-mhaith dá dtéadh muíntir na hÉireann i ngleic den tsórd san le cómhachtaibh Shasana an uair sin nárbh fhéidir a bheith ar an ngleic ach an t-aon deireadh amháin, cath fuilteach, b'fhéidir, agus ansan an t-*informer* agus an chroch, agus an t-airgead fola, agus an loch amach, agus croíthe briste ag aithreachaibh agus ag máithreachaibh agus ag daoine muínteartha sa bhaile. Bhí ' fhios againn go dian-mhaith, dá mbeadh a sheacht n-oiread armála ag muíntir na hÉireann agus a bhí acu an uair sin, dá mbeadh oiread armála acu, agus oiread saibhris, agus oiread nirt sló, agus go bhféadfaidís an ghleic do chimeád ar siúl i gcoinnibh Shasana ar feadh fiche blian, go gcaillfeadh Sasana a raibh 'en tsaol aici, ó chroiceann amach, go gcaillfeadh sí an croiceann féin, go gcaillfeadh sí an t-anam, níba thúisce ná mar a leogfadh sí do mhuintir na hÉireann an lámh uachtair a dh'fháil. Cá raibh an gustal? Cá raibh an púdar? Cá raibh na gunnaí móra, ná na gunnaí beaga?* Cá raibh an neart sló? Cá raibh aon rud in aon chor a chuirfeadh ar a gcumas do mhuíntir na hÉireann gleic den tsórd san do sheasamh in aghaidh Shasana?

XXIII: An Land League

Ach nuair a tháinig an ghleic eile seo, an ghleic idir na feirmeóirí agus na máistrí talún, bhí an scéal athraithe ar fad. Ní faobhar ná fuil ná púdar ná tine ná gunnaí móra ná gunnaí beaga a bhí i gcás feasta, ach gach éinne do chimeád a ghreama ar a chuid féin. Ní bhriseann duine dlí Dé ná dlí ríochta nuair ná deineann sé ach a chuid féin a chimeád. Sin é an teagasc a bhí le tabhairt ón árdán don phobal a bhí cruinnithe ansúd an lá úd sa pháirc úd in aice an Rátha. Ní raibh ar mo chumas-sa, nuair a bhíos istigh sa choláiste ná nuair a thánag amach as an gcoláiste, páirt do ghabháil leis na Fíníníbh, ná cómhairle ' thabhairt a chomáinfeadh ar aghaidh iad sa bhfuadar a bhí fúthu. Ní raibh aon rud chun me ' chosc ar chómhairle ' thabhairt do phobal feirmeóirí, agus a rá leó imeacht ar aghaidh sa bhfuadar a bhí fúthu.

Thuigeas go raibh gá le cómhairle acu. Bhíodar ansúd im thímpall agus iad go dúr agus go gruama. An seana-scannradh orthu. An t-eagla orthu go mbéarfí orthu ar ball agus go gcurfí an dlí orthu, mar ba ghnáth riamh, agus gur bhaol ná tiocfaidís saor, bíodh ná raibh dlí Dé ná dlí ríochta á bhriseadh acu. Bhíos ag faire orthu agus chonac 'na ngnúiseannaibh an ghruaim, agus an scannradh, agus an droch-iúntaoibh astu féin agus as a chéile. Scannradh ar gach éinne le heagla go neósfí don mháistir go raibh sé sa pháirc sin an lá san. Ní raibh éinne ar an árdán fós ach triúr nú ceathrar garsún. Ansan tháinig sagart óg láidir ó Chúntae Luimní agus chuaigh sé in áirde ar an árdán. Chuas féin in áirde in éineacht leis. Thosnaigh sé ar chainnt, agus ba dhian-mhaith chuige é. Do labhair sé go dána dhá mhíniú conas mar a bhí na máistrí ag déanamh éagóra ar na feirmeóiríbh, ag éileamh chíosa nárbh fhéidir a dhéanamh as an dtalamh. Bhí na feirmeóirí ag éisteacht leis an gcainnt agus iúnadh orthu a rá go raibh sé de scairt ag éinne an fhírinne ' dh'ínsint amach chómh neambalbh san. Bhí seisean ag cainnt agus bhíos-sa ag faire orthu san. Tháinig tuilleadh sagart. Do léim gach sagart, fé mar a tháinig sé, do léim sé suas ar an árdán, go dtí go raibh oiread san againn ann gurbh ar éigin a bhí slí dá thuilleadh againn ann.

XXIII: An Land League

Seo rud a thugas fé ndeara an lá san, agus níor scar sé lem chuímhne riamh ó shin ná ní scarfaidh go deó. Nuair a chonaic na daoine an brú sagart thuas ar an árdán agus gach aon tsagart acu, fé mar a labhradh sé, ag labhairt níba dhána agus níba dhásachtaí ná an té a labhair roimis, do thosnaigh an ghruaim agus an t-eagla agus an droch-iúntaoibh ar imeacht as a ngnúisibh. D'fhéadas a lé' in aghaidh gach duine acu, chómh soiléir díreach agus dá labhradh sé liom, an chainnt seo: "'Sea! An fhaid atáid na sagairt sin go léir ansúd thuas ar an árdán, ní baol dúinn!" Chonac an méid sin agus bhí áthas mór orm, agus bhíos ana-bhaoch de sna sagartaibh mar gheall ar theacht agus ar sheasamh ansúd, idir na feirmeóiríbh bochta agus na hannsciain a bhí ag fáscadh an anama astu. Bhí áthas mór eile orm, leis, agus cúis ba mhó ná san féin agam chun an áthais. Fé dheireadh thiar thall, bhí le feiscint ag an saol mór nách aon bháidh le muíntir Shasana ná lena ndlithibh fé ndeara do shagartaibh na hÉireann bheith i gcoinnibh na bhFíníní, agus gur mhór agus gur thiubaisteach an éagóir a deineadh orthu nuair adúradh gurbh ea.

XXIV: Athrú ar an Saol

Do cuireadh buíon den *Land League* ar bun sa Ráth. Thagadh na feirmeóirí ón gcómharsanacht isteach ann cúpla lá sa tseachtain. Do dhíoladh gach éinne acu roinnt bheag airgid chun costais na buíne. Roinnt bheag ab ea é, agus ríghin go leór a bhídís dhá dhíol, go dtí gur thosnaigh nithe áirithe ar thitim amach ar fuaid na tíre agus gur thosnaigh a dtuairiscí ar theacht amach in sna páipéaraibh.

Tháinig tuairisc amach i bpáipéar lá ar ghníomh a dhein buíon tineóntaithe in áit éigin. Gur chuir an máistir a theachtaire chúthu mar ba ghnáth dhá rá leó go tur teacht a leithéid siúd de lá agus an cíos do dhíol. Gur ghluaiseadar an lá a bhí ainmnithe dhóibh, ach gur in éineacht a ghluaiseadar. Gur chuadar in éineacht i láthair an mháistir. Go ndúradar leis ná tabharfaidís aon chíos do gan a cúig fichead fén gcéad lacáiste ' dh'fháil uaidh, .i. an ceathrú pingin, .i. coróinn fén bpúnt. Gur éirigh sé ar buile agus go nduairt sé ná

XXIV: Athrú ar an Saol

tabharfadh, ná oiread agus leathphinge. Gur éisteadar leis go ciúin go dtí go raibh an fhearg curtha dhe aige. Ansan go raibh aighneas mór agus argóint mhór idir iad féin agus é féin. Fé dheireadh gur leag sé an cúigiú pingin dóibh, .i. a fiche fén gcéad .i. cheithre scillinge fén bpúnt.

D'oscail gach éinne a shúile, agus do leath gach éinne a bhéal, agus do tharraig gach éinne anál breá fada, nuair a léadh an tuairisc sin amach as an bpáipéar dóibh. Bhí iúnadh agus alltacht orthu. I gcionn roinnt laethanta do léadh amach dóibh tuairisc eile den tsaghas chéanna. I gcionn seachtaine tuairisc eile. Ach aídhe! As san amach do chífá lámh gach éinne acu síos i bpóca a bhríste go fonnmhar, agus an t-airgead geal ag teacht 'na chruachaibh ar an mbórd chúinn.

Bhí iúnadh a gcroí orthu. Níor airíodar a leithéid d'obair riamh. Dlí, agus príosún, agus caitheamh amach, agus tógáilt sealbha, agus imeacht le fuacht agus le fán is ea ' cheapadar a thiocfadh a dhiúltú don chíos a dhíol, agus b'in coróinn fén bpúnt tagaithe as dóibh siúd, agus cheithre scillinge fén bpúnt dóibh siúd eile! Cad é mar athrú ag teacht sa tsaol!

Chuímhníos féin ar an aimsir a bhí curtha dhíom agam, ar Shaunders agus ar Bhruadair[28], agus ar an ndlí agus ar an gclampar, agus ar an "smut de ghé úd a hitheadh fadó nuair a bhí an Nollaig ann", agus go deimhin do ghabhas mo bhaochas ó chroí le Dia na Glóire a bhreith im beathaidh orm go bhfeaca an t-athrú aimsire sin, agus an sceímhle sin agus an briseadh catha san tagaithe ar na bithiúnaigh. An lámh uachtair fálta againn orthu chómh críochnaithe agus dá mbeimís tar éis éirligh Cluana Tairbh a dh'imirt orthu thíos ar mhachaire Chille Dara!

Duine anoir ó Chíll Mocheallóg a bhíodh sa chathaoir againn i gcaitheamh na haimsire sin. Thagadh sé anoir gach aon lá a bhíodh cruinniú buíne againn. Théinn-se ann uaireanta, ach ní fhéadainn dul

---

28 *Bhroderick* in the 1915 edition.

XXIV: Athrú ar an Saol

ann i gcónaí toisc cúram na scoile ' bheith orm. Bhí gach aon rud ag éirí linn go hálainn go dtí gur tháinig lá áirithe. Tháinig cúntas sa pháipéar ar rud a thit amach thiar i dTrá Lí. Bhí buíon Thrá Lí cruinnithe 'na seómra agus iad ag déanamh a ngnótha. Go hobann, agus gan blúire coinne acu leis, do phreab chúthu isteach buíon lucht airm, agus do gabhadh 'na bpríosúnachaibh a raibh sa tseómra. Do ghluais an tuairisc sin ar fuaid na hÉireann. Tháinig crith chos agus lámh ar a lán de mhuíntir an *Land League*. Cúpla lá 'na dhiaidh san a bhí buíon an Rátha le cruinniú chun gnótha. Do chruinnigh an bhuíon, ach níor tháinig fear na cathaoireach. Níor féadadh aon obair a dhéanamh an lá san. Siúd isteach sa scoil chúm-sa an bhuíon go léir tar éis na hoíche ' thitim. Do shuíodar isteach in sna suíochánaibh mar a shuíodh na buachaillí i gcaitheamh an lae. Do labhair duine acu.

"Tá ní againn le hiarraidh ort, a Athair", ar seisean, "agus tá súil againn ná tógfair orainn é, agus ná heiteóir sinn".

"Tá go maith", arsa mise. "Cad 'tá uaibh?"

"Níl aon fhear cathaoireach againn", ar seisean. "Arbh é do thoil-se, a Athair, teacht agus bheith i t'fhear cathaoireach againn?"

"Ach! Mura bhfuil uaibh ach an méid sin", arsa mise, "ní deocair sibh a shásamh. Mheasas gur rud éigin ana-mhór a bhí uaibh. Tiocfad agus fáilte", arsa mise. "Cathain a bheidh an chéad chruinniú eile agaibh?"

"Ba mhaith linn é ' bheith againn amáireach ar a sé ' chlog um thráthnóna, i dtreó ná beifá ag obair sa scoil lena línn", ar seisean.

"Tá go maith", arsa mise. "Bead-sa agaibh ar a sé ' chlog um thráthnóna amáireach, le cúnamh Dé".

Chuas go dtí an seómra ar a sé ' chlog um thráthnóna amáireach a bhí chúinn. Dheineamair ár ngnó go breá réidh socair. Níor tháinig

XXIV: Athrú ar an Saol

"*peeler*" ná saighdiúir chúinn. Níor tháinig a thuilleadh tuairisce chúinn ó Thrá Lí. Do ghluais an obair ar fuaid na tíre, na feirmeóirí ag dul 'na mbuínibh in éineacht ag éileamh na lacáistí, agus na lacáistí acu dá fháil tar éis aighnis, agus misneach na ndaoine ag borradh agus ag neartú in aghaidh an lae.

Ní raibh aon bháidh, áfach, ag an sagart paróiste leis an *Land League*. Bhí sé aosta. Is dócha gur cheap an duine bocht ná raibh sa *Land League* ach Fíníní fé ainm eile, agus ná raibh i gcómhairle an *Land League* ach cómhairle aimhleasa. Pé rud a cheap sé, ní raibh aon bháidh aige leis an obair. Is dó' liom gur scríbh sé ag triall ar an Easpag dhá iarraidh air cómhairle ' thabhairt dómh-sa, agus a rá liom nár bheag dom cúram na scoile agus gan cúram an *Land League* a bheith orm 'na theannta. Tháinig leitir chúm ón Easpag á rá liom go raibh eagal air go bhfanfadh cuid de sna buachaillíbh ón scoil mar gheall ar mise ' bheith sáite sa *Land League*. Do scríos chuige agus duart leis mar seo.

"A Thiarna Easpaig", arsa mise, "in inead aon díobhála ' dhéanamh don scoil is tairbhe a dhéanfaidh sé dhi me ' bheith sa *Land League*. Is clann feirmeóirí na buachaillí go léir atá ag teacht chun na scoile, ach amháin beirt, agus tá báidh ana-mhór ag aithreachaibh na beirte sin féin leis an *Land League*.

"Agus tá ní eile sa scéal, a Thiarna Easpaig", arsa mise. "Dá n-abrainn-se leis na fearaibh úd a tháinig chúm an oíche úd, á iarraidh orm bheith im stiúrthóir orthu, dá n-abrainn ná féadfainn é mar nár bheag dom cúram na scoile ' bheith orm, cad is dó' leat adéarfaidís? Déarfaidís gur eagla roimis na "*peelers*" a bhí orm. Nách deas a bheadh an scéal ansan agam? Go mór mór nuair ná raibh an t-eagla san orm, ná aon ní dá shórd. Conas ' fhéadfainn féachaint in sna súilibh ar na fearaibh úd go deó dá dtispeánainn an mheatacht an uair sin? Go mór mór nuair ná raibh an mheatacht ionam!"

XXIV: Athrú ar an Saol

Ní bhfuaras a thuilleadh "cómhairle" ón Easpag. Níor chuir san aon iúnadh orm. Ní raibh á dhéanamh agam ach an rud a dhéanfadh sé féin dá mbeadh sé i m'inead. Cárthach ab ea é. Níor dhual do aon mheatacht a bheith ann; agus ní raibh.

Do ghluais obair na scoile agus an obair eile in éineacht, agus bhíomair ag cur an tsaeil dínn. Bhí an sagart paróiste flaithiúil. Bhímís, me féin agus an sagart óg eile, ar dínnéar aige go minic. Bhíomair 'na thigh lá áirithe ar dínnéar. Bhí seisear nú mór-sheisear eile ann, leis. Daoine ab ea a bhformhór ná raibh aon bháidh acu leis an *Land League* ach chómh beag agus ' bhí ag fear an tí. Do ghluais cainnt eatarthu, mar seo.

"Nách ar a mhargadh a mhaireann gach éinne? Nuair a dhéanfaidh duine margadh, nách ceart do an margadh do sheasamh? Nuair a dhéanfaidh feirmeóir margadh le tiarna talún agus nuair a gheallfaidh sé cíos áirithe do dhíol a feirm thailimh, ná fuil ceangailte air an cíos san do dhíol nú an talamh do thabhairt thar n-ais don té gur leis é?"

Bhíos ag éisteacht leis an gcainnt agus fearg ag éirí istigh ionam. Fé dheireadh do labhras.

"Ba mhaith liom ceist a chur chút, a Athair", arsa mise le fear an tí, "más é do thoil é".

"Ó, cuir, cuir, a Athair", ar seisean.

"Bhí aithne agam ar fhear", arsa mise, "agus bhí feirm thailimh aige, agus bhí deich bpúint is daichead cíosa aige á dhíol as an bhfeirm. Bhí léas aige ar an bhfeirm. Do thit an léas tímpall dosaen blianta ó shin. Tháinig an máistir chuige. 'Tá an fheirm seo agat le fada ar deich bpúint is daichead sa mbliain', ar seisean. Níor labhair an fear eile focal. 'Caithfir céad púnt sa mbliain cíosa do dhíol as an bhfeirm seo feasta', arsan máistir. Níor labhair an fear eile focal. 'Tá tigh nua déanta anso agat', arsan máistir. 'Is dócha gur chaillis cúpla céad púnt

XXIV: Athrú ar an Saol

leis. Lamhálfar dhá chéad duit as pé rud a chaillis leis. De réir chúig phúint fén gcéad, dhéanfadh san deich bpúint sa mbliain. Leagfar an cíos an méid sin duit. Fágfaidh san deich bpúint 's cheithre fichid[29] sa mbliain cíosa ort feasta. An bhfuilir sásta leis sin?' Níor labhair an fear eile focal. Do stad an máistir ar feadh tamaill ag feitheamh féachaint cad 'déarfadh an tineóntaí. Níor labhair an tineóntaí focal. Fé dheireadh do labhair an máistir arís. 'Is cuma liom sa diabhal ceocu 'taoi sásta nú ná fuilir', ar seisean, 'ach sin é an cíos a chaithfir a dhíol feasta!' An dtabharfá-sa margadh ar an méid sin deighleála, a Athair?", arsa mise leis an sagart paróiste.

Is dócha go raibh faobhar ar mo chainnt, mar níor labhair sé féin ná éinne ar feadh tamaill.

"Ó", ar seisean fé dheireadh, "cás fé leith is ea é sin".

"Ní hea, a Athair", arsa mise. "Cás coiteann is ea é. Táim ag féachaint ar ghnóthaíbh talún idir mháistríbh agus tineóntaithe anois le daichead éigin blian, agus ní fheaca riamh fós a mhalairt sin de shaghas margaidh á dhéanamh eatarthu. Ní fheaca riamh ach cíos dá árdú gach aon uair a thiteadh léas, nú gach aon uair a dheineadh an tineóntaí aon fheabhas do chur ar an bhfeirm lena shaothar féin".

Bhí firín beag seabhcaí camshúileach 'na shuí ar m'aghaidh anonn ar an dtaobh eile den bhórd. D'fhéach sé anall orm agus do labhair sé.

"Agus, a Athair", ar seisean, "mura raibh sé sásta le deich bpúint 's cheithre fichid cíosa do dhíol as an bhfeirm, cad 'na thaobh nár labhair sé agus a rá ná raibh sé sásta?"

"Tá go breá, a mhic ó", arsa mise leis. "Dá n-abradh sé ná raibh sé sásta, do caithfí amach é as an dtigh a dhein sé féin do féin agus dá mhnaoi agus dá chlaínn. Ansan is dócha go dtabharfá-sa bheith istigh dóibh!"

---

29 Corrected in the 1915 edition from the original *cheithre fichid púnt*.

XXIV: Athrú ar an Saol

Níor labhair sé sin a thuilleadh. Do tarraigeadh abhar éigin eile cainnte anuas an chuid eile den tráthnóna. Níor bheag leó den "mhargadh" úd, margadh an leataoibh, "roinnt na caillí, mar is áil léi féin é".

Tháinig sagart rialta chun an Rátha ag tabhairt misiúin uaidh. Chonaic sé an scoil. "Scoil Bhríde Naofa" an ainm a bhí agam ar an scoil. Do thaithn an scoil leis go mór. Chuir sé aithne ar chuid de sna buachaillíbh. Bhí scoil curtha ar bun aige féin thíos i gcathair Luimní. Chun buachaillí do mhúineadh agus sagairt a dhéanamh díobh, dá mb'é toil Dé é, agus iad do chur anonn i ndúthaíbh iasachta ag leathadh an chreidimh is ea ' chuir sé an scoil sin ar bun. De mhuíntir Rónáin ab ea é. Deireadh sé go raibh an-iúntaoibh aige as buachaillíbh bochta na hÉireann; go raibh mianach fónta iontu; gur ó ríogra Éireann a shíolradar; go raibh an braon uasal iontu bíodh go mb'fhéidir ná raibh saibhreas saolta acu; gurbh fheárr na sagairt a dhéanfaidís ná mar a dhéanfadh clann na ndaoine saibhre a bhí againn; mura raibh an saibhreas acu go raibh an uaisleacht aigne iontu ó dhúchas. "An Scoil Aspaltach" an ainm a bhí ar an scoil aige. Do casadh mo bhuachaill-se, Toiréalach Ó Siadhail, air. Chuireadar aithne ar a chéile. Nuair a bhí sé ag imeacht, d'imigh Toiréalach in éineacht leis.

I gCuallacht Íosa is ea ' bhí an tAthair Ó Rónáin. Chuir sé Toiréalach isteach sa Scoil Aspaltach. Tá Toiréalach 'na shagart anois, i gCuallacht Íosa, thiar in America, agus is creidiúint é don Chuallacht san, agus dá mhuíntir, agus dá thír dhúchais, agus dómh-sa, ós me ' chuir an chéad lámh ann.

Bhí buachaill eile agam sa scoil. Leis an áit is ea ' bhain sé. Dónall Ó Mannics[30] ab ainm do. Tá sé anois in' Árdeaspag thall i Melbourne. Tá

---

30 Daniel Mannix. [This note is supplied by Norma Borthwick in the 1915 edition. She altered *Mannics* in the first instance, as a correction in the manuscript, to *Mac Naois*, before settling on *Ó Mainchín* in the 1915 edition. *Ó Mainchín* is found in the original manuscript in Ch32.]

XXIV: Athrú ar an Saol

a lán eile de sna buachaillíbh a bhí agam ar an scoil tar éis dul chun cínn go maith, cuid acu 'na sagartaibh agus cuid acu i ngairmibh bunúsacha eile.

XXV: Éagóir agus Díoltas agus Smacht-dlithe

Seo ceist. Conas a thárla gur fhéad na feirmeóirí, an uair sin, a leithéid de bhriseadh catha ' dhéanamh ar na tiarnaíbh talún? Sid é an freagra. Gladston fé ndeár é.

Do chonaic Gladston i bhfad roimis sin an cos-ar-bolg a bhí ag na tiarnaíbh talún á dhéanamh ar fheirmeóiribh na hÉireann. Le neart gastachta agus le neart aicillíochta chuir sé dlí tríd an bPárlimint sa bhliain 1870 chun a chur ' fhéachaint ar aon *landlord* a chuirfeadh amach tineóntaí leórghníomh a dhéanamh leis mar gheall ar é ' chur as a inead cónaithe. Dhein na *landlordaí* sciot scot den dlí sin. Do leanadar ag caitheamh na ndaoine amach agus dhá gcur le fuacht agus le fán in ainneóin Ghladstoin agus a dhlí. Ansan, nuair a bhí an *Land League* éirithe 'na gcoinnibh, do dhiúltaigh Gladston d'aon chúnamh a thabhairt dóibh i gcoinnibh an *Land League*. Sin é a mhairbh iad. Ní raibh aon rud á dhéanamh ag na feirmeóiribh i gcoinnibh aon dlí. Ní rabhadar ach ag diúltú do chíos a dhíol a bhí ró-árd agus a cuireadh orthu dá n-ainneóin. Níor thuig Gladston go raibh ' fhéachaint ar éinne cúnamh a thabhairt dóibh chun an chíosa san do bhaint amach. Thispeánadar féin ná raibh aon urraim do dhlí acu nuair a dheineadar sciot scot den dlí úd an leórghnímh. Gan cúnamh ón rialtas ní raibh aon bhreith acu ar aon tsaghas cíosa ' bhaint amach. Bhíodar i gcrua-chás. Dá leanadh an scéal i bhfad ar an gcuma san, bheadh gach aon rud ar a dtoil ag na feirmeóiribh. Ach níor lean.

Bhí riail déanta ag an *Land League*, nuair a curfí feirmeóir as a chuid tailimh trí gan é ' bheith ábalta ar ramhar-chíos do dhíol, gan aon duine eile do thógaint na feirme sin. Sin í an riail a bhris a gcroí in sna *landlordaibh*. Dá ndeintí beart de réir na rialach san go beacht,

XXV: Éagóir agus Díoltas agus Smacht-dlithe

níorbh aon mhaith d'aon *landlord* tineóntaí do chaitheamh amach, mar do fágfí an talamh díomhaoin aige. Do cimeádadh an riail maith go leór in áiteannaibh. Ach do briseadh an riail anso agus ansúd. Bhí fear le fáil anso 's ansúd a ghéill don tsainnt agus do thóg feirm as ar cuireadh duine eile amach. Chuir san an fear a cuireadh amach ar dearg-bhuile. Gan aon dabht ba dheocair feall ba ghráinne ná é do dhéanamh. Tháinig as gur deineadh díoltas anso 's ansúd ar an *ngrabber*. B'in é an chéad aothó a fuair na *landlordaí*. Bhí ' fhios acu go gcaithfeadh Gladston an dlí ' chur i bhfeidhm i gcoinnibh an saghas san díoltais, agus bhí áthas cléibh orthu.

Fé mar a deintí gníomh díoltais den tsórd san, do hínstí an scéal thall ar fuaid Shasana, agus do méadaítí thar na beartaibh é. Nuair a bhíodh feirm ar a láimh ag *landlord* tar éis duine bocht éigin do chaitheamh amach as, bhíodh sé ag faire féachaint an dtiocfadh fear na sainnte chuige chun na feirme do thógaint. Dá dtagadh fear na sainnte, do tugtí an fheirm do ana-shaor, d'aon ghnó, chun na rialach úd do chur ar neamhní, dá mb'fhéidir é. Uaireanta do tugtí an fheirm d'fhear na sainnte gan aon chíos ar feadh bliana nú dhó, ar an íntinn gcéanna, ach is i ganfhios a deintí é sin. Do mhéadaigh ar na gníomharthaibh díoltais mar gheall ar an gcamastaíol san. Fé dheireadh do gortaíodh daoine. Ansan do maraíodh daoine. Níorbh fhéidir do Ghladston an saghas san oibre do leogaint ar aghaidh. Níor bhris an tineóntaí aon dlí nuair a dhiúltaigh sé don ramhar-chíos a dhíol. Níor bhris an *landlord* dlí na ríochta nuair a chaith sé amach an tineóntaí. Ní lú ná mar a bhris sé dlí na ríochta nuair a dhein sé a dhícheall ar thineóntaí eile ' chur isteach sa bhfeirm. Níor bhris fear na sainnte dlí na ríochta nuair a thóg sé an fheirm. Gan amhras do bhris sé dlí an chirt nuair a dhein sé ar a chómharsain rud nár mhaith leis a dhéanfadh an chómharsa air féin. Ba leis an gcómharsain an fheirm, mar is le héagóir a cuireadh amach as an bhfeirm é. Níor chosain dlí na ríochta ar an éagóir é. Níor dhein san ceart den éagóir. Ach do bhris an chómharsa dlí Dé agus dlí na ríochta in éineacht nuair a chuir sé an piléar trí fhear na sainnte mar gheall ar an bhfeirm do bhreith uaidh.

XXV: Éagóir agus Díoltas agus Smacht-dlithe

Tímpall na haimsire sin do chonac féin páipéar a tháinig anall ó Lúndain: *Punch* an ainm a bhí ar an bpáipéar san. Bhíodh peictiúirí magaidh air, ach bíodh gur peictiúirí magaidh iad, bhíodh brí doimhinn leó uaireanta. Bhí peictiúir acu ar an bpáipéar a chonac; Gladston agus culaith *pholiceman*[31] uime agus é 'na choilg-sheasamh ar aghaidh siopa amach, agus a dhrom le doras an tsiopa agus é ag féachaint uaidh ar bhun an aeir. Istigh sa tsiopa, ag an gcúntar, roinnt fear agus éadach dubh ar a ngnúisibh acu, agus iad ag ceannach arm, gunnaí agus piostail, agus claimhte, agus pící. Sagart laistigh den chúntar agus é ag díol na n-arm leó. Disraeli 'na sheasamh amu' in aice Ghladstoin agus é ag féachaint suas air agus a mhéar sínte aige chun an tsiopa agus an chainnt seo, mar dhea, ag teacht as a bhéal: "I say, Mr. Pleeceman, I think it is about time that you should look in here!"

Ansan do tháinig na smacht-dlithe i ndiaidh ' chéile, gach smacht-dlí acu níba ghéire ná an smacht-dlí roimis, go dtí go raibh fir chreidiúnacha, ó gach aon pháirt d'Éirinn, sáite isteach in sna príosúnaibh, gan triail dlí gan breith dáréag, agus go nduairt Gladston an focal úd, "The resources of civilisation are not yet exhausted"*.

Bhí airgead á dhéanamh suas ins gach aon áit do sna daoine a bhí in sna príosúnaibh. Chuímhníos féin ar shlí chun roinnt airgid a dhéanamh suas do sna fearaibh a bhí istigh ón Ráth. Shocraíos ar shaghas *raffle* a dhéanamh, agus sid iad na duaiseanna a bhí ar thicéad an *raffle*.

> A splendid Bengal tiger called 'Resources of Civilisation'. Warranted sound in wind and limb.
>
> A huge African elephant called 'Passive Resistance'.

---

31 The word *pholiceman* was inserted by Norma Borthwick in the 1915 edition. The original manuscript text is scored out and not fully legible, but appears to have two words following *culaith* including the word "peelers".

XXV: Éagóir agus Díoltas agus Smacht-dlithe

An Egyptian mummy called 'Rackrent', said to be as old as the days of Moses.

A magnificent puck goat called 'Peel', alias 'Fix Bayonets'[32].

With many other highly interesting and valuable prizes.

Do díoladh na ticéadaí go tiubh. Chonaic an sagart paróiste ceann acu. Bhí sé ar buile. Tháinig sé chúm agus ticéad acu 'na láimh aige.

"Is tusa ' chuir amach iad so, a Athair", ar seisean.

"Is me gan amhras", arsa mise, "ná feiceann tú m'ainm thíos orthu?"

"Agus cad chuige iad", ar seisean.

"Chun airgid a dhéanamh", arsa mise.

"Agus cad chuige an t-airgead?", ar seisean.

"Neósfad-sa san duit go cruínn", arsa mise, "ó chuiris an cheist chúm. Chun é ' chur ag triall ar na fearaibh ón sráid seo atá istigh sa phríosún ag Buckshot".

Bhí fearg i nglór gach duine againn an fhaid a bhíomair ag cainnt.

Níorbh fhada 'na dhiaidh san gur chuir an tEaspag mise soir go Cíll Úird in inead an tsagairt paróiste a bhí ann, mar bhí an duine bocht ró-chríonna agus bhí ag dul dá chiall, agus ní raibh sé oiriúnach chun na hoibre.

---

32 The original manuscript had "A magnificent puck goat called 'Fix Bayonets'". The words "'Peel', alias" seem likely to have been inserted by Norma Borthwick to clarify the reference.

MO SCÉAL FÉIN

XXVI: "Barry the Rake"

'Nuair a bhíos socair thoir i gCíll Úird arís, tar éis Ráth Chormaic agus Magh Chromtha agus an Ráth do chur díom, mhothaíos mo shláinte ag géilleadh ar chuma éigin. Duairt na daoine liom go rabhas ag féachaint ana-bhuailte amach. Is dócha go raibh an obair ró-dhian orm sa Ráth, an scoil, agus obair na paróiste, agus obair an *Land League*, agus iad ar siúl in éineacht. Níor ghlacas a thuilleadh oibre scoile orm. Bhí obair an *Land League* chómh dian i gCíll Úird an uair sin agus ' bhí sí in aon bhall eile, ach más ea bhí daoine i mbun na hoibre ann cheana agus ní raibh orm-sa ach dul agus cómhairle ' thabhairt uaim anois agus arís. D'fhág san me gan aon chúram ach amháin cúram na paróiste, agus níorbh fhada go raibh mo lán-neart agus mo lán-mhisneach arís ionam.

Bhínn amu' ar fuaid na paróiste gach aon lá breá, i gcarráiste bheag a bhí agam, nú ar muin capaill. Ba mhór an t-athrú é ó bheith istigh i scoil. Do bhuailinn féin agus na daoine um á chéile go minic, agus Gaelainn a labhraimís i gcónaí lena chéile. Tháinig duine beag isteach ó Ghort na Sceiche chúm, lá, dhá iarraidh orm dul amach chun an ola ' chur ar dhuine a bhí breóite 'na thigh. Firín beag aosta ab ea é. 'Na chuis a tháinig sé. Bhí ' fhios agam nárbh fhéidir do gan bheith tuirseach. Chuireas isteach i m'aice sa charráiste bheag é, agus thugas marcaíocht abhaile dho. Bhí an fear bocht ana-bhaoch.

Chromamair ar chainnt. Chromas-sa ar bheith ag cur tuairisce na gcómharsan air, féachaint cérbh iad a bhí imithe anonn, nú tar éis bháis, ó fhágas an pharóiste naoi nú deich de bhlianaibh roimis sin. Sa cheistiúchán dom d'fhiafraíos de cá raibh "Barry the Rake", nú an raibh sé tar éis bháis.

"Tá sé tar éis bháis, an fear bocht", ar seisean, "gura maith an mhaise dhá anam é!"

"File ab ea Barry the Rake", arsa mise.

XXVI: "Barry the Rake"

"Dob ea go deimhin, a Athair", ar seisean, "agus d'airíos-sa blúire filíochta a dhein sé, agus go deimhin do dhein sé go hana-dheas é".

"Abair dom é", arsa mise leis, "má tá sé agat".

"Tá sé agam, a Athair", ar seisean. "Sa droch-shaol ab ea é", ar seisean, "agus bhí an t-ocras ar gach éinne. Bhí duine bocht gurbh ainm do Seán Ó Gríofa 'na chónaí thuaidh ansan ar Cathair Druinne, agus duine bocht ná raibh ró-ghasta ann féin ab ea é. Bhí sé pósta, agus ní raibh aon ghastacht mhór sa mhnaoi ach chómh beag leis féin. Bhí iníon acu agus ba lú an ghastacht a bhí san inín ná mar a bhí in éinne den bheirt. Théadh Barry the Rake go dtí an tigh go minic, agus bhí aithne mhaith aige orthu. Gheibheadh sé bheith istigh uathu uaireanta, agus béile bhídh. Bhí sagart paróiste thuaidh i mBaile Mhistéala an uair sin, agus is dócha gur cuímhin leat é, a Athair. Murchadh Ó Briain ainm do".

"Is cuímhin liom é go maith", arsa mise, "agus bhí aithne mhaith agam air".

"*Bhuel*", ar seisean, "bhí an t-ocras i sráid Bhaile Mhistéala chómh dian agus ' bhí sé in aon bhall, mar bhí a lán daoine bochta ann agus bhíodar ana-dhealbh. Bhí an scéal chómh holc san acu go raibh an tAthair Murchadh ag ceannach mine agus dhá roinnt orthu i dtreó ná faighidís bás den ghorta. D'airigh an Barrach go raibh an mhin dá tabhairt amach i mBaile Mhistéala. Cheap sé, ní nárbh iúnadh, go raibh Seán Ó Gríofa bocht ag fáil na mine, agus go bhfaigheadh sé féin béile den mhin le n-ithe ach dul ó thuaidh go Cathair Druinne. Siúd ó thuaidh é agus an t-ocras air. Chuaigh sé isteach.

'An bhfuil aon rud anso a dh'íosfadh fear ocrais?', ar seisean.

Ní raibh aon bhlúire bídh fé dh'ia 'n tí[33]!

---

33 The 1915 edition has *fé dhíon ' tíghe*. Adjusted in line with the manuscript, pronunciation and meaning.

XXVI: "Barry the Rake"

'Mheasas go mbeadh cuid den mhin agaibh', arsan Barrach.

'Cad í an mhin?', arsa Seán.

'An mhin seo atá dá tabhairt amach thuaidh ansan i mBaile Mhistéala', arsan Barrach.

'Níor airíos focal 'na taobh', arsa Seán.

'Greadadh chút', arsan Barrach, 'imigh ó thuaidh láithreach agus tabhair chúinn cuid di!'

'Níl aon airgead agam', arsa Seán.

'Tá an sagart paróiste ag tabhairt na mine úd amach gan aon airgead. Tá sé dhá bronnadh ar na daoine bochta. Imigh láithreach agus tabhair chúinn cuid di. Fanfad-sa anso go dtagair. Táim ag dul i laige leis an ocras!'

D'imigh Seán ó thuaidh. Tar éis roinnt mhaith aimsire tháinig sé.

'Ar thugais leat an mhin?', arsan Barrach.

'Níor thugas', arsa Seán.

'Cad 'na thaobh?', arsan Barrach.

'Mar ní bhfuaras í', arsa Seán.

'Cad 'dúradh leat?', arsan Barrach.

'Do fiafraíodh díom an raibh ocras orm', arsa Seán.

'Agus cad 'dúraís leó?', arsan Barrach.

XXVI: "Barry the Rake"

'Duart ná raibh', arsa Seán.

'Airiú, greadadh chút, cad 'na thaobh nár ínsis an fhírinne dhóibh?', arsan Barrach.

'Ní thabharfainn le rá dhóibh é', arsa Seán.

'Ó mhuise, Dia linn! Dia linn is Muire!', arsan Barrach.

Tharraig sé peann agus dubh agus blúire páipéir as a phóca. Bhídís aige chun bheith ag scrí' na filíochta. Shuigh sé agus do scríbh sé síos an véarsa so:

> A Athair Murchadh atá go gunta líofa,
> Tabhair-se cuid den mhin seo do Sheán Ó Ghríofa˙.
> Tá a bhean 'na hóinsigh, agus a iníon chríonna.
> Tá sé féin 'na bhreall, agus beidh sé amhlaidh choíche!

'Seo', ar seisean le Seán. 'Beir leat an páipéirín sin, agus éirigh go dtí tigh an tsagairt féin agus tabhair dho é, isteach 'na láimh féin, agus gheóbhair an mhin. Imigh anois agus ná bí i bhfad'.

D'imigh Seán agus do rug sé leis an páipéirín. Tháinig sé go doras tí an tsagairt.

'Cad 'tá uait-se?', arsan bhean tí.

'Dúradh liom an páipéar so ' thabhairt isteach 'na láimh féin don tsagart paróiste', arsa Seán.

Do shnap sí an páipéar as a láimh agus d'imigh sí isteach.

'Seo, a Athair', ar sise, 'agus deir an teachtaire é ' thabhairt isteach id láimh féin duit'.

XXVI: "Barry the Rake"

Do léigh sé a raibh ar an bpáipéar. Do léim sé as an gcathaoir.

'Cé ' thug duit é seo?', ar seisean.

'Duine bocht atá amu' ag an ndoras, a Athair', ar sise.

'Cuir chúm anso isteach é', ar seisean.

Do cuireadh isteach Seán.

'Cé ' thug an páipéar so dhuit?', arsan sagart.

D'inis Seán a scéal do chómh maith agus d'fhéad sé é.

'Agus an tusa Seán Ó Gríofa?', arsan sagart.

'Is me, a Athair', arsa Seán.

'Tuigim', arsan sagart. Do baineadh an t-ocras de Sheán, agus do tugadh oiread mine dho agus d'fhéad sé a bhreith leis.

'Agus', arsan sagart leis, 'abair leis an bhfear a thug an páipéar so dhuit teacht chúm anso ar maidin, go bhfuil gnó agam de'.

Amáireach a bhí chúinn d'imigh an file ó thuaidh go Baile Mhistéala, agus do tugadh a dhóthain le n-ithe dho, agus nuair a bhí a dhóthain ite aige do tugadh culaith éadaigh do, agus dúradh leis teacht arís nuair a bheadh gá aige le bia nú le héadach".

Éinne do léifidh le haireachas an blúire filíochta san a scríbh an Barrach, chífidh sé ní is fiú dho a thabhairt fé ndeara. Chífidh sé ná fuil sa véarsa ach fíor-bheagán cainnte ach go bhfuil oiread ráite sa bheagán cainnte sin agus ná déarfí as Béarla lena sheacht n-oiread cainnte.

XXVI: "Barry the Rake"

Tá fabhar ag an bhfile le hiarraidh ar an Athair Murchadh. Molann sé a "ghuntacht" agus a "líofacht". Níor mhór cainnt fhada sa Bhéarla chun an dá mholadh san do dhéanamh, agus ní dhéanfadh an chainnt fhada Bhéarla an dá mholadh leath chómh deas agus ' dheineann an dá fhocal sa Ghaelainn iad. Ansan, ní mór don fhile trua do Sheán Ó Ghríofa do mhúiscilt i gcroí an Athar Murchadh. Agus ca bhfuil an fear san 'na bheathaidh is mó de thrua ná an fear atá pósta le hóinsigh mná? Dá mbeadh aon chiall ag an inín, b'fhéidir gurbh fhusaide é, ach bhí dúbailt mí-fhortiúin ar an bhfear mbocht nuair a bhí an iníon 'na hóinsigh chómh maith leis an máthair. Ansan, donas an scéil ar fad, "É féin 'na bhreall", agus mar bharra ar an ndonas san féin—"Beidh sé amhlaidh choíche!" Ní haon iúnadh gur léim an tAthair Murchadh as an gcathaoir nuair a léigh sé an páipéar.

Tá aithne agam ar a lán filíochta Béarla, agus ar a lán d'fhilíocht na Gréige agus d'fhilíocht na Rómha. Ní heól dom in aon fhilíocht dár cumadh riamh in aon teangain acu, beó ná marbh, aon cheithre líne chómh maith leis na cheithre líntibh sin a chúm Barry the Rake an uair sin agus an t-ocras air! "Brevis esse certo", arsa Horatius, "et obscurus fio". Tá cainnt an Bharraigh sa véarsa so chómh "*brevis*" agus dob fhéidir í ' bheith, níos cruinnithe go mór ná mar ab fhéidir í ' bheith in aon teangain eile, agus in inead aon "*obscuritas*" a theacht den chruinnitheacht is breis solais a thagann dá druím. Is amhlaidh a glantar agus do neartaíthear an solas ar an machnamh.

XXVII: Tineóntaithe agus Tiarnaí

I gcaitheamh na haimsire a thugas i gCíll Úird an uair sin, bhíos ag faire ar an ngleic a bhí ar siúl idir na feirmeóiribh agus na *landlordaibh*, agus ba dheas an radharc é. Nuair a deintí droch-ghníomhartha díoltais ar lucht na sainnte, a thógadh talamh as a mbíodh tineóntaí éigin díbeartha, do hínstí an scéal in sna páipéaraibh thall i Sasana, agus do méadaítí é. Ansan do thagadh an fhearg ar mhuíntir Shasana, agus do caití na smacht-dlithe do chur i bhfeidhm. Ansan thagadh misneach don *landlord* agus tharraigeadh

XXVII: Tineóntaithe agus Tiarnaí

sé chuige an seana-dho-thíos. Do chomáineadh sé leitir[34] ag éileamh cíosa uaidh. Do tispeántí dhom an leitir. Sid í an saghas cainnte a bhíodh inti:

CAREY,

Come in here on Saturday and pay your rent. The next application will be a writ.

GEORGE SMITH.

Nuair a chonac leitir acu, chómhairlíos do Charey dul agus an cíos do dhíol, le heagla go gcurfí tuilleadh costais air. D'imigh sé isteach Dé Sathrainn a bhí chúinn. Tharraig sé lán a dhuirinn[35] d'airgead as a phóca agus shín sé chun an *agent* é. Chómhairimh seisean é. Bhí roinnt pinginí in easnamh air. Thóg an t-*agent* suas an t-airgead 'na láimh agus do steall sé anonn i gcoinnibh an fhalla é i dtreó gur ghluais na píosaí ag rínce ar fuaid an úrláir.

"Pick it up now", ar seisean, "and go and bring me in the full amount!"

Do phioc Carey suas an t-airgead agus chuir sé 'na phóca é, agus thug sé aghaidh ar an ndoras. Díreach agus é ag gabháil an doras amach, duairt sé, "When I give it to you again you will keep it".

Tháinig sé abhaile. Tháinig an *writ.* Má tháinig, níor chuir Carey aon tsuím ann.

Fé cheann beagán aimsire tháinig athrú dlí. Bhí an cluiche i bhfabhar don tineóntaí agus i gcoinnibh an *landlord.* Do lean an scéal mar sin ar feadh tamaill. Ansan tháinig leitir eile ón *agent* gcéanna ag triall ar Charey.

---

34 The 1915 edition inserts here *chun tineóntaí.*
35 *Dhuirn* in the 1915 edition.

XXVII: Tineóntaithe agus Tiarnaí

DEAR MR. CAREY,

I shall feel much obliged if you will come in next Saturday and let me have the rent. The amount you owe is———(gan aon trácht ar an ndeich agus daichead don *writ*).

I remain,

Yours sincerely,

G. SMITH.

Níor chuaigh Carey isteach, agus ní bhfuair Smith an t-airgead, an uair sin ná riamh ó shin.

Sin mar a bhíodh na *landlordaí*, mín agus garbh, cneasta agus do-thíosach, gach re dturas, fé mar a ghluaisíodh an cluiche leó nú 'na gcoinnibh, síos nú suas. Chuiridís i gcuímhne dhom rud a thit amach in aice tí feirmeóra mórán blianta roimis sin. Bhí beirt bhacach san áit. Bhí lámh le duine acu gan aon lúth inti, agus bhí cos leis an nduine eile crapaithe, chómh crapaithe sin gur dhó' le duine air nuair a bhíodh an fear bocht ag siúl gur ag cromadh agus ag éirí a bhíodh sé. Do tharla go raibh an bheirt ag teacht in éineacht chun tí an fheirmeóra um thráthnóna, lá áirithe. Ní raibh aon choinne acu lena chéile, agus go deimhin ní raibh aon fháilte acu dá chéile. B'fheárr le gach duine acu gan an duine eile do theacht. Cheap fear na coise crapaithe go dtabharfadh sé priocadh beag géar don fhear eile.

"Nách leath-lámhach an aimsir í seo againn, a Sheáin!", ar seisean. Bhí an aimsir ana-bhriste.

Do phrioc an focal "leath-lámhach" Seán bocht, ach má phrioc thug sé priocadh chómh géar leis uaidh.

"Ach, níl inti ach síos agus suas, síos agus suas, a mhic ó!", ar seisean.

XXVII: Tineóntaithe agus Tiarnaí

Do thárla go raibh fear an tí ag éisteacht leis an gcainnt. Do sceart sé ar gháirí.

"Dar fia", ar seisean, "ach do thugúir dá chéile é chómh deas agus d'airíos á dhéanamh riamh é! 'Leath-lámhach', agus 'síos agus suas'!"

Chuir sé ' fhéachaint ar an mbeirt dul isteach agus bheith síochánta lena chéile. Ach sin mar a bhí na *landlordaí* agus na *hagentí* i gcaitheamh na haimsire sin, "síos agus suas, síos agus suas, a mhic ó", lá mín agus lá garbh, lá síbhialta agus lá do-thíosach, lá béasach agus lá droch-mhúinte, fé mar a bhíodh an cluiche ag gabháil leó nú ag gabháil 'na gcoinnibh.

Ba ró-dheocair in aon chor a dh'áiteamh orthu nárbh éagóir ana-throm orthu gan leogaint dóibh dlí d'imirt 'na lán-neart ar na feirmeóiribh, agus an cíos d'fháscadh astu dá bhfáisctí an t-anam astu in éineacht leis. Bhíos lá ar dínnéar i dtigh duin' uasail san áit. Bhí tiarna talún ag an mbórd. Bhí focal anois is arís aige á scaoileadh amach i dtaobh na héagóra a bhí á dhéanamh ar na *landlordaíbh* bochta. Ní rabhas-sa dhá leogaint orm gur thuigeas cad a bhí ar siúl aige. Fear bocht fónta ab ea é ar gach aon chuma eile, agus níor theastaigh uaim bheith dhá ghríosadh. Bhí duin' uasal eile ag an mbórd agus bhí ' fhios agam gur leis na *landlordaibh* a bhí a bháidh go léir, agus níor mhiste liom clabhtóg a bhualadh air dá dtugadh sé an chúis agus an chaoi dhom. Dochtúir ab ea é. Do thug. Do ghluais cainnt i dtaobh ceocu ag na feirmeóiribh a bhí an ceart nú ag na *landlordaíbh*[36], agus ansan i dtaobh conas ba cheart cosc do chur leis na gníomharthaibh díoltais. Ní raibh aon fhocal agam-sa dá rá. Fé dheireadh do labhair an dochtúir liom lom díreach.

"Inis an méid seo dhom, a Athair", ar seisean. "Cad 'tá uaibh?"

Cheap sé go dtabharfainn caoi dho ar a rá gurbh é rud a bhí uainn ná talamh gan chíos a thabhairt do sna feirmeóiribh, agus go réabfadh

---

36 *Máistríbh* in the 1915 edition.

XXVII: Tineóntaithe agus Tiarnaí

san an seachtú aithne, ná raibh ann ach cuid na cómharsan do thógaint go han-dleathach.

"Neósfad-sa dhuit, a Dhochtúir", arsa mise, "cad 'tá uainn. Sid é atá uainn; gan a bheith ar chumas duine cuid duine eile do bhreith leis agus do chimeád. An té a dheineann saothar, is leis toradh an tsaothair. An té a bhainfidh den duine sin toradh an tsaothair sin, déanfaidh sé éagóir. Is é rud atá uainn ná cosc do chur leis an éagóir sin le dlí".

Níor chuir an dochtúir an tarna ceist chúm.

Ní rabhas ach dhá bhliain sa pharóiste nuair ab é toil Dé glaoch ar an seana-shagart. Duairt gach éinne gurbh é mo cheart-sa an pharóiste ' dh'fháil ansan. Ní bhfuaras í, áfach. Duairt an tEaspag go raibh sé ar aigne an pharóiste ' thabhairt dom dá maireadh an seana-shagart cúpla bliain nú trí eile, ach ná féadfadh sé í ' thabhairt dom an uair sin mar go raibh mórán sagart eile aige a bhí i bhfad níba shia san obair ná mar a bhíos-sa, agus gurbh éagóir orthu san an pharóiste ' thabhairt dómh-sa an uair sin. Dá labhrainn-se, d'fhiafróinn de cad 'na thaobh nách duine acu san a cuireadh ag déanamh oibre na paróiste nuair a cuireadh mise á dhéanamh. Ach níor labhras. Ní duart aon fhocal. Thugas dhá bhliain eile sa pharóiste ansan fén sagart paróiste a tháinig, ag tispeáint na mbóithre dho agus ag cur aithne aige féin agus ag na daoine ar a chéile. Ní raibh aon fhocal Gaelainne aige, bíodh gur i sráid Magh Chromtha a tógadh é.

Thugas dhá bhliain i gCíll Úird i dteannta an tsagairt paróiste sin, agus ansan do cuireadh ó thuaidh me go Dún ar Aill[37]. Ní fada ' bhíos san áit sin nuair ' éirigh ana-choímheascar idir an tiarna talún ba mhó a bhí ann agus a thineóntaithe. Lord Doneraile an teideal a bhí aige. Bhíodh sé dhá mhaíomh nár chuir sé féin aon tineóntaí amach riamh. Théidís amach, áfach. Seo mar a dheineadh sé a ghnó. Bhí na

---

37 This placename is uniformly given as *Dún ar Aíll* or *Dún-ar-Aíll* in the original manuscript, but the correction in the 1915 edition is accepted here.

XXVII: Tineóntaithe agus Tiarnaí

feirmeacha go léir curtha ana-dhaor aige. Nuair a thagadh tineóntaí ag díol chíosa, do glactí uaidh, go breá réidh, pé méid a bhíodh aige le tabhairt uaidh, agus do curtí an chuid eile síos 'na choinnibh i leabhar an chúntais. Do dhíoladh sé i gcónaí an méid ba mhó a fhéadadh sé ' dhíol; 'sé sin le rá, do dhíoladh sé breis agus an méid ba mhó ba cheart a bheith mar chíos air. Ach bhíodh an cúntas 'na choinnibh ag méadú in aghaidh an lae, i dtreó go mbíodh a chroí briste ó bheith ag cuímhneamh air, agus ' fhios aige ná beadh aon bhreith go deó aige ar an leabhar san do ghlanadh. Do shleamhnaíodh an scéal amach. Do bhíodh ' fhios ag na cómharsain an t-airgead mór a bheith sa leabhar i gcoinnibh an fhir sin. Bhíodh duine de sna cómharsain sin go mbíodh roinnt éigin airgid cruinnithe aige, le grásaeireacht, b'fhéidir. D'airíodh sé scéal na feirme úd. Thagadh sé chun cainnte leis an *agent*.

"A leithéid seo, a dhuin' uasail", adeireadh sé. "D'airíos go raibh an fheirm úd Sheáin Uí Rudaí le cur, agus is amhlaidh mar atá an scéal, d'oiriúnfadh an áit mise go hana-mhaith".

"Níl an fheirm le cur fós", adeireadh an t-*agent*, "ach tá an cíos cheithre chéad púnt i ndiaidh lámha. Níl ón máistir ach a chuid féin. Ní maith leis bheith dian ar Sheán Ó Rudaí bocht, ach ní mór do gach éinne a chuid féin ' fháil. Má dhíolann tusa an cheithre chéad púnt, gheóbhair an fheirm ar an gcíos gcéanna atá ar Sheán Ó Rudaí".

"Tá go maith, a dhuin' uasail", adeireadh fear an airgid, agus d'imíodh sé.

Chuireadh an t-*agent* fios ar Sheán Ó Rudaí. Thagadh Seán Ó Rudaí bocht agus crith chos is lámh air.

"A leithéid seo, a Sheáin", adeireadh an t-*agent*. "Tá do chíos cheithre chéad púnt i ndiaidh lámha anso sa leabhar so".

"Tá go macánta, a dhuin' uasail", adeireadh Seán.

XXVII: Tineóntaithe agus Tiarnaí

"Is amhlaidh mar atá an scéal, a Sheáin", adeireadh an t-*agent*, "ní maith leis an máistir bheith dian ort. D'fhéadfadh sé a bhfuil agat do thógaint le ceart dlí dá mba mhaith leis é, agus tu ' chur amach gan feóirling. Ní maith leis é sin a dhéanamh ort féin agus ar do mhnaoi agus ar do chlaínn. Bheadh sé sásta dá n-imíthá as an áit agus a bhfuil agat do thógaint leat. Tá láir agus trí cínn de bhuaibh agat agus cúpla caoire. D'fhéadfadh sé iad san a bhaint díot le dlí dá mba mhaith leis é, ach bheadh sé sásta dá dtógthá leat iad agus an tseilbh a thabhairt do. Ach tá ' fhios agat féin, dá dtéadh an scéal chun dlí go gcaithfí a bhfuil san áit a thógaint".

Thuigeadh Seán Ó Rudaí cad é an brí a bhíodh leis an gcainnt sin. Thugadh sé uaidh an tseilbh agus thógadh sé leis pé éifeachtaí beaga a bhíodh aige, agus do "maití" an cheithre chéad púnt do! Agus dar ndóin, ba "mhór-chroíoch" an fear an máistir tar éis an cheithre chéad púnt san do "mhaitheamh"! Do gheibheadh fear an airgid an fheirm, agus do gheibheadh an máistir an cheithre chéad púnt úd a "maitheadh" do Sheán Ó Rudaí.

Ní bhíodh ag fear an airgid, b'fhéidir, ach trí chéad. Thógadh sé an céad eile ar iasacht as an mbannc. Chuireadh san sé púint sa mbliain de bhreis ar an gcíos do, cíos a bhí ró-árd ar fad cheana. Chomáineadh sé leis ag briseadh a chroí ag obair ar an bhfeirm go dtí go mbíodh, b'fhéidir, naoi nú deich de bhlianaibh curtha dhe aige. Ní bhítí ró-dhian choíche air i dtaobh cíosa. Ach nuair a bhíodh roinnt blianta caite aige san áit, bhíodh, in ainneóin a dhíchill bháis agus bheatha, cheithre chéad púnt eile sa leabhar 'na choinnibh.

Do himirtí an cluiche céanna díreach arís, ar an gcuma gcéanna. Do "maití" an cheithre chéad púnt arís d'fhear an airgid nuair a gheibhtí é ó fhear airgid eile. Mar sin dóibh ag teacht agus ag imeacht i ndiaidh ' chéile. Sin mar a hínseadh an scéal dómh-sa nuair a chuas ann agus nuair a bhíos a d'iarraidh fírinne an scéil a dhéanamh amach eatarthu.

XXVII: Tineóntaithe agus Tiarnaí

D'éirigh an t-imreas, mar theastaigh ó sna tineóntaithibh lacáiste ' dh'fháil sa chíos a bhí orthu, fé mar a bhí dhá fháil ag na tineóntaithibh ar gach aon eastát eile sa dúthaigh. Ní thabharfadh Lord Doneraile aon lacáiste uaidh. Tháinig na tineóntaithe go léir chúm-sa agus d'iarradar orm an t-airgead do thógaint ar mo láimh féin, 'sé sin an cíos ach amháin an lacáiste, agus é ' chimeád go dtí go dtoileódh an máistir chun é ' ghlacadh gan an lacáiste. Thógas an t-airgead agus chuireas isteach sa bhannc é. Thug lucht dlí an mháistir iarracht ar *gharnishee* ' dhéanamh ar an airgead nuair a bhí sé sa bhannc. Do theip orthu. Ní dhéanfadh an bannc rud orthu. Tháinig órdú ó Bhaile Átha Cliath dhá rá leis na banncairíbh i nDún ar Aill an t-airgead do chimeád go dtí go dtabharfaidís thar n-ais dómh-sa é. D'fhan an scéal ar an gcuma san ar feadh leath-bhliana. Bhí an máistir ró-ghasta dhúinn, áfach. Níor chuir sé an dlí ar éinne de sna tineóntaithibh. Nuair a fiafraítí dhe an dtabharfadh sé an lacáiste uaidh, ní bhíodh d'fhreagra choíche aige ach ná raibh aon dithneas air féin leis an gcíos; go nglacfadh sé pé méid a tabharfí dho, pé uair ba mhaith le haon tineóntaí é ' thabhairt do. Níorbh fhéidir aon rud a dhéanamh le fear den tsórd san. Fé dheireadh do bhris ar an bhfoighne ag cuid de sna tineóntaithibh. Thánadar chúm agus dúradar nárbh aon mhaith bheith ag fágaint an scéil mar a bhí sé. Go mb'fhéidir go raibh cuid acu agus dá dtugtí dhóibh an lacáiste féin ná beadh ar a gcumas an chuid eile den chíos a dhíol; go mb'fhéidir gur lú a bheadh le díol acu gan an lacáiste ' dh'fháil ná dá bhfaighidís é. Chonac cad é an fuadar a bhí fúthu agus chaitheas chúthu an t-airgead. Is dó' liom go bhfuaradar go léir níos mó búntáiste ná mar a gheóbhaidís dá ngeárrtí amach an lacáiste dhóibh agus an chuid eile d'éileamh orthu go léir sa tímpall. Bhí a lán acu lasmu' de pharóiste Dhún ar Aill agus dá bhrí sin níorbh fhuiriste iad a chimeád dlúite le chéile ar aon aigne ar feadh aon fhaid mhór aimsire. Tháinig aon toradh amháin fónta ón obair. Do cuireadh deireadh leis an gcleas úd a deintí ar "Sheán Ó Rudaí" agus ar "fhear an airgid". B'éigean "d'fhear an airgid", feasta, úsáid éigin eile ' sholáthar don airgead in éaghmais é ' chur isteach i bhfeirm "Sheáin Uí Rudaí". Dá ndeineadh sé an úsáid sin den airgead, do liúfí "*Grabber*!" 'na dhiaidh. B'fhearra

XXVII: Tineóntaithe agus Tiarnaí

dho teitheadh as an ndúthaigh ná an liú san do dhul amach air. B'éigean do a leas do dhéanamh bíodh gur dá ainneóin é.

XXVIII: "Madam Anne"

Bhínn ag gabháil don Ghaelainn an fhaid a bhíos i nDún ar Aill, ach ní mór ' fhéadainn a dhéanamh. Do labhrainn í le héinne do labhradh liom í, agus do léinn í as aon leabhar a castí orm 'na mbíodh aon tsaghas Gaelainne ann. Bhíodh ainm na Gaelainne orm ar aon chuma, agus bhíodh ceisteanna ag teacht chúm le réiteach anois is arís, tríd an bpost.

Tháinig leitir chúm lá ó mhnaoi uasail a bhí pósta ag mac, nú ag mac mic, do Dhónall Ó Chonaill. Iníon ab ea í do Bhíanconí[38], an fear úd go mbíodh na cóistí go léir ar na bóithribh aige go dtí gur chuir na traenanna deireadh leó. Duairt sí liom sa leitir go raibh scríbhinn aici a fuair sí thíos i gCúntae Luimní agus gurbh é scríbhinn é ná an caoineadh úd a dhein Eibhlín Ní Chonaill ar bhás Airt Uí Laeire, nuair a lámhadh é ar Ínse Charraig an Ime. Duairt sí go raibh fear éigin thíos i Luimnigh ag casadh le Béarla ' chur ar an scríbhinn di, agus go raibh eagal uirthi ná raibh eólas a dhóthain ar an nGaelainn aige chun na hoibre sin do dhéanamh mar ba cheart. D'fhiafraigh sí dhíom ar mhiste liom leogaint di an scríbhinn a chur chúm-sa chun Béarla ' chur ar an gcainnt. Do chuireas freagra chúithi láithreach dhá rá léi nár mhiste, agus go ndéanfainn an obair dhi chómh maith agus d'fhéadfainn é. Chuir sí chúm an scríbhinn agus chuir sí leitir chúm in éineacht leis an scríbhinn dhá ínsint dom go raibh aon líne amháin ann agus gur theip glan ar an bhfear thíos a dhéanamh amach cad é an brí a bhí leis an gcainnt a bhí sa líne sin. Duairt sí go raibh trácht sa líne ar "Madam Anne" éigin, agus ná féadfadh an fear thíos a dhéanamh amach ó thalamh an domhain cérbh í "Madam Anne".

"Is léir", ar sise, "gurb ar an Madam Anne seo a bhí an milleán go léir ag Eibhlín i dtaobh bháis Airt. Ba mhaith liom a dh'fháil amach, más

---

38 *Bhianconi* in the 1915 edition.

XXVIII: "Madam Anne"

féidir é, cérbh í féin agus cad a dhein sí i gcoinnibh Airt, nú an amhlaidh a bhí éad ar Eibhlín mar gheall uirthi".

Is i mBéarla do scríbh sí an leitir, ní nách iúnadh, ach sin é bunús na cainnte a bhí sa leitir. D'inis sí dhom cá bhfaighinn an líne sa scríbhinn. Chuardaíos an scríbhinn agus fuaras an líne agus fuaras an dá líne roimis an líne sin. Sid iad iad.

> Art Ó Laeire
> Atá anso traochta
> Ó mhaidin anné agam.*

Admhaím gur bhaineas leathadh as mo bhéal agus gur dheineas sceartadh gáire, i dtreó gur airíodh* ins gach aon pháirt den tigh me, nuair a chonac an cuirpeach mná droch-aigeanta diablaí, Madam Anne, a bhí éirithe chúm amach as an bhfocailín mbeag neamh-thuairimeach san "Ó mhaidin anné"—"since yesterday morning"! Ní har an mnaoi uasail a scríbh an leitir chúm a bhí aon mhilleán agam, ní nách iúnadh, ach ar an bhfear thíos a bhí dhá leogaint air gur thuig sé an Ghaelainn.

Chuireas féin chúithi an brí ceart, agus duart léi nár airíos féin riamh aon trácht ar aon éad a bheith ar Eibhlín Ní Chonaill chun aon "Madam Anne", ná chun aon tsaghas "Madam" eile.

Ansan do scríos amach an caoineadh go léir i mBéarla, chómh cruínn agus d'fhéadas é, agus chuireas chúithi é. Ní nách iúnadh, ní har dheiseacht an Bhéarla a bhíos-sa ag cuímhneamh nuair a bhíos ag déanamh na hoibre, ach ar dheiseacht na Gaelainne, agus ar conas a thabharfainn liom sa Bhéarla deiseacht na Gaelainne agus neart na Gaelainne, agus fuinneamh na Gaelainne, agus an dásacht agus an ghluaiseacht fola a chuireadh an Ghaelainn sin im chroí féin nuair a labhrainn amach í go hárd. Chuireas mo scríbhinn Bhéarla ag triall ar an mnaoi uasail in éineacht leis an scríbhinn Ghaelainne a chuir sí chúm. Ní dó' liom gur thaithn mo Bhéarla in aon chor léi. Do scríbh sí

XXVIII: "Madam Anne"

féin Béarla eile, le cúnamh an Bhéarla a thugas-sa dhi. Ach dar liom-sa do bhain sí deiseacht na Gaelainne as an obair ar fad. Mar seo, féach. San áit 'na n-abradh Eibhlín "Mo ghrá go daingean tu!", chuireadh an bhean uasal Béarla ar an gcaal mar seo:— "Beloved of my steadfast heart!" Ní fhéadfainn-se blas ná cuma ná crot ' fháil air sin. Is dócha, áfach, go raibh sé go maith mar Bhéarla. D'airíos daoine tuisceanacha dhá mholadh.

Tamall beag 'na dhiaidh san do scríbh an bhean uasal chéanna chúm arís. Duairt sí gur airigh sí blúire éigin Gaelainne dá labhairt; gur airigh sí daoine a thuig an chaal ag moladh na cainnte go mór; gur scríbh sí féin síos an chaal de réir fuaimeanna na bhfocal, fé mar ' fhéad a cluasa greim ' fháil ar na fuaimeannaibh; go raibh sí ag cur na scríbhinne sin chúm-sa, istigh sa leitir sin, féachaint an bhféadfainn brí na cainnte ' dhéanamh amach. D'fhéachas ar an bpáipéar ar ar dhein sí an scríbhinn. Thugas iarracht ar fhoclaibh a dhéanamh as na leitreachaibh. Nuair a chuireas na focail in aice ' chéile, ní raibh aon bhrí leó. Thugas iarracht eile. Bhí na focail a tháinig an tarna huair bun-os-cionn ar fad leis na foclaibh a tháinig an chéad uair, agus ní raibh aon bhrí leó ach chómh beag. Thugas an tríú hiarracht. Tháinig na focail, an tríú huair, bun-os-cionn leis na foclaibh a tháinig an dá uair eile, agus theip orm arís aon bhrí ' bhaint astu. Is dó' liom dá mbeinn ag gabháil dóibh ó shin gurb é an scéal céanna ' bheadh agam. Chuir an obair i gcuímhne dhom leabhar a léas mórán blianta roimis sin. "Vathek" ab ainm don leabhar˙. Ínstear sa leabhar conas mar a bhí rí uasal árdchómhachtach sa domhan toir, agus gur bhuail chuige lá ceannaí éigin a bhí ag díol arm. Cheannaigh an rí claíomh ana-bhreá uaidh. D'imigh an ceannaí. Ar maidin amáireach a bhí chúinn bhí an rí ag féachaint ar an gclaíomh agus ag déanamh iúnadh dhe, bhí sé chómh breá san. Dhá iniúchadh dho, thug sé fé ndeara, ar a lann, scríbhinn éigin. Thug sé iarracht ar an scríbhinn do lé'. Do theip air. Chuir sé fios ar na scoláirthíbh móra a bhí ar a theaghlach. Do theip orthu aon bhrí ' bhaint as an scríbhinn. Bhí féasóg bhreá mhór throm fhada ar gach éinne acu. Cheap an rí na cínn a bhaint díobh, ach duairt sé go ndéanfadh sé an gnó na féasóga do bhearradh

XXVIII: "Madam Anne"

dhíobh. Do bearradh an fhéasóg de gach éinne acu. Tháinig scoláirthí móra ó gach aon pháirt den ríocht, gach éinne acu deimhnitheach go léifeadh sé féin an scríbhinn. Do baineadh an fhéasóg den uile dhuine riamh acu. Fé dheireadh tháinig seanduine beag suarach dubh agus dronn air, agus féasóg air níba bhreátha go mór ná mar a bhí ar éinne den chuid eile. Do léigh sé an scríbhinn agus do nocht sé a bhrí. "An claíomh is feárr sa domhan don rí is feárr sa domhan", nú rud éigin den tsórd san, is ea aduairt an scríbhinn. Bhí áthas mór ar an rí, agus do tugadh onóir ana-mhór d'fhear na druinne. Ar maidin amáireach a bhí chúinn duairt an rí le fear na druinne an scríbhinn do lé' arís do. Chómh luath agus d'fhéach fear na druinne ar an lann, tháinig tocht air.

"Léigh amach dom é!", arsan rí.

"Á, a rí", arsan fear, "ní hé an scríbhinn chéanna é a bhí inné ann!"

"Léigh é, pé rud é!", arsan rí.

Seo mar a léigh sé amach:

"Is mairg don rí a shanntaíonn eólas atá os cionn a thuisceana agus gníomh atá os cionn a chumais".

"Baintear leath na féasóige dhe", arsan rí, "agus imíodh sé as mo radharc!" Do baineadh, agus d'imigh. 'Na dhiaidh san bhíodh an rí féin ag casadh leis an scríbhinn do lé', ach do theipeadh air i gcónaí. Chíodh sé, áfach, bíodh ná féadadh sé an scríbhinn do lé', nárbh é an scríbhinn chéanna é aon dá lá as a chéile. B'in é an údhálta agam-sa agus ag an scríbhinn a fuaras ón mnaoi uasail úd. D'ínseas an méid sin di sa leitir a chuireas chúithi. Is dócha gur mheas sí gur ag magadh fúithi a bhíos, mar níor scríbh sí chúm ó shin.

XXIX: Baile Mhistéala

I lár an choímheascair a bhí ar siúl i nDún ar Aill, idir thineóntaithibh agus máistrí talún, do shrois tuairisc sinn ar choímheascar eile a bhí éirithe i mBaile Mhistéala thoir. Do shuigh cúirt i mBaile Mhistéala. Bhí beirt ghiúistísí ar an mbínse ann, .i. fear dárbh ainm Eaton, R. M. agus Captaein Stokes, R. M. Agus bhí atúrnae coróinneach ann agus Edvard Carson[39] ab ainm do; Sir Edvard Carson is ainm do[40] anois, sa bhliain seo d'aois an Tiarna míle naoi gcéad a dódhéag. Ach is é an Carson céanna é a bhí in' atúrnae coróinneach ansúd sa bhliain úd d'aois an Tiarna míle ocht gcéad cheithre fichid a seacht. Níor chuir na chúig bhliana fichead atá imithe ó shin aon fheabhas air.

Is chuige do shuigh an chúirt sin ná chun Liam Ó Briain, M.P., agus Seán Mandeville[41] do chur ar a dtriail mar gheall ar chainnt éigin phoiblí a bhí curtha 'na leith, agus a bhí, dar le rialtas na huaire sin, i gcoinnibh na dlí.

Bhí órdú fálta ag an mBrianach agus ag Seán Mandeville teacht agus a dtriail do sheasamh i dtaobh na cainnte a bhí curtha 'na leith. Níor thug éinne acu aon toradh ar an órdú. Níor thánadar chun na cúirte. Murar thánadar san, áfach, tháinig daoine eile, agus ní chun na cúirte do thánadar. Thánadar go Baile Mhistéala chun a chur in úil go raibh fearg agus fíoch orthu féin agus ar an bpoiblíocht go léir mar gheall ar an éagóir a bhí le déanamh sa chúirt sin an lá san, nuair a bhí briseadh dlí le cur i leith daoine toisc gur labhradar ar son an chirt agus i gcoinnibh éagóra.

---

39 This is *Edward Carson* in the 1915 edition, but as the manuscript has *Edbhard*, some Gaelicisation of the name is accepted here.
40 *A tugtar air* in the 1915 edition.
41 This surname is variously *Mandebhille*, *Mandebhill* and *Mandeville* in the manuscript.

XXIX: Baile Mhistéala

Chuaigh mórán daoine ó Dhún ar Aill go Baile Mhistéala an lá san. Chuas féin ann in éineacht leó. Nuair a shroiseamair Baile Mhistéala, ní fheacamair puínn daoine ann. Bhí na daoine a shrois an áit rómhainn, bhíodar imithe amach as an sráid, ar bhóthar Luimní, i gcoinnibh na ndaoine a bhí ag teacht an treó san, chun go ndéanfaidís siúl in éineacht leó thar n-ais isteach sa tsráid. Bhíomair-na tamall maith ag feitheamh leó ag doras tí an Athar Tomás Mac Muiris. Tá spás breá fada fairseag ón dtigh 'na raibh[42] an sagart 'na chónaí ann, ó thuaidh agus ó dheas agus soir síos go dtí bóthar poiblí na sráide. Bhíomair ag feitheamh, ag féachaint soir síos ar thithibh na sráide, agus in inead aon choinne ' bheith againn go n-éireódh toirmeasc is amhlaidh a bhí eagal orainn ná beadh againn ach cruinniú ana-bheag.

Fé dheireadh chonacamair an tslua ag teacht. Is cuímhin liom féin go bhfeaca Seán Díolúin sa tslua. Bhí sé 'na shuí i gcarráiste. Chómh luath agus ' tháinig sé i radharc an cheárnaigh mhóir mar a raibh an cruinniú le bheith, thóg sé a cheann agus d'fhéach sé suas mórthímpall an cheárnaigh. Bhí an áit go léir folamh. Bhíos ag féachaint air agus is dó' liom go raibh diomá air. Ach fé mar a tháinig an tslua isteach, do shiúlaíodar suas i dtreó tí an tsagairt. Ansan do thosnaigh an áit ar bheith ag líonadh. Ar ball bhí cruinniú maith daoine ann i dtreó go rabhamair geall le bheith sásta. Bhí dó nú trí ' charráistíbh fada curtha ar aghaidh dorais tí an tsagairt amach i dtreó go bhféadfadh na cainnteóirí seasamh in áirde ar na carráistíbh sin agus labhairt leis na daoine.

Bhí a lán daoin' uaisle anall ó Shasana ann. Thánadar díreach mar a thánamair go léir, dhá chur in úil go raibh gráin acu ar an gcuma 'na raibh dlithe dá gcur i bhfeidhm in Éirinn. Bhí Henri Labouchere[43],

---

42 *Ón dtigh go raibh* in the 1915 edition. Norma Borthwick may not have liked '*na* where *ann* is found in the same clause, but there is no reason to reject this.
43 *Henry Labouchère* in the 1915 edition.

XXIX: Baile Mhistéala

M.P., ann, agus Seán Brunner[44], M.P., agus Tomás Ellis[45], M.P., agus tuilleadh nárbh iad. Tháinig mná uaisle anall ó Shasana, leis, ar a raibh Miss Mander. Bhí fir eagair ann ó sna páipéaraibh móra thall, ar a raibh Fred Higginbotham agus Bennett Burleigh, agus Seán Mac Dónaill ón *Dailí Neús*[46].

Bhí an tAthair Párthalán Mac Cárthaigh, D.D., sa chathaoir, agus na huaisle a bhí chun cainnte ' dhéanamh, bhíodar ar na carráistíbh fada lasmu' de dhoras tí an Athar Tomás Mac Muiris. Chómh luath agus ' chonaic na daoine go raibh an chainnt le tosnú, do bhrúdar isteach tímpall ar na carráistíbh fada. Deir daoine a bhí ann agus do thuig an scéal, go raibh tímpall ocht míle duine bailithe isteach tímpall ar na carráistíbh. Má bhí, do gheóbhadh, gan aon dabht, fiche míle duine slí ar an gceárnach. Bhíos féin ar cheann de sna carráistíbh, agus bhí radharc maith agam ar na daoine a bhí ann agus ar an slí a bhí lasmu' dhíobh mórthímpall. Ní fheaca oiread agus aon "*pheeler*" amháin in aon áit ar an bhfaiche, ná thíos ar an sráid.

Ní raibh an chainnt ach díreach ag tosnú nuair a thugas fé ndeara suathadh éigin thoir thíos ar imeall an tslóigh. Bhí tímpall fiche "*peeler*" agus fear nótaí ' thógaint eatarthu, agus iad a d'iarraidh é ' bhreith leó suas chun na háite 'na raibh an chainnt le déanamh. Ní raibh aon bhac in aon chor orthu gabháil tímpall, agus níor thímpall mhór é, ar an dtaobh thuaidh nú ar an dtaobh theas de sna daoine. Ní raibh aon bhreith in aon chor acu ar é ' bhreith leó isteach trí lár na ndaoine, mar bhí na daoine ró-bhrúite ar a chéile. In inead gabháil tímpall is amhlaidh a bhrúdar isteach in sna daoine. Bhí na daoine a d'iarraidh slí ' dhéanamh dóibh, ach bhí san ag teip orthu, ní nárbh iúnadh. Ansan, nuair ná déanfadh na daoine an rud nárbh fhéidir a dhéanamh, d'árdaigh na "*peelers*" a mbaitíní agus bhuaileadar na daoine. Má bhuaileadar, bhí baitíní lámh ag formhór na ndaoine agus nuair ' buaileadh iad do bhuaileadar i bhfreagairt. Do theith na

---

44 *John Brunner* in the 1915 edition.
45 *Thomas Ellis* in the 1915 edition.
46 *Daily News* in the 1915 edition.

XXIX: Baile Mhistéala

"*peelers*" láithreach, iad féin agus an fear nótaí. Cheapas go mbeadh suaimhneas againn ansan, ach ní suaimhneas a bhí ag teacht. I gceann tímpall chúig neómataí tháinig deichniúr agus daichead de sna "*peelers*" agus a ghunna ag gach fear díobh. Bhí, go dtí san, lasmu' de sna daoine a bhí 'na gcuis, mórán fear agus iad ar a gcapaillibh. Nuair a chonacadar an bhreis de sna "*peelers*" ag teacht agus na gunnaí acu, siúd tímpall iad go dtí go rabhadar 'na marcshlua láidir daingean idir na daoine agus na "*peelers*". Ní raibh aon bhreith, ansan, ag na "*peelers*" ar fhear na nótaí do bhreith leó suas chun na cathaoireach. Bhí tímpall trí fichid fear acu ann, agus ní raibh aon ghnó eile acu le déanamh ach an fear san do bhreith leó suas.

Dá ngabhaidís tímpall, bheadh sé thuas acu gan aon ríghneas, agus rud eile, dhéanfaimís slí thuas do láithreach. Ní raibh aon chur 'na choinnibh ag éinne. In' inead san is amhlaidh a mheasadar é ' bhreith leó suas trí idir mharcshlua agus daoine. Chromadar ar na capaill do bhualadh. Má chromadar, d'iompaigh na marcaigh cosa deiridh na gcapall leó agus bhrúdar na capaill siar isteach 'na measc. Thóg na "*peelers*" na gunnaí agus bhuaileadar idir chapaill agus marcaigh leó. D'iompaigh na marcaigh orthu agus bhuaileadar iad chómh maith agus d'fhéadadar é le pé arm a tháinig chun lámha. Bhí an obair go te acu ar feadh tímpall chúig neómataí sarar theith na "*peelers*" as an áit. Do lean roinnt de sna daoine ar a dtóir. Chuaigh na "*peelers*" isteach sa bharrac uathu. Bhí gach aon rud go breá socair ansan. Bhíos im sheasamh ar an gcarráiste, ag brath air ná beadh a thuilleadh toirmisc againn. Ba gheárr gur airíos, go breá láidir fuaimintiúil, urchar ón mbarrac. Bhí iúnadh orm. Ní raibh troid ná cómhrac ar siúl. Cad chuige an t-urchar agus gan aon namhaid ag cur orthu? Tháinig an tarna hurchar. Do léim Seán Díolúin anuas den charráiste, agus siúd síos i dtreó an bharraic é féin agus an tAthair Pádraig Ó Ceallacháin. D'airíos an tríú hurchar. Chómh fada agus ' théann mo chuímhne, níor airíos ach na trí hurchair. Do hínseadh dom 'na dhiaidh san go ndeigh Seán Díolúin agus an sagart isteach sa bharrac agus suas chun na finneóige, thuas i mbarra an tí mar a raibh an "*peeler*" ar a leath-ghlúin agus é ag lámhach agus ag líonadh, agus gur rug Seán

XXIX: Baile Mhistéala

air agus gur strac sé siar ón bhfinneóig é. Mura mbeadh san go mbeadh a lán eile marbh aige sara gcuirfeadh éinne dá uachtaránaibh féin cosc leis. Nuair a fuair na daoine go raibh triúr marbh, do scaipeadar. Chuaigh na mná uaisle Gallda isteach i dtigh an tsagairt.

Do hínseadh dom go raibh roinnt saighdiúirí sa tsráid agus nuair ' airíodar an lámhach gur thánadar amach. Pé fear a bhí 'na cheann orthu, chonaic sé láithreach ná raibh aon chiall leis an lámhach. Dhein sé *cordon* de sna saighdiúiríbh a bhí aige, agus bhí na daoine ar thaobh den *chordon* agus na "*peelers*" ar an dtaobh eile agus chiméad sé amach óna chéile iad. Mura mbeadh san, do mharbhódh na "*peelers*" tuilleadh. Bhíodar féin agus na huachtaráin a bhí orthu as a meabhair glan. Duine de sna huachtaránaibh sin ab ea an Captaein Plúincéad úd a fuair, in Eóchaill thoir, suím beag aimsire roimis sin, ó Bhaile Átha Cliath, an t-órdú úd, "Don't hesitate to shoot". Níorbh iúnadh fonn lámhaigh air.

D'airíos 'na dhiaidh san gur thit rud amach i gcaitheamh an lae sin agus gur chuir sé iúnadh a chroí ar an nduin' uasal gallda Henri Labouchere. Bhí súsa aige 'na charráiste féin agus súsa[47] ana-dhaor ab ea é. Nuair a bhí an cruinniú ag scaipeadh agus gach aon rud trína chéile, bhí Labouchere deimhnitheach ná feicfeadh sé an súsa breá go deó arís. Tháinig sé chun na háite 'na raibh an carráiste. Fuair sé an súsa ann roimis, gan aon ní imithe air ach roinnt daoine ' bheith ag féachaint air agus ag déanamh iúnadh dhe agus dhá rá leó féin gur dheocair d'aon fhuacht dul tríd isteach.

"'Sea!" arsa Labouchere, "dá mba thall i Lúndain, nú in aon áit eile sa domhan, a thitfeadh an méid sin amach dómh-sa, is ró-bheag an bhreith a bheadh agam ar mo shúsa ' dh'fheiscint arís! Deirim anois, agus déarfad as so amach é; is iad muíntir na hÉireann na daoine is macánta sa domhan".

---

47 The words *de chlúmh* are inserted here in the 1915 edition.

XXIX: Baile Mhistéala

Chun na beirte, Liam Ó Briain agus Seán Mandeville, do thriail is ea do shuigh an chúirt an lá san. Níor fhreagair éinne den bheirt an ghlao, ní nárbh iúnadh. Do chuir an chúirt varántas amach chun bertha orthu agus iad do thabhairt chun lámha. Do rugadh orthu agus do cuireadh isteach i bpríosún iad. Nuair a tháinig an t-am chuige do tugadh go Baile Mhistéala iad, chun na cúirte céanna, chun iad do thriail, mar dhea. Deirim "mar dhea", mar bhíos féin ag an gcúirt agus chonac an "triail", agus go deimhin ní raibh sa triail ach "triail mar dhea". Do glaodh an chúis. B'é Liam Ó Briain an príosúnach an lá san. Do glaodh fínné 'na choinnibh. An "*peeler*" a thóg nótaí a chainnte a bhí mar fhínné 'na choinnibh. D'inis sé a scéal. Thispeáin sé an páipéar beag ar ar scríbh sé na nótaí. Tadhg Harington[48] a bhí mar atúrnae ag cosaint an Bhrianaigh.

"Leog dom féachaint ar an bpáipéar san", arsa Tadhg.

Do síneadh chuige an páipéar. D'fhéach sé air go géar. Ansan d'fhéach sé ar an bhfínné go géar.

"Ní hé seo an páipéar ar ar thógais-se na nótaí seo ar dtúis", ar seisean.

"Is iad san na nótaí a thógas", arsan fínné.

"Tabhair dhom an páipéar ar ar thógais ar dtúis iad", arsa Tadhg. Do stad an fínné bocht agus d'fhéach sé ar atúrnae na coróinneach agus suas ar an mbínse.

"Níl ' fhéachaint ort ach na nótaí ' thabhairt do", arsa atúrnae na coróinneach.

"Ní chuirfidh an cás cor eile dhe", arsa Tadhg, "go dtí go dtabharfar an páipéar eile dhómh-sa".

---

48 *Tadhg Ó hArrachtáin* in 1915 edition, in which Norma Borthwick supplies the footnote "Timothy Harrington".

XXIX: Baile Mhistéala

Do lean an t-aighneas ar feadh tamaill. Fé dheireadh b'éigean don fhínné bhocht a lámh a chur isteach 'na phóca agus a sparán do thabhairt amach agus an seana-pháipéar do thógaint as an sparán agus é ' shíneadh anonn chun Taidhg. Thóg Tadhg an seana-pháipéar leathbhriste agus d'fhéach sé air agus do léigh sé é. Chuir sé gáire bheag as agus thispeáin sé an páipéar don Bhrianach. Chuir an Brianach gáire mhaith láidir as. Cad a chuir ag gáirí iad? Sid é an rud a chuir ag gairí iad. Bhí an páipéar tar éis dul go Baile Átha Cliath agus teacht thar n-ais, agus bhí órdú ón Rúnaire Mór i mBaile Átha Cliath scríofa treasna air, .i. "Not to be used". Féach air sin! Órdú ó Bhaile Átha Cliath gan aon úsáid a dhéanamh, i gcoinnibh an Bhrianaigh, de sna nótaíbh a tógadh dá chainnt nuair a bhí an chainnt ag teacht as a bhéal, ach úsáid a dhéanamh 'na choinnibh de sna nótaíbh eile úd a cuireadh le chéile 'na dhiaidh san! Sin dlí agat! Ar an gcuma san díreach a bhí dlí Shasana á cur i bhfeidhm in Éirinn gach aon lá riamh, ón lá san i mBaile Mhistéala, siar ar fad go dtí an lá úd a chuir Tomás Dubh Wentwort[49] dlí Shasana i bhfeidhm ar uaislibh Connacht, ní hea, ach siar go dtí an chéad lá a tháinig dlí Shasana isteach in oileán na hÉireann.

An té ' mhachnódh air is dó' liom go dtuigfeadh sé nár deineadh marú daoine riamh a bhí níba ghráinne, níba dhéistiní, níba neamh-ghátaraí ná an marú san a deineadh i mBaile Mhistéala an lá san. Ba mhar a chéile díreach é agus dá dtugtí aghaidh ar aonach, nú ar phobal Aifrinn, agus tosnú ar na daoine do lámhach gan chúis gan abhar. Dá ngabhtí tímpall, mar a raibh an tslí folamh, d'fhéadfí fear na nótaí do chur ar cheann de sna carráistíbh fada chómh luath agus ' chuaigh éinne de sna cainnteóiríbh suas orthu. Dá gcurtí teachtaireacht ag triall ar fhear na cathaoireach dhá iarraidh go leogfí fear na nótaí suas ann, do dhéanfaimís go léir slí dho láithreach, ní nách iúnadh. Cad chuige go raibh cainnt againn le déanamh ach i dtreó go raghadh ár gcainnt chun cínn ag triall ar mhuíntir an rialtais? Pé scéal é, ní raibh le déanamh ach cead d'iarraidh agus bhí an cead le fáil.

---

49 *Wentworth* in the 1915 edition.

XXIX: Baile Mhistéala

Nuair a bhíos-sa sa Ráth, díreach nuair a bhí an chaismirt ag tosnú idir thineóntaithibh agus máistríbh talún, do cuireadh tuairisc chúm lá, go raibh cruinniú mór tineóntaithe le bheith thiar i dTulach Lias agus dhá iarraidh orm dul ann. Chuas ann. Bhí cruinniú breá ann. Nuair a bhí an obair ag tosnú agus na cainnteóirí ag dul suas ar an árdán, chuas féin suas air. Cé ' chífinn guala le gualainn liom ar an árdán ach fear na nótaí. Do hiarradh cead do agus do fuaradh, agus bhí sé ansúd thuas agus gan aon chur isteach ag éinne á dhéanamh air. Bhí sagart sa chathaoir againn, an tAthair Maitias Mac Mathúna, sagart paróiste an Bhóthair Bhuí, áit atá tímpall sé nú seacht de mhíltibh siar ó Cheann Tuirc. Bhí an tAthair Séamas Ó Mórdha 'na *Chóadiútor* an uair sin i dTulach Lias agus is air a bhí cúram oibre an lae, agus ba mhaith an díol air é. Tá sé 'na shagart paróiste anso i m'aice anois, i Ráth Chormaic, agus 'na Chanónach. Chuir sé gach éinne in' áit féin, agus do ghluais an chainnt, de réir úird. Dhein fear na cathaoireach a chuid cainnte. Dhein an tAthair Séamas a chuid cainnte, agus ba mhaith agus ba stuama an chainnt a dhein sé. Níor mhiste an gnó ' fhágaint fé.

Tháinig an t-am dom féin chun mo chuid cainnte ' dhéanamh. Bhí ' fhios agam go raibh an Ghaelainn go maith an uair sin ag na daoine a bhí ag éisteacht liom, agus i dtreó go mbeadh roinnt spóirt agam ar fhear na nótaí, a bhí ageam ghualainn, do chromas ar mo chainnt a dhéanamh as Gaelainn. Do las súile na ndaoine go léir láithreach leis an spórt. Thugas fé ndeara gach re bhféachaint ag gach aoinne á thabhairt orm féin agus ar fhear na nótaí. Diarmaid ab ainm do, Diarmaid Stringer. Chomáineas liom ar feadh tamaill go dtí go raibh na daoine go léir ag scigeadh. Ansan d'iompaíos agus d'fhéachas ar Dhiarmaid. Bhí sé ansúd 'na sheasamh agus a phinsil 'na bhéal aige. Do stadas ag féachaint air, agus me ag gáirí, go dtí go raibh na daoine go léir ag faire féachaint cad 'déarfainn, ansan d'iompaíos chun na ndaoine agus, "Ní deirim", arsa mise, "ná go bhfuil breall ar Dhiarmaid". Níor fhéadas a thuilleadh do rá, d'éirigh a leithéid d'uaill gháirí. Mheasas go dtitfeadh an tAthair Maitias as an gcathaoir, tháinig a leithéid sin de thritheamh gáirí air.

XXIX: Baile Mhistéala

Dheineamair ár ngnó agus ní raibh lámhach ná marú againn. Thug an tAthair Séamas (an Canónach anois), thug sé dínnéar breá brothallach dúinn. Do deineadh a lán cainnte ag an ndínnéar, leis. Bhí cuid den chainnt feargach, feargach go maith. Ach bhí an chúiléith chómh maith san ag an Athair Séamas, agus an stuaim chómh daingean san ann, go mbaineadh sé an faobhar den fheirg i gcónaí sara bhféadadh sí aon díobháil a dhéanamh.

Dá ndeintí an gnó i mBaile Mhistéala an lá úd mar a deineadh i dTulach Lias tímpall seacht mbliana roimis sin, agus mar a deineadh 'na lán áiteanna eile i gcaitheamh na haimsire, ní bheadh lámhach ná marú ann.

XXX: Ó Dhún ar Aill go Caisleán Ó Liatháin

An fhaid a bhíos i nDún ar Aill, tháinig taom breóiteachta orm agus ba ró-dhóbair do me ' bhreith as an saol. Bhíos im lán-neart an lá sara dtáinig sé orm. Tháinig sé orm go han-obann, fé mar a tabharfí nimh do dhuine. Bhíos im luí leis ar feadh dó nú trí ' sheachtainíbh˙. Ansan b'é toil an Tiarna gur chuireas díom é. Bhí dochtúir maith tuisceanach de mhuíntir Ríordáin sa tsráid an uair sin, agus thug sé aire mhaith dhom. Tá sé tar éis bháis, beannacht Dé len' anam!

Níor thuigeas an uair sin cad fé ndeár an taom san do theacht orm, agus me chómh láidir chómh dea-shláinteach díreach sara dtáinig sé orm. Do thuigeas 'na dhiaidh san é go maith.

Tá an Abha Bheag ag gabháil aniar ó Chíll na Mullach go Dún ar Aill. Gabhann sí fé dhroichead atá thuaidh ag bun sráide Dhún ar Aill. Abha bheag shalach is ea í. Is isteach inti a théann salachar sráide Chíll na Mullach agus salachar na tíre go léir as san soir go Dún ar Aill agus ansan salachar Dhún ar Aill féin, i dtreó nách féidir don uisce gan bheith lán de nimh an tsalachair sin. Ní bhíodh aon chothrom uisce againn i nDún ar Aill ach buachaill agus asal aige agus tobán aige, istigh i dtrucailín an asail, agus é ag tarrac an uisce

XXX: Ó Dhún ar Aill go Caisleán Ó Liatháin

chun na ndóirse, chun na ndaoine, agus na daoine ag díol as an uisce. Thógadh sé an t-uisce ag an ndroichead, díreach mar a raibh an salachar go léir ón sráid, ag dul isteach san abhainn. Théadh muíntir mo thí-se agus thugaidís uisce búird leó ó thobar fíor-uisce a bhí tamall ón sráid, mar bhíodh an t-eagal againn roim uisce na habhann. Nuair a bhí an scéal ar an gcuma san, ba ró-dheocair gan dearúd a dhéanamh uaireanta, agus uisce na habhann do chur ar an mbórd agus é ' dh'ól. Pé'r domhan é, do buaileadh isteach i m'aigne-se gurbh é uisce na habhann san a chuir an taom breóiteachta orm.

Bhí sagart paróiste sa tsráid, agus do thuig sé cúntúirt an uisce, agus bhíodh sé go minic a d'iarraidh a chur ' fhéachaint ar Bhórd na mBocht cothrom uisce do thabhairt isteach sa tsráid trí phíopaíbh, ó thobar éigin fíor-uisce sa chóngaracht. Ach do theipeadh air. Dá ndeintí é, do chaithfeadh muíntir na cómharsanachta breis bheag éigin cánach a dhíol as. Ní thoileóidís chuige sin. "An t-uisce a bhí maith a ndóthain dóibh riamh roimis seo, tá sé maith a ndóthain dóibh anois", adeiridís.

Na daoine gan chiall! Ba chóir go dtuigfidís, dá dtagadh droch-bhreóiteacht sa tsráid, ó bheith ag úsáid an uisce sin, go leathfadh an droch-bhreóiteacht ar fuaid na tuatha agus ansan go ndíolfadh muíntir na tuatha go daor as an spriúnlaitheacht.

Chómh fada agus ' théann mo chuímhne, is dó' liom gur tar éis me ' theacht ón dtaom san a chuas go Cíll Chaoi go dtí an sáile, agus gurb é sin uair a bhuail an Spáinneach úd umam a thug dom an labhairt cheart ar "Don Quixote" .i. "Don Cíochóté"[50*].

Sa bhliain d'aois an Tiarna míle ocht gcéad cheithre fichid a deich, ag déanamh amach ar dheireadh na bliana, do leath eadrainn an scéal go raibh an sagart paróiste a bhí anso i bparóiste Chaisleáin Ó Liatháin, go raibh sé ag dul chun báis. Fuair sé bás i ndeireadh an chéad mhí

---

50 The 1915 edition here adds *nú b'fhéidir gur uair éigin eile é, mar bhíos cúpla uair eile san áit.*

XXX: Ó Dhún ar Aill go Caisleán Ó Liatháin

den bhliain nua. Beannacht Dé len' anam! Ansan, an deichiú lá den tarna mí den bhliain míle ocht gcéad cheithre fichid a haondéag, do chuir an tEaspag leitir chúm-sa dhá rá liom dul im shagart paróiste go paróiste Chaisleáin Ó Liatháin. Táim anso ó shin.

XXXI: Obair Chosanta na Gaelainne

Is dó' liom go rabhas dhá bhliain anso nuair a thosnaigh obair na Gaelainne, dáiríribh, i mBaile Átha Cliath. Do thuigeas ón gcaint a bhí ar siúl, agus as na fógraí a thagadh amach, go raibh socair ar an nGaelainn bheó a bhí i mbéalaibh na ndaoine do shaothrú. Bhí ' fhios agam go dian-mhaith gur mar sin ba cheart an obair a dhéanamh má bhí sí le déanamh in aon chor. Bhí leabhair Eóghain Uí Chamhraí agam agus an graiméar Gaelainne do scríbh Ó Donnabháin, agus bhí ' fhios agam ná raibh aon bhreith ag leabhraibh den tsórd san ar oiread agus aon lá amháin sa mbreis do chur le saol na Gaelainne. Bhí ' fhios agam gur admhaigh na fir sin féin ná raibh uathu ach oiread agus d'fhéadfaidís den Ghaelainn a bheith socair daingean i leabhraibh acu, i dtreó go mbeadh an méid sin di le fáil in sna leabhraibh sin nuair a stadfadh muíntir na hÉireann d'í ' labhairt. Do chonaic Ó Donnabháin agus Ó Camhraí go raibh sí ag imeacht, ag imeacht go réidh, ach ag imeacht go deimhnitheach, agus thuigeadar go maith ná raibh aon bhreith ag an obair a bhí acu féin á dhéanamh ar aon chosc do chur leis an imeacht san.

Tá sé daingean i m'aigne, áfach, nár thuigeadar an díobháil a bhí san imeacht san. Is dó' liom gur thuigeadar, agus gur thuig a lán nárbh iad an uair sin, agus i bhfad 'na dhiaidh san, gur thairbhe mhór a dhéanfadh an t-imeacht. Bhí cúiseanna troma acu féin agus ag daoine eile lena thuiscint go mbeadh tairbhe san imeacht. Na daoine a bhí beó in Éirinn an uair sin agus gan acu ach an Ghaelainn, is amhlaidh a bhí ceangal na gcúig gcaol ar a n-aigne chómh fada agus ' chuaigh gnóthaí saolta. In aon tsaghas gnóthaí dlí, cuir i gcás, bhí fear an Bhéarla ábalta ar an ndubh do chur 'na gheal orthu agus ar an ngeal do chur 'na dhubh orthu, agus ní raibh aon chaoi acu ar iad féin do

XXXI: Obair Chosanta na Gaelainne

chosaint. Dá n-ínsidís a scéal féin as Gaelainn, ní thuigfeadh aon duine iad, ach amháin, b'fhéidir, an fear a bheadh ceapaithe ar an éagóir a dhéanamh orthu. Bhíodh an fear teangan acu, ach dá mbeadh breab glacaithe ag an bhfear teangan san, conas a bheadh an scéal acu? Pé taobh óna bhféachtí isteach an uair sin sa chuma ar a raibh an duine ná raibh aon Bhéarla aige, do chítí go raibh sé i gcrua-chás go tiubaisteach. Sin é fé ndeara do Dhónall Ó Conaill a rá gurbh fheárr leis go mbeadh an Ghaelainn seacht míle síos fé uisce na farraige thiar. Chonaic sé os cómhair a shúl an éagóir uathásach á dhéanamh ag fear Shasana, coitianta, ar an Éireannach, agus gan ar chumas an Éireannaigh aon fhocal do labhairt chun é féin a chosaint ach focal ná tuigfí. Dhein Dónall Ó Conaill féin obair mhór ag cosaint na nGael ar an éagóir a bhí á dhéanamh orthu. Thuig sé go hálainn ná beadh aon bhreith aige ar an obair sin a dhéanamh mura mbeadh an Béarla ' bheith chómh maith aige, agus é ' bheith ábalta ar lucht an Bhéarla do throid as a gcainnt féin, as Béarla.

Níor chuímhnigh éinne ar an dá theangain do chur ar siúl in éineacht. Do mheas gach éinne nár bhaol ná go mbeadh tuilleadh agus a dhóthain Gaelainne ag gach Éireannach pé cuma 'na ngeóbhadh an saol i dtaobh Béarla. Ní raibh ach lucht machnaimh, mar Ó Camhraí agus Ó Donnabháin, a thug fé ndeara go raibh an Ghaelainn ag imeacht. Níor thugas-sa féin fé ndeara go raibh aon bhaol uirthi go dtí gur chuas isteach sa choláiste, agus go bhfeaca buachaillí éirithe suas agus gan aon fhocal Gaelainne acu.

Do thuig lucht machnaimh, agus lucht faire aimsire, go raibh an Ghaelainn ag imeacht. Do thuig lucht gnótha poiblí, agus lucht cosanta na nGael ar an bhfeall a bhí á dhéanamh orthu ag muíntir an Bhéarla, do thuigeadar dá luathacht a bheadh an Ghaelainn imithe agus an Béarla i mbéalaibh na nÉireannach go léir gurbh ea ab fheárr é. Níor thuig éinne an uair sin an díobháil bhunaigh a dhéanfadh sé do chine Gael an Ghaelainn d'imeacht uathu; gur mhar a chéile dhóibh é agus a nádúr féin d'imeacht astu amach. Níor thuig éinne an léirscrios maraitheach a bheadh déanta ar an aigne Ghaelach nuair a

XXXI: Obair Chosanta na Gaelainne

bheadh an Ghaelainn imithe, agus gan i gcroí ná i mbéal an Éireannaigh, ó Dhoncha Dí go Tigh Mháire, ach Béarla briste. Cad é an tairbhe ' dhéanfadh saothar Uí Chamhraí, nú saothar Uí Dhonnabháin, don duine ná beadh de chainnt 'na bhéal aige ach Béarla briste, agus ná beadh de mhachnamh 'na chroí aige ach an machnamh a thabharfadh an Béarla briste dho? Is dócha gur mheas Dónall Ó Conaill, dá mbeadh an Ghaelainn seacht míle fén bhfarraige, agus an Béarla i mbéalaibh na nÉireannach go léir, go mbeadh an Béarla acu chómh maith agus ' bhí sé aige féin. Má mheas, do dhein sé dearúd. Gan amhras bhí Béarla briste go tiubh in Éirinn le línn Dhónaill Uí Chonaill, agus níor chuir an Béarla briste sin aon dealús aigne ar an muíntir a bhí dhá labhairt. Níor dhein, agus cad 'na thaobh nár dhein? Níor dhein mar bhí saibhreas álainn, uasal, fórleitheadúil na Gaelainne istigh 'na n-aigne acu, laistigh den Bhéarla bhriste. Tá an saibhreas san imithe anois ón méid de mhuíntir na hÉireann go bhfuil an Ghaelainn imithe uathu. Tá roinnt acu do thuigeann an chreach, agus tá iarracht acu á dhéanamh ar an saibhreas do chruinniú chúthu arís. Is usa go mór scarúint le saibhreas ná teacht suas arís leis.

Dá ndeintí an dá theanga do shaothrú in éineacht ón uair a thosnaigh muíntir na hÉireann dáiríribh ar an mBéarla do labhairt eatarthu féin, do chabhródh an dá theanga lena chéile, agus chuirfidís neart 'na chéile agus cruinneas nárbh fhéidir a bheith in aon teanga acu 'na haonar. Níor deineadh san. Bhí a rian air. Nuair a mheasc an dá theanga ar a chéile agus gan saothrú á dhéanamh ar aon teangain acu, is amhlaidh a bhí a lán daoine ag dul amú ins gach teangain acu. Sin é fé ndeara do Dhiarmaid Ó Muímhneacháin focal úd do rá,

> Na daoine is lú ciall in Éirinn
> Daoine gan Bhéarla gan Ghaelainn!

Ach d'airíos an chainnt agus na ráflaí, ó Bhaile Átha Cliath, dhá rá go raibh buíon le cur ar bun chun na Gaelainne ' shaothrú agus chun í ' chimeád beó, mar chómhrá, dá labhairt a béalaibh na ndaoine. Bhí

XXXI: Obair Chosanta na Gaelainne

áthas mór orm nuair ' airíos an méid sin. D'airíos, leis, gur sagart óg a bhí i Mágh Nuat ba bhun leis an iarracht san.

Do ghluais na blianta. Ní gá dhómh-sa aon tuairisc a thabhairt anso ar obair agus ar chúrsaíbh na mblianta san. B'fhéidir, áfach, nár mhiste dhom aon fhocailín amháin do rá i dtaobh na hoibre. Do chonac, ag tosnú na hoibre dhúinn, gur ar an aos óg a bhí ár seasamh i gcómhair na haimsire a bhí rómhainn. Ag machnamh dom air sin, do thuigeas i m'aigne ná raibh aon rud in aon chor againn, i bhfuirm leabhair, le cur i láimh aon linbh chun na Gaelainne do mhúineadh dho. As mo mhachnamh do shocraíos ar leabhar fé leith do scrí' dár n-aos óg, leabhar go mbeadh cainnt ann a bheadh glan ó sna lochtaibh a bhí i bhformhór cainnte na bhfilí; leabhar go mbeadh an chainnt ann oiriúnach don aos óg, leabhar go mbeadh cainnt ann a thaithnfeadh leis an aos óg. Sin é an machnamh a chuir ' fhéachaint orm "*Séadna*" do scrí'. Do thaithn an leabhar le gach éinne, óg agus aosta. Do léadh é do sna seandaoine agus do thaithn sé leó. D'airíodar, rud nár airíodar riamh go dtí san, a gcainnt féin ag teacht amach a leabhar chúthu. Do thaithn sé leis na daoinibh óga mar bhí cosúlacht mhór idir Ghaelainn an leabhair sin agus an Béarla a bhí 'na mbéalaibh féin.

XXXII: Onóir don Obair

Do ghluais an aimsir. Do leanas den obair. Dheallródh an scéal gur tuigeadh gur dheineas mo chion den obair maith go leór. Thit rud amach sa bhliain d'aois an Tiarna míle naoi gcéad a dódhéag, rud a thispeáin gur tuigeadh; rud ná titfeadh amach in aon chor mura mbeadh gur tuigeadh. An tarna lá fichead d'Abrán na bliana san do bhronn uaisle cathrach Bhaile Átha Cliath saoirse na cathrach san orm féin agus ar an Ollamh Cuno Meidhir[51], mar gheall ar a raibh déanta againn ar son na Gaelainne. Do bronnadh an ónóir air sin mar

---

51 The original manuscript refers to Kuno Meyer variously as *Kunó Meyer* and *Cuno Meidhir* (which is standardised on here, being the majority use of the manuscript); the 1915 edition has *Kuno Meyer*.

XXXII: Onóir don Obair

gheall ar an saothar a bhí déanta aige ar sheana-Ghaelainn na hÉireann, agus do bronnadh an onóir orm-sa mar gheall ar an saothar a bhí déanta agam ar son na Gaelainne atá beó in Éirinn fós. Ghabhamair araon ár mbaochas le huaislibh na cathrach. Le línn a bhaochais féin a ghabháil leó do Chuno Meidhir[52], duairt sé focal a chuir in úil dúinn go léir nách inniu ná inné do thosnaigh sé féin ar bheith ag cur suime i nithibh Gaelacha. (Do labhair sé as Béarla.) Tar éis roinnt cainnte do rá dho, duairt sé mar seo.

"My grandfather told me, when I was a boy, in the city of Hamburg, that he did actually talk with Napper Tandy, and that he did actually 'take him by the hand' as a boy; long before I heard of the 'Wearing of the Green'".

["Duairt mo sheanathair liom, agus me im leanbh, thall i gcathair Hamburg, go raibh, go deimhin, cainnt idir é féin agus Napper Tandi, agus gur rug Napper Tandi 'greim ar láimh air', lom dáiríribh, nuair a bhí sé 'na gharsún[53], i bhfad sarar airíos-sa aon trácht ar 'The Wearing of the Green'".[54*]]

Do thispeáin san go raibh báidh ag Cuno Meidhir, agus ag á athair, agus ag á sheanathair, le hÉirinn agus le muíntir na hÉireann, i bhfad sarar thosnaigh an obair seo na Gaelainne.

Nuair a bhí an onóir sin tabhartha dhúinn ag muíntir Bhaile Átha Cliath, chuamair siar go Coláiste Phádraig Naofa i Mágh Nuat, mar bhí cuireadh fálta againn ó Uachtarán an Choláiste, an sagart oirirc agus an t-ollamh diachta[55] Monsignor Ó Mainchín, atá anois in' Árdeaspag thall i Melbourne. Thug sé cuireadh do thriúr againn, do

---

52 *Don Dochtúir Kuno Meyer* in the 1915 edition.
53 The 1915 edition inserts here *d'inis sé an méid sin dom*.
54 The 1915 edition gives only the Irish version of these words. The original manuscript had only the English version, with the Irish translation on a separate unnumbered piece of paper.
55 *Diadhachta* in the 1915 edition.

XXXII: Onóir don Obair

Chuno Meidhir[56] agus do Dhochtúir Ó hAimhirgín agus dómh-sa. Chuamair siar ó Bhaile Átha Cliath ar mhótar˙.

Tar éis an dínnéir, do chruinnigh buíon Choluim Cille sa halla mór agus dheineamair go léir a lán cainnte. Ar an nGaelainn agus ar gach aon rud a bhain leis an nGaelainn is ea ' dheineamair an chainnt.

I gcaitheamh na cainnte dhúinn agus i gcaitheamh an tráthnóna, do chuímhníos féin go minic ar thuama atá ansúd sa roilig bheag laistiar den Choláiste. Tá cómhra throm iarainn istigh sa tuama san agus táid cnámha duine, cnámha sagairt, istigh sa chómhrainn sin. Do tugadh an chómhra san agus an méid atá istigh inti aniar ar fad ón dtaobh thiar den chruinne, ó Los Angeles, treasna na mílte míle tíre agus uisce, agus do cuireadh isteach sa tuama san í agus tá sí ann. Is iad cnámha an Athar Eóghan Ó Gramhna atá istigh sa chómhrainn. Tá sé féin thuas in aoibhneas na bhflaitheas. Bhí sé ag féachaint anuas orainn an oíche úd, agus bhí áthas air. Chonaic sé an obair ag dul chun cínn go beó agus go bríomhar, tar éis na mblianta go léir, an obair a bhris a shláinte féin agus do shlad an t-anam as i dtosach a shaeil, an obair dá mbeadh beatha trír aige go dtabharfadh sé an bheatha san go léir chun na hoibre sin do chur chun cínn.

Nuair ' airigh uaisle cathrach Chorcaí an rud a bhí déanta ag uaislibh Bhaile Átha Cliath, thuigeadar gur cheart dóibh féin rud éigin den tsaghas chéanna do dhéanamh. Shocraíodor ar shaoirse Cathrach Chorcaí ' thabhairt do Chuno Meidhir[57] agus dom féin. Cheapadar lá chuige, agus ar ámharaí an tsaeil cad é an lá a cheapfaidís chuige ach an cúigiú lá fichead de Mhitheamh an Fhómhair, .i. Lá Bharra Naofa, lá naoimh an Ghuagáin, an naomh go bhfuil cathair Chorcaí ar a choimirce.

Ní raibh aon choinne agam-sa go bhfeicfinn an radharc a chonac an lá san. Nuair a thánag féin agus Cuno Meidhir amach as an dtraein i

---

56 *Don Ollamh Kuno Meyer* in the 1915 edition.
57 *Do Dhochtúir Kuno Meyer* in the 1915 edition.

XXXII: Onóir don Obair

gCorcaigh, bhí mór-shlua leanbh ann ag cur fáilte rómhainn. Do ghabhadar amhrán dúinn, amhrán Gaelainne, amhrán a chúm an tAimhirgíneach dóibh. Bhí Maor na cathrach ann agus carráiste aige dhúinn chun sinn a bhreith go dtí Halla na Cathrach. Bhí gárda lucht airm dhár dtionnlacan, rómhainn amach agus 'nár ndiaidh agus ar gach taobh den charráiste, agus iad gléasta in arm 's in éide de réir mar a bhíodh a leithéidí in aimsir Chúchulainn. Nuair a chonac iad, do chuímhníos ar lá a bhíos i gCorcaigh, suas le deich mbliana fichead ó shin. Bhí toirmeasc na talún ar siúl ar buile an uair chéanna. Tháinig an tIarla Rua[58] go Corcaigh mar dhea chun sceóin a chur ionainn go léir, agus smacht do chur orainn. Chonac é ag teacht amach as an dtraein. Bhí gárda lucht airm ar an láthair roimis, chun é ' chosaint orainn-na, mar dhea. Chuímhníos ar an Iarla Rua san nuair ' fhéachas im thímpall agus chonac mo ghárda féin.

"Dar fia", arsa mise i m'aigne, "ach is feárr an gárda atá agam-sa inniu ná mar a bhí[59] ag an Iarla Rua an lá úd!"

Chuamair tríd an gcathair; anonn treasna an droichid mhóir; siar go dtí an tsraid mhór leathan úd mar a mbíodh an "Capall Buí" fadó˙; soir arís agus anonn treasna an droichid eile; go dtí Halla na Cathrach. I gcaitheamh na slí sin go léir bhí na daoine, óg agus aosta, brúite ar a chéile ar gach taobh dínn, agus iad ag liúirigh agus ag greadadh na mbas ag cur fáilte rómhainn. Nuair a chuamair isteach sa Halla mór, bhí na daoine bailithe istigh ann. Bhí sé lán, chómh lán agus nárbh fhéidir dá thuilleadh dul isteach ann. Dheineamair cainnt ansan agus do deineadh cainnt linn, agus bhí iúnadh ár gcroí orainn araon a fheabhas do labhair na buachaillí óga an Ghaelainn linn.

Measaim nách miste dhom stad anso, agus a rá, mar adeireadh lucht scéalaíochta in Éirinn fadó: gonadh hé sin mo scéal-sa go nuige sin.

---

58 Earl Spencer. [This footnote was supplied by Norma Borthwick in the 1915 edition.]
59 *Ná an garda a bhí* in the 1915 edition.

MO SCÉAL FÉIN

Notes

Caibideal I

29 *Ar Ghaelaibh*: the lack of a definite article should be noted here. There are numerous analogous examples in Irish of stylistic variation in article use (cf. *Gaelainn/an Ghaelainn*). Also note the use of what were originally plural nouns denoting population groups such as *Connacht, Sasana* and *Ulaidh* to refer to the territories or countries they inhabit: it seems *Gaelaibh* here is used in a similar way to mean "Ireland".

29 *Daichead blian tar éis bhriseadh Chionntsáile is ea d'éiríodar amach arís*: note the present-tense *is ea*. Normally the copula will be present-tense in such sentences, regardless of the tense in the main clause. PUL explained in *Papers on Irish Idiom* (p2) that a present-tense copula *is* is used where the fact being stated remains true.

29 *Beid Sasanaigh*: PUL used the plural form of the verb when governed by nouns in the present and future tenses, and occasionally in other tenses. *Beidh Sasanaigh* would be more normal nowadays. Also note similar usage with the third-person plural pronoun (*táid siad, beid siad*) throughout PUL's works.

29 *Bliain a daichead beidh aiteann gan síol gan bhláth, 'S an bhliain in' aice beid Sasanaigh sínte ar lár*: a version of this is given in *Seanchas an Táilliúra* (p159): *bliain a daichead beidh an Eaglais dá crá; an tarna bliain is daichead is tréan a bheidh ár lár*. The notes in that book (probably compiled by Aindrias Ó Muímhneacháin) stated that there are many different versions of this, including *bliain a daichead beidh aiteann gan síol gan bláth, Is an bhlian ina haice le heaspa gheobhaidh na mílte bás*, and that the prophecy itself was by a poet called Mac Amhlaoibh (p165). This name would be pronounced Mác Amhlaoibh in WM Irish—see *Seanachas Amhlaoibh*, pp206-210, for some folklore on him.

30 *Agus iad "ag seasamh a gcirt"*: a reference to Mác Amhlaoibh's prophecy, where he makes ten predictions, of which the seventh is *An seachtú hAon: Beig Gaeil a' seasamh a gcirt* ("the seventh stage: the Gaels will be standing up for themselves"; see *Seanachas Amhlaoibh*, p210).

30 *Ag an mBínn mBorb*: eclipsis of the adjective in the dative is sometimes found in WM Irish. Such usage was not universal—lenition in such circumstances is also found—but was more common where the noun itself was eclipsed. Some phrases such as *ar an gcuma gcéanna* and *san am gcéanna* are always found with such eclipsis.

30 *Na leath-bhfabhar*: "half-favours". *Leath* normally lenites, but eclipses an *f* in WM Irish.

30 *Rí Sacsan*: the King of England. This normally appears as *Rí Shasana*, with lenition, in line with rules governing lenition of placenames in the genitive singular. However, the form given here literally means "king of the Saxons", with *Sacsan* in the genitive plural.

Notes

31 *Rud a dheineadar uaisle na nGael*: this is a relatively rare example of PUL's use of a plural verb with a plural noun subject in the past tense. He regularly has forms like *deinid na huaisle* and *déanfaid na huaisle* in the present and future tenses, but forms such as *dhein na huaisle* are more frequently found in his works than forms like *dheineadar na huaisle*. See also *chuadar na fir* in *Séadna* (p54) and PUL's comments in NIWU (p136): "in the case of certain Irish verbs I have always heard the third person plural used even though the plural noun was expressed; e.g. *chromadar na mná ar ghol*. Old speakers would not use *chrom* here". It seems such usage is more likely to be found with intransitive verbs (*chuadar, chromadar*) or where transitive verbs are preceded by an object (*rud a dheineadar*), such that the subsequent plural noun phrase cannot be mistaken for the object of the verb.

32 *Bhí beirt driothár 'na gcónaí sa chaisleán san*: the Ó Laeire castle at Carrignacurra was built between 1450 and 1500. Conchúr Meirgeach Ó Laeire lost the castle in the 1690s, when it was occupied by English soldiers. He died in 1699, leaving leases to lands around Carrignacurra to two young sons, Diarmaid and Conchúr, who are the earliest scions of the Ó Laeire family mentioned by PUL in his account here.

33 *Bean ná feacaigh éinne acu riamh roimis sin*: Cyril Ó Céirín points out that PUL may have believed the mysterious woman from Kildare (where St. Bríd founded a convent in the fifth or sixth century) to be St. Bríd herself, partly helping to explain PUL's lifelong devotion to St. Bríd. See *An tOilithreach Gaelach*, p31.

34 *Baile gurb é ainm atá air ná Lios Caragáin*: PUL is quoted in *Papers on Irish Idiom* (p53) as saying that the definite article cannot be used where nouns, such as *ainm* here, are defined by a later clause; however, Thomas F. O'Rahilly points out that some good speakers of WM Irish did use the article in these circumstances. Compare *b'é an chéad rud a dhin sé iad a dhridiúint fé dhéin na coille* in *Scéalaíocht Amhlaoibh* (p3).

35 *Tríochad*: PUL normally uses the vigesimal counting system, but as dates are more complex, prefers to use decimal numbers in dates. Also note the word order in *tríochad a naoi*: with decimal numbers, and with the complex numerals found in dates more generally, it is simpler if the word order resembles that of the English (compare *trí a's tríochad* in PUL's *Eólas ar Áireamh*, p4, and *a naoidéag is fiche* in the traditional counting system). Such usage has been widely adopted among younger native speakers in the Gaeltacht.

Caibideal II

35 *Dá maireadh an t-athair go dtí go mbeadh sé suas le deich mbliana agus trí fichid*: it is worth pointing out the sequence of tenses here. The past subjunctive *maireadh* needs to be followed by the conditional *beadh* and not the preterite. See PUL's discussion of the sequence of tenses in *Papers on Irish Idiom* (pp19-21): "i n-amaibh dlúite leanan am thart am thart... Mára (*sic*) féidir an t-am leantach do bheith thart, ní fuláir é bheith cuiníollach".

Notes

37 *Nách féidir do leanbh, do gharsún nú do chailín bheag, sláinte cheart a bheith acu*: *sláinte cheart a bheith acu* has *sláinte cheart* governing *bheith* as its subject (literally "for good health to be at you"), and yet we don't have **nách féidir do shláinte cheart a bheith ag leanbh*. At first glance, it might seem that *sláinte cheart* has been reinterpreted as the object of a verb "to have", with the *rud do bheith acu* construction brought fully into line syntactically with the English verb "to have". The explanation is rather that in Irish the final *é* in *ní féidir dóibh é* is required, and that *sláinte cheart a bheith acu* replaces this *é* in such sentences.

38 *Bean dheas*: PUL's published works show both lenition and non-lenition of an adjective in circumstances where there is a confluence of homorganic dental consonants, non-lenition being an older usage. Compare *bean diadha* in *Gníomhartha na n-Aspol* (see p334; the published text of *Gníomhartha* may reflect the preferences of the editor of that text, Gerald O'Nolan), and *bean dhiadha* in *Séadna*, p82. Lenition seems preferable, as *Scéalaíocht Amhlaoibh* has *seanabhean dheas* (p287).

40 *Aon rud le n-ithe*: WM Irish prefixes *n* to *ithe* and *ól*, where other dialects and GCh prefix *h*. PUL prefixes *h* to other verbal nouns (e.g. *le hiarraidh*), where other speakers of WM Irish, such as AÓL, prefixed an *n* (compare *le n-iarraig* in *Scéalaíocht Amhlaoibh*, p42).

40 *Go fuar agus go fiain agus go bocht*: PUL stated in NIWU (p135) "this placing of *go* before an adjective has the effect of intensifying the idea which the adjective contains... What the grammars say about turning an adjective into an adverb by prefixing *go* gives very little genuine information". Consequently, this phrase means "really cold, really wild and really miserable".

Caibideal III

41 *Go ndeigheas*: *deigheas* is the dependent form corresponding to *chuas*. *Chuas* is generally found in both absolute and dependent use in WM Irish (*do chuas, níor chuas*), but *deigheas* is occasionally found, more often, as here, after *go*, "until", and also after *sara*, "before".

41 *Scafaire gléigeal ganndail*: PUL quotes here from a poem by Mícheál Ua Tuama (1877-1927). The poem, *Íde an Ghandail*, was given in full with a translation by PUL in the journal *St. Patrick's*, in the edition of November 9th 1901, where it is related that PUL opened Feis na Múmhan in 1901 with a recitation of one verse of the poem.

42 *Agus ar an gcaol, mar ar maraíodh ganndal eile i bhfad 'na dhiaidh san*: this is a reference to the passage in Ua Tuama's poem about how a dog killed a trespassing gander. *Caol* refers to "the strip of green pasture which is created by a slender stream in marshy land", as PUL explained in the journal *St. Patrick's*.

42 *Conchúr Mór sa chúinne*: this appears to refer to the way in which Irish families rationalised a shortage of food when the potato crop fell short by comparing the

Notes

food situation to one where an additional person was present and taking a portion of the food.

46 *Ar ar shocraíodar*: this construction is equivalent to *gur shocraíodar air*. *A* (and in the past tense *ar*) as an indirect relative particle is used directly after a preposition, whereas *go/gur* is used where the preposition is shifted, as is more usual, to the end. The first *ar* here is therefore the preposition and the second *ar* is the relative particle. These are not pronounced identically: the pronunciation is /er′ ər/, as indicated by PUL in NIWU (p118), where he states that *ar ar* in such constructions is "pron. *air ur*".

Caibideal IV

48 *Do stad*: while GCh recommends using *stad* (and all verbs that do not begin with a vowel or *f*) with no perfective particle in the preterite, PUL stated in *Mion-chaint Cuid a III* (p18), "this particle is frequently omitted, as the aspiration of the first letter of the verb supplies its place. Before vowels and unaspirable consonants it is not omitted". Verbs beginning with *st-* (and *sc-*, *sp-* and similar unlenitable consonants and clusters) are therefore better used in the preterite, conditional and past habitual with *do*.

49 *An ceathrú uair*: *h*-prefixation would be expected after *ceathrú*, but is frequently omitted after ordinals ending in *-ú* in PUL's works. In his *An Teagasg Críostaidhe*, we read *an ceathramhadh aithne*, *an cúigmhadh aithne*, *an sémhadh aithne*, *an seachtmhadh aithne*, *an t-ochtmhadh aithne*, *an naomhadh aithne* but *an trímhadh h-aithne* and *an deichmhadh h-aithne* (see pp21-22). The forms with and without *h* seem to be in free variation. *Tarna* always causes *h*-prefixation of a following vowel. All these ordinals prefix *h* to a vowel in AÓL's Irish, as shown in *Seanachas Amhlaoibh* (p210).

49 *Ar ghealacán a dhá ghlún*: the nominative and dative duals are formed like the dative singular (*dhá ghlúin*; in this word, the historical dative has replaced the erstwhile nominative singular, *glún*). The genitive dual, however, is generally formed like the genitive plural. This in turn is generally identical to the nominative singular in the first and second declensions, or sometimes nearly so, but with a broadened ending (*bliain/blian, glúin/glún, súil/súl*). *Glún* is therefore no longer used in the nominative singular, but it does make a reappearance in the genitive plural and genitive dual. For further instances of the genitive dual, see *obair dhá bhlian* in Ch13 here, and *bunús an dá leitir* in PUL's historical novel, *Niamh* (p262). The more recent "weak" plural endings of nouns (such as *leitreacha*) are not used in the genitive dual; in the case of *leitir* the genitive plural is attested as either *leitreacha* or *leitir*, but the genitive dual as *leitir*. As a rule of thumb, other than in the fifth declension (where the genitive plural and thus the genitive dual is identical to the genitive singular), the genitive dual form should be either identical to the nominative singular or a broadened version thereof.

Notes

49 *Agus b'é duine ' bheadh marbh aige é ná an Dónall Ó Tuathaigh céanna*: it is interesting to note that in the LS version of *Mo Scéal Féin* this sentence is transcribed (on p11 therein) as *agus b'é duini vèach marav igè ná an Dônal O Tuahig ciàna*, thus removing the second *é*. However, it seems the original sentence is acceptable. Compare *b'iad dhá rígh iad san 'ná Conchubhar mac Neasa agus Feargus mac Róig* in *Niamh* (p82), where *iad san* occupies the equivalent slot to *é* here.

51 *"Is measa liom tusa", arsa mise, "agus is feárr liom Mícheál"*: a play on words, as *is measa liom* is an idiom meaning "I prefer".

Caibideal V

54 *Leabhair Frainncise*: note the lack of lenition on the *f*. PUL explained in NIWU (p48) with reference to *i bhfochair Fintáin* that it was permissible not to lenite a noun in the genitive when the case was otherwise shown. *Frainncise* here cannot be anything other than genitive. Omission of lenition is more likely to be employed with an *f* too. By contrast, **leabhair Béarla* could not be accepted, because lenition would be required to show the case of *Béarla*.

Caibideal VI

58 *An dá lá 's 'n fhaid a mhairfead*: an idiom meaning "for as long as I live".

59 *Cad eile cad 'tá agat?*: "what else is up with you?" This construction was explained by PUL in an undated letter to Shán Ó Cuív held in the G,1276 collection of manuscripts in the National Library of Ireland. There he wrote:

> "*Agus cad eile cad dúbhradar?* is what I have always heard in all questions of that sort. 'What else is it?' is in Irish always 'What else <u>what</u> is it?' *Cad eile cad é an nídh é?* 'What else did he do?' = *Cad eile cad a dhein sé?* 'What else could I do?' = *Cad eile cad fhéadfinn a dhéanamh?* There is, you see, a sort of double interrogative. In fact, the English which the people use in that last question is '<u>What</u> else <u>what</u> could I do?' i.e. 'What could I do? and in what is (the thing you would say) different from this?' It's an Irish mode of thought quite different from any English mode of thought. An intervening word might spoil the double character of the question e.g. *Cad é an focal eile a dúbhradar?* No second *cad* ever came in there".

63 *An dá cheathrúin dheiridh*: compare the use of lenition on *deiridh* here with *ní bhíonn siad ar an dá chois deirig* in *Seanachas Amhlaoibh* (p114). The LS version of *Mo Scéal Féin* transcribes as if from *deiridh* (*derig*).

64 *Do cuireadh an loch amach é*: "he was transported as a convict beyond the seas". The Ireland-Australia transportation database in the Irish National Archives has a record, which may be related to the Tadhg Ó Laeire discussed here, of a 26-year-old Timothy Leary who was sentenced in Co. Cork on May 14th 1849 to transportation overseas for seven years for stealing a cow. He was transported on the ship Blenheim, which left Cork on July 29th 1851 and arrived in Hobart,

Notes

Tasmania, on October 31st that year. Such cases were far from rare in Ireland at the time.

Caibideal VII

69 *Go mbeid na spealadóirí*: the manuscript had a rare example of *beidh* with a plural noun here. PUL normally has *beid* in such circumstances, and this is instated in this edition.
69 *I gcúmparáid leis an gcuma 'na raibh sé*: the use of the preterite *raibh* instead of the conditional *mbeadh* is emphatic in tone. The same usage is employed throughout this passage. Note that *raibh* is paired up with *má chuaigh* and *má fhoghlaim*, giving preterites in both clauses; had *mbeadh* been used in this clause, it is likely that *dá dtéadh* and *dá bhfoghlamaíodh* would have stood in the other clause.

Caibideal VIII

72 *Chun labhartha*: interestingly, both *chun labhairt* and *chun labhartha* are found in this passage. *Labhartha* is the genitive of the verbal noun, but the genitive of a verbal noun was not consistently used after *chun* in PUL's works. The genitive of the verbal noun is used consistently where there is also a possessive particle (cf. *chun a dhéanta* in Ch19 here).
73 *Ar an dtaobh thoir den tsráid bheag*: it can be noted here, and elsewhere in *Mo Scéal Féin*, that the dative singular feminine adjective *big* is rarely used (apart from one instance in Ch10). Dative singular feminine adjectives are frequently replaced by the nominative in PUL's works.
73 *Cormac agus Ceallachán agus Tadhg*: PUL only mentions these three names, but 14 people in total were eventually implicated in the raid on Bob Hutchinson's house on April 19th 1799 during which Hutchinson was shot dead. A fourth brother, Owen M'Carthy (as he is called in Daniel Owen-Madden's account in *Revelations of Ireland in the past generation*, pp239-267; presumably Eóin Mac Cárthaigh), also took part and was hanged. Initial reports stated there were only four perpetrators. The number of people involved appears to have subsequently grown as more names were implicated as abettors of the murder.

An account of the murder was published in Charles Dickens' weekly journal *All the Year Round* in 1862, apparently based on the longer account given in 1848 by Owen-Madden. Hutchinson had in 1782 held a commission in the Irish Volunteers, a militia formed to defend Ireland (or defend British rule in Ireland) against French invasion, and most of the officers were given the title "colonel" when the unit was disbanded. Hutchinson lived in Codrum House, on the townland of Codrum, or Códrom in Irish, to the west of Macroom. According to Malachy Duggan, Hutchinson had made the mistake of recognising one of his servants, Charles M'Carthy (i.e. Cormac Mác Cárthaigh), in the group raiding his

Notes

home, thus necessitating his own murder. Malachy Duggan ordered M'Carthy to shoot the colonel dead. The motive for the crime was theft, but no valuables were taken on the night of the murder, as those taking part in it fled the scene.

Malachy Duggan was claimed in Dickens' account to be "a farmer of the better class", an intelligent man, but one poor in character, who was popular in the neighbourhood as a juryman for the ease with which he could be bribed. Upon being arrested on suspicion of the crime, Duggan decided to turn informant in return for clemency and the £300 reward. Those Duggan informed on included his relatives, William Duggan and John Duggan (who went under the nickname of Captain Thunderbolt). By informing, he gained clemency for himself and his son, Daniel Duggan.

Among the first group executed was Callaghan M'Carthy (Ceallachán Mac Cárthaigh), the 18-year-old brother of the man who shot Hutchinson, who was, according to the Owen-Madden account, widely acknowledged to be innocent, but presumed to have been implicated by Duggan to ensure that no members of the M'Carthy family survived to take revenge. The Dickens account claims the first group of sentenced men were transported to their deaths in an open cart, clothed in green, with *Erin go Bragh* printed on their belts, "to show what *Erin go Bragh* principles led to". Owen-Madden's account had it that it was the executioner who was dressed in green and emblazoned with *Erin go Bragh*. The heads of the dead men were immediately cut off and displayed on spikes.

Villagers aided the escape of the rest of the accused, but the Cork yeomanry punished those believed to have aided them by burning every stick of furniture in their cabins. Two villagers fired on the yeomanry burning their property and were sentenced to transportation, but were pardoned when the local people agreed to help in the search for the murderers, which led to the eventual capture of most of the rest of the accused at Glenfesk, Co. Kerry, leading to further executions and the spiking of more heads. All told, nine were executed; Malachy and his son, Daniel Duggan, escaped punishment; and the final three are thought to have escaped to America. PUL does not make clear whether the Dónall Ó Dúgáin mentioned here as renting a farm near PUL's great-grandfather was the same person as Daniel Duggan, the son of Malachy, or whether he was another relative of the same name. Another servant of Hutchinson's was sentenced to transportation for failing to assist the investigation.

The heads of those executed were displayed on spikes on the Bridewell in what is now Castle Street, Macroom. In Dickens' account eight heads were so displayed, and Malachy Duggan was known to mock the heads of the dead men as he passed by in Macroom. The townspeople were wont to complain about pieces of rotting flesh that fell down from time to time. West Muskerry was formerly a hotbed of rebellion, but Owen-Madden states that no murders were

Notes

committed in the "wild district of West Muskerry" in the following 22 years after the horror of the spiked heads struck fear into the people. As at least some of the heads were still being displayed when PUL was a schoolboy, it seems they remained there for around 50 years.

Caibideal IX

77 *Hic, haec, hoc*: the Latin demonstrative adjective, meaning "this", declined in the masculine, feminine and neuter genders. This Latin word is distantly related in terms of etymology to the Irish word *cé*.
79 *Cad é an saghas scéil é? Tá go bhfuil* invasion *ana-mhór go léir ag teacht*: in NIWU (p116), PUL explains a similar phrase (*cad é an sgeul é? Tá sgeul ait* in *Séadna*, p53): "this *tá* is an introductory particle asserting beforehand the truth of the statement which is to follow. It may be regarded as a sort of interjection, the true answer coming after. It is common in conversation".
82 *Amu' i seana-stábla a bhíodh an scoil againn. Bhí an seana-stábla maith go leór i gcaitheamh an tsamhraidh. Nuair a tháinig an geímhreadh, bhí an donas le fuaire air. Nuair a bhíodh an aimsir an-fhuar, bhíodh tine againn. Ní raibh aon tsimné ar an stábla. Bhí poll sa bhfalla, áfach, laistiar den tine. Bhíodh an poll go maith an fhaid a bhíodh imeacht na gaoithe tríd siar. Ach nuair a bhíodh an ghaoth ag séideadh tríd an bpoll aniar, bhímís múchta ag an ndeatach. Ba mheasa go mór an deatach ná an fuacht. Agus go deimhin is amhlaidh a bhíodh an fuacht agus an deatach in éineacht againn, mar ní bhíodh an tine ach go holc.*

This paragraph is an important demonstration of the difference between the preterite and past habitual tenses, shifting a number of times between the two. The past habitual tense is much less frequently used than, for example, the imperfect tense in French, and is used to create a nuance of repeated or continued action in the past. Where the past reference is time-limited (*i gcaitheamh an tsamhraidh*), the past habitual cannot be used; compare *bhí an seana-stábla maith go leór i gcaitheamh an tsamhraidh* with *bhíodh an poll go maith an fhaid a bhíodh imeacht na gaoithe tríd siar*, where the latter temporal phrase with *an fhaid* does not provide a strict time limitation. Sequence of tenses also comes into play, with *nuair a tháinig* coupled with *bhí an donas*, and *nuair a bhíodh* coupled with *bhíodh tine againn*. Fixed locations are not put in the past habitual (*ní raibh aon tsimné ann* and *bhí poll sa bhfalla* do not go in the past habitual).

Caibideal X

86 *Ag tispeáint na slí dhom*: the 1915 edition of *Mo Scéal Féin* had an unlenited *dom*.
87 *Ag bagairt a gcínn de dhruím a chéile*: this is a near-quotation from Bryan Merryman's *Cúirt an Mheadhon Oidhche*, where we read *taitneamhacht aoibhinn suidheamh na sléibhte, ag bagairt a gcinn thar druim a chéile* (lines 7 and 8; p35 of

Notes

the version edited by Riseárd Ó Foghludha), "the formation of the mountains is a pleasant delight, nodding their heads over each other".

88 *Tríom ballaibh*: the labial consonant *b* is delenited here by the *m* of *tríom*. See also *im póca* in Ch14 here.

Caibideal XI

94 *Go dtí gur oscail an gleann mór leathan doimhinn fúm thíos lastuaidh díom*: for the use of the definite article in phrases such as *an gleann* here, see PUL's comments in NIWU (p5) where he explains that in *chonaic sé an duine agá chosaibh* "this use of the definite article is peculiar to Irish speech. Its effect here is to intensify the idea of the presence of a person in the place. It makes for vividness of description, as if to express that the person, at that moment, was a very 'definite' thing for him". Accordingly, *an gleann* here means "a valley".

94 *An deich míle*: the singular article is used with a numeral to describe a quantity as a whole. See PUL's comments in NIWU (p70): "*An seacht lá*, the seven days, i.e. one period of seven days. *Na seacht laethanta* would only be used when seven periods of one day each were meant". See also *an trí mhí* and *an cheithre chéad púnt* elsewhere in *Mo Scéal Féin*.

Caibideal XII

97 *Chómh leathan san*: *chómh leathan sin* stood in the original manuscript, but the LS version of *Mo Scéal Féin* transcribes this as *chô leahan sun* (p35).

98 *Ar fhalla thí scoile*: in GCh there is a "rule" against concatenation of genitives. Gerald O'Nolan, in his *Studies in Modern Irish, Part I*, offers an alternative presentation of Irish grammar that dovetails better with PUL's usage (see pp158-160 therein). Rather than prohibiting successive genitives, O'Nolan's exposition holds that noun phrases standing in a relation where oblique cases would be expected can be given in the nominative absolute in what he calls the Bracketed Construction, where the noun phrase as a whole is bracketed off and undeclined. However, the Unbracketed Construction, where all nouns are given in their logical cases, is also correct, and the choice of usage depends on whether the author wished to view the noun phrase as a unit, or as a succession of nouns. In other words, *ar son mhuíntir na hÉireann* and *ar son muíntire na hÉireann* are both equally grammatically correct. However, it is generally the case that the use of the Bracketed Construction is accompanied by lenition to show the genitival relationship, whereas use of the Unbracketed Construction does not always occasion lenition. In this case, we find *thí scoile*, with lenition.

Caibideal XIII

105 *Do lúb an fear láidir a ghlúinibh*: PUL commented thus on this sentence in NIWU (p137), "*A fhearaibh Éirean*. It is a mistake to look upon the Irish termination

Notes

-*ibh* as belonging exclusively to the dative and ablative plural. It is used in the nominative, accusative and vocative plural as well. *Do lúb an fear láidir a ghlúinibh.* (*Mo Sgéal Féin*, p. 95.) It is far older than the Latin -*ibus*, and wider in its meaning". Note, however, that the Irish dative plural ending is cognate with the Latin -*ibus*, and thus not "far older" at all, and that PUL's explanation here fails to adequately account for his use of the dative plural, other than in the general sense that the cases are sometimes mixed up. The LS version of *Mo Scéal Féin* transcribes this phrase as *do lúb an fear láidir a ghlúini* (p39).

105 *Thóg sé an triúr in éineacht glan ón dtalamh*: this sentence is transcribed in the LS version of *Mo Scéal Féin* as *hóg shé an triúr a n-éneacht go glan ón dalav*, as if from *go glan* (see p39). However, *glan* is acceptable in adverbial usage.

107 *Ar éigin ' aithnídís na huachtaráin sinn*: this is a rare example in PUL's works of the coupling of a verb conjugated in the past habitual tense with a plural noun subject. *Ar éigin ' aithníodh na huachtaráin sinn* would have been acceptable here.

Caibideal XIV

108 *An dá theanga*: the correct dual form *an dá theangain* is not given here, although it is found later on, in Ch31, where the dative context (*ar an dá theangain*) produces the correct use of the dative dual.

109 Although PUL says he saw this poem in the margin of a book, he may have read it, not in a book margin, but in the *Transactions of the Gaelic Society of Dublin* of 1808, where the poem is transcribed by Theophilus O'Flanagan as *A chuilm an cheóil bhrónaigh 'san dún dubh thall, 'sdoilbh an róimh nósmhar so fút go fann; tulach uí Róigh mhórgaidh na m-búithredh m-beann, gan chuire, gan spórt seolta, gan lúbadh lann!* (see *Deirdri, or, the Lamentable Fate of the sons of Usnach* therein, pp23-24). There are a number of differences here compared with PUL's transcription. The translation given there was: *O! dove of mournful strain in yon dark dome, How sad this fashion'd pile, thy realm of gloom! Great O'Roy's hill, that rang with trumpets* [sic] *roar, With hosts, or justs* [sic]*, or tilts, resounds no more!* O'Flanagan's explanation was that this was a poem composed in the 17th or 18th century by a poet hearing a dove coo in Mothar-I-Roy, the ruin of O'Conor Corcamroy's mansion in north-west Clare. Uí Róigh refers to the legendary descent of that noble family from Feargas mac Róigh (Fergus mac Rossa), king of Ulster in the Ulster cycle of myths. A slightly different version was included in the *Miscellany presented to Kuno Meyer* ("the Dove of Mothar-I-Roy", pp49-52): *a chuilim an cheoil bhrónaigh san dúna thall, is doilbh an róimh nósmhar so fút go fann, tulach uí Róigh mórdha na múrrtha mbeann, gan chuirim gan cheol seolta ná lúbadh lann*. PUL's version appears to combine elements of the two, but he gives a broad *l* in the vocative *a choluim* and has *meann* for *mbeann*. The various manuscript versions make it unclear whether *na mbúirtheach* or *na múrtha* should stand in the third line, and whether *coire/cuire* (which could either be "cauldron", "band/bevy" or "invitation") or *coirm* ("ale drunk at a feast") is

Notes

intended in the final line. One view is that *'na mbúirtheadh beann*, "in which a horn used to blare", would be preferable in the third line. The author is not known for sure; a manuscript written in 1803 ascribed it to the Clare poet Hugh Mac Curtin.
111 Ua Laoghaire's biography at Ainm.ie points out that Anthony Guaghan in *Doneraile*, published in 1968, states that Ua Laoghare won the second prize in Irish in his final year at Maynooth, but did not in fact win any prizes in English.
113 *An Giolla Rua*: a famous tune played by violinists in Ireland and Scotland, also known as Gilderoy or "the Red-haired Lad". The song *An Giolla Rua* relates how Donncha Ó Sé heard fairy music and memorised it by heart.

Caibideal XV

114 *Mhíníodar muíntir na háite*: this is a further example of the use of a conjugated plural of the verb used with a plural noun subject. *Muíntir na háite* is plural, as *muíntir* is collective in meaning. This point about collective nouns was made by PUL in NIWU (p86), where he stated that it was correct to say *sin iad an pobul*, not *siné* (spellings given as found in that source).
114 *Chúig céad gabhar odhar*: non-lenition of *céad* in the phrase *chúig céad* is the norm in WM Irish, due to the coincidence of homorganic consonants across the word boundary.
115 *Phoenixmen*: see the discussion in Brian Jenkins' *Irish Nationalism and the British State* (pp263-66). The Phoenix National and Literary Society of Skibbereen was a revolutionary group under the leadership of Jeremiah O'Donovan Rossa that swelled to around 4,000 members in South-west Cork and South Kerry in 1856-59. They conducted drills with rifles, leading to condemnation from the local Catholic Church. The Bishop of Kerry, David Moriarty, in particular, opposed such secret societies, but called for clemency for those caught up in the organisation. Interestingly, Archbishop John MacHale took a more nationalistic line and stated the church was equally opposed to "those unhallowed combinations of bigoted might by which truth and innocence are so frequently overcome" as to the secret societies themselves. Following betrayal of the group by Ó Súilliobháin Gallda and information given by a Roman Catholic priest, Father John O'Sullivan of Kenmare, who wrote to Dublin Castle about the activities of the Phoenixmen, a trial at the Kerry Spring Assizes in 1859 led to the conviction of Daniel Sullivan, a national school teacher, and his sentencing to ten years' penal servitude, but only after a retrial during which Roman Catholics were excluded from the jury, leading to questions in the British House of Commons on the jury-packing of the trial and a public protest by Bishop Moriarty. The outcry led to a compromise whereby O'Donovan Rossa and five others admitted legal guilt, but were discharged on probation, with Daniel Sullivan released on licence after six months and his sentence commuted.
115 *Bertha*: the verbal adjective of the verb *beirim* is generally spelt *beirthe*, but the pronunciation is /bʹerhə/, with a broad r, and so the spelling *bertha* is found in

Notes

the original manuscript. The spelling *beirthe* is also somewhat suboptimal in terms of indicating the WM pronunciation, as it might be held to imply a pronunciation of /b'er'ihi/, which is in fact the pronunciation of *beirithe*, the verbal adjective of the verb *beirím*, "boiled". This point was made by PUL in a letter to Risteárd Pléimeann dated March 10th 1918 and held in the G1,277 (1) collection of manuscripts in the National Library of Ireland:

"Take the Irish word for 'born'. It consists of two syllables *ber* and *tha*. Put them together and you have the word *bertha*. But the pedant, using his eye, not his ear, insists on writing it *beirthe*, a word which no Irish speaker has ever spoken! It is very near the sound of the Irish word for 'boiled', i.e. *beirithe*".

115 *Oh for a tongue to curse the slave*: this is an extract from the poem *The Fire-Worshippers* by the Irish poet Thomas Moore (1779-1852).
116 *Chómh fada agus do feiceadh*: *do feiceadh* is an autonomous preterite here, meaning the same thing as *do chonacthas*.
119 *Obair na mBuachaillí mBán*: the *Buachaillí Bána*, or Whiteboys, were a secret agrarian organisation that mounted a violent defence of tenants' rights in late 18th-century Ireland. Their name refers to the white clothes they wore during their raids. Note the use of *bán* in the genitive plural here, where modern Irish may have *bána*.

Caibideal XVI

122 *Fear gur mheas an uile dhuine de sna Fíníníbh nár mhair an fear san riamh a bhí níba dhílse ná é*: *an fear san* here means "any man", i.e. "no man ever lived who was more loyal than him".
125 This case is known to history as that of the "Manchester Martyrs". On September 18th 1867, around 30-40 armed men ambushed a horse-drawn carriage in which Thomas J. Kelly, leader of the Fenians in Ireland, and Timothy Deasy were being transported to jail and freed them. A total of 10 unarmed policemen were guarding the prisoners, following vague suggestions that a rescue might be attempted, and one of them, Police Sergeant Charles Brett, was killed as the bullet passed through the keyhole when the Fenians shot the lock off the carriage door. (PUL here claims that this meant his death was an "accident", and so no-one was responsible for his death.) A total of 23 people were arrested for the ambush, with five men being condemned to be hanged in public. One, Edward Condon, alias Edward Shore, later saw his death sentence commuted owing to his US citizenship. Another man, a serving Royal Marine, was pardoned, as evidence came to light that he was not guilty. Despite meetings and petitions calling for clemency for the final three, William Allen, Michael Larkin and Michael O'Brien, they were executed on November 23rd, with army regiments and around 2,000 special constables stationed around Manchester to ensure no Fenian disturbances prevented the carrying out of the

Notes

sentence. A crowd of around 8,000-10,000 is said to have witnessed the execution. The reaction of the Irish Catholic hierarchy to the executions is interesting: Archbishop MacHale (Seán Mac Éil here) personally said a High Mass for the three men, whereas Bishop Moriarty of Kerry in January 1868 forbade his clergy from celebrating masses for the "Manchester martyrs" (see *The Making of Ireland*, p308).

Caibideal XVII

131 The reference here is to an earthquake in the vicinity of Mallow on October 24th 1868.

Caibideal XVIII

134 This verse was by Piaras Mac Gearailt (1702-95, of Baile Mac Oda, Co. Cork), and was printed, with de Bhál's reply, in *Amhráin Phiarais Mhic Gearailt*, edited by Riseárd Ó Foghludha, under the title *D'Éamonn de Bhál, Ó Dhún Guairne* (see p53). PUL's transcriptions contains minor changes compared with Ó Foghludha's edition.

134 *A óig-fhir nách feólta do chanas véarsa*: this is an unsatisfactory rendering of a line that was found in Ó Foghludha's edition as *a óigfhir nach fóltha do chanair bhéarsa*. In addition to the fact that *fólta/fóltha* ("timid, unspirited") is given here as *feólta* (see further discussion under *feólta* in the Glossary), PUL mistranscribes *chanair* as *chanas*. *Canair* is the second-person singular (present tense), whereas *do chanas* gives the relative form of the verb (obsolete in Munster, but not in Ulster or Connaught), and is this equivalent to *do chanann/a chanann*.

Caibideal XIX

142 *Soupers*: this is a reference to Protestants who offered religious instruction along with food, generally soup, during the Irish Famine. The frequency with which religious instruction was made a condition of the provision of food is unclear. The Church of Ireland Archbishop of Dublin at the time, Richard Whately, condemned the establishment of such a link. Non-conformist denominations (apart from the Quakers who provided food on a purely charitable basis) may have been more likely to establish such a link. Some modern studies have claimed the practice was rare. Other modern studies have made the opposite claim. PUL's statement here that Bedell's Bible (the translation of the Bible that included the 1602 translation of the New Testament by Uilliam Ó Dómhnaill and others and the translation of the Old Testament overseen by the English bishop of Kilmore, William Bedell, in the 1630s and finally published in 1686) could not be used owing to its association with Protestant evangelisation amounts to a guarded admission that the Roman Catholic hierarchy was long opposed to the use of the Bible in any edition in the Irish vernacular. The language of Bedell's

Notes

Bible had become dated by the 19th century, but PUL also argued that the Irish in that Bible was never very good; such a statement appears influenced by religious politics. In a sermon he gave to Cuallacht Mhuire in Teampall Pheadair agus Phóil, Cork, on January 11th 1914, he stated:

"Do chonaic muíntir na h-Éir- an 'Bíobla', agus gan aon rud eile bhac níor bh'fhéidir dóibh an leabhar san do ghlacadh, mar ar adhbharaíghe an tsaoghail, níl sa leabhar ar fad ó thusach go deire ach drabhuíol cainte, Gaeluinn chómh tuathalach díomblasta, chómh grádna san ná feadfadh aoinne dhá leathanabh de do léighe le h-aon tsásamh eigne. Níor thug an 'Bíobla' aon chongnamh dos na múinteóiribh a bhí ag casadh leis an gcreideamh nua do mhúine d'ár sinsear". ["Cualacht Mhuire. Seanmóin an Athair Peadair", in *The Cork Examiner*, February 4th 1914, p6; spelling, including a number of mistakes, as given in the original text.]

As far as Roman Catholic translations of the Bible or portions thereof in Irish in the modern period are concerned, a translation of Genesis and Exodus was produced in 1820 by Tadhg Ó Coindealbhán or Thaddaeus Connellan (1780-1854), a native of Skreen, Co. Sligo, and an early Irish revivalist. He later produced a bilingual version of the book of Proverbs (1823) and worked on a version of the book of Psalms with Norman McLeod, a speaker of Scottish Gaelic, for Ulster Presbyterians (1836). His relative, Owen Connellan (later professor of Irish at Queen's College, Cork; 1797-1871), produced an interlinear Irish-English version of the Gospel of St. John, using Ó Dómhnaill's text, in 1830, published together with a "grammatical praxis" (a parsing of each word) of St. Matthew's Gospel. The next attempt at providing parts of the Bible in modern Irish was made by Seán Mac Éil, the Archbishop of Tuam mentioned earlier in *Mo Scéal Féin*, who published a translation of Genesis-Deuteronomy in 1859, and then a translation of the book of Joshua in 1861. An interesting version of the New Testament was published by Riobeárd Ó Catháin in 1858. The preface makes clear that that was not a fresh translation, but rather an updating of the language of Ó Dómhnaill's New Testament into the then current Munster Irish of Carrigaholt, Co. Clare.

PUL's own translation of the entire Bible was completed in manuscript in 1917, but has never been published in full. A version of the New Testament into Ulster-flavoured Irish was published in 1952 by a Protestant clergyman, Coslett Ó Coinn. Peadar Ó Dubhda (a native of Dundalk; 1881-1971) translated the Douay Bible into Irish, possibly with an Ulster flavour, although he was not a native speaker of Irish; he presented his translation of the Bible, completed in an illuminated manuscript in 1953, to the National Library of Ireland, which holds it as manuscript MS G 817. Following the decision of the Second Vatican Council to encourage the use of the vernacular in Roman Catholic church services, *An Bíobla Naofa*, a translation of the whole Bible, from Hebrew and Greek originals,

Notes

into Standardised Irish was completed under the editorship of the Kerry native speaker, Pádraig Ó Fiannachta, in 1981.

142 A number of books popular in the 19th century are mentioned here. *The Story of Ireland* is the work published under that name by Andrew M. Sullivan (1830-84) in 1867. *The Poets and Poetry of Ireland* was published in 1881 by Alfred M. Williams. *Speeches from the Dock*, published originally by Timothy D. Sullivan (1827-1914, brother of Andrew M. Sullivan) in 1867, collates some of the speeches of Irish patriots upon being convicted in British courts. *Beatha an Churé d'Ars* refers to *The Life of the Curé d'Ars*, a devotional work about a French priest later canonised in 1925 that was translated from French by Alfred Monnin in 1862.

Caibideal XX

147 *Tímpall dhá bhliain*: this phrase does not use the genitive dual *dhá bhlian*, with a broad *n*. Compare *obair dhá bhlian* in Ch13 here, *tar éis dhá bhlian* in PUL's *Sgéalaidheachta as an mBíobla Naomhtha* (Vol 6, p711) and *ar feadh dhá bhlian* in *Sgéalaidheachta as an mBíobla Naomhtha* (Vol 7, p784). It seems a genitive is used where *tímpall* means "about or around" a fixed date—as with *tímpall na bliana trí fichid a trí* in *Gníomhartha na n-Aspol*, p289—but not when the meaning is "roughly, approximately", of a duration of time.

150 *Pé rud a thiocfadh as 'na dhiaidh so ná ná tiocfadh*: PUL explained in NIWU (pp128-129) the difference beween *ná ná* and *nú ná*. *Nú ná* is a <u>disjunctive negative</u>, used where there are two distinct contingencies, as in *ní osgalóchad an doras pé'cu thiocfidh sé nú ná tiocfidh sé* ("I will not open the door whether he comes or not"), where there are two distinct circumstances mentioned. By contrast, *ná ná* is a <u>total negative</u>, as in *ní osgalóchad an doras pé duine a thiocfidh ná ná tiocfidh* ("I will not open the door no matter who comes or does not come").

Caibideal XXI

152 *Dhá fhírinne ghlan ab ea an dá ní sin*: historically the dual took a plural adjective (*dhá fhírinne ghlana*). However, PUL seems occasionally to have used the dual form with a singular adjective. Osborn Bergin raised with PUL the phrase *an dá ríogain uasal*, found in the manuscript of his *Don Cíochóté* (see "Comhfhreagras idir an Athair Peadair agus an tAimhirgíneach", by Seán Ua Súilleabháin, in *Celtica*, Vol 24, 2003, p283), only to be told that PUL's native Irish sense would not permit the plural adjective here. Such phrases may have occurred only rarely in speech, and it seems PUL was unsure of his ground here, writing to Shán Ó Cuív, "Feuch. Nílim ró-dheimhnightheach cé cu 'dhá ríogain uas<u>al</u>' an ceart nu 'dhá ríogain uai<u>sle</u>', ach tá fhios agam gur '<u>don</u> dá ríogain uasail' an ceart" (see an undated note to Shán Ó Cuív, part of the G1,276 collection of manuscripts

Notes

held in the National Library of Ireland; underlining as given in the manuscript). A further example is *an dá rígh uasal* in PUL's novel *Niamh* (p192). Had PUL written *dhá fhírinne ghlana*, the final vowel would have been elided here in pronunciation before *ab* in any case.

152 PUL states here that a letter of his to the Society for the Preservation of the Irish Language appeared in the *Freeman's Journal*. The letter was finally located by Brian Ó Cuív in *The Irishman* of May 4th 1878, p693, where it was published alongside an English translation (see Brian Ó Cuív's discussion in *Éigse*, Vol IX, Part IV, pp247-251). The letter shows that PUL included a postal order for 5/8, and not for one pound. The passage of the letter giving PUL's advice to the Society runs as follows (including a number of orthographical infelicities):

"Ta anois machtnamh beag agam le cur os bhur g-cómhair. Do chuir an obair an meud so 'n a luidhe orm. Ma thíg a'm láthair fear de'n choitchionntacht os cionn fiche bliadhain d'aois, na'r labhair ríamh focal Gaedhilge agus na raibh i n-a taithighe is comadh í na bás aon fhocal dí chur i n-a bheul asteach, acht ma chuirim chum leinbh deich m-bliadháin do mhúine, foghlumóchaidh se í chó tiubh a's do labharfad í. Rud eile, án muíntir go bhfuil eolas agus taithighe aco air an n-Gaedhilge ní'l puinn meas aco uirre, oir ceapaid gur comhartha uaisleachta air dhuine bheith dall uirre. Dá m-budh fhéidir an nídh sin do chur as a g-croídhe búdh ró-gheárr an mhoill orra í d'fhóghluim agus í labhairt go blasda.

Anois dá m-béidheadh an Ghaedhilge d'á múine anns na scoilibh coitchionna, béidheadh dhá ghnó d'á n-deunadh: béidheadh an mhuintir óg d'á fóghluim gan fhios dóibh-féin agus béidhfí d'á cur 'n-a luídhe air an muintir críona gur mó an náire a h-ainbhfhios iona a h-eolas.

Budh dhóigh-liom, da g-cuireadh sibhse chuige go d-tiocfadh libh an tír go léir do chur air aon ghúth ag lorg an mhéid sin air lucht deunta ar n-dlighthe; agus ann-san do mhúinfídh níos mó Gaedhilge i n-aon bhliadhain amháin 'ná a bh-foghlumóchaidhe anois air feadh deich m-bliadhain".

Caibideal XXII

158 *Múin féin í, dein féin an obair*: note that PUL does not write *múin tu féin í, dein tu féin an obair*, which, while common in the Irish of learners, is an Anglicism. See PUL's examples of usage of *féin* in *Papers on Irish Idiom* (p38):

"An rí féin (*not* an rí é féin). Mé féin. Tú féin. Iad féin. Ca bhfuil sé féin? Ca bhfuil sí féin? Mise féin. Mo chapall féin. Mo chapall-sa. Tadhg féin. Bhíos féin ann. Dhineas féin é, Din féin é. Din-se é".

Notes

Caibideal XXIII

159 *An léirscrios a deineadh ar Éirinn i mbliain a hocht is daichead*: here PUL states that a refusal by landlords to accept rent reductions would lead to a repeat of 1848. He may be referring to 1847, the worst year of the Irish Famine in terms of deaths, which led to the Young Ireland rebellion in the following year.

161 *Cá raibh na gunnaí móra, ná na gunnaí beaga?*: the use of *ná* to mean "or" here is worthy of comment. *Ná*, and not *nú*, is used in negative contexts, and while there is no overt negative in this sentence, the general sense is negative (*ní raibh gunnaí móra ná gunnaí beaga againn*).

Caibideal XXV

172 *The resources of civilisation are not yet exhausted*: Gladstone gave a speech at the White Cloth Hall in Leeds in October 1881, during the period of the Irish Land War, stating that if "there is still to be fought the final conflict in Ireland between law on the one hand and sheer lawlessness upon the other, if the law purged from defect and from any taint of injustice is still to be repelled and refused, and the first conditions of political society to remain unfulfilled, then I say, gentlemen, without hesitation, that the resources of civilisation against its enemies are not yet exhausted". In the same month, Charles Stewart Parnell, Irish politician and president of the Irish National Land League, was arrested under the Coercion Act (properly the Protection of Person and Property Act, 1881, one of a series of Coercion Acts or *smacht-dlithe* as PUL terms them here) and imprisoned without trial, before being released in May 1882 in exchange for general promises to support Gladstone's Land Law Act and to try to halt the agrarian violence.

Caibideal XXVI

174 The story of Barry the Rake is narrated at greater length in PUL's *Ár nDóithin Araon* (pp35-43).

175 *Fé dh'ia 'n tí*: the 1915 text had *fé dhíon ' tíghe*, suggesting that Norma Borthwick believed this an abbreviation of *fé dhíon an tíghe*, which form is found in the narration of this story as published in PUL's *Ár nDóithin Araon* (p38). The explanation is given by Brian Ó Cuív in CFBB (p135), where *fé dhíon tí*, with the pronunciation indicated as /fe: jiən t'i:/ (and not the /fe: ji:n t'i:/ that would be indicated by the spelling *fé dhíon tí*), is glossed as *istig sa tig* (as it is spelt there) and derived from *fé ia an tí*, *ia* being a phonetic rendering of *iadhadh*, "enclosing, enclosure" according to PSD, where *fá iadhadh an tighe* is glossed as "within the four walls of the house". *Iadhadh* is found in FGB as *iamh*, with *faoi iamh an tí* listed with the same meaning. It should be pointed out that once the glide vowel in *dhíon* is included in the transcription, /ji:ən/, the pronunciation is seen to be very close to or identical to that of *ia an*.

Notes

177 *Do Sheán Ó Ghríofa*: note the historically correct lenition of the surname in the dative. Such usage is not universal in PUL's works, the version of the story of Barry the Rake printed in *Ár nDóithin Araon* having *do Sheán ua Gríobhtha* in this passage (p40).

179 *Brevis esse certo et obscurus fio*: this appears to be a misquotation from Horace, the correct version being *brevis esse laboro, obscurus fio*, "when I strive to be brief, I become obscure". PUL's version has the same meaning, as *certo* may mean "I strive, I try hard" in Latin.

Caibideal XXVIII

188 *Ó mhaidin anné agam*: the spelling *anné* is retained here, instead of editing it as *inné*, in order to retain the possibility of confusion of *maidin anné* with *Madam Anne*.

188 *Gur airíodh*: h-prefixation of the autonomous form is not given here, and is patchily in evidence in PUL's works.

189 *Vathek*: *Vathek*, which claimed to be a translation from an unpublished Arabian manuscript, was written in French by William Beckford in 1782, and translated into English as *An Arabian Tale, from an Unpublished Manuscript* in 1786, with many impressions throughout the nineteenth century. *Vathek* is loosely based on the life of the Abbasid caliph Al-Wathiq ibn Mutasim (d. 847).

Caibideal XXX

199 *Ar feadh dó nú trí ' sheachtainíbh*: PUL comments on omission of the enumerative particle *a* in phrases of this type in NIWU (p47), where we read "*Ar feadh trí nú ceathair de bhlianaibh*. One might also say *ar feadh a trí nú a ceathair de bhlianaibh*, but the first form is preferable, making *t. nú c. de bh.* a noun phrase, indeclinable, and genitive case depending on *feadh*".

200 *Don Cíochóté*: this incident is recounted by PUL in the preface (*Seo Mar a Thárla*, ppvii-viii therein) to *Don Cíochóté*, his translation of part of the Spanish classic by Miguel de Cervantes Saavedra (1547-1616), *Don Quixote*. It should be noted that PUL did not attempt to impose Irish orthographical rules on foreign names: the broad/slender quality of consonants in such proper nouns is given by the succeeding vowel only. The *t* in *Don Cíochóté* is therefore slender, however poorly this dovetails with the phonology of Spanish. A rather poor "updated" version of PUL's *Don Cíochóté* was published in 2001 by Gabriel Rosenstock under the title *Don Cíochótae*, with a broad *t*. Rosenstock's edition is not in Munster Irish, and was prepared by someone who did not understand PUL's Irish.

Notes

Caibideal XXXI

204 *Sagart óg*: the reference here is to the role of Eugene O'Growney in founding the Gaelic League. See under *Eóghan Ó Gramhna* in the *Index of Persons*.

Caibideal XXXII

205 *The Wearing of the Green*: an Irish ballad lamenting the suppression of the 1798 United Irishmen Rebellion. The second verse (beginning 'I met with Napper Tandy, And he took me by the hand, And he said "How's poor old Ireland?, And how does she stand?"') refers to James Napper Tandy, a Dublin shopkeeper and member of the Society of the United Irishmen who was sentenced to death for revolutionary activities, but allowed to go into exile in France. It seems Kuno Meyer's grandfather may have met Napper Tandy in Hamburg during the flight of the latter there following the failure of the 1798 rebellion.

206 *Ar mhótar*: PUL mentions his travelling by motor car as some kind of special treat. It is thought that there were fewer than 50 cars in Ireland in 1903, prior to the passage of the Motor Car Act 1903, which required vehicle registration. By 1912 (the year being referred to in Ch32), the number had risen rapidly, but there were still only 6,692 registered motor cars in the whole of Ireland in that year.

207 *An "Capall Buí"*: an equestrian statue was commissioned by the Cork Corporation in honour of King George II (who died in 1760) and installed in 1761 in the centre of the bridge that now connects the Grand Parade and Oliver Plunkett Street. The statue was generally known in Cork as "George a-horseback", or, after it was painted a golden yellow in 1781, "the Yellow Horse" or *An Capall Buí*. The Grand Parade is still known in Irish as *Sráid an Chapaill Bhuí*. The statue was later moved to the junction of the Grand Parade with the South Mall, before being knocked down in 1862, leading to an offer by the Cork Corporation of a £20 reward, which was never claimed, for information on the identity of the person who knocked it down. The National Monument, erected in 1906 to honour those who took part in the 1798 and other rebellions, occupies the same spot.

Index of Persons

Aoibhill: a banshee in Irish mythology, known as *Aibell* in older forms of Irish and generally as *Aoibheall* in the standardised spelling. Aoibhill is associated with the Craig Liath or Crageevil mountain near Kincora in Co. Clare. It is possible that *Clíona na Carraige Léithe* referred to by PUL in the same passage here has confused Aoibhill and Clíona.

Aoibhlín an Réileáin: "Eileen of the Lawn", probably Aoibhlín Ní Cheallacháin; great-grandmother of PUL, from Mullaghroe near Millstreet. The LS version of *Mo Scéal Féin* shows this name is pronounced /iːvˈlʲiːnʲ/ (p3).

Barnaby: the name of one of PUL's neighbours while he was a child.

Index of Persons

Barra: St. Finbarr, the patron saint of Cork, who lived on a hermitage in the scenic spot of Gougane Barra; died AD 623. Also called *Fionnbhárr*. His feast day is September 25th.

Barry the Rake: a poet who lived in Cathair Druinne who fell on hard times during the Famine and used to beg his neighbours for food. The longer explanation in PUL's *Ár nDóithin Araon* shows that Barry the Rake was a former schoolmaster, who lost his trade when the National Schools came in: "bhí aithne mhaith, leis, agam ar fhear bhocht a bhíodh ag imtheacht ameasg na gcómharsan agus na cómharsain 'á chothú. 'Barry the Rake' a tugtí air. Bhí sé buille beag as a mheabhair, agus sórd file ab eadh é. Máighistir sgoile ab eadh é i dtosach a shaoghail, ach nuair a tháinig na sgoileana 'náisiúnda' b'éigean do'n Bharrach bhocht eirighe as an obair sin. 'Ó', adeireadh sé liom, 'na sgoileana Gallda san! Chuireadar le fuacht a's le fán mé!'" (p35). PUL refers to him as *Barney the Rake* in the preface to *Ár nDóithin Araon* (pv), implying that his Christian name was Barnabí and that the appellation *an Barrach* has nothing to do with the surname de Barra.

Bianconí: Charles (Carlo) Bianconi (1786-1875), an Italian who moved to Ireland during the Napoleonic wars and founded regular horse-drawn coach services ('Bianconi coaches') as well as a network of inns ('Bianconi inns') in Ireland. His second daughter, Mary Anne, married a nephew of Daniel O'Connell (see under Dónall Ó Cónaill). This daughter of Bianconi published a translation of Caoineadh Airt Uí Laeire, as is related in Ch28 here, although she stated she did not know "ten words of Irish".

Bonapart: Napoléon Bonaparte, the French emperor, whose wars led to a rise in agricultural prices mentioned here. The LS version of *Mo Scéal Féin* indicates that this name could be pronounced /boːnəpərt/ in Irish (see p10), although a long *o* is not given in the manuscript.

Breathnach, Mícheál: the name of someone living in Glendav. Pronounced /mʲiːˈhɑːl brˈənˈhɑx/. Note that the genitive/vocative of *Mícheál* is given consistently in PUL's works as *Mhichíl*, with a short vowel in the first syllable. This reflects the way in which pretonic long vowels are shorter than stressed long vowels, a phenomenon that is particularly noticeable where the same originally long vowel flanks an /h/ (/iːˈhiː/>/iˈhiː/). These forms are edited here as *Mhichíl*. By contrast, the nominative *Mícheál* is generally, but not always, found with a long *í* in PUL's works. The 1915 edition altered *Mícheál* in the original manuscript to *Micheál*; the original has been restored here (both in relation to this person and to other people called *Mícheál*).

Bríd: St. Brigid/Bridget. Reputedly born in Co. Louth, St. Brigid founded monastic institutions for both men and women in Kildare before her death in AD 525. Bríd is known as *Muire na nGael*.

Broderick/Bruadair: the name of the land agent who worked for Mr Saunders and attempted to break the leases held by PUL's family and neighbours.

Brunner, Seán: Sir John Brunner (1842-1919) was an English Liberal MP who supported Home Rule for Ireland.

Index of Persons

Buckshot: the nickname of William Edward Forster (1818-86), an English Liberal politician and Chief Secretary of Ireland in 1880-82 during the Land War. He was so known as he authorised the use of buckshot by the police to disperse demonstrators.

Burleigh, Bennett: Bennett Burleigh (ca. 1840-1914) was a famous Scottish war reporter or correspondent for *The Daily Telegraph* mentioned here as being present in 1887 at the Mitchelstown Massacre.

Butt, Isaac: the Irish parliamentarian (1813-79) and member of the Irish Conservative Party who led the Irish Home Government Association and the Home Rule League in the 1870s.

Caesar: Caius or Gaius Julius Caesar (100 BC-44 BC), commonly known simply as Caesar, the Roman statesman. PUL mentions here that he studied a work by Caesar, probably Caesar's *De Bello Gallico*.

Cáit: the wife of Pádraig Ó Buachalla, who lived at one point in a stable on PUL's family's land. Her death after slipping out of the workhouse is recounted here.

Caitlín Dubh: a hag mentioned in an old story about Clíona (q.v.), who sent the hag as a matchmaker to a handsome young man on her behalf. This may be a version of the mythological story about Clíona's carrying off Sean mac Semais at his engagement party and releasing him when his fiancée, Caitlín Óg, requested a dowry. The pronunciation /kɑt'i'l'i:n'/ is shown by the original spelling (*Caitilín*).

Carey: the name of a tenant in Ch27.

Carson, Edvard: Edward Carson, or Lord Carson (1854-1935), was an Irish unionist politician, and former barrister and judge. He led the Ulster Unionist Party in 1910-21. PUL refers here to his taking part as a lawyer in a court case in 1887, but Carson is more famous for his later political role, including signing the Ulster Covenant, calling for resistance against Home Rule by the Ulster Volunteers. He later supported partition of Ireland as a compromise.

Clíona na Carraige Léithe: Clídna, queen of the Tuatha Dé Danaan in Irish mythology, mentioned in the song *An Giolla Rua* and also the subject of folktales in Carrigcleena. See also under Aoibhill and Caitlín Dubh.

Colm Cille: St. Columba. One of the Twelve Apostles of Ireland, St. Columba was born in Donegal and preached the Gospel among the Picts of Scotland before his death in AD 597. Pronounced /koləm k'il'i/. *Buíon Choluim Cille*, the League of St. Columba, was an organisation founded at St. Patrick's seminary, Maynooth, in 1898, which saw the priesthood as playing a key role in the regeneration of the Irish nation. A vowel *ui* has to be inserted in the genitive in order to show the slenderisation of the *m*. PSD has *cuilm* as the genitive of *colm*, but PUL's spelling shows the *l* to remain broad.

Conchúr: a servant boy who worked for PUL's family.

Cromuil: Oliver Cromwell (1599-1658), an English military leader styled as Lord Protector of the Commonwealth of England, Scotland and Ireland. He ordered a conquest of Ireland in 1649-53 accompanied by many atrocities.

Cúchulainn: an Irish hero from the Ulster cycle of myths.

Index of Persons

Cúnún: Edward O'Meagher Condon (1835-1915), who was born near Mitchelstown, Co. Cork, was one of the five men condemned to be hanged for taking part in the Fenian ambush that freed Thomas J. Kelly and Timothy Deasy in Manchester in September 1867. His sentence was commuted to penal servitude for life on account of his US citizenship. In response to US entreaties on his behalf, Condon was pardoned in September 1878. He published a book in the US in 1887, *The Irish Race in America*. The surname is ultimately of Norman origin, and properly *de Canntún*, but this has become corrupted to *Condún* or *Conndún*, which is pronounced /ku(:)'nu:n/, accounting for the spelling PUL gives here.

Daibhéid, Mícheál: Michael Davitt (1846-1906), an Irish republican prominent in agitation on the land issue. Davitt, a native of Co. Mayo, was bilingual. He founded the Land League of Mayo in 1879, agitating for a reduction in the rents charged by the local Roman Catholic priest, Canon Ulick Burke. Canon Burke was forced to stop evicting his tenants and reduce the rents by 25% as a result of the campaign of non-payment organised by Davitt. The Irish National Land League was founded later in 1879, helping to secure the passage of land reforms in 1881. Davitt is properly known in Irish as Mícheál Mac Dáibhéid; PUL's form, Mícheál Daibhéid, appears to indicate that PUL was familiar with the name in English only.

de Bhál, Éamonn: a poet and scribe who lived in Dungourney, Co. Cork (1668-1763). An account of his mugging by James Freney is given here. His name is normally given as *Éamonn*, not *Éamann*, and this spelling is therefore retained here.

de Bhál, Mícheál: the schoolmaster of the school PUL attended in Macroom.

Déiseach, Captaein: Timothy Deasy (1839-80), a native of Clonakilty, Co. Cork, was a captain in the Irish Republican Brotherhood who was arrested in Manchester in September 1867 and freed by a band of Fenians. He escaped to the US and later served in the Massachusetts House of Representatives.

Diarmaid: the name of a cowherd east of Bantry Bay shown here discussing the French attempted invasion of Ireland in December 1796.

Díolúin, Seán: John Dillon (1851-1927), the Irish Member of Parliament and leader at one point of the Irish Parliamentary Party. He was one of the organisers of the Plan of Campaign agrarian movement and was present in Mitchelstown in 1887 during the Mitchelstown Massacre. In the 1918 election, he was defeated by Éamon de Valera in the East Mayo constituency, putting paid to his party's plans for Home Rule for the whole of Ireland. John Dillon was the father of Myles Dillon (1900-72), the Irish philologist noted for his interest in Cork Irish and co-author of the 1961 edition of *Teach Yourself Irish*, which teaches Muskerry Irish, and James Matthew Dillon (1902-86), the leader of Fine Gael from 1959 to 1965.

Disraeli: Benjamin Disraeli (1804-81), British prime minister.

Dónall: the name of a cowherd east of Bantry Bay shown here discussing the French attempted invasion of Ireland in December 1796.

Index of Persons

Doneraile, Lord: as PUL was curate in Dún ar Aill from 1884 to 1891, the lord referred to here could be either Hayes St. Leger (1818-87), the 4th Viscount (a man who was smothered to death by his servants after he caught rabies from his pet fox, to prevent him from passing the disease on), or his second cousin, Richard St. Leger (1825-91), the 5th Viscount.

Eaton: Richard John Eaton (d. 1895), R. M., or resident magistrate in Co. Cork, one of those who presided over the trial of William O'Brien and John Mandeville.

Elisabet: Elizabeth I (1533-1603), Queen of England. Elizabeth I is mentioned in connection with PUL's essay on English literature in the Elizabethan era. No comment is made here on the gradual consolidation of English rule over Ireland under Elizabeth, eventually leading to the outbreak of the Nine Years' War towards the end of her reign.

Ellis, Tomás: Thomas Edward Ellis (1859-99), usually known as T. E. Ellis, was a Welsh Liberal MP who supported Home Rule for Wales and also supported Home Rule for Ireland.

Fréiní, Séamas: James Freney (1719-88), a highwayman in 18th-century Ireland. Freney, a native of Co. Kilkenny who is believed to have been bilingual, was from a respectable family and received a good education, but fell on hard times when his tavern in Waterford closed as a result of the high fees charged by the local council, whereupon he fell in with a gang of highway robbers. He was declared an outlaw in 1749, but reached a deal with the local magistrates that would allow him to emigrate instead of being executed, owing to his popularity among the rural folk. In 1754, he published his autobiography, *The Life and Adventures of Mr James Freney*. PUL's account of his death appears to be inaccurate, or possibly he is confused with another highwayman, as Freney eventually settled in New Ross, Co. Wexford, and held a position as a customs official until his death in 1788.

Gladston: William Ewart Gladstone (1809-98), British prime minister.

Harington, Tadhg: Timothy Harrington (1851-1910), the lawyer defending William O'Brien in the Mitchelstown case. Harrington, a native of Castletownbere, Co. Cork, served as Member of Parliament for Dublin Harbour from 1885 to 1910, and was secretary of the Irish National League and one of the brains behind the Plan of Campaign agrarian unrest in the mid-1880s. The Irish form of the name is *Tadhg Ó hArrachtáin*.

Higginbotham, Fred: an English reporter or correspondent mentioned here as being present in 1887 at the Mitchelstown Massacre.

Horatius: Quintus Horatius Flaccus (65 BC-8 BC), the Latin poet usually known in English as Horace.

Hutchinson, Bob: a retired colonel living at Codrum House about a mile to the west of Macroom, who was murdered by a band of United Irishmen on April 19th 1799. Incorrectly spelt *Hutchison* in the manuscript.

Iarla Rua (an tIarla Rua): this is a reference to John Spencer (1835-1910), 5th Earl Spencer, known as "the Red Earl" on account of his red beard. Spencer was a Liberal politician who twice served as Lord Lieutenant of Ireland. His second

Index of Persons

term as Lord Lieutenant came in 1882, when he was appointed as a moderate to try to defuse the political situation in Ireland, but still clashed with Irish nationalists as a result of his policies in Ireland. His visit to Cork referred to in Ch32 here was possibly the one that took place in August 1883.

Labouchere, Henri: Henry Labouchère (1831-1912) was an English Liberal MP who supported Home Rule for Ireland.

Mac Cárthaigh, Ceallachán: one of the United Irishmen informed upon by Malachy Duggan in connection with the murder of Bob Hutchinson in 1799, and subsequently hanged, drawn and quartered in Macroom.

Mac Cárthaigh, Cormac: one of the United Irishmen informed upon by Malachy Duggan in connection with the murder of Bob Hutchinson in 1799. Cormac, one of Hutchinson's own servants who went under the soubriquet of Captain Slasher, is thought to have been the one who fired the shot and killed Hutchinson. Cormac was subsequently hanged, drawn and quartered in Macroom. The Christian name *Cormac* is pronounced /korəmək/. The surname *Mac Cárthaigh* is pronounced /maːk kaːrhə/. In conjunction with the Christian name, Cormac Mac Cárthaigh is transcribed in the LS edition of PUL's novel *Séadna* as *Coramac Vác Cárha*, showing that *Mac* in such names is lengthened before a following *c* and generally lenited (see *Shiàna*, p52).

Mac Cárthaigh, Párthalán: more generally known as Bartholomew MacCarthy (1843-1904), an Irish scholar and priest (D.D., Doctor of Divinity). MacCarthy was a native of Ballynoe, near Fermoy, Co. Cork, and was at one point professor of Classics at St. Colman's College, Fermoy, and then later on curate of Mitchelstown during the 1887 Mitchelstown Massacre. Dr MacCarthy was a scholar with an interest in early Irish literature, and edited several volumes of the Annals of Ulster in the 1890s.

Mac Cárthaigh, Tadhg: one of the United Irishmen informed upon by Malachy Duggan in connection with the murder of Bob Hutchinson in 1799. He was hanged, drawn and quartered in Macroom.

Mac Cárthaigh: only the surname is given of the Bishop of Cloyne in Ch24 here, in reference to John McCarthy (1815-93), the Fermoy native who succeeded William Keane to the bishopric in 1874.

Mac Cúmhaill, Fionn: also known as Finn McCool, a warrior in the Fenian cycle of myths. Note that the genitive is *Fínn mhic Cúmhaill*, where *mhic* does not lenite a following *c* or *g*.

Mac Dónaill, Seán: John MacDonald (ca. 1840-1926), a Scottish reporter or correspondent for *The London Daily News*, mentioned here as being present in 1887 at the Mitchelstown Massacre.

Mac Éil, Seán: John MacHale (1791-1881), Archbishop of Tuam. The Irish version of the name is usually given as *Seán Mac Héil*: the surname is ultimately of Welsh origin ("son of Howel"), a Welsh family having settled in Co. Mayo in the 12th or 13th century. Mac Éil was thus a native of Co. Mayo. Bernard O'Reilly's biography of the Archbishop, *John Mac Hale, Archbishop of Tuam, his life, times and correspondence*, explains that Irish was almost exclusively spoken in the area

Index of Persons

Mac Éil was reared in, and was the usual language in his household too, leading to an objection from his grandmother when at the age of four he began to be taught English by his father, that he could become "anglicised". However, he was a native speaker of Irish, and eventually gained a mastery of both languages (see Volume 1 therein, pp16-17). He was prominent in the campaign for Catholic emancipation and the campaign for the repeal of the Union with England, although he later opposed the violence of the Young Ireland movement. He translated the *Iliad* into Irish in eight volumes, and also translated the first six books of the Bible, Genesis-Joshua, into Irish. As such, his work for the Irish language predated the Gaelic Revival by several decades.

Mac Mathúna, Maitias: parish priest of Boherboy.

Mac Muiris, Tomás: the Mitchelstown priest mentioned here.

Mac Nally: the headmaster of a school that taught the classics in Macroom.

Mander, Miss: Amy Mander, an English woman from Wolverhampton who supported Irish nationalism and was present in 1887 at the Mitchelstown Massacre.

Mandeville, Seán: John Mandeville (1849-88), a tenant farmer and local agrarian agitator in Mitchelstown who encouraged tenants to resist eviction. He was treated roughly during his imprisonment in 1887 and his death several months later is attributed to that.

Meas: referring to the Irish goddess Mess Búachalla, the mother of the legendary high king Conaire Mór.

Meidhir, Cuno: Kuno Meyer (1858-1919) was a German scholar who became an authority on Old Irish and Celtic philology more generally. He founded the *Zeitschrift für celtische Philologie* in 1896, and then the journal *Ériu* in 1904, in which year he became Todd Professor of Celtic Languages at the Royal Irish Academy. PUL recounts how Meyer received the freedom of Dublin together with PUL on April 22nd 1912. On September 25th 1912, the two men received the freedom of Cork. Meyer's name was deleted from the roll of both Dublin and Cork freemen after making a pro-German speech to Clann na Gaedhal on Long Island in New York in December 1914 and he resigned as editor of *Ériu*. His name was restored to the roll of Dublin freemen in 1920.

Milton: John Milton (1608-74), an English poet and the author of *Paradise Lost*.

Muire (an Mhaighdean Mhuire): the Virgin Mary. Pronounced /ə vəid'ən vir'i/.

Napper Tandi: James Napper Tandy (1740-1803), a Protestant tradesman and member of the Dublin Corporation who came to the notice of the British authorities on account of his membership of the Society of the United Irishmen and his support for revolution. He fled to the US in 1795-98, and arrived in Paris in 1798 to take part in the rebellion being organised by Wolfe Tone. He arrived with a small force of men in a corvette on the island of Arranmore, Co. Donegal, in September 1798 and hoisted the Irish flag on the island of Rutland before hearing of the defeat of the rebellion. He fled to Hamburg, then a free port, which acceded to a British demand to hand him over. In 1801 he was sentenced to death for his seizure of Rutland island, but allowed to go into exile in France.

Index of Persons

Ní Bhuachalla, Síle: the daughter of Pádraig Ó Buachalla who lived on PUL's family's land. Her death in the workhouse in Macroom is recounted here.

Ní Bhuachalla, Siobhán: the name of someone living at Bawnatanaknock while PUL was growing up.

Ní Chonaill, Eibhlín: usually known as Eibhlín Dubh Ní Chonaill (ca. 1743-ca. 1800), the aunt of Daniel O'Connell and composer of the *Caoineadh Airt Uí Laoghaire*. Eibhlín Ní Chonaill and the rest of the family were members of the Muíntir Uí Chonaill of Derrynane, Co. Kerry. See under Art Ó Laeire here for further discussion.

Ní Chríodáin, Máire Rua: the wife of Labhrás Ó Duinnín and mother of Peig Labhráis.

Ní Dhuinnín, Peig Labhráis: a little girl who spoke no English and who told PUL the story that he later worked up into his novel *Séadna*.

Ní Icí, Neill: maternal grandmother of PUL and daughter of Tadhg Ó hIcí. Note that *Neill ní Taidhg* has no lenition of the *t*, which can be justified as *ní* is a truncation of *iníon*, and the confluence of dental sounds across the word boundary *iníon Taidhg* may cause delenition.

Ní Laeire, Neill: PUL's maternal aunt, who is briefly mentioned here.

Ní Laeire, Siobhán: mother of PUL and wife of Diarmaid Rua Ó Laeire.

Ní Thuama: the surname of a woman from near Lettercannon married to PUL's uncle, Peadar Rua Ó Laeire.

Ní Thuathaigh, Máire: PUL's paternal grandmother.

Ní Thuathaigh, Siobhán: sister of PUL's paternal grandmother, Máire Ní Thuathaigh.

Ó Briain, Liam: William O'Brien (1852-1928), an agrarian agitator and MP, representing North-East Cork during the period under discussion in Ch29 here. O'Brien was a native of Mallow, Co. Cork, who helped to organise a rent strike in Mitchelstown. Three tenants were shot dead during a subsequent demonstration, known as the Mitchelstown Massacre.

Ó Briain, Murchadh: the parish priest of Mitchelstown, Co. Cork, who handed out meal during the Irish Famine. *Murchadh* is pronounced /murəxə/.

Ó Buachalla, Diarmaidín: a little boy, son of Pádraig Ó Buachalla, who lived on PUL's family's land. His death in the workhouse in Macroom is recounted here.

Ó Buachalla, Pádraig: a poor person who lived at one point in a stable on PUL's family's land. His death after slipping out of the workhouse is recounted here. *Pádraig* is pronounced /pɑːdərig'~pɑːdrig'/.

Ó Camhraí, Eóghan: Eugene O'Curry (1794-1862), who is usually known in Irish as *Eoghan Ó Comhraí*. PUL's spelling implies the name should be pronounced /oːn oː kau'riː/, but it may be that PUL was more familiar with the English version of the name under which O'Curry's works were published or recognised that this Irish surname had a range of English equivalents, including O'Curry, O'Cowrie and O'Cory. (A further factor may be the fact that the diphthongs /ou/ and /au/ have largely become aligned in WM Irish, as /au/.) O'Curry was a noted philologist and expert on the Irish language, having been taught to read and

Index of Persons

write the Irish language by his father. He made a living copying and translating Irish manuscripts and was appointed professor of Irish history and archaeology at the Catholic University of Ireland in 1854. He was also an expert on Ireland's ancient Brehon law.

Ó **Catháin, Liam:** otherwise known as William Keane (1805-75), bishop of the Roman Catholic diocese of Cloyne 1857-74, a native of Castlemartyr, near Youghal, in Co. Cork. Although Keane died before the Gaelic Revival took hold, an Irish-language catechism was compiled under his direction in the 1860s and it was his edition of the catechism that was re-edited by PUL in 1901 and reissued as his *An Teagasg Críostaidhe*.

Ó **Ceallacháin, Pádraig:** a priest mentioned here as being present during the Mitchelstown Massacre incident in 1887.

Ó **Ceallaigh:** only the surname of Thomas J. Kelly is given here. Kelly (1833-1908) was a Fenian leader who was arrested in Manchester in September 1867 for his role in the Fenian Rising of that year and remanded in custody pending trial and then freed by around 30-40 Fenians on the way from the magistrates' court to the city jail on September 18th that year. Kelly escaped to the US and was not recaptured.

Ó **Conaill, Dónall:** Daniel O'Connell (1775-1847), the Irish political leader known as 'The Liberator'. O'Connell was a native speaker of Irish from Co. Kerry who campaigned in Parliament for Catholic emancipation and the repeal of the Union of Ireland with Great Britain. Yet he also advocated the abandonment of Irish for economic reasons, saying, "I am sufficiently utilitarian not to regret its gradual abandonment. A diversity of tongues is no benefit; it was first imposed upon mankind as a curse, at the building of Babel. It would be of great advantage to mankind if all the inhabitants of the Earth spoke the same language. Therefore though the Irish language is connected with many recollections that twine around the hearts of Irishmen, yet the superior utility of the English tongue, as the medium of all modern communication, is so great that I can witness without a sigh the gradual disuse of Irish" (*Personal recollections of the late Daniel O'Connell*, pp14-15). It is stated here that a daughter of Bianconi married a son or grandson of O'Connell, but it was Morgan John O'Connell, MP for Co. Kerry and nephew of Daniel O'Connell, who married Mary Anne Bianconi (*Charles Bianconi: A Biography*, p259).

Ó **Corcartha, Conchúr:** the son of Siobhán Ní Bhuachalla. This surname is generally spelt *Ó Corcra*, but PUL's spelling shows the pronunciation to be /oː korkərhə/. The Christian name is pronounced /kroˈhuːr/.

Ó **Dónaill, Aodh Rua:** Hugh Roe O'Donnell, king of Tyrconnell and one of the leaders of the Nine Years' War against English rule. He was born around 1572 in Co. Donegal, left Ireland after his defeat in the battle of Kinsale in early 1602 and died in Valladolid in Spain in July 1602. *Aodh* is pronounced /eː/.

Ó **Donnabháin Rossa, Diarmaid:** Jeremiah O'Donovan Rossa (1831-1915), leader of the Phoenixmen. He was later a member of the Fenian Brotherhood and the Irish Republican Brotherhood. He was sentenced to penal servitude for life in

Index of Persons

1865 for high treason, and imprisoned in England. Despite his imprisonment, he won election to the British House of Commons in a by-election for the Tipperary constituency, but his election was declared void owing to his imprisonment. He was released in an amnesty in 1870 and moved to New York, from which vantage point he organised a bombing campaign ("the dynamite campaign") in British cities in the 1880s. His funeral in Glasnevin, Ireland, in 1915 and the oration delivered by Pádraig Pearse at the funeral, are seen as having provided part of the momentum leading up to the Easter Rising of 1916. *Rossa* derives from the Irish genitive Rosa, indicating that O'Donovan Rossa was a native of Rosscarbery (Ros Cairbre or Ros Ó gCairbre) in south-west Cork.

Ó **Donnabháin:** the reference in Ch31 here is to John O'Donovan (1806-61), professor of Celtic languages at Queen's University, Belfast, who, in 1845, published his *A Grammar of the Irish Language*, the first truly comprehensive grammar of the language.

Ó **Dúgáin, Dónall:** a close relative of Malachy Duggan, who rented a farm near that of PUL's great-grandfather, Diarmaid Ó Tuathaigh.

Ó **Dúgáin, M'leachlainn:** this man is normally referred to as Malachy Duggan and is called *Malachi* in some passages here. Duggan, a farmer living at Carrigthomas in the parish of Aghabullogue in East Muskerry, was a member of the United Irishmen who took part in a raid on Codrum House, west of Macroom, on April 19th 1799, during which Robert Hutchinson was killed. Duggan was pardoned after informing on his comrades, who were subsequently hanged, with their heads displayed for many years on spikes. He subsequently became known as "the most hated man of Macroom". *M'leachlainn* is variously pronounced /mlʹaxəliŋʹ~mrʹaxəliŋʹ~brʹaxəliŋʹ/.

Ó **Duinnín, Labhrás:** the son of Peig na Cruise and father of Peig Labhráis. *Labhrás* is pronounced /lauˈrɑːs/. *Duinnín* is pronounced /diˈnʹiːnʹ/, as if with a single medial *n*.

Ó **Fineagáin, Mícheál:** a workman who worked for PUL's family when he was a child. The standard spelling of this surname is *Ó Fionnagáin*, but a slender medial *n* is indicated here.

Ó **Goilí, Toiréalach:** headmaster of a Latin school in Macroom. The Christian name is pronounced /treːləx/.

Ó **Gramhna, Eóghan:** Eugene O'Growney (1863-99), a native of Co. Meath who learned Irish and was appointed as professor of Irish at Maynooth in 1891. He was one of the founders of the Gaelic League in 1893 and edited the *Gaelic Journal* from 1894 to 1899. PUL gave the funeral oration in Irish in Queenstown Cathedral, Cobh, Co. Cork, in September 1903 upon the reception of O'Growney's coffin in Ireland from America. Prior to delivering the funeral oration, PUL wrote in a letter to Patrick O'Daly, honorary secretary of the Gaelic League, dated September 26th 1903, "Is mó an chreideamhaint atá ag dul do'n Athair Eoghan Ua Gramhna mar gheall ar an obair ná mar atá ag dul d'aon duine eile beó ná marbh" (*Leabhar an Athar Eoghan: The O'Growney Memorial*

Index of Persons

Volume, p43; the text of the funeral oration is given there on pp51-55). Pronounced /oːn oː grauənə/.

Ó Gríofa, Seán: a poor man who lived at Caherdrinny and received free food from the parish priest of Mitchelstown during the Irish Famine.

Ó hAimhirgín: Osborn Bergin (1873-1950), a native of Cork city who became a leading scholar of the Irish language, with a knowledge spanning the language in its various historical phases. From 1909, Bergin held the chair of Early and Mediaeval Irish in University College, Dublin, resigning to become director of the School of Celtic Studies in the Dublin Institute of Advanced Studies in 1940. Bergin helped Shán Ó Cuív and Richard O'Daly devise *An Letiriú Shímplí*, a simplified phonetic spelling of Irish, in 1910, and edited a number of PUL's works in the simplified spelling. The surname Bergin is of Gaelic origin: the surname became corrupted in modern times to Ó Meirgin and Ó Beirgin, but Bergin adopted the form Ó hAimhirgín, based on earlier historical forms of the surname. Pronounced /oː hɑvʹirʹgʹiːnʹ/. The *síneadh fada* in this name is restored in line with the manuscript and pronunciation.

Ó hIarlaithe: the surname of the family who lived next to PUL when he was a child and who owned the geese that grazed on the old cattle-field.

Ó hIcí, Tadhg mhac Aindriais: the great-grandfather of PUL who lived at Dromahane, Co. Cork. Note the pronunciations of Tadhg and Aindrias, /təigʹ/ and /ainʹdrʹiəs/ respectively. He is also referred to here as *Tadhg 'ach Aindriais*, with *mhac*, *'ac* and *'ach* all found in such names.

Ó Laeire (Ua Laoghaire), Peadar: 1. The author of this autobiography, who preferred the spelling Peadar Ua Laoghaire (1839-1920); referred to here by the abbreviation PUL. Ua Laoghaire also used the English version of his name, Peter O'Leary, in his writings. 2. A brother of PUL's great-grandfather, Barnabí Ó Laeire. 3. The paternal grandfather of PUL who married Máire Ní Thuathaigh. 4. Peadar Rua Ó Laeire, PUL's uncle, who lived at Prohus. Note that the name *Peadar* is pronounced /pʹadirʹ/ with a slender *r* in West Muskerry in all grammatical cases, and *Peadair Ruadh* stands in the original text in Ch11, being adjusted to *Peadar Rua* here.

Ó Laeire, Art: usually known as Art Ó Laoghaire (1746-73), Art was a member of a well-to-do Catholic family and resident of Rathleigh, near Macroom, Co. Cork, who married Eibhlín Dubh Ní Chonaill in 1767. He fell into a long-running feud with Abraham Morris of Macroom, high sheriff of Co. Cork. In 1773, Morris sought to purchase Ó Laeire's horse for £5, in line with penal laws stating that Roman Catholics could not own horses of more than £5 and could be forced to sell a valuable horse for that price. Ó Laeire offered to settle the matter in a duel, an offer Morris declined. Morris led a group of soldiers to Carriganimy, in the Muskerry Gaeltacht, and ordered a soldier to shoot him on May 4th 1773. The Cork magistrates acquitted Morris of a subsequent charge of murder. Morris was shot at by Ó Laeire's brother Cornelius O'Leary (i.e. Conchúr Ó Laeire), and subsequently died, possibly of the wounds, in September 1775. Ó Laeire's widow

Index of Persons

composed the famous *Caoineadh Airt Uí Laoghaire* lamenting his death and calling for revenge for it.

Ó **Laeire, Barnabí:** paternal great-grandfather of PUL.

Ó **Laeire, Conchúr:** 1. The distant ancestor of PUL who was forced to flee Carrignacurra; brother of Diarmaid Ó Laeire. He moved to Ballyvourney and married a member of the Ó Duinnín family. 2. The maternal grandfather of PUL and son of Aoibhlín an Réileáin. 3. Another great-great-grandfather of PUL who was the son of the first Diarmaid Ó Laeire. Known as Conchúr Máistir. 4. A servant of the third Conchúr Ó Laeire with the same name as his master. Known as Conchúr Buachaill.

Ó **Laeire, Diarmaid:** 1. The paternal great-great-great-grandfather of PUL, forced to flee Carrignacurra. Known as Diarmaid Óg. Brother of Conchúr Ó Laeire. 2. The brother of PUL's paternal grandfather, the third Peadar Ó Laeire, referred to here as Seana-Dhiarmaid Ó Laeire. This Diarmaid Ó Laeire was the grandfather of Diarmuid Ua Laoghaire (1871-1942), professor at Coláiste na Múmhan in Ballingeary and the author of *Cogar Mogar, An Bhruinneall Bhán* and *Saothar Bliana*. 3. Diarmaid Rua Ó Laeire, PUL's father, and husband of Siobhán Ní Laeire. 4. PUL's second cousin, the son of Tomás Ó Laeire, who he lodged with in Derrymona.

Ó **Laeire, Mícheál Dubh:** the name of one of PUL's neighbours when he was a child.

Ó **Laeire, Mícheál:** the name of one of PUL's neighbours when he was a child, possibly the same person as Mícheál Dubh Ó Laeire (q.v.).

Ó **Laeire, Risteárd:** PUL's uncle, the husband of his maternal aunt, Neill Ní Laeire.

Ó **Laeire, Seán:** the son of the second Diarmaid Ó Laeire, and PUL's first cousin once removed.

Ó **Laeire, Tadhg:** the son of Mícheál Ó Laeire who was sentenced to transportation for killing someone else's cow during the Famine period.

Ó **Laeire, Tomás:** the first cousin of PUL's mother who took PUL in in Derrymona while he was studying in Kanturk.

Ó **Loingsigh, Dónall:** possibly the doctor of this name and native of Ballyvourney (1842-1913). The surname is pronounced /oː liːnʃi/.

Ó **Luasa, Cormac:** the schoolmaster in Carriganimy, PUL's first school.

Ó **Luasa, Seán:** the name of one of PUL's neighbours while he was a child.

Ó **Luasa:** the surname of a girl in whose house PUL arrived while he was lost walking in the hills.

Ó **Mainchín/Mannics, Dónall:** Daniel Mannix (1864-1963), native of Charleville, Co. Cork, who later became Roman Catholic Archbishop of Melbourne in Australia. Mannix was one of the pupils in PUL's school in Charleville, but seems to have taken a different view on some political issues from that of PUL, opposing the 1916 Easter Rising and the use of violence by Irish nationalists. As president of Maynooth College in 1903-12 (before his transfer to Australia), Mannix was known to oppose compulsory Irish as a matriculation subject in the National University of Ireland, and played a part in 1909 in the dismissal of

Index of Persons

Michael O'Hickey, a member of the Gaelic League and professor of Irish at Maynooth, after O'Hickey attacked members of the Senate of the National University of Ireland who were opposed to compulsory Irish. The surname is pronounced /o: mɑn'i'hi:n'/.

Ó Mórdha, Séamas: the curate of Tullylease. He later served as parish priest of Rathcormack and as a canon. Ó Mórdha is a Gaelic name, pronounced /o: mo:rə/.

Ó Mórdha, Tomás: a boy, noted for his intelligence, who attended PUL's Latin classes in Rathcormack.

Ó Muímhneacháin, Diarmaid: the witticism *Na daoine is lú ciall in Éirinn, Daoine gan Bhéarla gan Ghaelainn* is here attributed to a poet of this name who lived in Cuilinn Uí Chaoimh.

Ó Muímhneacháin, Muircheartach: otherwise known as Mortimer Moynahan. Ó Muímhneacháin was a pupil at the same school in Carriganimy that PUL attended. He later moved to Skibbereen and joined the Phoenixmen. He was among those charged along with O'Donovan Rossa and held in prison for eight months, before agreeing to plead guilty and thus be released on probation. The name is pronounced /mir'hərtəx~mrihərtəx o: mi:n'əxɑ:n'/.

Ó Muirithe, Tomás: the ageing parish priest in Kilshannig. It is stated here that he was 70 when PUL served as priest in Kilshannig, but then that Tomás Ó Muirithe died shortly after at the age of 91. An error of some type has crept into the chronology.

Ó Néill, Aodh: Hugh O'Neill, who was born around 1550 in Co. Tyrone and recognised in 1587 as the second Earl of Tyrone, succeeding to a title granted to his grandfather under the English policy of "surrender and regrant". He resisted the English during the Nine Years' War (1594-1603). He took part in the "Flight of the Earls" in September 1607, and died in Rome in July 1616. He is regarded as the last High King of Ireland (1598-1601).

Ó Néill, Eóghan Rua: Owen Roe O'Neill (ca. 1590-1649), nephew of Hugh O'Neill, was one of the Irish nobles who left Ireland in the "Flight of the Earls", returning 40 years later to lead a rebellion against English rule. He died in 1649 before he could be captured by Cromwell's army.

Ó Nualláin, Eóin: John O'Nolan (1839-1904), a priest who played a key role in setting up the Society for the Preservation of the Irish Language in 1876, publishing a number of books, including *Irish Grammar Rules in Prose and Verse* in 1877. He was not a native speaker of Irish, being raised in English in Co. Galway.

Ó Ríordáin: the surname of a doctor in Doneraile who took good care of PUL during a serious illness is given in Ch30 here. This is probably Thomas Reardon (d. 1907), dispensary doctor in Doneraile for many years.

Ó Róigh: referring in a poem here to a descendant of Feargas mac Róigh, mythological king of Ulster.

Ó Rónáin: only the surname is given here of the Jesuit priest who set up an Apostolic School in Limerick, and admitted PUL's pupil, Toiréalach Ó Siadhail, to his school. The school seems to be that set up by William Ronan (1825-1907), a

Index of Persons

native of Clonduff, near Newry in Co. Down, at Mungret College, near Limerick, with the first eight pupils joining the school in 1880.

Ó Ruairc, Brian na Múrtha: Brian O'Rourke, lord of West Bréifne. O'Rourke, a scion of the dynasty that ruled the kingdom of Bréifne in mediaeval and early modern Ireland, accepted English sovereignty in 1577 and received a knighthood in 1578, but later fell under English suspicion and was executed for treason in London in 1591. *Brian na Múrtha* means "Brian of the Ramparts".

Ó Rudaí, Seán: "John Such-and-such", a generic name of the John Smith/John Doe variety. Pronounced /ʃɑːn oː roˈdiː/.

Ó Sé, Seán: 1. The name of the man in whose house in Bóthar na Sop PUL lodged while studying in Macroom. 2. The name of the son of the former, still living in Bóthar na Sop when PUL wrote *Mo Scéal Féin*. Bóthar na Sop may be St. Neville's Terrace, a road that continues into Masseytown Terrace, and two John O'Shea's are shown in the 1911 Irish census as living in Mountmassy Road, Macroom, but neither appears old enough to be the right Seán Ó Sé.

Ó Siadhail, Toiréalach: a boy living near Mitchelstown who attended PUL's Latin classes in Rathcormack and Charleville and subsequently became a missionary in America, serving with the Jesuits. This refers to Terence J. Shealy (1863-1922), the Jesuit, born at the base of Galteemore near Mitchelstown, who established the Mount Manresa retreats in Staten Island, New York State (see his obituary in *The Journal of the American Irish Historical Society*, Vol XXI, pp259ff), became director of sociological work at Fordham University, and then lecturer in jurisprudence at Fordham University Law School. Ó Siadhail was among the first intake of eight boys to join Ó Rónáin's Apostolic School near Limerick in September 1880.

Ó Súilliobháin Gallda: Daniel Sullivan Goula, a man who joined the Phoenixmen and betrayed them to the British authorities.

Ó Súilliobháin: the surname of a man from Kerry who ran a school in Kanturk. The surname, generally *Ó Súilleabháin*, is variously spelt, and is found as *Súiliobháin* with a single *l* in reference to this man in the original, but later as *Ó Súilliobháin Gallda* in reference to someone else with a double *l*. A double *l* has been standardised on in this edition.

Ó Tuathaigh, Diarmaid: the great-grandfather of PUL, who lived at Glendav, Co. Cork.

Ó Tuathaigh, Dónall: the name of someone, noted for a good left hook, who took part in a land dispute at Labbadermody in the early part of the nineteenth century.

Pádraig: St. Patrick, referred to in the salutation *Dia 's Muire 's Pádraig duit*.

Peig na Cruise: an old lady who lived by a cross near Barra na Ré; the mother of Labhrás Ó Duinnín.

Peig: the name of a little girl brought a shawl by a boy in the church at Carriganimy.

Piogoid, Barún: David Richard Pigot (as correctly spelt), a prominent Irish judge until his death in 1873. Pigot was a native of Kilworth, Co. Cork. He represented

Index of Persons

Daniel O'Connell in court in 1831, became Solicitor-General for Ireland in 1839-40, Member of Parliament for Clonmel 1839-46, Attorney-General for Ireland in 1840-41, and then Chief Baron of the Irish Exchequer (the first Roman Catholic to hold the post) in 1846-73. His judgements are still highly rated in the Irish judicial system.

Plúincéad, Captaein: Captain Thomas Plunkett, a divisional magistrate, who told the police to be prepared to shoot during the Youghal Riots of March 1887, in which one civilian was bayoneted to death and many policemen were injured. In Ch29 here, PUL states that he received the order to shoot from Dublin. He also took part in the Mitchelstown Massacre in September 1887.

Pruiséal, Caitlín: the wife of Mícheál Dubh Ó Laeire. The accepted spelling of this surname, the Anglo-Norman surname Purcell, is *Purséil*. PUL's spelling and the LS transcription *Pruishéal* show the pronunciation /pri'ʃe:l/ (see p18 in the LS edition).

Rudeki: Abu Abdullah Rudaki (858-ca. 941), a Persian/Tajik poet.

Saunders, Mr: Mr Saunders, the landlord who owned the land rented by PUL's family in the 1850s. The mid-nineteenth century Griffith's Valuation land records show two heads of household in Lisscarrigane called Jeremiah O'Leary who both rented their land from an Arthur Saunders. *Evidence taken before Her Majesty's Commissioners of Inquiry into the State of the Law and Practice in Respect to the Occupation of Land in Ireland*, volume 2, published in 1845, reports evidence give on September 2nd 1844 by a landowner in Cork called Arthur Saunders who states that he had lived for many years in Richmond, Surrey, but since 1840 had been living in Cork:

"My experience of the country is that the tenant has not the means to improve the land unless the landlord comes to assist him—that is the whole thing I mean to say. I have, near Macroom, in the county of Cork, two large mountain estates, that my ancestors purchased from the Hollow Blade Company in the reign of Queen Anne. My father granted to the present tenantry leases for three lives or thirty-one years—two of the lives are in existence now; and in that period I have not found them the least improving—in fact, they have only just tilled and sown oats, and tilled again, and tried to take out of the land what they could. If they were tenants-at-will, I should have that worth double the money, because I would have assisted them, and they would have thriven with me, and been better off than having these leases". [p879]

The reference here is to the Hollow Sword Blade Company, incorporated in England by Royal Charter in 1691, which spent £200,000 on an Irish property portfolio in 1703, comprising lands confiscated by the English government after the Williamite conquest, before divesting of most of them by 1710. The company was set up to manufacture sword blades, but then branched into property and finance. The Cork lands were originally owned by Donough MacCarthy (1668-1734), 4th Earl of Clancarty, who joined James II in the siege of Londonderry, losing his titles and land when attainted by William III in May 1691.

Index of Persons

Seáinín Philib: a poor person, who spoke English, living in a shed near PUL's home.

Seán: the name of a crippled beggar in Ch27.

Shakespeare: William Shakespeare (1564-1616), the English playwright.

Smith O'Brien: William Smith O'Brien (1803-64), a native of Co. Clare and an Irish Protestant Member of Parliament for the Conservative Party and leader of the Young Ireland movement. While being an Irish nationalist, and advocating Catholic Emancipation and the use of the Irish language, he initially supported the union with Britain, in the belief that the British Parliament could be persuaded to move towards more enlightened rule of Ireland. In 1843, he joined Daniel O'Connell's Repeal Association, which advocated repeal of the Union. He was sentenced to be hanged for sedition owing to his part in the 1848 Young Ireland Rebellion, leading to a petition for clemency signed by 70,000 people in Ireland and 10,000 people in England, whereupon his sentence was reduced to deportation to Van Diemen's Land (now Tasmania in Australia). He was eventually pardoned, returning to Ireland in 1856. Irish was introduced into a number of schools in Co. Clare in 1863 on the back of his support for the language.

Smith, George: the name of a landlord's agent in Ch27.

Socrates: the Greek philosopher, mentioned in Ch8.

Stokes, Captaein: Captain R. B. Stokes, R. M., or resident magistrate in Co. Cork, who presided over the trial of William O'Brien and John Mandeville. Resident magistrates were magistrates drafted in by the Lord Lieutenant, often chosen from among the ranks of ex-army officers.

Stringer, Diarmaid: Jeremiah Stringer (d. 1905), head constable from Enniskillen, Co. Fermanagh, trained in shorthand and used by the police as a note-taker to make a record of public meetings during the Irish Land War. His evidence was used in many famous trials. He is shown here to have been flummoxed by speeches in Irish. After he retired from the police force, he became shorthand teacher at the Mercantile College in Belfast.

Tadhg na nUbh: "Tadhg of the Eggs", someone mentioned as living in Glendav. Someone of the same appellation is mentioned in PUL's novel *Séadna* (p36).

Ua Dómhnaill, Pádraic: Patrick O'Donnell (1856-1927), native of Glenties in the Donegal Gaeltacht and Bishop of Raphoe, later Archbishop of Armagh and Cardinal, who wrote the foreword to this work.

Washington: George Washington (1732-99), the first US president.

Wentwort, Tomás Dubh: Thomas Wentworth (1593-1641), 1st Earl of Strafford, who served in 1632-39 as English Lord Deputy of Ireland. He was said to have offered Irish troops to suppress the opponents of King Charles I in England, and was subsequently hanged for treason in the run-up to the English Civil War. Also known as "Black Tom Tyrant".

MO SCÉAL FÉIN

Index of Placenames

Abha Bheag (an Abha Bheag): the River Awbeg ("the little river") in Co. Cork, a tributary of the Blackwater.

Abha Mhór (an Abha Mhór): the River Blackwater ("the big river") in Co. Cork.

Aifric (an Aifric): "Africa". GCh has *an Afraic*. PUL uses *Africa* in *Lúcián* (p159), indicating that such geographical terms were likely to be used in English, or in an Anglophone form, by native speakers of Irish in the nineteenth century.

Alba: Scotland, pronounced /ɑləbə/. The dative is *Albain*, /ɑləbin'/.

Almáinn (an Almáinn): Germany, generally *an Ghearmáin* in GCh. Pronounced /ɑlə'mɑ:ŋ'/. Compare the obsolete English word for Germany, *Almayne*, and the French version *Allemagne*.

America: this would be found as *Meiriceá* in GCh. Many words for which there is now an Irish equivalent were traditionally more likely to be found in an anglophone form. PUL had *America*, although modern Munster Irish has *Meirice*, i.e. /m'er'ik'i/.

Araiglinn: Araglin, Co. Cork. This placename—the name of both a townland and river in north-east Cork—is normally found as *Airglinn*. PUL may have been more familiar with the placename in English, accounting for his giving a broad *r* here.

Árd Phádraig: Ardpatrick (St. Patrick's Height). 1. A minor hill in Co. Cork. 2. A famous hill in Co. Limerick, where a monastery is said to have been founded by St. Patrick.

Áth an Dalláin: Ahadallane ("the ford of the standing stone"), Co. Cork. *Dallán* in this placename is thought to be a corruption of *gallán*.

Athán (an Athán): Dromahane (where *athán* means "fir-tree"), Co. Cork. Also *Drom Atháin*.

Baile Átha Cliath: Dublin ("town of the ford of the hurdles"), named after an ancient crossing point over the River Liffey. Pronounced /bl'a: 'kl'iəh/, the spelling *B'l'Átha Cliath* is found in Ch16-17 here. *An Caisleán i mB'l'Átha Cliath*, Dublin Castle, the administrative centre of the British state in Ireland.

Baile Dubh (an Baile Dubh): Ballyduff ("the black town"), Co. Cork.

Baile Mhistéala: Mitchelstown, Co. Cork, historically associated with the Anglo-Norman St. Michel family. Pronounced /bal'i v'iʃt'e:lə/.

Baile Mhúirne: Ballyvourney, in the Muskerry Gaeltacht. Also spelled *Baile Bhúirne*. Seán Ua Súilleabháin explains in *Pobal na Gaeltachta* that *Baile Bhoirne*, which contains the genitive of the word *boireann*, "a stony district", seems to be the older form, but the spelling *Baile Mhúirne* began to be used in the 17th century (pp653-654) and this is the form more frequently encountered in dialectal literature.

Baile na mBodach: Ballymuddagh ("the town of the louts/churls"), Co. Cork.

Baile na Móna: Ballynamona ("the town of the bogland"), Co. Cork.

Baile na Páirce: Ballynaparka ("the town of the field"), Co. Cork.

Index of Placenames

Baile-idir-dhá-Abhainn: Ballyderown ("town between two rivers"), Co. Cork. Pronounced /bɑlʹi dʹirʹ ɣɑː (a)uŋʹ/.

Bán an tSeana-chnuic: Bawnatanaknock ("the meadow of the old church"), a minor placename in the Muskerry Gaeltacht.

Baoi Bhéarra: Dursey Island, off the Beara peninsula in Co. Cork, named after an ancient cow-goddess. The English name of the island derives from the Viking *Þjórrsey*, meaning "bull island". The estuary of Baoi Bhéarra referred to in Ch12 here is known as Berehaven Harbour in English.

Bárr an Chárthainn: Barrahaurin ("the top of the rowan tree"), Co. Cork. *Cárthann*, "rowan tree", is a local variant of *caorthann*. Pronounced /bɑːr ə xɑːrhiŋʹ/.

Bárr an tSeana-chnuic: Barrantanaknock ("the top of the old church"), a minor placename in the Muskerry Gaeltacht.

Bárr Dubh (an Bárr Dubh): Barraduff ("black top"), a townland and a mountain in Co. Kerry, found here in the dative as *Barra Dubh*.

Barra na Ré: a minor placename ("the moorland's edge").

Béal an Átha Bhuí: Yellowford, the site in Co. Armagh of a battle in 1598 during which Hugh O'Neill and Hugh Roe O'Donnell defeated the English. This is historically *Béal an Átha Buí*, but lenition of *buí* is shown in the manuscript.

Béal an Gheárrtha: Belingarrha ("the mouth of the cutting"), Co. Cork.

Beann Bhorb: Benburb ("rough peak") is a village in Co. Tyrone that saw a famous battle in 1646 where the Irish defeated the Scottish Covenanters' army. The dative is edited here as *ag an mBínn mBorb* (from *ag an mBeinn mBorb* in the original text), in line with the pronunciation shown on p1 of the LS edition of *Mo Scéal Féin*, /egʹ ə mʹiːŋʹ morəb/.

Beanntraí: Bantry, a port on the coast of Co. Cork.

Beárna Dhearg (an Bheárna Dhearg): Barnaderg or Redchair ("red gap"), Co. Limerick.

Beárna na Gaoithe: this placename, meaning "windy gap", doesn't appear to be a town or settlement, but a reference to a part of the road from Kilworth to Mitchelstown adjacent to Caherdrinny. PUL wrote elsewhere:

> I gContae Chorcaighe, timcheall leath-slighe idir Mhainistir Fhearmuighe agus Baile Mhistéala, tá áit ar a dtugtar Cathair Druinne. Ar sheana chnocán, atá timcheall fiche péirse nó mar sin siar ó'n áit de'n bhóthar ar a dtugtar Bearna na Gaoithe, is eadh atá an ainim Cathair Druinne, le ceart. Bhí seana chaisleán ar an gcnocán san fad ó, agus tá aon cúinne amháin de'n tseana chaisleán 'n-a sheasamh fós. Dheabhróchadh an sgéal gur ar an gcaisleán a tugtí "an chathair", agus gur bh'é an cnocán an "druinn", agus gur bh'as san a thárla Cathair Druinne mar ainim ar an seana chaisleán agus ar an mbaile. [*Ár nDóithin Araon*, p35]

As an Irish perch was 21-foot long, it seems Beárna na Gaoithe is a reference to the part of the road around 400 ft away from the ruins of Caherdrinny.

Index of Placenames

Bínn na Leacht: Beenalaght ("the peak of the grave-mounds/grave monuments"), Co. Cork. *Bínn* is a calcified dative, from *beann*, in this (and other) placenames.
Bínn na Míol: Beennamweel ("the peak of the hares"), Co. Cork.
Bóthar Buí (an Bóthar Buí): Boherboy ("the yellow road"), Co. Cork.
Bóthar Massy: possibly Masseytown Terrace, Macroom.
Bóthar na Cathairíneach: a street leading up to Macroom, Co. Cork.
Bóthar na Sop: Sop Road ("the road of the wisps"). PUL's description of the location, at the other end of the bridge across from Macroom Castle, would locate it where St. Neville's Terrace is today.
Cairbre: Carbery, Co. Cork. This is the name of a barony in south-west Cork spelt *Cairbrigh* in GCh. Pronounced /karʹibʹirʹi/.
Caisleán Ó Liatháin: Castlelyons ("castle of the Uí Liatháin dynasty"), Co. Cork. Pronounced /kiʃlʹɑ:n o: lʹi:ʹha:nʹ/.
Carraig an Adhmaid: "the rock of the wood", a minor placename in Ballymakeera, Co. Cork. Local tradition has it that the wooden roof was taken down from St. Gobnait's church in Ballyvourney and hidden behind a rock to prevent Cromwell's troops from taking shelter in the church.
Carraig an Ime: Carriganimy ("the rock of the butter"), Co. Cork. Probably the location of an ancient milking station, and also the place where Art Ó Laeire was shot in 1773.
Carraig an Stáca: Carrigastaca ("the stake-like rock"), Co. Cork.
Carraig an Staighre: Carrigastyra ("the staircase-like rock"), a placename in Co. Cork and the place where the poor who died in the Famine were buried in a large hole. Pronounced /karigʹ ə stəirʹi/.
Carraig Clíona: Carrigcleena ("Clíona's rock"), Co. Cork. This placename is found as *Caraig Clíodhna* in the original text, with no lenition on the personal name Clíona. Although *Carraig Chlíona* is the accepted form of the placename, it seems *Carraig Clíona* can be justified in terms of delenition between the homorganic consonants *g* and *c*.
Carraig na Cora: Carrignacurra ("the rock of the weir"), the location of a castle in Co. Cork originally held by the Ó Laeire family.
Carraig na Madraí: Carrignamadry ("the rock of the dogs"), a minor placename in Co. Cork. Pronounced /karigʹ nə madəʹri:/.
Carraigín an Easaigh: Carriginanassey ("the little rock of the waterfall"), a minor placename in Co. Cork.
Carraigín an Radhairc: "the little rock of the view", a minor placename in Co. Cork.
Cathair Druinne: Caherdrinny ("ridged stone fort"), Co. Cork, where the ruins of a castle can be found. This placename is generally given as *Cathair Dhroinge*, but there is no lenition on the *d* in PUL's text. See also under Beárna na Gaoithe for further explanation.
Cathairín Dubh (an Chathairín Dubh): Caharinduff ("the little black fort"), Co. Cork. The gender of the base word determines the gender of diminutives in *-ín* (other than in cases, like *réiltín*, where the connection with an original baseword

Index of Placenames

has been lost). The *d* of *dubh* is delenited here across a homorganic word boundary.

Ceann Tuirc: Kanturk ("boar's head"), Co. Cork.

Ceapach Chuínn: Cappoquin ("Conn's tillage-plot"), Co. Waterford. Pronounced /kʹə'pɑx xiːŋʹ/.

Céim Carraige: Camcarrigy ("rock ravine"), Co. Cork.

Ciarraí: Co. Kerry.

Cíll Áirne: Killarney ("church of sloes"), Co. Kerry, with *Cille Áirne* in the genitive.

Cíll Chuinne: Kilkenny ("the church of St. Cainnech"), a town and county in Ireland and the site of an independent Irish government ("the Confederation of Kilkenny") in the 1640s. Normally spelt *Cill Chainnigh*, the spelling is adjusted here to shown the pronunciation. Pronounced /kʹiːlʹ xiŋʹiʹ/, as if spelt without the final *gh*.

Cíll Chaoi: Kilkee ("the church of St. Caoi"), a famous bathing resort in Co. Clare.

Cíll Chóirne: Kilcorney ("the church of the weir"), Co. Cork.

Cíll Dara: Kildare ("church of oak"), a town and county in Ireland. Note *machaire Chille Dara* in Ch24 here, where *Cíll* is separately declined in the genitive.

Cíll Ghobnatan: Kilgobnet ("the church of St. Gobnait"), a site of monastic ruins in the Muskerry Gaeltacht, where St. Gobnait built a convent around AD 550. Pronounced /kʹiːlʹ ɣob(ə)nətən/.

Cíll Míde: Kilmeedy ("the church of my Ita", after St. Ita), Co. Cork, the location of a castle.

Cíll Mocheallóg: Kilmallock ("the church of St. Mocheallóg"), Co. Limerick.

Cíll na Mullach: Buttevant, Co. Cork. The English placename derives from *boutez-en-avant*, the battle cry of the Norman de Barry family who settled here in the 12th century. A number of derivations for this placename are advanced, and PUL's spelling shows a form including the word *mullach*, producing a placename that appears to mean "the church of the summits". By contrast, the Irish Placenames Commission has adopted the form *Cill na Mallach* ("church of the cursings", although *mallacht* should have a final *t*), yet P. W. Joyce in his authoritative survey of Irish placenames rejected such a derivation as a later invention (see *The Origin and History of Irish Names of Places*, Vol 1, p392). Pronounced /kʹiːlʹ nə mə'lɑx/.

Cíll Pheadair: Kilpadder ("the church of St. Peter"), Co. Cork.

Cíll Sheanaigh: Kilshannig ("the church of St. Seanach"), Co. Cork.

Cíll Úird: Kilworth ("the church of the order"), to the north of Fermoy, Co. Cork.

Cionntsáile: Kinsale ("the head of the brine"), Co. Cork, pronounced /kʹuːn-'tɑːlʹiʹ/. The location of a battle in January 1602 that saw the defeat of the Gaels. As with a number of other placenames, the noun appears to be in the dative (*cionn* is an old dative of *ceann*): placenames are so frequently used in the dative that this often becomes the general form of the placename.

Claeideach: Clydaghroe (meaning "red/brown muddy river bank"), in Killaha, Co. Kerry, with *Claeidigh* in the dative. This place is generally referred to as *Claeideach* (with no article), but has the longer form *An Chlaeideach Rua*.

Index of Placenames

Clárach (an Chlárach/Cnuc Cláraí): Claragh ("flat-topped mountain"), a mountain in Co. Cork.

Cluain Tairbh: Clontarf ("bull meadow", or "meadow of bulls"), Co. Dublin, the scene of a major battle in AD 1014 that saw the death of high king of Ireland Brian Bórú and many Irish leaders. The placename is usually found as *Cluain Tarbh*, but PUL generally has *Tairbh* in this placename in his published works. The genitive is found in Ch24 here as *Cluana Tairbh*, with concatenation of genitives. Pronounced /kluən′ tɑrʹivʹ, kluənə tɑrʹivʹ/.

Cluain: Cloyne ("meadow"), Co. Cork. Cluain gave its name to the Roman Catholic diocese of Cloyne and Ross, covering much of Co. Cork, before Cloyne and Ross were separated in 1850. PUL refers to it here as *dóiseas Chluanach agus Rosa*, whereas on the titlepage of PUL's *An Teagasg Críosdaidhe*, Uilliam Ua Cathain is referred to as *Easbog Chluana*.

Cluan Droichead: Clondrohid ("bridge of meadows"), Co. Cork. The standard spelling of this placename is *Cluain Droichead*. PUL's spelling (*Cluandrochad*) has a broad *n*, indicating that the *n* is broadened by the following *d*, with the placename thus pronounced /kluən′drohəd/.

Cnuc an Eireabaill: Knockanerribul ("the hill of the tail"), Co. Kerry.

Cnuc an Iúir: Knockanure ("yew-tree hill"), Co. Cork.

Cnuc Buí (an Cnuc Buí): the Knockboy ("yellow mountain"), Co. Cork.

Cnucán (an Cnucán): Knockaun ("hillock"), Co. Limerick.

Cnucán Rua (an Cnucán Rua): Knockroe ("the red hill") near Kilnamartery in the Muskerry Gaeltacht.

Coláiste Cholmáin: St. Colman's College, Fermoy, Co. Cork, founded in 1856 and opened in 1858. Pronounced /klɑːʃtʹi xoləˈmɑːnʹ/.

Coláiste Mhaí Nuat: Maynooth College, or St. Patrick's College, Maynooth, the national seminary and pontifical college founded in 1795. The genitive of *mágh* is rarely found, as this word has been generally replaced by *machaire*, but PUL uses *maíghe* here, transcribed (in the lenited context of *Coláiste Mhaí Nuat*) as *vy* in the LS version of *Mo Scéal Féin* (see p25 therein and elsewhere). *Coláiste Mhágh Nuat* or *Coláiste Mhágh Nuad* would be acceptable variants. See under Mágh Nuat.

Coláiste Phádraig Naofa: St. Patrick's College, Maynooth. See under Coláiste Mhaí Nuat.

Connachta: Connaught, the western province of Ireland. Note that, as a plural noun, the genitive is *Connacht* and the dative given here is *Connachtaibh*. CFBB (p110) shows that later speakers of WM Irish, including AÓL, had *i gConnacht* in the dative. PUL consistently uses the historically correct dative plural in his works.

Corcaigh: Cork ("marshy place"), the city and county. This placename is a calcified dative of the noun *corcach*.

Corra Liath (an Chorra Liath): Curraleigh ("the grey enclosure"), Co. Cork. Pronounced /ə xurə lʹiəh/.

Index of Placenames

Corrán Tuathail: Carrauntoohil ("Tuathal's sickle"), Co. Kerry, the highest mountain in Ireland. Pronounced /krɑ:n tuəhil'/.

Cúil Aodha: Coolea ("Aodh's nook or refuge"), Co. Cork. Pronounced /ku:l' 'e:/.

Cúil Múchan: Coolmoohan (possibly meaning "nook of the old ruin"), Co. Cork, normally spelt *Cúil Mhúcháin*.

Cuilinn Uí Chaoimh: normally referred to just as Cullen, meaning "holly-tree", this placename in Co. Cork has a connection with the O'Keeffe family.

Cúm na nÉag: Coomnaneage ("the coomb of death"), Co. Cork. This is generally written *Com na nÉag*, but PUL's spelling of *cúm* ("coomb, mountain recess") shows the pronunciation more clearly.

Currach (an Churrach): Curragh ("the marsh"), Co. Kildare, where an army base was founded in 1855 on a military site with a history going back centuries. *Currach*, pronounced /krɑx/, is feminine here, but masculine in GCh.

Dá Chí' (an Dá Chí'): the Paps, a mountain in Co. Kerry, also called *na Cíocha Danann*, the Paps of Danu, referring to the ancient mother goddess Danu associated with the Tuatha Dé Danann, a mythological tribe said to have conquered Ireland. The Paps are a breast-shaped mountain range, accounting for their name. PUL writes both *an Dá Chích* and *an Dá Chí* in the original here, with an apostrophe supplied in the case of the latter in this edition. While the correct nominative of the noun is *cíoch*, this toponym uses the dual, which is declined like the dative. The final consonant of the dative *cích* may be elided in pronunciation and thus in PUL's spelling too. Where one of the Paps is referred to as *an Chí' sin* in the nominative here, we note calcification of the dative dual, although later in the passage it is referred to as *an chíoch ba ghiorra dhom*. See under *cíoch* in the Glossary. Pronounced /ən dɑ: x'i:(h)/.

Daingean (an Daingean): Dingle ("fortress"), Co. Kerry. More accurately known as *Daingean Uí Chúis*, "the fortress of the Husseys", referring to a Flemish family that flourished in the area in the 12th century.

Daingean na Saileach: Dangansallagh ("the fortress of the willow-trees"), Co. Cork. Pronounced /daŋ'ən nə si'l'ax/.

Doire Liath (an Doire Liath): the Derryleigh ("the grey oak wood"), Co. Cork.

Doire na Graí: Dernagree ("the oakwood of the stud of horses"), Co. Cork.

Doire na Móna: Derrynamona ("the oakwood of the bogland"), Co. Cork, a townland in Duhallow to the west of Kanturk. Pronounced /dir'i nə mo:nə/.

Doirín na Gréine: "the little sunlit oakwood", a minor placename in Co. Cork.

Domhnach Mór (an Domhnach Mór): Donaghmore ("the great church"), a parish in East Muskerry. Co. Cork. Pronounced /dounəx muər/.

Doncha Dí: Donaghadee ("Daoi's church"), Co. Down, the easternmost point of the Irish mainland. The original manuscript of *Mo Scéal Féin* had *Dhoncha Díghe*, an incorrect rendering of the placename, which should be *Domhnach Daoi*. PUL's spelling suggests /dunəxə d'i:/. However, the spelling found in the 1915 edition, *Domhnach Dia*, was also incorrect. The phrase "from Donaghadee to Tigh Mhóire" refers to the eastern and western extremities of Ireland. See also *Tigh Mháire*.

Index of Placenames

Drisean: Drishane ("place abounding in brambles"), Co. Cork. This placename is normally given as *An Driseán*, with the article and with a long vowel in the second syllable, but the pronunciation indicated by PUL's spelling and the transcription in LS is /drʹiʃən/. No article is shown here in this placename.

Droichead an Chaoil: Keale Bridge ("the bridge of the narrow place"), Co. Cork. Pronounced /drohəd ə xi:lʹ/.

Dún ar Aill: Doneraile ("fort on a cliff"), Co. Cork.

Dúth' Ealla: Duhallow ("land of swans"), Co. Cork.

Éire: Ireland, with *na hÉireann* in the genitive and *Éirinn* in the dative.

Eóchaill: Youghal ("yew wood"), Co. Cork.

Faill na bhFiach: "the ravens' cliff", a minor placename in Co. Cork.

Fleisc (an Fhleisc): the River Flesk ("the hoop"), in Counties Cork and Kerry.

Frainnc (an Fhrainnc): France, pronounced /fraiŋkʹ, ə raiŋkʹ/.

Fuínsean (an Fhuínsean): the River Funshion, a tributary of the Blackwater in Co. Cork.

Fúirnéis (an Fúirnéis): Furnace, an alternative name for *na Mianacha* (q.v.), Co. Cork. A modern placename corresponding to *Fúirnéis* has not been identified, but there was an iron foundry near the border between Cork, Tipperary and Waterford in the 18th century. The GCh word for "furnace" is *foirnéis*. PUL's spelling indicates the pronunciation is /fu:rʹnʹeːʃ/. Also note the lack of lenition in *an Fúirnéis*, possibly because the placename was generally known in English, and also possibly because of the way in which *f* sometimes resists lenition.

Gleann Daimh: Glendav ("stag valley"), Co. Cork.

Gleann na hAithrí: Glenaharee ("the valley of repentance"), Co. Cork.

Gleanntán (an Gleanntán): Glantane ("little glen; dale"), Co. Cork.

Gort na Sceiche: Gortnaskehy ("the field of the whitethorn bush"), Co. Cork.

Gréig (an Ghréig): Greece.

Guagán (an Guagán): also known as *An Guagán Barra*, or Gougane Barra, a scenic spot in the Muskerry Gaeltacht where St. Finbarr built a monastery in the 6th century. *Guagán* means "retreat enclosed by mountains", and so *An Guagán Barra* means "St. Finbarr's mountain retreat".

Hamburg: the city in Germany, whither Napper Tandy fled after the 1798 Rebellion.

Índiatha (na hÍndiatha thoir): the East Indies. Pronounced /nə hi:ŋʹəhə hirʹ/, as shown in the LS version of *Mo Scéal Féin* (see 'ins na hIngiehiv hir' on p7); the /ŋ/ in the pronunciation is also indicated in PSD (p594). The initial vowel is shown long in this edition, as *Índiathach* is given with a long initial vowel in the manuscript of PUL's translation of Ezekiel 27:6 held at Maynooth.

Iniscarra: Inniscarra or Inishcarra, Co. Cork. This placename is normally found in Irish as *Inis Cara*.

Ínse an Chlampair: a minor placename in Co. Cork, meaning "the water-meadow of the contention". This placename has not been identified: it may be that PUL is giving a garbled form of the parish name *Cíll Chruimthir*, or Kilcrumper ("the

Index of Placenames

church of St. Cruimthir Fraech"), which is where Ballyderown Castle (possibly identifiable with *An Rí-theaghlach* or Rathealy here) is located.

Ínse an Léime: Inchinleama ("the water-meadow of the leap"), Co. Waterford.

Ínse Charraig an Ime: "the watermeadow of Carriganimy", the location in Co. Cork where Art Ó Laeire was shot in 1773.

Iúróip (an Iúróip): "Europe", or *Eoraip*, which is a revived 18th-century word, in GCh. PUL told Osborn Bergin the pronunciation was /u:'ro:p'/ (see "Comhfhreagras idir an Athair Peadair agus an tAimhirgíneach", by Seán Ua Súilleabháin, in *Celtica*, Vol 24, 2003, pp281).

Leaba Dhiarmada: Labbadermody ("Diarmaid's bed or grave"), a minor placename in Co. Cork. AÓL had *Leabaig Dhiarmada* (so spelt in *Seanachas Amhlaoibh*, p22), reflecting the general use of *leabaidh*, the historical dative, in nominative contexts in WM Irish. The placename *Leaba(idh) Dhiarmada* is a reference to the tale of the pursuit of Diarmaid and Gráinne in the Fenian Cycle of Irish myths. *Leabaidh Dhiarmada* is on the other side of the valley from *Leabaidh Ghráinne*, near Glendav.

Leitir Cheanann (an Leitir Cheanann): Lettercannon ("speckled hillside"), Co. Kerry, a placename that incorporates the word *ceannann* (literally "white-headed" or "with white spots"). The standardised spelling of the placename has only a single medial *n*.

Lios Caragáin: Lisscarrigane ("enclosure of rough ground"), Co. Cork. *Caragán* appears to be a corruption of *carrachán*, "rough ground".

Lios Mór: Lismore ("great enclosure"), Co. Waterford.

Loch an Bhogaigh: Lochavogy ("the lake of the boggy ground"), Co. Cork. *Fan Loch' an Bhogaigh* in Ch11 here uses an apostrophe (given in the original text) to show elision of the *a* of the genitive. PUL had a masculine *loch*, with *locha* in the genitive, where other speakers of WM Irish had a feminine *loch*, with *loiche* in the genitive (see *Scéalaíocht Amhlaoibh*, p7). In any case, it would be justifiable to allow *loch* to stand in the nominative as part of a longer noun phrase and so *fan Loch an Bhogaigh* could be accepted without an apostrophe.

Los Angeles: the city in the US where Eugene O'Growney was originally buried.

Luimneach: Limerick, the city and county. Note that the genitive and dative here are *Luimní* and *Luimnigh*, which indicate pronunciations of /lim'i'n'i:/ and /lim'in'ig'/, but other speakers of WM Irish had *Luimne* in all cases of this word (see CFBB, p16, for an instance of *Luimne* in the dative).

Lúndain: London, or *Londain* in GCh.

Magh Chromtha: Macroom, Co. Cork, also known in English as Macromp in the early 19th century, possibly reflecting the /mh/ pronunciation in the Irish name, which may have struck English speakers as resembling a *p*. While this placename appears to mean "crooked plain" in modern Irish, it is thought that it refers rather to the Celtic god Cromm Crúaich, or Crom Cruach, whose worship included human sacrifice. Worship of Crom Cruach is said to have been put a stop to by St. Patrick. PUL said in NIWU (p75) that *Magh Chromtha* is never lenited, by way of an exception, and this usage is adhered to here (*ó Magh*

Index of Placenames

Chromtha, etc). IWM §148 shows the pronunciation to be /mə ˈxroumhə/. Most placenames beginning with *mágh* (see *Mágh Nuat*) have a long vowel. *Magh Chromtha* appears to be exceptional, possibly explaining why PUL wrote this as one word, with the spelling found as both *Mághchromtha* and *Maghchromtha* in the original text here. The accepted spelling of *Magh Chromtha* is *Maigh Chromtha*, but this would yield the wrong pronunciation in WM Irish.

Mágh Nuat: Maynooth ("plain of the Celtic god Nuada"), Co. Kildare. Pronounced /mɑː nuət/. The accepted spelling of *Mágh Nuat* is *Maigh Nuad*, but this would yield the wrong pronunciation in WM Irish. Both *i Magh Nuadhat* and *i Maigh Nuadhat* were found here in the dative in the original text: in this edition *i Mágh Nuat* has been used in both cases, to avoid a spelling that might imply that a slender *g* should be inserted in the pronunciation of this placename. It should be pointed out that *Nuat* is a genitive: the nominative of the name of the god was spelt *Nuadha* in PSD, with *Nuadhad* in the genitive. Consequently, *Mágh Nuad* would be possible, or even preferable, for this placename.

Mainistir Fhear Maí: Fermoy ("the monastery of the men of the plain"), Co. Cork. Pronounced /manˈiʃtʲirʲ ar miː/. Note *istigh sa Mhainistir* here, showing that *an Mhainistir* on its own can refer to Fermoy (as can *na Mainistreach* in the genitive).

Mala: Mallow ("the plain of the rock"), Co. Cork. This placename derives from the older form *Magh nAla*, and not from the false etymology sometimes cited, *Magh Ealla* ("plain of swans").

Mangarta (an Mhangarta): Mangerton, a mountain in Co. Kerry. With *Mangartan* and *Mangartain* in the genitive and dative. Known in poetry as *Mangarta an Cheóigh*, "the Mangerton of the mist".

Manseister: Manchester, a city in north-west England noted for its Irish population in the 19th century.

Meall na hEórnan: Maulnahorna ("the barley knoll"), Co. Cork. Pronounced /mʲaul nə hoːrnən/.

Melbourne: the city in Australia that was a key centre of Irish immigration in the 19th century.

Mianacha (na Mianacha): a location in Co. Cork near Gortnaskehy, meaning "ores, mines". A modern townland corresponding to this name has not been identified, but the location is in the corner of Co. Cork at the junction of the tripartite border with Counties Tipperary and Waterford, where there was an iron foundry in the 18th century. See also under Fúirnéis.

Millín na Móna: Mileenamona ("the knoll of the turf"), Co. Cork.

Muileann (an Muileann): the Mills in Ballyvourney, Co. Cork, currently the site of a public house and hotel.

Muisire: Mushera, a mountain in West Muskerry, named after the Múscraige people who inhabited the area in ancient times.

Mullach an Ois: Mullaghanish ("the deer ridge"), Co. Cork. Pronounced /məˈlax ən ˈiʃ/.

Mullach Rua (an Mullach Rua): Mullaghroe ("red ridge"), Co. Cork.

Index of Placenames

Múmhain (an Mhúmhain): Munster, pronounced /muːnʹ/. The genitive is *na Múmhan*. The dative *Múmhain* has replaced the historical nominative *Múmha*.

Nead an Fhiolair: Nadanuller ("the eagle's nest"), Co. Cork. This is found as *Nead an Iolair* in GCh.

Neidín: Kenmare, Co. Kerry. The English name is derived from the townland *Ceann Mara*, or Kenmare Old. *Neidín* means "little nest/comfortable spot". Pronounced /nʹeˈdʹiːnʹ/.

Páirc Dhrannach (an Pháirc Dhrannach): "the humped or arched field", a field mentioned here. See the note under *drannach*.

Páirc na Coise: "the field of the cutting in the bog", a field mentioned here.

Páirc na dTulchán: "the field of the hillocks", a field mentioned here. Pronounced /parkʹ nə dolə'xɑːn/.

Páirc na Gainímhe: "the field of the sand", a field mentioned here. Pronounced /parkʹ nə ga'nʹi/. *Gainimh* is feminine in WM Irish (compare the masculine *gaineamh* used in GCh).

Páirc na gCloch: "the field of the stones", a field mentioned here.

Páirc na hAbhann: "the field of the river", a field mentioned here.

Páirc na Luachra: "the field of the rushes", a field mentioned here. Pronounced /parkʹ nə luəxərə/.

Páircín Chúinne na Ré: "the paddock at the corner of the moorland", a field mentioned here.

Pruthas: Prohas ("cave"), Co. Cork. This placename, in Kilnamartery, was given as Prothus in the original text, but its standard spelling is Pruchas. PUL's spelling indicates the pronunciation is /prohəs/.

Ráth Bhoth: Raphoe ("fort of huts"), a town in Co. Donegal that has given its name to a diocese that covers most of Co. Donegal. The genitive is given as a single word, *Ráthabhoth*, on the title page of the original edition of *Mo Scéal Féin*, but the placename is properly written as two words.

Ráth Chormaic: Rathcormack ("Cormac's fort/earthen rampart"), Co. Cork. Pronounced /rɑː(h) xorəmikʹ/.

Ráth Luirc: Charleville, Co. Cork; the English name refers to Charles II, who was restored to the throne in 1660, with Charleville being founded in 1661. The Irish name means "Lorc's fort". Also referred to simply as *An Ráth*.

Rí-theaghlach (an Rí-theaghlach): Rathealy ("royal household"), the name of a castle near Ballyderown, Co. Cork. This has not been identified, but may be Ballyderown Castle. Pronounced /ə riː-həiləx/.

Róimh (an Róimh): Rome; *na Rómha* in the genitive. Pronounced /roːvʹ/, with /roː/ in the genitive.

Ros: Ross ("wood, wooded headland"), the name of a Roman Catholic diocese, centred on Rosscarbery (*Ros Cairbre* or *Ros Ó gCairbre*) in south-west Cork. Ross was united with Cloyne until 1850, but is now a separate diocese. *Ros* becomes *Rosa* in the genitive.

Sasana: England.

Index of Placenames

Scibirín (an Scibirín): Skibbereen, Co. Cork. This placename is *an Sciobairín* in GCh, but has a slender *b* in PUL's works. The placename may be derived from the word "skiff", meaning "little harbour".

Seana-Mhacha (an Seana-Mhacha): "the old cattle-field", an area of land not claimed by any family in Lisscarrigane.

Solán (an Solán): the river Sullane in Co. Cork, said to be the only river that is grammatically masculine in Ireland.

Spáinn (an Spáinn): Spain, pronounced /spɑːŋ′/.

Sráid an Chaisleáin: Castle Street, Macroom, Co. Cork.

Sráid an Mhuilinn: Millstreet, Co. Cork.

Tigh Mháire: this appears to be PUL's incorrect rendering of *Tigh Mhóire*, a place on Dunmore Head, Co. Kerry. The phrase "from Donaghadee to Tigh Mhóire" refers to the eastern and western extremities of Ireland. See also *Doncha Dí*.

Tiobraid Árann: Co. Tipperary, a placename meaning "the well of the River Arra". Pronounced /tobərid′ 'ɑːrən/.

Tobar an Dúna: a well near Ballyderown, Co. Cork meaning "the well of the fort".

Tobar na hOla: Tobernahulla ("the well of the oil"), more generally *Tobar na hUla*, Co. Waterford. Also known, for reasons given in Ch17 here, as *Tobar na Fola* ("the well of the blood"). Holy oil and penance were often associated, and so this placename is sometimes translated as "the well of the penitential station" (FGB has an entry for a word *ula*, meaning "stone or mound marking a penitential station"). The notes on this placename at logainm.ie show the pronunciation to be /tobər nə holə/, which could match either of the derivations, *na hOla* and *na hUla*. A pattern used to be kept at this well on September 29th each year.

Tóchar (an Tóchar): Togher ("causeway, raised embankment"), a townland in Ballyvourney, Co. Cork.

Trá Lí: Tralee ("strand of the River Lee"), Co. Kerry. *Tráigh Lí* is found in the dative of this placename in the original text, but as *tráigh* loses its final consonant in this placename, the accepted spelling *Trá Lí* is used in this edition.

Tuaim: Tuam ("funeral mound"), a town in Co. Galway also known as *Tuaim Dá Ghualann* ("funeral mound of two shoulders") which gives its name to the archdiocese of Tuam. This becomes *Tuama* in the genitive.

Tuath na Droman: Toonadrome, possibly meaning "the ridged district", an earlier name for the parish of Cíll na Martra or Kilnamartery, Co. Cork.

Túirín an Chasúrlaigh: Casserley's Tower, a minor placename in Co. Cork.

Tulach Lias: Tullylease ("hillock of calf pens"), Co. Cork. The standard version of this name is *Tulach Léis*, where *Léis* is genitive singular; PUL's *Lias* is genitive plural. The version of the placename given here would be pronounced /tə'lɑx l′ias/.

Uíbh Laeire: Iveleary, Co. Cork, a placename associated with the Ó Laeire family. *Laeire* ("calfkeeper"), *laoire* in GCh, was originally spelled *laoghaire*; the pronunciation is /leːr′i/. As with many placenames, *Uíbh Laeire* is a calcified locative dative.

Ulaidh: Ulster, pronounced /olə/. The genitive is *Uladh*.

Index of Placenames

Uláin (na hUláin): Ullanes, a placename in the Muskerry Gaeltacht. *Na huláin* refers to stone boulders that were ancient Druid tombs.

Glossary

-na: an emphatic suffix appended to first-person plural prepositional pronouns as well as to nouns and verbs. Spellings such as *linne* are adjusted in this edition to *linn-na* to show the pronunciation /l'iŋ'-nə/, and such spellings were often found in PUL's works (see, for example, *Sgéalaidheachta as an mBíobla Naomhtha*, Vol 4, p412). Similarly, *dár dtighne* in Ch3 is adjusted to *dár dtigh-na*, /dɑːr d'ig'-nə/.

'na, 'nar, 'narbh: PUL frequently uses *i* as the helping preposition to form indirect relative clauses, producing *'na* where *go* (etymologically derived from the use of *ag* as the helping preposition) would be more common in Munster Irish today.

a: "from", or *as* in GCh. The preposition *as* historically appeared with an *s* only before the singular and plural articles (*as an, as na*), the relative pronoun (*as a*), possessive adjectives (*as mo*), and before *gach*. A prefixes an *h* to a vowel, as in *a hÉirinn*. As *Gaelainn*, "in Irish", a phrase that, as PUL pointed out in a letter to Gerald O'Nolan dated April 4th 1914, only refers to the spoken language: "Féach, 'Abair **as** Gaoluinn é', ach 'sgríbh **i** nGaoluinn é'. Ní deirtear '**as** Gaoluinn' ach le **caint**. Deirtear 'i nGaoluinn' le sgríbhinn nú le clódhbhualadh, nú le haistriughadh. Deir Eoghan Ruadh le Cailbhin i n-áit éigin, 'An masluightheach a dh'aistrigh **i** mBéarla an Pháis' (.i. the Mass)" (*Beatha Dhuine a Thoil*, p145; bold as given in the original). However, other good speakers of Munster Irish have not always maintained such a distinction.

abairt: "sentence, expression", with the plural here *abartha* where *abairtí* stands in GCh.

abha: "river", with *abhann* in the genitive and *abhainn* in the dative and dual. The dative *abhainn* has replaced the nominative in GCh. Pronounced /au/, /aun/ and /auŋ'/. The plural here is *aibhní*, corresponding to *aibhneacha* in GCh, pronounced /əi'ŋ'iː/.

abhaile: "home, homewards". Pronounced /ə'vɑl'i/.

abhar/ábhar: *ábhar* in GCh. WM Irish distinguishes between *abhar* (originally spelt *adhbhar*, now pronounced /aur/), "material", and *ábhar* (sometimes written *ádhbhar*, pronounced /ɑːvər/), "amount". *Ní bheadh aon ábhar acu ann*, "there would not be that many of them". *Abhar an tsagairt*, "clerical student; the makings of a priest". *Abhar tine*, "fuel". *Gan chúis gan abhar*, "for no rhyme or reason".

abhcóidíocht: "debating, discussing", or *abhcóideacht* in GCh. This word is used to refer to "rhetoric", as a subject on the 19th-century educational curriculum, in Ch15 here. Pronounced /au'koːd'iːxt/.

abhus: "on this side". Pronounced /ə'vus/.

Abrán: "April", or *Aibreán* in GCh, pronounced /ɑbə'rɑːn/.

acfuinn: "capacity, means", or *acmhainn* in GCh. *Acfuinn aigne*, "intellectual ability".

Glossary

acfuinneach: "capable, substantial, well-to-do", or *acmhainneach* in GCh.
ach: "but". Notice the use of *ach* with a verbal noun construction in *ach í ' bhualadh ann* in Ch7, "when/as soon as it is struck there". *Ach chómh beag,* "either" (after a negative clause). *Ach chómh beag agus,* "no more than, any more than", followed by a relative clause. *Ach chómh beag leis féin,* "no more than him".
achrann: "fastness, depths; quarrelling, strife", pronounced /ɑxərən/. *In achrann i m'aigne,* "in the depths of my mind".
adhaircín: "little horn". Pronounced /əirˈkʲiːnʲ/.
adharc: "horn". Pronounced /əirk/.
adhmad: "wood". Pronounced /əiməd/.
admhaím, admháil: "to admit". Pronounced /ɑdəˈviːmʲ, ɑdəˈvɑːlʲ/.
aduaidh: "from the north", pronounced /əˈduəgʲ/. *Ó thuaidh,* "northwards". *Soir ó thuaidh,* "to the north-east". *Siar ó thuaidh,* "to the north-west".
aeininneach: "one inside the other, concentric". This word, not found in dictionaries, was spelt *aoninneach* in the original text. Pronounced /eːnʲinʲˈəx/.
aeire: "shepherd", or *aoire* in GCh. This word was traditionally written *aodhaire,* but the spelling change of the mid-twentieth century has produced a GCh spelling that yields an incorrect pronunciation for speakers of Munster Irish. Pronounced /eːrʲi/.
áfach: "however". PUL has the standard form of this word, which is found in other speakers of the WM dialect as *áfaigh* (see *Scéalaíocht Amhlaoibh,* p23).
ag: "at". *Ag mo* is edited here as *ageam* from *agam'* in the original, pronounced /igʲəm/ (see, for example, the transcription of this as *igam'* on p13 of the LS edition). The combination *ag á,* corresponding to *ag a* in GCh, is pronounced /iˈgʲɑː/.
agent: a landlord's agent is generally referred to here by the English word, although *reachtaire* is used in one passage. The plural *agentí* is used here.
aghaidh: "face", pronounced /əigʲ/. *In aghaidh,* "against; for (each)". *Aghaidh* may lose its final consonant in pronunciation (*in aghaidh an lae,* "by the day, daily", /nəin leː/). The LS version of *Mo Scéal Féin* (p5) shows that *ar aghaidh an dorais isteach,* "opposite the door", is pronounced /erʲ əin dorʲiʃ iˈʃtɑx/. *Aghaidh a thabhairt ar áit,* "to make for a place, head for it". Note that the genitive of *aghaidh* is generally also *aghaidh* (*ag tabhairt aghaidh soir,* etc), where FGB has *aghaidhe* for the genitive. (*Aghaidhe* is extremely rare, but is found in PUL's manuscript translation of Genesis 3:19.) *Aghaidh bhéil,* "a scolding". *Rud do leogaint ar aghaidh,* "to let something continue, let it go ahead".
aicillíocht: "agility, adroitness", or *aclaíocht* in GCh.
aicme: "sort, class", particularly in *aicme daoine,* "a group or class of people".
aídhe: "aye". *Ach aídhe,* pronounced /ˈɑx ˈiː/, "goodness me!"
aidhm: "desire, inclination", pronounced /əimʲ/.
aifliain: "the new year, the following year", or *athbhliain* in GCh, which regularly writes *ath-* regardless of the quality of the succeeding consonants. However, the quality of the *a* in *aith* is different in WM Irish to that in *ath*: pronounced /ˌafˈlʲiənʲ/.

Glossary

Aifreann: "Mass", pronounced /afir'ən/. *Pobal Aifrinn*, "the congregation at a Mass". Note *ag gach aon Aifreann díobh* in Ch17 here: FGB shows that both *ag* and *ar* are found, but PUL uses *ag*.
aighneas: "contention, argument", pronounced /əin'əs/.
aigne: "mind", pronounced /ag'in'i/. *T'aigne bheag*, "your personal point of view".
áil: "desire". Usually found in copula phrases: *dá mb'áil leó*, "if they would only (do something)".
aililiú: "goodness gracious!" Note the stress on the first syllable: /'al'il'u:/ (see CFBB, p5).
Aimhirgíneach (an tAimhirgíneach): someone with the surname Ó hAimhirgín.
aimhleas: "disadvantage, mischief", pronounced /ail'əs/. *Duine ' sheóladh ar aimhleas*, "to steer someone into mischief". *Cómhairle aimhleasa*, "misguided advice".
aimsím, aimsiú: "to find, to get" or "to hit", with both meanings being used in Ch4 here. Pronounced /aim'ʃi:m', aim'ʃu:/.
ainbhios: "ignorance", pronounced /an'iv'is/.
ainm: "name", with *ainmneacha* in the plural, pronounced /an'im', an'imn'əxə/. This noun is feminine in PUL's works, but masculine in GCh, and consequently has *ainme* in the genitive singular. *Ainm an nirt air*, "with a reputation for strength". *Ainm na Gaelainne orm*, "I had a reputation for, I was known for, speaking Irish".
ainmhí: "animal", pronounced /an'i'v'i:/.
ainmním, ainmniú: "to name, specify", pronounced /an'im'n'i:m', an'im'n'u:/.
ainneóin: "unwillingness". *In ainneóin*, "in spite of". Pronounced /i'ŋ'o:n'/. *Dá n-ainneóin*, "in spite of them; against their will". FGB indicates that *de* is used in this phrase (*de m'ainneoin* is listed there), but PUL has *dom ainneóin* here, which is retained in this edition as the derivation may be from *do*.
airc: "greed".
áirde: "height", generally found in the phrase *in áirde*, "up on high"; compare *aoirde*, the general word for "height". *Talamh in áirde*, "land to be let, land put up for rent".
aireachas: "care, attention", pronounced /i'r'axəs/.
airgead: "silver", pronounced /ar'ig'əd/. *Airgead mór*, "a great deal of money". *Airgead fola*, "blood money".
airím, aireachtaint: "to hear", or *airím, aireachtáil* in GCh. Pronounced /a'r'i:m', i'r'axtint'/.
áirím, áireamh: "to count, reckon". *Ní áirím*, "let alone, never mind".
áirithe: "certainty". *Is é eagla na háirithe dhi é*, "its fear is justified; it has reason to fear it".
airiú!: "why! really! indeed!", or *arú* in GCh. Pronounced /i'r'u:~e'r'u:/.
ais: "will, consent", generally in *ar ais nú ar éigin*, "willingly or unwillingly, by consent or by compulsion".
aiséirí: "resurrection", pronounced /a'ʃəir'i:/.
aiteann: "furze".
aithis: "infamy, disgrace".

Glossary

aithne: "acquaintance", pronounced /ahin′i/. *Aithne ' chur ar rud*, "to get to known something", a phrase often used of getting to know people, but used of getting to know a hill here.

aithne: "commandment", pronounced /ahin′i/.

aithním, aithint: "to recognise, discern", pronounced /an′′hi:m′, ɑhint′/.

áitím, áiteamh: "to argue, establish, persuade, prove". *A dh'áiteamh ar dhuine go...*, "to persuade someone that".

allas: "sweat".

allta: "wild, fierce", pronounced /aulhə/. *Beithíoch allta*, "wild beast".

alltacht: "amazement", pronounced /aulhəxt/. Usually found in *iúnadh agus alltacht*.

Almáinneach: "German", or *Gearmánach* in GCh, pronounced /ɑlə'mɑ:ŋ′əx/.

Almáinnis (an Almáinnis): "the German language", or *Almáinis* in GCh, pronounced /ɑlə'mɑ:ŋ′iʃ/.

amach: "out", pronounced /ə'mɑx/. *Amach* also means "onwards" in time expressions: *ón gcéad bhliain amach*, "from the first year onwards". *D'imigh sé an cnuc amach*, "he went over the hill".

amáireach: "tomorrow", or *amárach* in GCh. *Amáireach a bhí chúinn*, "the following day". *Amáireach 'na dhiaidh san* also found here has the same meaning.

amas: "aim". *Amas cruínn a ghabháil ar rud*, "to take careful aim at something".

ambasa: "indeed", or *ambaiste* in GCh. This appears to mean, literally, "by my hands", but the alternative form *ambaiste* indicates a more likely derivation from an oath meaning "upon my baptism". Pronounced /əm'bɑsə/. Often followed by *ach* in a construction meaning "I can assure you (that)".

Americánach: "American", or *Meiriceánach* in GCh. PUL used an English-influenced version of this word.

ámharaí: "luck, chance". *Ar ámharaí an tsaeil*, "as luck would have it; with the best luck in the world".

amhastraím, amhastrach: "to bark". Pronounced /austə'ri:m′, austərəx/. As a feminine verbal noun, *amhastrach* becomes *ag amhastraigh* in the dative, /əg austərig′/.

amhlaidh: "thus, so", pronounced /aulig′/, but often reduced to /aulə/.

amhrán: "song", pronounced /avə'rɑ:n/. *Amhrán a ghabháil*, "to sing a song".

amhras: "doubt; suspicion over something", pronounced /aurəs/.

amhscarnach: "daybreak", or *amhscarthanach* in GCh. *An chéad amhscarnach de sholas an lae*, "the first dawning of daylight". Pronounced /auskərnəx/.

amu': "outside", or *amuigh* in GCh. PUL used the spelling *amuich*, probably to forestall a pronunciation in /g′/, as the pronunciation is /ə'mu(h)/. *Amu' agat*, "outstanding", of a debt.

an-, ana-: "very". *Ana-* is frequently found before a vowel in the original (*ana fhada*, etc), reflecting PUL's view that *ana* was a separate word and not a prefix (see NIWU, p3). These have been edited as *an-fhada*, etc, here.

Glossary

an-dleathach: "illegal, unlawful", pronounced /'ɑn-'dl'ahəx/. The GCh spelling is *aindleathach*, edited here as *an-dleathach* to show the quality of the vowel of the first syllable.

anacair: "uneven", derived from *an-shocair*, "unsteady". This is pronounced /ɑ'nokir'/ and /ɑnəkir'/, with PUL's spelling pointing to the latter variant. *Ciscéim anacair* was glossed in PUL's NIWU (p5) as "a step on a stone [that] tends to cause a fall or a sprain".

anál: "breath", or *anáil* in GCh, which uses the historical dative. This word is generally feminine in PUL's works, but we read *do tharraig gach éinne anál breá fada* in Ch24 here, and *anál breá fada* is also found in PUL's *Lughaidh Mac Con* (p9). Eleanor Knott, who edited *Lughaidh Mac Con*, queried this, and was told in a letter by PUL dated February 6th 1914, now held in the Royal Irish Academy, that *anál* could be either masculine or feminine. Yet *anál breá fada* seems to be the only phrase in PUL's works where *anál* is qualified by unlenited adjectives.

anall: "over here, over from the other side", pronounced /ə'naul/.

anamúil: "lively".

aneas: "from the south", pronounced /i'n'as/. *Ó dheas*, "southwards", pronounced /o:'jas/. *Soir ó dheas*, "to the south-east". *Siar ó dheas*, "to the south-west".

aniar: "from the west, from behind", but used also in the meaning of "over (one's back)", e.g. over the shoulders, pronounced /i'n'iər/.

aníos: "up (from below)", pronounced /i'n'i:s/.

annró: "hardship", or *anró* in GCh. Pronounced /au'ro:/.

annscian: "terror, fury, wildness; a wild or violent person", or *ainscian* in GCh. Pronounced /aunʃk'iən/. FGB doesn't list a plural, but the plural is given in Ch23 here as *annsciain*, which is possibly an *ad hoc* form.

annspianta: "grotesque, abnormal", or *ainspianta* in GCh. Pronounced /aunsp'iəntə/.

anoir: "from the east", pronounced /ə'nir/.

anois: "now". A broad *n* is shown in IWM (§142), but Brian Ó Cuív uses the spelling *anis* in CFBB (p11), and the LS version of Mo Scéal Féin uses *inìsh* (p3 therein). Consequently, a slender *n* should be used in this word, /i'n'iʃ/.

anonn: "over there, to that side", pronounced /ə'nu:n/. Note that this word is used in preference to *sall* in WM. *Curtha anonn*, "sent off".

ansan: "then; there", or *ansin* in GCh, pronounced /ən'son/. Sometimes used to mean "and then; in addition", as in *ansan, dá dtispeánadh an triail nár ghá dho na seacht mbliana do chaitheamh istigh* in Ch13 here.

anso: "here", or *anseo* in GCh, pronounced /ən'so/.

ansúd: "there" (more distant), or *ansiúd* in GCh, pronounced /ən'su:d/.

anuas: "down (from above)", pronounced /ə'nuəs/.

aoibhinn: "pleasant, delightful", with *aoibhinne* as the comparative where GCh has *aoibhne* (the original manuscript had *aoibhinne*, being adjusted in the 1915 edition to *aoibhne*). Pronounced /i:v'iɲ', i:v'iɲ'i/.

aoibhneas: "bliss, delight", pronounced /i:v'in'əs/.

aoirde: "height", or *airde* in GCh.

Glossary

aon bhall: "anywhere", usually pronounced /eː vəl/.
aon ní: "anything", generally *éinní,* /eːˈnʲiː/, in WM Irish, and this is the pronunciation shown for *aon ní* on p14 of the LS version of *Mo Scéal Féin*.
aon rud: "anything", pronounced /eː(n) rəd/.
aondéag: "eleven", pronounced /eːnʲiag/.
aonú: "first", used with *déag* to mean "eleventh": *an t-aonú lá déag*. This is generally pronounced /eːuː/ in WM Irish, but the omission of the *n* is not indicated in PUL's spelling.
aoraim, aeireacht: "to shepherd, herd", or *aoirím, aoireacht* in GCh. This was traditionally written *aodharaim, aodhaireacht,* but the spelling change of the mid-twentieth century has produced GCh spellings that would yield the incorrect pronunciation for speakers of WM Irish. Pronounced /eːrimʲ, eːrʲəxt/.
aothó: "crisis in sickness", i.e. "a turn for the better, beginning of a recovery". *Aothú* in GCh. The original has *aoitheó,* and Shán Ó Cuív's LS edition of *Séadna* transcribes this word as *yhó* (see *Shiàna,* p70), but CFBB (p14) shows the pronunciation to be /eːˈhoː/.
ar fad: "entirely, altogether". *Thoir ar fad,* "way over in the east".
ar fuaid, ar fuid: "throughout", /er fuədʲ, er fidʲ/, or *ar fud* in GCh. PUL wrote in NIWU (p54) that *ar fuaid* should be used for broad areas (*ar fuaid na paróiste*) and *ar fuid* for small areas (*ar fuid an tí*), but it is clear that this distinction is not always adhered to in his works, and Brian Ó Cuív states in CFBB that he had never heard *ar fuid* (p273).
ar: "on", pronounced /erʲ~er/, reflecting a general tendency for prepositions to become aligned with the third-person singular prepositional pronoun (*air*). Note *orm,* "on me", /orəm/. *Ar* often means "judging by or by looking at someone/something": *gur dhó' le duine air,* "you would think by his manner, you would think by looking at him".

Note that *ar,* where it means "in, at a place", generally does not lenite placenames, although the original edition of *Mo Scéal Féin,* as edited by Norma Borthwick, contains some errors in this respect. For example, in Ch1, the original edition had *ar Charaig na Madraí* and *ar Ghleann Daimh,* which are adjusted in this edition to *ar Carraig na Madraí* and *ar Gleann Daimh. Ar Chill Ghobnatan* in Ch2 is adjusted in this edition to *ar Cíll Ghobnatan.* PUL wrote in NIWU (p8): "*Ar* does not aspirate the initial of a word beginning a definite place name. *Tá Seán Ó Gríobhtha 'n-a chómhnuidhe thuaidh annsan ar Cathair Druinne* (*Mo Sgéal Féin,* p. 180). Similarly, *ar Cnoc Áine; ar Carraig na Madraí,* etc. *Cnoc,* etc., in these expressions is part of the proper name. Hence it is not aspirated". (This passage indicates that PUL may have been unaware that the published text of *Mo Sgéal Féin* did not show the principle he sets out.) This principle only applies when the meaning is "in/at a place"; such phrases as *thugas aghaidh siar ó dheas arís ar Chíll Úird* show correct lenition of the placename. In Ch3 we read, "bhíodh radharc agam ó thuaidh ar an gCnuc mBuí, agus ar an gCaol, mar ar maraíodh ganndal eile i bhfad 'na dhiaidh san, agus ar Ghleann Daimh, mar a raibh Tadhg na nUbh 'na chónaí; agus suas ar Charraigín an Radhairc, agus ar

Glossary

Thúirín an Chasúrlaigh, agus síos ar Pháirc na gCloch, agus ar Pháirc na Coise, agus ar Pháirc na hAbhann agus ar Pháirc na Gainímhe": these placenames follow *radharc agam ar*, explaining the pattern of lenition.

araon: "both", pronounced /ə'reːn/.
arbhar: "corn", pronounced /ɑ'ruːr/.
árd: "high, tall", with the comparative here *aoirde* where *airde* would stand in GCh.
árdchómhachtach: "mighty; of great power", or *ardchumhachtach* in GCh, pronounced /ɑːrd-'xoːxtəx/.
árdeaspag: "archbishop", pronounced /'ɑːrd-ɑspəg/.
argóint: "argument", pronounced /ɑrə'goːnt'/.
arís: "again". PUL's original spelling, *airís*, indicated that he used a slender *r* in this word, /i'r'iːʃ/. *Arís* means "in turn" in the following sentence: *gur cuireadh "Fíníní" mar Ghaelainn arís ar an bhfocal Béarla* Fenians.
arm: "army" or "weapon". Pronounced /ɑrəm/. This word can be used as a collective singular to refer to weapons: *arm tine*, "fire arms". Alternatively, the declined plural, *airm*, /ar'im'/, can be used to refer to weapons in the plural.
armáil: "army; armaments", pronounced /ɑrə'mɑːl'/.
as: see under *a*.
asachán: "reproach, insult", or *achasán* in GCh. *Rud do chasadh mar asachán le duine*, "to fling someone in someone's face as a reproach".
aspaltach: "apostolic", or *aspalda* in GCh.
ataim, at: "to swell". This verb is generally in the first conjugation (see *ataid siad* in PUL's *Lúcián*, p62), but the past participle here is *ataithe*, where GCh has *ata*.
ath-léite: "re-read". Pronounced /ˌa'hl'eːt'i/.
athair: "father", with *aithreacha* in the plural. Pronounced /ahir', ahir'əxə/.
athnóim, athnóchaint: "to renew, renovate", or *athnuaim, athnuachan* in GCh. Pronounced /ɑn'hoːm', ɑn'hoːxint'/.
athrach: "alteration", pronounced /ɑhərəx/.
athraím, athrú: "to change", pronounced /ɑhə'riːm', ɑhə'ruː/. *Athrú aimsire*, "change in times/change in the social climate". *Athrú saeil*, "change in circumstances".
atúrnae: "attorney, solicitor", with the long *u* indicated. *Atúrnae coróinneach*, "Crown attorney".
bac: "hindering". *Gan bac do*, "never mind, let alone". *Gan bac le*, "irrespective of, paying no attention to, regardless of". *Ní raibh aon bhac in aon chor orthu gabháil tímpall*, "there was nothing to stop them from going round".
bacach: "beggar, cripple". Pronounced /bə'kɑx/.
bacla: "the arms", as in "to hold something in the arms", with the dative *baclainn* replacing the nominative in GCh. *Ar a baclainn*, "in her arms". Pronounced /bɑkələ, bɑkəliŋ'/.
bácús: "pot-oven".
bagraim, bagairt: "to shake; beckon, nod, wink; threaten", or *bagraím, bagairt* in GCh. Pronounced /bɑgərim', bɑgirt'/. *Bagairt ar a chéile*, "to nod or gesture to each other". *An tsláinte ' bhagairt ort*, "for your health to be threatened".

Glossary

báidh: "sympathy, liking". This word is *bá* in GCh, but the final *-idh* in the historical spelling is audible in the nominative/dative singular in WM Irish, /ba:g'/.
báidhiúil: "sympathetic, well-disposed", or *báúil* in GCh; pronounced /ba:'g'u:l'/.
báim, bá: "to drown".
bainim, baint: "to cut; to reap". Pronounced /bin'im', bint'/. In the meaning "to reap", this was often *buaint* in WM Irish, but the distinction is not always adhered to in PUL's works. *Rud do bhaint duit*, "for something to happen to you/to come over you": *ní dreóileacht neamh-chróga do bhain dom féinig*, "it was no timid feebleness that came over me". *Baint le*, "to touch; to concern or be connected with something; to have something to do with something": *dhá rá le muíntir Shasana gan baint le hé ' chur chun báis*, "telling the people of England not to have anything to do with putting him to death", i.e., "telling them on no account to put him to death". *Rud do bhaint amach*, "to exact, get or gain something".
bairille: "barrel". PUL here uses an identical form to that adopted in GCh. *Scéalaíocht Amhlaoibh* (p143) shows a broad *r* in the pronunciation.
baitín: "little stick".
balcais: "rag, garment".
ball: "place, spot; limb". *Tríom ballaibh*, "through my limbs". *Baíll bheatha*, "vital parts".
banna: "band". *Banna práis*, "brass band". *Banna airm*, "army band".
banne: "bank", or *banc* in GCh. The historically correct *nn* in the spelling is used in this edition to show the diphthong: /bauŋk/. *Banne do bhriseadh*, "to break into a bank".
banncaire: "banker", or *baincéir* in GCh. Pronounced /bauŋkir'i/. Compare *banncaer* in DBÓC's *Aodh de Róiste* (p109).
baoch: "grateful", or *buíoch* in GCh. The original spelling here was *buidheach*, but the pronunciation in WM Irish is /be:x/.
baochas: "thanks", pronounced /be:xəs/; *buíochas* in GCh. The original spelling here was *buidhchas*. *Do bhaochas a ghabháil le duine*, "to thank someone, give your thanks to someone".
baol: "danger". *Ní baol ná go*, "you can be sure that", as an intensifying phrase.
baolach: "dangerous". *Is baolach*, "I'm afraid; unfortunately".
bárr, barra: "top". *Barra*, /barə/, is a Munster colloquial form of *bárr*, /ba:r/. Both forms are found in WM Irish, with *barra* more common in the dative, as indicated in PUL's authorised *Foclóir do Shéadna* (p15). *Bárr a thabhairt do rud*, "for something to be given prominence". *Dá bhárr*, "on account of it, as a result of it". *Thar bárr*, "excellent, to an exceeding degree".
barrac: "barracks; police station", or *beairic* in GCh. The genitive singular, *barraic*, and the dative plural, *barraicibh*, are also found here. *Beairic* is given as the Munster form of the word in McCionnaith's *Foclóir Béarla & Gaedhilge* under "barrack", but it seems that PUL may have been more familiar with the English

Glossary

word or based his spelling on the English word. *Beairic* is also the form found in DBÓC's *Sgéal mo Bheatha* (p82).

Barrach (an Barrach): this generally refers to someone with the surname de Barra, but is used in Ch26 here to refer to Barry the Rake. In the preface to *Ár nDoithin Araon*, the same person is referred to as Barney the Rake (pv), implying his Christian name was Barnabí. Pronounced /bə'rɑx/.

bárthann: "check, hitch", or *bárthainn* in GCh. *Gan aon bhárthann*, "without a hitch".

barúntacht: "barony", a subdivision of a county in Ireland, of which Muskerry is one.

bas: "palm of the hand", or *bos* in GCh.

bascaim, bascadh: "to crush", with the verbal adjective *bascaithe* where GCh has *basctha*.

beacht: "precise, exact, perfect".

beachtaím, beachtú: "to perfect, complete".

beag: "small", pronounced /b'og/. The spelling has not been altered in the editing process to show the pronunciation better here, as this is a common word. It is used in the copula construction *ní beag leis é* to mean "it is sufficient for him, he thinks it enough". *An beag libh den spórt?*, "is that enough fun and games for you?" *Is beag ná go*, "almost". *A bheag nú a mhór*, "to a greater or lesser extent; to some extent". The masculine and feminine genitive singulars are *big* and *bige*. The dative singular feminine adjective *big* is generally not used here (being replaced by *beag*), apart from a single instance, *ar an muíng mbig*, in Ch10.

béal: "mouth", but also "edge, opening". *Béal an chorcáin*, "the opening of the pot, the open side of the pot".

bean tí: "housekeeper". The original text has *arsa'n bhean-tíghe*, hyphenated, in Ch26 here, drawing a very slight distinction between *an bhean tí*, with or without a hyphen, and *bean an tí*, "the lady of the house".

bean: "woman", with *mnaoi* in the dative singular.

beann: "regard", with *binne* in the genitive. *Gan beann ar fhuacht*, "paying no attention to the cold". Pronounced /b'aun/.

beannacht: "blessing", pronounced /b'ə'nɑxt/.

beárna: "gap". The dative plural is edited here as *beárthnachaibh*, in line with the original manuscript, corresponding to *bearnaí* in GCh. PUL stated in NIWU (p10) that the plural was *beárthnacha*, showing a devoiced *n*, /b'a:rhnəxə/. Note the dative *beárnain*. CFBB (p27) shows that *beárnainn* was also found in the dative singular.

bearraim, bearradh: "to shave, trim".

beart: "move, deed, act", which is feminine here, but masculine in GCh. *Thar na beartaibh*, "beyond expectation", i.e. "exceedingly".

beartaím, beartú: "to wield or brandish a weapon", as well as "to decide, plan, think, estimate".

beárthnach: "gapped, with gaps in". This was found as *bearnach* in the original, but has been edited here with a medial *th*, showing the pronunciation /b'a:rhnəx/.

Glossary

Compare *beárthnach* found in PUL's *Sgéalaidheachta as a mBíobla Naomhtha*, Vol 7, p788.

béasach: "well-behaved, good-mannered".

beatha: "life", with the dative *beathaidh* found in the phrase *'na bheathaidh*, "alive", pronounced /nə vʹahigʹ/. Other than in this phrase, the dative is generally *beatha*. *A bhreith* (or *é ' bhreith*) *im beathaidh orm go*, "to live to see the day (that)".

beathaithe: "well-fed".

béile: "meal", feminine here, but masculine in GCh. Often used in the tautological phrase *béile bhídh*.

beirim, breith: "to bear, take, carry; to give birth", and numerous other meanings. Note that the *r* of the preterite *rug* is pronounced slender in lenitable circumstances, e.g. *do rug*, /də rʹug/. The LS edition of *Mo Scéal Féin* transcribes *do rugadh* as *do rugag* (e.g. on p9 therein), indicating that in the autonomous form, which is generally not lenited, the *r* would be broad. However, *do riugag* in *Seanachas Amhlaoibh* (p217) shows that not all speakers of WM Irish observed this distinction. *Breith isteach ar dhuine*, "to get to grips with someone". *Oiread agus ' bhéarfadh saor me trí gach scrúdú*, "as much as would get me through each exam". *Beirim na cosa liom as an áit*, "I get away from the place". *Beirthe*, the past participle of *beirim*, is pronounced /bʹerhə/, with a broad *r*, and is accordingly edited as *bertha* here. *Do chuir an chuirt varántas amach chun bertha orthu*, "the court issued a warrant for their arrest". *Níl aon bhreith agam ar*, "I have no way of (doing something)".

beithíoch: "beast", pronounced /bʹeʹhiːx/. *Beithíoch cnuic*, "a huge hill, a 'monster' of a hill".

beó bocht: "miserably poor".

beó: "alive". *Go beó*, "in a lively fashion".

beóil: "lips", or *béil* in GCh.

bhuel: "well, well then". This is a borrowing from English—corresponding to *'sea* or *'sea anois* in Irish—and was spelt *bhail* in the original text of Ch26 here. Pronounced /welʹ/.

bia: "food". *Bídh*, the genitive singular, is pronounced /bʹiːgʹ/ in WM Irish. This form can be derived, or nearly so, from the pre-Standardised spelling of *biadh* in the nominative. The genitive is *bia* in GCh.

bínn: "peak", a calcified dative of *beann*, used in placenames.

binneas: "sweetness".

bínse: "bench", used here in the judicial sense.

Bíobla Gallda (an Bíobla Gallda): the translation of the Bible into Irish overseen by the Church of Ireland in the 17th century. This term literally means "the foreign/Protestant/English Bible", referring to an Irish-language version of the Bible at a time when the Roman Catholic Church in Ireland used a Latin version. Pronounced /ə(n) bʹiːbələ gaulə/.

bior: "spit", such as one would roast meat on.

bioránach: "sprat (type of fish); pin-cushion; lad, fellow". Used in the meaning of "lad" in Ch4 here.

Glossary

biotáille: "spirits, liquor", pronounced /bˈiˈtɑːlʲi/.
bith: "existence". *Bhí an léas roinnt blianta ar bith*, "the lease had been in existence for several years".
bithiúnach: "scoundrel".
bláthach: "buttermilk".
bléineann: "white-loined", of an animal.
bliain: "year". This word often takes eclipsis after *sa*. The text of *Mo Scéal Féin* makes a distinction between *sa bhliain*, "in the year", and *sa mbliain*, "per year", as in *sé púint sa mbliain* in Ch9 here. *Uair sa mbliain*, "once a year".
bó: "cow", with *bó* in both the genitive singular and plural and *boin*, /binʲ/, in the dative.
bodach: "churl, lout", pronounced /bəˈdɑx/.
bodhar: "deaf", and by extension "bothered by, tired of something". Pronounced /bour/.
bóithrín: "lane", pronounced /boːrʲˈhiːnʲ/.
bollóg: "loaf"; pronounced /bəˈloːg/.
bonn: "sole of the foot/shoe". *Duine ' scuabadh dá bhonnaibh*, "to sweep someone off his feet". Pronounced /buːn, bunivʲ/.
bórd: "table", or *bord* in GCh. Note the genitive singular and nominative plural *búird* (*boird* in GCh). *An Bórd*, the Board of Education in Ireland. *Bórd na mBocht*, the Poor Law Board, or the board of guardians that administered the Poor Law, with functions including public health provision, in Ireland until 1948.
borraim, borradh: "to swell, increase".
bothán: "hut, shed"; pronounced /bəˈhɑːn/.
bóthar: "road", with *bóithre* in the plural. Pronounced /boːhər, boːrʲhi/.
braithim, brath: "to judge". *Chun an scéil do bhrath*, "to judge the matter".
braon: "drop", often used in reference to alcohol. *An braon uasal a bheith ionat*, "to be of noble breeding".
brat: "mantle, cloak; covering".
breac: "trout".
breacarnach: "variegation; speckled appearance", or *breacachan* in GCh.
bréag: "lie". *Is bréag dhuit* (/otʲ/) *sin*, "that's a lie!"
breall: "fool, foolishness". *Tá breall air*, "he's making a fool of himself".
breallán: "blunderer, fool, idiot".
brecfaist: "breakfast", or *bricfeasta* in GCh. As a loanword, this word does not have to conform to Irish orthographical rules. PUL used the spellings *brecfaist* (in the genitive context of *chun a mbrecfaist a chaitheamh*) in his *Ag Séideadh agus ag Ithe* (p1), *briocfaist* in his *Don Cíochóté* (p4) and *briocbhaist* in his *Mion-chaint Cuid a II* (p21). The glossary at the back of *Ag Séideadh agus ag Ithe*, compiled by Norma Borthwick, claimed that *brecfast*, with a broad *st*, was found in the nominative. Nevertheless, taking all spellings in PUL's works together, it seems the nominative of this word should have a slender *s* in PUL's Irish (see *ithtear an briocbhaist* in *Mion-chaint*). These spellings would support a pronunciation of /brʲikˈfaʃtʲ/. AÓL had *bricfeast*, /brʲikˈfʲast/. The stress is on the second syllable.

Glossary

breis: "addition, increment". This word is usually found with eclipsis after *sa: sa mbreis*, "in addition".

breith: "bearing, seizing, catching". *Níl aon bhreith agam ar (é ' dhéanamh)*, "I cannot possibly (do it)". *Níl aon bhreith agam gan (é ' dhéanamh)*, "I cannot possibly not (do it)".

breith: "judgement". *Breith dáréag*, "judgement by a jury of 12 men".

breitheamh: "judge".

breithiúntas: "judgement", or *breithiúnas* in GCh.

breithním, breithniú: "to consider, examine"; *breathnaím, breathnú* in GCh. Pronounced /brʹenʹˈhiːmʹ, brʹenʹˈhuː/. However, *Seanachas Amhlaoibh* (p335) has *do bhreathnaíos. Breithniú ar scéal*, "to consider a matter".

breóite: "sick". Note that the traditional distinction between *breóite*, "sick", and *teinn*, "sore", is maintained in WM Irish. GCh only has the latter, spelt *tinn. Do buaileadh breóite é*, "he fell sick".

breóiteacht: "sickness".

brí: "meaning". This word is masculine here, but feminine in GCh. *An bhrígh* in the original text of Ch7 is adjusted to *an brí*, as *an brígh* stands earlier in the same sentence and all other instances of this word in the original text of *Mo Scéal Féin* are masculine. The LS edition of *Mo Scéal Féin* transcribes both *an brígh* and *an bhrígh* as *an brí* in this passage (see p20 therein).

Brianach (an Brianach): someone with the surname Ó Briain.

briogadán: "the pricky stump of a plant".

bríomhar: "strong, vigorous, powerful, forceful".

briseadh: "defeat". Also *briseadh catha* in the same meaning.

briste: "broken". *Aimsir bhriste*, "bad weather".

bróg: "shoe", with *bróige* and *bróig* in the genitive and dative.

broiceall: glossed in NIWU (p12) as "the poll and back of the head". The original text had *bhraiceal*, but the LS version of *Mo Scéal Féin* (p23) transcribes this as *vroiceal*, and *bhroiceal* is found in PUL's *Seanmóin is Trí Fichid* (Vol 2, p215), showing the pronunciation to be /brokʹəl/. *Broiceall* (<*breiceall*) is apparently a doublet of *preiceall*, "dewlap, double chin", but PUL's definition in NIWU and that given in CFBB (p38; compare also p180) show a distinction in meaning is made. See also the appendix to PSD's dictionary, where *braiceall* is glossed as "nape".

brollach: "breast, bosom". Pronounced /bərˈlɑx/ according to IWM §420, and spelt *borlach* in the original manuscript, albeit adjusted in the 1915 edition to *brollach*. PUL's *Cath Ruis na Rí for Bóinn* (p2) also has *borlach*. The LS version of *Mo Scéal Féin* (p18) transcribes *bhrollach* as *vorlàch*.

brón: "grief, sorrow". Note *is brón liom* in Ch18 with the copula.

brothall: "sultry heat".

brothallach: "warm, sultry", used in Ch11 here to describe a person and in Ch29 to describe a convivial dinner.

brú: "crushing", but also used in reference to a crush or closely packed crowd of people, as in *brú sagart* here.

Glossary

bruach: "bank, shore". *Ar bruach Abhann Móire*, "by the River Blackwater", with no lenition of the *b*. In NIWU (p144), PUL draws a distinction between *ar bruach na faraige* (so spelt), "on the sea-shore", and *ar bhruach na faraige*, "on the shore of the sea". The difference in nuance in such instances is slight.

bruíon: "quarrel". *Bruighean fíochmhar* stands in the original text of Ch17, but this has been edited here as *bruíon fhíochmhar*.

buacach: "lofty, towering, buoyant". *Go buacach* is generally translated as "in fine fettle", but at the end of Ch20 may be glossed as "spiritedly, vibrantly, unremittingly".

buachaill: "boy". *Buachaillibh* and *buachaillíbh* are both found in the dative plural here. *Buachaill aimsire*, "servant boy".

buailim, bualadh: "to strike". *Arbhar do bhualadh*, "to thresh corn". *Buailte amach*, "exhausted", literally "knocked out".

buailteóir: "thresher".

buile: "madness, rage". *Buile feirge*, "mad rage".

buíon: "group, company", with *buín* in the dative.

bun-os-cionn le: "at variance with". Pronounced /bin′iʃ k′u:n/ according to IWM §202, although a slender *n* is not shown in PUL's works and he may have had /bunəʃ k′u:n/.

bun: "bottom, base". *De bhun*, "in pursuance of, aimed at (a certain object)". *Bun an aeir*, "the horizon". *I mbun na hoibre*, "attending to/in charge of/engaged in the work". *'Sé ba bhun leis*, "he was behind it, he started it up".

bunadh: "origin", with the genitive, *bunaidh*, used as an adjective meaning "basic, original, fundamental, essential". Pronounced /bunə, bunig′/.

búntáiste: "advantage". Note the long vowel in the first syllable, /bu:n′ta:ʃt′i/. This word is feminine here, but masculine in GCh. *Níos mó búntáiste* in Ch27 could be translated "more advantageous concessions, better terms".

bunúsach: "solid, reliable, worthy".

cá/ca: "where?" *Ca bhfios?*, "who knows?", generally has two short vowels, /kavəs/. Similarly, *ca bhfuil?* has a short vowel too. Compare *Scéalaíocht Amhlaoibh Í Luínse*, which has *ca bhfios?* (p11) and *ca bhfuil?* (p20). Some of PUL's works use the spellings *ca bh'fhios* (*Lúcián*, p16) and *ca bhfuil* (*Lúcián*, p22). GCD indicates that *cá* is pronounced short in Corca Dhuíbhne Irish too when combined with the present tense of the verb *bheith* (see §533, where *cá bhfuil* can be /kavəl′/, /kal′/ or /koul′/).

cabhraím, cabhrú: "to help", used with *le*. Pronounced /kou′ri:m′, kou′ru:/.

cad 'na thaobh?: "why?", or *cén fáth?* in GCh. Pronounced /ka nə 'he:v/. *Cén fáth?* is not found in PUL's works, but *cad fáth?, cad chuige?, cad é an chúis?, cad fé ndeár é?, cad ar a shon?, cad uime?* and *cad* on its own (e.g. *cad ba ghá?*) are all attested.

cad é mar: "how", generally used in exclamations or rhetorical utterances, as in Ch24 here: *cad é mar athrú ag teacht sa tsaol!*, "what a change in the world was afoot!"

Glossary

caibideal: "chapter", or *caibidil* in GCh. PUL consistently uses the spelling *caibidiol* in his works, and so seems to have pronounced this word with a broad *l*, /kab'id'əl/, although a slender *l* is more common in other writers of WM Irish (*na caibidle* on the contents page of Diarmuid Ua Laoghaire's *An Bhruinneal Bhán* implies he had a feminine *caibidil* in the nominative singular), and a slender *l* is shown in all of the LS editions of PUL's works (e.g. *Eshirt*, p1). *Ar Caibideal,* "at chapter", as of priests convening.

caidhséar: "gullet", i.e. a stream issuing from a fence or a hole in the ground or river. Pronounced /kəi'ʃe:r/.

caileann: "calends; the first of the month". The genitive has a double *l*, *caille*, through assimilation of the *n* to the *l* (*cailne>caille*). Hence, *Lá Caille*, "New Year's Day", which is spelt in the original text *Lá Coille*. The original spelling with *oi* is retained, as it shows the pronunciation and was a traditionally accepted spelling of this word given in PSD (although *coille* may be confused with the genitive of *coíll*, "wood"). The nominative and genitive are accordingly pronounced /kal'ən, kil'i/.

cailleach: "old woman, hag", with *caillí* in the genitive, pronounced /ki'l'ax, kɑ'l'i:/.

caillim, cailliúint: "to lose; to spend", or *caillim, cailleadh* in GCh. *Cailliúint leis,* "to spend money on him/on it". *Cailliúint ar dhuine,* "to let someone down".

cailliúint: "loss". *Cailliúint aimsire,* "a waste of time".

cáin: "tax", with *cánach* in the genitive.

cainnt: "talk, talking", or *caint* in GCh. The traditional double *n* is shown here to indicate the diphthong, /kaint'/.

caíora: "sheep", or *caora* in GCh. The plural here is *caoire* (*caoirigh* in GCh) and the genitive singular *caeireach*. Pronounced /ki:rə, ki:r'i, ke:r'əx/.

caisleán: "castle", pronounced /kiʃ'l'ɑ:n/.

caismirt: "conflict, contention". Pronounced /kɑʃm'irt'/.

calma: "splendid", pronounced /kɑləmə/.

cam: "bend", pronounced /kaum/. *Cor in aghaidh an chaím,* "tit for tat; giving as good as you get", pronounced /kor ə nəin xi:m'/.

camastaíol: "crookedness, fraud", or *camastaíl* in GCh. It is generally the case that verbal nouns in *-aíl* (*-ghail* in the older spelling) have a broad *l* in WM Irish (see also *osnaíol*). The dative singular is also *camastaíol* (see *ar an gcamastaíol* in Ch25 here), as such nouns tend to be masculine in PUL's works.

camshúileach: "crooked-eyed; squinting", pronounced /kɑm-'u:l'əx/.

canad: "where?", or *cá háit?* in GCh.

canáil: "canal", with *canáile* in the genitive here, where GCh has *canála*.

canaim, canadh: "to chant".

canncar: "canker, anger, spleen", or *cancar* in GCh. The traditional double *n* is given here to show the diphthong, /kauŋkər/.

canncrach: "cantankerous", or *cancrach* in GCh. The traditional double *n* is retained here to show the diphthong: /kauŋkərəx/.

cannta: "chunk", or *canta* in GCh. The traditional *nn* shows the diphthong here: /kauntə/.

Glossary

canónach: "canon (in the church hierarchy)".
caoi: "opportunity", pronounced /ke:/.
caoineadh: "keening; lament".
caoinim, caoineadh: "to keen, lament", with *caointe* in the genitive of the verbal noun. *Bean chaointe*, "keening woman".
caoireóil: "mutton".
caol: "something slender; wrist, ankle". *Ceangal na gcúig gcaol*, "binding of hands and feet", and thus *ceangal na gcúig gcaol ar a n-aigne*, "intellectually crippled". In one passage in Ch3, *caol* refers to a strip of green pasture land. See the notes for Ch3.
capall: "horse". Note that the dative plural has a slender *l* in Cork Irish: *capaillibh*.
captaein: "captain". This word is found both as *captaen* and *captaéin* in the nominative singular in PUL's works. The slender *n* pronunciation seems preferable, as the word is a loanword the pronunciation of which is likely to mirror the English original and the English *n* is closer to the Irish slender *n*. The plural found in some of PUL's works is *captaeiní*. GCh has *captaen*, with a broad *n* in the singular and *captaein* in the plural.
cara: "friend; ally", with *caraid* in the dative singular and a long vowel in the plural, *cáirde*. Note that this was until recently a rare word in native Irish speech, as "friends", whether relatives or not, were generally *daoine muínteartha* (see PUL's comments in NIWU, p81). The context here (*'na charaid ag namhdaibh na hÉireann*) requires the use of *cara* and not *duine muínteartha*. Since PUL's day, the word *cara* has been adopted by modern speakers of Irish as a one-for-one equivalent of the English word "friend".
carra: "wagon; carriage", or *carr* in GCh. *Carra trucaileach*, "side-car".
carraig: "rock", with the plural here *carraigreacha* (and *carraigreach* in the genitive plural) where *carraigeacha* would stand in GCh. Pronounced /kɑrigʹ, kɑrigʹirʹəxə/.
carráiste: "carriage", pronounced /krɑːʃtʹi/.
Cárthach (an Cárthach): someone with the surname Mac Cárthaigh.
cás: "case". *An cás 'na rabhadar*, "the state they were in".
casaim, casadh: "to turn". *Casadh le*, "to endeavour to (do something)". *Castar orm é*, "I meet him".
casóg: "coat" (used in preference to *cóta* in WM Irish). *Fear na casóige deirge*, "a redcoat, a soldier in the British army".
casúr: "hammer".
cathain: "when?", pronounced /kəˈhinʹ/.
cathair: "city", with *cathrach* in the genitive. Pronounced /kɑhirʹ, kɑhərəx/.
cathaoir: "chair", with *cathaoireach* in the genitive. *Fear na cathaoireach*, "chairman". *Duine sa chathaoir againn*, "our chairman".
céad: "one hundred". The original text had *céad blian* in Ch15. This is retained here, in line with PUL's comments in NIWU (p50): "(1) *Fiche blian*, a score of years. (2) *Fiche bliain*, twenty years. In (1) *fiche* is a substantive, governing the gen. plu. *blian*. In (2) *fiche* is a numeral adjective, like *dhá* in *dhá bhliain*. Both forms are

Glossary

good Irish". Yet in other grammatical explanations that he gave, PUL was insistent that *fiche*, *céad* and similar numerals should take the nominative singular. In *Irish numerals and how to use them* (p11), he gave the example of *céad bean*. The genitive plural and nominative singular of first- and second-declension nouns are often identical, yet *céad bean* clearly shows that it is the nominative singular and not the genitive plural that is used. *Céad blian* with the genitive plural seems to be the only word so used (in the absence of attested examples with *fiche/céad* and words like *glúin* and *súil* that also have broadened genitive plurals), possibly because the frequency with which *bliain* is used with numerals may have given rise to well-known calcified usages..

ceanglaim, ceangal: "to bind, tie", or *ceanglaím, ceangal* in GCh. Pronounced /k′aŋəlim′, k′aŋəl/.

ceann-fé: "shame", or *ceann faoi* in GCh.

ceann: "head". *I gcionn/i gceann*, "at the end of, after (a period of time)", where *cionn* is an archaic dative; both forms are found in *Mo Scéal Féin*. *Fé cheann* also found here has a similar meaning ("by the end of"). *Ó cheann ceann den bhliain*, "from one end of the year to another". The use of *de* after *ó cheann ceann* was commented on by PUL in NIWU (p19), where he explained the phrase *ó cheann ceann den tír*, and said, "*ó cheann ceann na tíre* would not be correct. The full expression is, *ó cheann de'n tír go dtí an ceann eile de'n tír*. In *ceann na tíre* there is question of only one end, whereas in the text there is question, not of the country's end, but of two ends of the country. The genitive in this case is a partitive genitive". Yet FGB gives only *ó cheann (go) ceann na tíre* with *ceann* followed by the genitive case (see under *ceann*) and other speakers of WM Irish seem to accept the genitive here. See, for instance, *ó cheann ceann na bliana* in *Seanachas Amhlaoibh Í Luínse* (p99) and *ó cheann ceann na bliadhna* in Diarmuid Ua Laoghaire's *An Bhruinneall Bhán* (p123).

ceannaí: "merchant".

ceannann: "white-faced".

ceannas: "leadership, headship, authority".

ceannatha: "facial features", or *ceannaithe* in GCh. This was spelt *ceannacha* in the original text, but this word is pronounced /k′ə'nɑhə/, as stated by PUL in NIWU (p60).

ceannphort: "prelude; foreword".

ceannrach: "halter", or *ceanrach* in GCh. The traditional *nn* is preserved here to show the diphthong: /k′aurəx/.

ceap: "block, object", or "leader; body of men". *Ceap le céad*, "someone who could take on a hundred foes".

ceapaim, ceapadh: "to assign, appoint", with *ceapaithe* as the verbal adjective here where GCh has *ceaptha*.

ceárdaí: "artisan, craftsman".

ceárnach: "square".

ceathrar: "four people", pronounced /k′ahərər/.

Glossary

ceathrú: "fourth", pronounced /'k'arhu:/. *An ceathrú pingin*, "a quarter of a sum of money; every fourth penny thereof". Note the stress on the first syllable of *ceathrú* (and other ordinals), contrasting with the stress on the second syllable when *ceathrú* is a noun meaning "quarter; thigh".

ceathrú: "quarter; thigh", pronounced /k'ar'hu:/. *Ceathrú dheiridh*, "hind quarter", of an animal. With *ceathrúin* in the dative and dual.

céile: "partner, spouse", but used in phrases to create the meaning "each other". *As a chéile*, "one after another" (*aon dá lá as a chéile*, "any two days in a row"). *Seochas a chéile*, "compared with each other": *ní raibh aon cheart ag éinne seochas a chéile chuige*, "no one had more right to it than anyone else". *Ná a chéile*, "compared with each other", used in conjunction with a comparative: *ins gach cómhairle leó ba dhiamhaire agus ba dhiscréidí ná ' chéile*, "discussing with them things that were ever more obscure and secret". See also under *trí chéile*.

ceistiúchán: "interrogation, asking questions". This is a verbal noun, but listed in FGB only as a ordinary noun meaning "interrogation".

ceó: "fog, mist", with *ceóigh* in the genitive.

ceocu: "which? which of them?; whether". From *cé acu* or *cé'cu*, but pronounced /k'ukə/. Often followed by a relative clause.

ceólmhar: "musical, melodious", often used to describe someone's command of a language.

cheithre: "four", or *ceithre* in GCh. Pronounced /x'er'hi/.

chím, feiscint: "to see", or *feicim, feiceáil* in GCh. *B'fheárr liom é ná a bhfeaca riamh*, "I would rather that than anything in the world", literally "I would rather it than all I ever saw". Note the dependent autonomous form in the past tense, *feacathas*, as well as *feiceadh*, found in one passage in Ch15 here.

chómh: "as, so", pronounced /xo:/. *Chómh maith do dheineas*, "I did so; I did accordingly; that's exactly what I did".

chúig: "five", generally found lenited in WM Irish, other than in counting. Note *ceathair nú cúig de mhíltibh slí* in Ch2 here, where the context "four or five" calls for an unlenited variant (*a ceathair nú a cúig de mhíltibh slí* would have been possible here). *Chúig*, as with other numerals above two, is generally used with the plural of the noun in PUL's Irish, and is frequently used with lenition: cf. *chúig phúint* in Ch8 here. *Chúig bliana* is allowed to stand here, although *chúig bhliana* is frequently encountered in PUL's works.

chun: "towards". The combined forms of this preposition are distinctive in WM Irish: *chúm, chút, chuige, chúithi, chúinn, chúibh, chúthu*. GCh has *chugam, chugat, chuige, chuici, chugainn, chugaibh, chucu*. Note that *chúm* often means, somewhat elliptically, "coming towards me".

ciall: "sense". *Ciall cheannaigh*, "wisdom bought by experience". *Bhí ag dul dá chiall*, "he was losing his senses", where the dative singular, *chéill*, is not given. The dative singular feminine of nouns and adjectives is not always used in PUL's works. In the case of *ciall*, the phrase *i gcéill* is generally found in PUL's works, but other constructions with *ciall* tend not to decline the dative of this word.

ciapaim, ciapadh: "to harass, torment".

Glossary

cigire: "inspector". This is a word invented in an 18th-century dictionary through a misunderstanding, but now accepted in native Irish speech.

cimeádaim, cimeád: "to keep", or *coimeádaim, coimeád* in GCh. (The manuscript seems to have *cimeád*, being adjusted by Norma Borthwick to *coimeád*.) The GCh distinction (if FGB is to be believed) between *coimeád*, "keep", and *coimhéad*, "watch over", does not obtain in WM Irish. *Coláiste/scoil do chimeád suas*, "to keep up", in the sense of financing/maintaining, e.g. a college or school.

cíoch: "breast, pap", with *cíche* in the genitive and *cích* in the dative. Pronounced /kʹiːx, kʹiːhi, kʹiːh/.

cion: "share, amount". *Mo chion den obair*, "my share of the work". Pronounced /kʹun/.

ciontach: "guilty". PUL uses both *cionntach* and *ciontach* in his works, and IWM §401 shows the pronunciation can be either /kʹuːntəx/ or /kʹuntəx/.

ciotóg: "left hand". *An-urchar ciotóige*, "a great left hook".

ciscéim: "step", or *coiscéim* in GCh. *In aghaidh gach ciscéim* in Ch11 can be parsed either as a truncation of *in aghaidh gach ciscéime*, or as an instance where *gach ciscéim* stands as a bracketed-off noun phrase in the nominative absolute.

ciste: "chest, coffer; parish funds".

ciúmhais: "edge, margin", pronounced /kʹuːʃ/.

clabhtóg: "clout, a light rap with the knuckles", pronounced /klauʹtoːg/.

cladhaire: "rogue", pronounced /kləirʹi/.

claí: "fence". Note the plural here is *clathacha* (with *clathach* in the genitive plural), whereas *claíocha* is found in GCh. Consequently, the pronunciations /kliː, kləʹhɑxə/ could be recommended. GCD has /klɑhəxə/ in the plural in Corca Dhuíbhne (§277), but IWM §236 states that AÓL regularly shifted the stress in such words. The definition of *claí* is wider than the English word "fence": PUL glossed this in NIWU (p22) as "any sort of rampart of earth or of stones or of both".

claíomh: "sword", with *claimhte* in the plural. *Scéalaíocht Amhlaoibh Uí Luínse* (p16) and the LS version of PUL's *Séadna* (see *cluitiv* in *Shiàna*, p85, for *claidhmhtibh* in *Séadna*, p210) both show the vowel to be short in the plural: /kliːv, klitʹi/.

clais: "trench, furrow", with *clasa* in the plural here where GCh has *claiseanna*. Pronounced /klɑʃ/.

clampar: "wrangling", pronounced /klaumpər/. *Clampar dlí*, "a legal dispute".

clann: "children" (not "family"), with *clainne* in the genitive and *clainn* in the dative. Pronounced /klaun, kliŋʹi, kliːŋʹ/. *Clann mhac*, "sons". *Clann iníon*, "daughters".

clár: "board". *Clár éadain*, "forehead".

cleite: "feather; quill pen". *Is éadroma cleite ná é*: this appears to mean "you'll find sticking to your penmanship/schoolteaching a lot easier".

cliabh: "bosom, chest", with *cléibh* in the genitive. *Áthas cléibh*, "delight; joy in one's heart".

cliabhán: "cradle".

cliathán: "side, flank", pronounced /klʹiːˈhɑːn/.

Glossary

cliste: "clever". This word may be pronounced *gliste* in WM Irish, but the variant *gliste* is not given in PUL's works.

clisteacht: "cleverness, dexterity".

cló: "print, impression". *Cló den* Freeman's Journal, "a copy/edition of the *Freeman's Journal*".

cloch: "stone", with *cloiche* in the genitive and *cloich* in the dative/dual. Pronounced /klox, klohi, kloh/. Brian Ó Cuív argued in CFBB (p276) that a slender *h* should be transcribed at the end of words like *luaith* (/luəh′/). While the *h* itself is not palatalisable—and is usually absent, other than before a following vowel—the quality of the vowel preceding it is centralised and/or diphthongised. See also "Cloich, Cruaich and Similar Forms in Munster Dialects" by Diarmuid Ó Sé, in *Éigse*, Vol XXXVII, p123-133. This principle is not employed in this glossary.

cluas: "ear", with *cluais* in the dative.

cluigín: "little bell", pronounced /kli′g′i:n′/.

clúmh: "fur, down".

cluthar: "cosy, comfortable".

cnáib: "hemp; hangman's noose".

cnámh: "bone", with *cnámha* in the plural. Pronounced /knɑ:v, knɑ:/.

cnapóigín: "little lump, little hillock".

cneasta: "gentle, mild-mannered".

cnuc: "hill", or *cnoc* in GCh. Pronounced /knuk/. Similarly, *cnucán*, "hillock", for *cnocán* and *cnuicín* for *cnoicín*.

cóadiútor: "co-adjutor priest, curate", the assistant of a priest holding a benefice. FGB has an entry for *cóidiútar*, but PUL's spelling here indicates this word had not been nativised in his day (and it is difficult to believe that this word has been nativised even today), and he was simply using a word more frequently used in the Roman Catholic hierarchy in its English/Latin form. *Curáideach* is also given in FGB for "curate".

cóbach: "coward, churl", or *caobach* in GCh. PUL stated in NIWU (p23): "*Cóbach*, a coward. *Cladhaire* is sometimes translated 'coward'. This is not correct in Munster. *Cladhaire* means a rascal, a treacherous fellow".

codlaim, codladh: "to sleep", or *codlaím, codladh* in GCh. Pronounced /kolim′, kolə/. The preterite given in Ch11 here is *choidil*, with a slender *d*. PUL generally writes *chodail*, but *choidil* is also found in PUL's *Sgothbhualadh* (p86) and *Lughaidh Mac Con* (p2). Note the genitive of the verbal noun, *codlata*. PUL commented on *ag dul chun codalta* (so spelt) in *Mion-chaint, Cuid a III* (p46), "this word is also very generally pronounced *codlata* with the *d* silent. It is the easier of the two to pronounce".

cogar: "whisper". As an interjection, "listen! here! a word with you!"

cognarnach: "whispering". Note that as a feminine verbal noun, the dative is *ag cognarnaigh*, /ə kogərnig′/. This distinction is not observed in GCh.

coigríoch: "stranger", or *coigríochach* in GCh. Pronounced /kog′i′r′i:x/.

coilg-sheasamh: '*na choilg-sheasamh*, "bolt upright", or *ina cholgsheasamh* in GCh. Pronounced /nə xil′ik′-′asəv/.

271

Glossary

coímhdeacht: "accompaniment". *Diabhal coímhdeachta*, "an evil genius" (the opposite of *aingeal coímhdeachta*, "a guardian angel"). Pronounced /kiːnlʹəxt/ according to IWM (see the note to §409); this pronunciation is not shown in PUL's works.

coímheascar: "struggle, mêlée". Pronounced /kiːskər/.

coimirce: "protection, patronage". PUL used the older spelling *comairce* in the original, but this has been adjusted to *coimirce*, the form accepted in GCh. IWM shows the pronunciation to be /kimʹirkʹ/, with loss of the final vowel (see the note to §351). *Fé choimirce*, "under the patronage of".

coínleach: "stubblefield".

coínlín: "cut cornstalks; stubble".

coinne: "meeting". *'Na coinnibh ar an mbóthar*, "towards her, coming in the opposite direction towards her/to meet her on the road". *Cur i gcoinnibh ruda*, "to oppose something". *Cur i gcoinnibh* is fully substantivised in *ní raibh aon chur 'na choinnibh ag éinne*, "there was no opposition from anyone".

coinníoll: "condition"; with *coinníll* in the dative. This word is pronounced /kiʹnʹiːl/, as if with a single medial *n*, reflecting a tendency to eschew /ŋ/ following an earlier guttural consonant in the word.

coínsias: "conscience", pronounced /kiːnʃəs/.

coir: "crime", pronounced /kirʹ/.

cóir: "equipment, means; proper provision". *Cóir a chur ar dhuine*, "to provide for someone, give him accommodation/treatment". *Cóir chodlata*, "sleeping accommodation".

coirce: "oats", pronounced /korkʹi/.

coire: "cauldron", pronounced /kirʹi/. It's possible that this word, transcribed by PUL from a poem in Ch14, should really have been *coirm*, /kirʹimʹ/, "ale drunk during a feast".

coirim, cor: "to tire, exhaust", pronounced /korʹimʹ, kor/. The verbal adjective, given here, is *cortha (de rud)*, "tired (of something)".

cois: "besides", originally the dative of *cos*. *Lena chois*, "along with him". Pronounced /koʃ/.

cóiste: "coach, carriage". Note *ar an gcóiste* here. PUL elsewhere has *sa chóiste* (see *Don Cíochóté*, p68ff).

coiteann: "common, general".

coitianta: "regular, habitual". Pronounced /koʹtʹiəntə/.

coitiantacht: "the general run of things; people in general". *Thar an gcoitiantacht*, "out of the ordinary, beyond the norm". Pronounced /koʹtʹiəntəxt/.

col: "impediment".

coladh grífin: "pins and needles". According to IWM §205, this is pronounced /kolə krʹiʹfʹiːnʹ/. Spellings of both *colgrífín* and *codla crífín* were found in the manuscript.

coláiste: "college", pronounced /klɑːʃtʹi/.

coláisteánach: "collegian, college student", pronounced /klɑːʃtʹɑːnəx/.

Glossary

colan: "heifer". This word is given in FGB as *colann*, but was traditionally spelt *colan* (see PSD), and the introduction of a second *n* confuses this word with *colann*, "body". A single *n* is preferable, in WM Irish at any rate, as the genitive singular in WM Irish is not the *colainne* of GCh, but *colain*, with /n'/ and not /ŋ'/, requiring the single *n* spelling: see NIWU, p24, where PUL states the genitive to be *colain*. He also states that the nominative plural of this word is "*colna* (pron. *colla*)". The dative plural here is *c(h)ollaibh*, incorrectly edited by Norma Borthwick in the 1915 edition as *c(h)olanaibh*.

    Colan is masculine in PUL's Irish, as stated in NIWU, thus providing a point of distinction with the feminine word *colann*—see the following entry for *colann*, which is found as *colainn* in GCh. The nominative plural of *colann*, "body", doesn't appear to be attested in PUL's works; this rare form would possibly also be *colla* (compare the somewhat theoretical GCh form *colainneacha*), although *cuirp* would seem preferable in most contexts. Note that the dative plural of *colann* is spelt *colanaibh* in PUL's works (see *na sgáileana so a dheinean solus na gréine ó n-ár gcolanaibh* and *ná sgaraid siad choidhche le n-ár gcolanaibh* in *Lúcián*, p94). DIL has *collaid* for "heifer" and *colainn*, with a note saying that this later became *colann*, for "body".

colann: "body", with *colainn* in the dative, which form is used in GCh. See *colan* above for further discussion.

colm: "dove", a word that has been largely replaced by *colúr* in WM Irish. Pronounced /koləm/. Both PSD and FGB have a slender *l* in the genitive (and therefore vocative) of this word (*cuilm* and *coilm* respectively), but PUL consistently writes a broad *l* in the genitive (*coluim*), both for the noun itself and for the related personal name Colm. The vocative/genitive is therefore pronounced /kolim'/ (or, with the vocative particle, /xolim'/).

colúr: "pigeon, dove", pronounced /klu:r/.

comáinim, comáint: "to drive", or *tiomáinim, tiomáint* in GCh. Both *comáinim* and *tomáinim* (with a broad *t*) are found in WM Irish. *Do chomáineadar an dlí ar siúl*, "they set the law in motion". *Chomáin sé leis*, "he carried on".

cómh-aimsir: "the same time", pronounced /ko:-aimʃir'/. *Lucht a chómh-aimsire*, "contemporaries of his".

cómh-chruínn: "perfectly round, spherical", pronounced /ko:-xri:ŋ'/.

cómhacht: "power, authority", or *cumhacht* in GCh, pronounced with a long *o* in WM Irish: /ko:xt/. *Cómhachta Shasana*, "the English (British) authorities", where *cómhachta* is nominative plural, contrasting with *cumhachtaí* in GCh.

cómhaireamh: "count, calculation", pronounced /ko:r'əv/.

cómhairím, cómhaireamh: "to count", or *comhairim, comhaireamh* in GCh. Note the preterite here, *do chómhairimh*, reflecting a general tendency in WM Irish for the preterite to have *-mh* rather than *-gh* where the verbal noun ends in *-mh* (compare *sheasaimh*). Pronounced /ko:'r'i:m', ko:r'əv, də xo:r'iv'/.

cómhairle: "advice", pronounced /ko:rl'i/.

cómharsa: "neighbour", pronounced /ko:rsə/. This is a feminine word, even when referring to a male neighbour. The plural here is *cómharsain* where GCh has

Glossary

comharsana. Note the genitive (singular and plural) *cómharsan* and the dative singular *cómharsain*.

cómharsanacht: "neighbourhood, vicinity", pronounced /ko:rsənəxt/.

cómhartha: "sign". *Dá chómhartha san féin,* "similarly, by the same token, as confirmation of that". Pronounced /ko:rhə/.

cómhchalán: "pattern (a gathering around a holy well)", or *comhthionól* in GCh. The spelling *cómhchalán* was shown in the original, but CFBB (p69) gives the pronunciation as /ko:hələ:n/.

cómhra: "coffin", or *cónra* in GCh, with *cómhrainn* in the dative, pronounced /ko:rə, ko:riŋ'/.

cómhrac: "fight, fray", pronounced /ko:rək/.

comrádaí: "comrade". Pronounced /kumə'rɑ:di:/.

cóngar: "short cut". *Cóngar a dhéanamh,* "to take a short cut". *I gcóngar dom,* "close to me".

cóngaracht: "nearness, proximity". *Sa chóngaracht,* "in the vicinity".

connradh: "agreement; league/association", or *conradh* in GCh. The double *n* shows the long vowel, in line with the pronunciation /ku:rə/ given in CFBB, p80 (AÓL had /ku:rəv/). However, this word was reintroduced in Munster Irish in modern times, most frequently in the proper noun *Connradh na Gaelainne*. As the pronunciation of a word reintroduced in the modern period is unlikely to fully reflect dialectal phonology, /kunərə/ could be recommended in the proper noun *Connradh na Gaelainne*.

cor: "throw, cast". *In aon chor,* "at all", pronounced /ə'ne:xər/. *Cor a thabhairt do dhuine,* "to treat someone in a certain way". *Cor a chur díot,* "to stir, move". *Ní chuirfidh an cás cor eile dhe,* "the case will proceed no further".

córach: "well-shaped; well-proportioned".

cordon: the English word "cordon" is given here. *Tródam* is recommended in this sense in FGB.

coróinn: "crown" (including in the monetary sense of five shillings in predecimal coinage), or *coróin* in GCh, pronounced /kro:ŋ'/, with *coróinneach* in the genitive. *An Choróinn Mhuire,* "the Rosary". *Coróinn fén bpúnt,* "five shillings in the pound; 25% of a sum of money".

corp: "body". *An Corp Naofa,* "the Host, the Eucharist".

corrabhuais: "uneasiness, embarrassment".

corraím, corraí: "to move, stir" in both transitive and intransitive senses. *Do chorraigh mo chuid fola,* "I felt a stirring of the blood", as when moved to sudden anger.

corrán: "jaw; sickle, reaping hook", pronounced /krɑ:n/.

cos-ar-bolg: "brutal oppression". Note this word is generally masculine here—in line with the grammatical rule whereby the final unit of a compound word governs the gender—but is feminine in one instance in the 1915 edition (*an chos-ar-bolg* in Ch25, but *an cos-ar-bolg* in chapter 1 and 15), being adjusted in this edition to *an cos-ar-bolg*. Pronounced /kos er boləg/.

Glossary

cos-lomrachta: "barefoot", or *cosnochta* in GCh, pronounced /kos-lomərəxtə/. Also found in WM Irish as *cosnochtaithe*.

cos: "foot", with *cois*, /koʃ/, in the dual/dative. *Cos ar chois*, "step by step". *Lena chois*, "along with him". *Ar cos in áirde*, "at a gallop". Note that the dative/dual, *cois*, is normally pronounced /koʃ/, but the phrase *'na chuis*, "on foot", is pronounced /nə xuʃ/ (see CFBB, p286).

cosnaim, cosaint: "to defend". This would be *cosnaím, cosaint* in GCh and CFBB (p68) also has *cosnaím*. Pronounced /kosnim'~kos'ni:m', kosint'/. *Do chosnadar an dlí*, "they defended the lawsuit". *'Om chosaint orthu*, "defending me from them". *Obair chosanta na Gaelainne*, "the defence of the Irish language".

costas: "cost". *Mórán costais*, "great cost". *Tuilleadh costais* is worth noting in Ch27; this would be "more costs" (more legal costs, in the context given) in English. Yet a plural (*costaisí*?) is not attested in PUL's works, and it seems this word is usually best used in the singular in Irish.

costasúil: "expensive, costly", or *costasach* in GCh.

cosúlacht: "resemblance, likeness". This is pronounced /kosvələxt~ko'su:ləxt/ in WM Irish.

cothrom: "a sufficiency of something". *Cothrom uisce*, "supply of water". Pronounced /korhəm/.

cráite: "pained, tortured".

crampa: "cramp", pronounced /kraumpə/.

crapaim, crapadh: "to shrink". The verbal adjective is *crapaithe* here, where GCh has *craptha*.

creach: "ruin, loss". *A chreach láidir é!*, "I am ruined!"

creachaim, creachadh: "to plunder, despoil".

crích: "end, fate; territory, region", or *críoch* in GCh, which retains the historical nominative. Pronounced /kɾi:(h)/. *Duine ' chur i gcrích*, "to get someone settled in life" (including in the sense of marrying off a daughter). *An chrích a rug é*, "how he ended up, what became of him". *B'é crích an scéil é (go)*, "the upshot was (that), the final result was (that)".

criostal: "crystal". *Chómh glan le criostal*, "as clear as crystal".

crith: "trembling". *Crith chos agus lámh*, "trembling in all the limbs", a phrase always so given in PUL's works, with lenition on the word *cos*. The Four Masters of Ballyvourney accepted this phrase in PUL's *Séadna*, but suggested as an alternative *crith cos agus lámh*, without lenition (*An Músgraigheach*, Uimhir a 2, Fóghmhar 1943, p8).

cró: "byre". *Cró beithíoch*, "cowshed".

croch: "the gallows".

crochaire: "hangman; villain".

croí: "heart". The plural *croíthe* is accepted here, but *crathacha* was also found in WM Irish.

croiceann: "skin", or *craiceann* in GCh. Pronounced /krek'ən/ or /krok'ən/ in traditional WM Irish.

croithim, crothadh: "to shake", or *croithim, croitheadh* in GCh.

Glossary

cromaim, cromadh: "to stoop, bend down". *Ar a chromadh*, "bending over", a phrase found in AÓL's Irish as *ar a chromara*.
cros: "cross", with *cruise* in the genitive and *cruis* in the dative. Pronounced /kros, kriʃi, kriʃ/.
crosaire: "crossroads".
crosta: "crosswise". *Tháinig bóithrín crosta air*, "a lane cut across it".
crot: "appearance". This word is distinguished from *cruth*, "form, shape", although the difference is not made in GCh. See also under *cuma*.
crua-chás: "predicament, dilemma".
crua-chíosa: "rackrents".
cruach: "heap, stack". *'Na chruachaibh*, "in heaps".
cruaidh: "hard, severe", or *crua* in GCh. Pronounced /kruəg′/ in WM Irish. The plural, originally spelt *cruadha*, is edited as *crua* in this edition.
cruiceóg: "beehive, cone", or *coirceog* in GCh.
cruinne: "world, globe".
cruinnithe: "gathered", and by extension "pithy, to the point".
cruinnitheacht: "pithiness".
cruinniúchán: "an act of gathering", and, by extension, "a gathering, a meeting".
cruithneacht: "wheat", with *cruithneachtan* in the genitive where GCh has *cruithneachta*. Pronounced /kriŋ′ˈhɑxt/.
cú: "dog", especially a greyhound, with *con* in the genitive. *Fiacal chon*, "a hound's tooth" (see under *Proverbs and sayings*).
cuaird: "visit", or *cuairt* in GCh, with *cuarda* in the genitive where GCh has *cuairte*.
cuallacht: "company, band". *Cuallacht Íosa*, "the Society of Jesus", the formal name of the Jesuit organisation.
cuí: "fitting, proper".
cuid: "share, portion". The genitive is *coda*, often losing its final vowel. *Fiacha a gcod' fola*, "the price on their heads", a phrase that illustrates the use of *cuid* to denote possession.
cuideachta: "company, the people present". PUL's spelling indicates a pronunciation of /ki'd′axtə/, but /ki'l′axtə/ is also found (see IWM §409); that the pronunciation with /l/ is more common in Munster Irish today is indicated in GCD §253 (the Corca Dhuíbhne pronunciation is /kl′axtə/).
cuideachtanas: "company", pronounced /ki'd′axtənəs~ki'l′axtənəs/. CFBB (p75) shows that, whereas some Muskerry speakers used an *l* in this word, more careful speakers such as AÓL kept a *d* here. PUL explained the difference in nuance between this word and *cómhluadar* in a letter to Risteárd Pléimeann dated February 27th 1918, catalogued under G1,277 (1) in the Shán Ó Cuív papers held in the National Library of Ireland: *i gcómhluadar a chéile* means "in each other's company", whereas *i gcuideachtanas a chéile* places more stress on the enjoyment of each other's companionship.
cúige: "province", often losing its final vowel, as in *cúig'* in Ch1 here.
cúiléith: "ligament at the back of the neck; power of reflection, a good mind". Pronounced /ku:'l′e:h/.

Glossary

cuireadh: "an invitation", pronounced /kir′i/.

cuirim, cur: "to put; sow". The autonomous forms of this verb are edited as *curfí* and *curtí* here, as PUL was generally consistent in his use of *cur-*; these would be *cuirfí* and *cuirtí* in modern-day WM Irish. PUL wrote in a letter to Risteárd Pléimeann dated December 21st 1917, catalogued under G1,277 (1) in the Shán Ó Cuív papers held in the National Library of Ireland, "I say *curfí* with *r* broad and *f* slender, or *cuirfí*, with *r* and *f* slender. I could never say *curfaí*. I must have the *f* always slender". The single instance of *sar a gcurfadh* in the original text of Ch29 is edited here as *sara gcuirfeadh*, in line with the majority usage of PUL's works. Note that the verbal noun is often pronounced /kir′/, but tends to be /kur/ when it means "to sow", e.g. of potatoes here (*ag cur phrátaí*), as indicated in GCD (§564) for the similar Munster dialect of Corca Dhuíbhne. (This statement regarding the pronunciation of *cur* when it means "to sow" aligns well with the evidence on AÓL's Irish in *Seanachas Amhlaoibh*, at least where the subsequent object begins with a broad consonant, as *ag cur choirce*.) *Rud do chur ort*, "for something to affect you adversely", used, for example, of a stomach complaint here. *Gan aon namhaid ag cur orthu*, "with no enemy troubling them". *Guth a chur asat*, "to let out a sound". *Cur chun*, "to set about (doing something)". *Cur de*, "to accomplish something, get through it, get it done": *do chuireas an cnuc (suas) díom*, "I went on up the hill". *Rud do chur rómhat*, "to aim to do something". *Duine ' chur amach (as áit éigin)*, "to turn someone out, evict him". *Duine ' chur amú*, "to lead someone astray". *Duine ' chur ag déanamh ruda*, "to get someone to do something". *Le cur*, "to let", of a property.

cuirpeach: "malefactor, villain", or *coirpeach* in GCh. Pronounced /kir′ip′əx/.

cúis: "cause, reason", but also used in reference to a court case.

cuisle: "forearm, wrist; arm", with the plural *cuisleanna*, where GCh has *cuislí*. Pronounced /kuʃl′i/.

cúitím, cúiteamh: "to compensate, requite". *Ag cur 's ag cúiteamh*, "to argue, weigh the pros and cons".

cúl le cine: "contrary to one's heritage, non-traditional, against the race", referring adjectivally in Ch1 to a name not previously found in a family tree and, by extension, to a non-Gaelic name.

cúl-chraos: "back of the throat".

cúl: "back", especially the back of the head.

culaith: "suit", pronounced /klih/. *Culaith pholiceman*, "a police uniform".

cúm: "coomb, mountain recess", or *com* in GCh.

cúm: "waist", with *cuím* in the genitive. This is *coim* (with *coime* in the genitive) in GCh.

cuma: "appearance, form". *Ar aon chuma*, "anyway", pronounced /er′ e: xumə/. *Pé cuma*, "however, in whatever way". *Is cuma nú watch é*, or *is cuma é nú watch*, "it is just like a watch". *Is cuma dho*, "it's all the same to him, it makes no difference to him". *Is cuma liom*, "I don't care/I don't mind". *Is cuma liom sa diabhal*, "I don't give a damn". *Cuma* also means "a good appearance" in *ní*

Glossary

fhéadfainn-se blas ná cuma ná crot ' fháil air sin, meaning, approximately, "that didn't look good to me".

cumaim, cumadh: "to form, shape; to compose (of verse or of a song)". Conjugated forms of this verb that are either monosyllabic or where the *m* precedes a consonant have a long *u* in WM Irish: *do chúm, cúmfad, cúmtha*, /də xu:m, ku:mhəd, ku:mhə/.

cumann: "association, society". *An Cumann chun na Gaelainne do chimeád beó*, "the Society for the Preservation of the Irish Language", founded in 1876.

cumar: "ravine, hollow".

cúmparáid: "comparison", or *comparáid* in GCh. Pronounced /ku:mpɑrɑ:d'/.

cúmpórd: "comfort", or *compord* in GCh.

cúmtha: "well-formed, handsome", pronounced /ku:mhə/. GCh has *cumtha*, but many conjugated forms of the verb *cumaim, cumadh* have a long /u/ in WM Irish (see under *cumaim*). *Dea-chúmtha*, "well-built, attractive".

cúntae: "county", or *contae* in GCh. Pronounced /ku:n'te:/.

cúntar: "counter", as in a shop. GCh has *cuntar*, but the long vowel in the first syllable is shown in PUL's spelling.

cúntas: "account", or *cuntas* in GCh. *Leabhar an chúntais*, "the account-book, ledger".

cúntúirt: "danger", or *contúirt* in GCh.

cúpla: "couple", pronounced /ku:pələ/, used with the nominative singular. *Cúpl' uair sa tseachtain* shows loss of the final syllable of *cúpla* before a vowel.

dá, dhá: *dá* and *dhá* are combinations of the preposition governing the verbal noun and a third-person pronoun object. PUL used *dá* in passive senses (*dá dhéanamh*, "being done") and *dhá* (*'ghá* in the original) in a transitive context (*dhá dhéanamh*, "doing it"). Where the latter is given in the original as *'á*, this has been edited here as *á*. Both would be likely to be written *á* and pronounced /ɑ:/ by later speakers of the WM dialect, and *á* is also the usage of the GCh in both meanings.

dá: "if", but often with the additional nuance of "even if", as in *an cíos d'fháscadh astu dá bhfáisctí an t-anam astu in éineacht leis* in Ch27 here.

dabht: "doubt", pronounced /daut/. This word is generally *dabht* in *gan (aon) dabht*, "without (any) doubt", but *dabhta* is also found in PUL's works (e.g. *ní dhéanfainn dabhta dhe* in *Séadna*, p116).

daichead: "forty" pronounced /dɑhəd/. Where *dachad blian* was found in the original text, this has been accepted; see under *céad* for discussion of the appropriate case.

daingean: "garrison, fortress". *Talamh gan daingean*, "unenclosed land".

dáiríribh: "actually, really", or *dáiríre* in GCh. PUL stated in NIWU (p35) that "in earnest" is *dáiríribh*, not *i ndáiríríbh*, although the latter form is given in PSD as a variant. Yet at least one instance of *i ndáiríribh* is found in PUL's works, *iad 'á labhairt i sult agus i bhfeirg, i magadh agus i ndáiríríbh, i n-aighneas agus i síothcháin* in *Sgothbhualadh* (p21), where the context is slightly different, and the

Glossary

phrase means not "in earnest, actually, seriously", but rather "in circumstances where you are in earnest/serious".

daitheacha: "rheumatism". IWM §236 shows the pronunciation to be /dɑhəxə/, but adds that AÓL preferred /də'hɑxə/. This word is etymologically the plural of *daigh*, "pang, pain", although CFBB (p83) shows there is back-formation of a new singular *dathach* in WM. PUL's *Cómhairle Ár Leasa* has *Ca bh'fhios duit 'ná go mbrisfadh an gad, nú go sgoilfadh an buailteán, nú go dtiocfadh dathach i gcuislinn an bhuailteóra?* (p24).

daor-aicme: "unfree class", one of the social classes into which the ancient Irish population was divided (the others being *an t-aos dána*, the professional class, and *an saor-aicme*, the free class). The *daor-aicme* included slaves, prisoners of war and descendants of prisoners of war.

daor-bhreith: "conviction; condemnation; harsh sentence". The plural of *breith* is generally *breitheanna*, but we find *le daor-bhreithibh dlí*, "with harsh judicial sentences", in the dative plural here, from an older plural *breithe*, reflecting a tendency for dative plurals to eschew formation from later weak plural endings such as *-anna*.

daor-smacht: "oppression, bondage, tyranny".

dar fia!: "by Jove!" *Fia* means "Lord, God", but the word was frequently confused with the word *fia*, meaning "deer"—the former was *fiadha* and the latter *fiadh* in the older script—producing the Hiberno-Irish form, "by the deer!"

dáréag: "twelve (people)", pronounced with a broad *r*, /dɑːriag/ (LASID, p158, question 358b). This is given as *dháréag* in FGB.

dásachtach: "daring, audacious, presumptuous".

de: "of, from". This simple preposition is pronounced in the same way as *do* in WM Irish, /də/, and the two prepositions are therefore often confused in PUL's works, but it has been thought better to edit these with the historically correct prepositions, as they would stand in GCh. PUL was particularly insistent on writing *do réir*, which he held was either pronounced /də reːrʹ/ or /dʹrʹeːrʹ/—in other words, the slender *d* only appeared when run together as a single word. This has been edited as *de réir* here. The alignment of *do* and *de* in pronunciation only applies to the simple preposition; the prepositional pronoun *de* is pronounced /dʹə~dʹi/.

dea-aigeanta: "right-minded; well-intentioned", pronounced /dʹa-'(h)agʹəntə/. It is worth noting that CFBB (p83) shows that AÓL had no intervening consonant between the prefix *dea-* and a following vowel, whereas Eibhlís, Bean Sheáin Uí Chróinín, inserted an *h*; the example given there relates to the pronunciation of *dea-eólas*.

dea-chroíoch: "good-hearted".

dea-shláinteach: "in good health".

déag: the "teen" suffix. *Déag* is lenited after a singular noun ending in a vowel (*sé dhuine dhéag*). Compare *trí bliana déag*, where *bliana* is plural. *Déag* is eclipsed in the genitive plural following a noun that is also eclipsed: *garsún cheithre mblian ndéag*.

Glossary

dealbh: "destitute, poor", pronounced /d′aləv/.

dealg: "thorn", pronounced /d′aləg/.

deallraím, deallramh: "to appear", or *dealraím, dealramh* in GCh. The traditional *ll* is given in the editing here, indicating the diphthong; the original text contains spelling such as *dheabhróch'*, showing deletion of the *l* after the diphthong: /d′au'ri:m′, d′aurəv/. *Do dheallródh an scéal (go)*, "it would appear (that)".

deallramh: "appearance; likeness", or *dealramh* in GCh. Pronounced /d′aurəv/. *Deallramh a bheith ag rud le rud eile*, "for something to look like something else". *A dheallramh*, "the appearance of it, the way it appeared to do so". *Deallramh daonna*, "human appearance".

dealús: "destitution". *Dealús aigne*, "intellectual impoverishment".

déanamh: "making, structure, form". *Chómh cúmtha chómh córach san 'na dhéanamh*, "so handsome and well-built". *Déanamh na ndlithe*, "the ability to make the laws, the power of legislation".

dearbhaím, dearbhú: "to affirm, swear, attest". *Dearbhú ar dhuine*, "to testify against someone". Pronounced /d′arə'vi:m′, d′arə'vu:/.

dearg-bhuile: "rage, fury", pronounced /d′arəg-vil′i/. *Ar deargbhuile*, "raging mad, furious".

dearg: "red", with *deirge* in the genitive, pronounced /d′arəg, d′er′ig′i~d′ir′ig′i/.

dearúd: "mistake", or *dearmad* in GCh. *Dearúd a dhéanamh*, "to make a mistake".

deasca: "gleaning; result". *Dá dheascaibh sin*, "for that reason, as a consequence of that".

deatach: "smoke". CFBB (p272) shows this is pronounced /də'tɑx/, with a broad *d*. However, the word is consistently written with a slender *d* in PUL's works.

deichniúr: "ten people", pronounced /d′en′'hu:r/.

deifríocht: "difference", or *difríocht* in GCh. The pronunciation shown in CFBB (p85) is /d′efə'ri:xt/, but the original spelling here was *deifrigheacht*, and it seems possible that PUL had a slender *r* in this word, where AÓL had a broad *r*. This is supported by the transcription of *dheifríocht* in the LS version of Ch12, *ghefirìocht* (p36).

deighleáil: "dealing, transaction", or *déileáil* in GCh. Pronounced /d′əi'l′a:l′/.

deighlim, deighilt: "to separate", pronounced /d′əil′im′, d′əihl′/. *Rudaí do dheighilt amach ó rudaí eile*, "to separate things out from other things".

deimhin: "certain, sure", pronounced /d′əin′/.

deimhním, deimhniú: "to prove", pronounced /d′əi'n′i:m′, d′əi'n′u:/.

deimhnitheach: "certain", or *deimhneach* in GCh, used with *de*. Pronounced /d′əin′ihəx/.

deinim, déanamh: "to do, make", or *déanaim, déanamh* in the GCh. *Déanamh ar*, "to head for, make for": *ag déanamh ar bheith aon bhliain déag*, "getting on for eleven years of age, coming up to eleven". *Déanamh duit féin*, "to fend for yourself". *Déanamh le rud*, "to make do with something". *Déanamh amach*, "to make out, figure out". *Ag déanamh amach ar uair an mheán oíche*, "getting on for midnight". *Déanamh suas*, "to raise", of money.

déirc: "alms, charity", with *déarca* in the genitive.

Glossary

deireadh: "end". *Dul chun deiridh*, "to fail, to fall behind". *Gan bheith aon leathphinge chun deiridh*, "not to be out of pocket". *Fé dheireadh thiar thall*, "at long last". *Cosa deiridh*, "back legs". Pronounced /der′i, der′ig′/.

deirim, rá: "to say". Note that in the combinations *á rá, a rá, do rá* the *r* may be slender, /ɑː r′aː, ə r′aː, də r′aː/. Such pronunciations are indicated in the LS versions of PUL's works, but indication of a slender *r* does not form part of either the classical or modern orthographies. The past-tense forms are edited here as *duart, duairt sé, dúradh*, (generally *dúbhart, dúbhairt* and *dúbhradh* in the original). *Dúbhrais* in Ch26 is edited as *dúraís*, in line with the majority usage in PUL's works. The past subjunctive form *abrainn* found here is pronounced /ɑbəriŋ′/ (*dá n-abrainn-se*). Also note *dá n-abarthí*, "if it were said". Outside of the subjunctive, the imperative and the indirect relative (see *san áit 'na n-abradh Eibhlín* "*Mo ghrá go daingean tu!*" in Ch28 here), PUL does not use the dependent forms in *ab(a)r-*. Use of *a rá go* is often counterintuitive to English speakers: *bhí sé ar buile, a rá (go)*, "he was furious to think (that), to consider (that)"; *nách ait an scéal a rá ná féadfí gnó ' dhéanamh ar shlí ná fágfadh ar chumas aon* informer *dochar a dhéanamh do?*, "isn't it odd that (odd to think that/consider that) the business could not be done/have been done in a way that did not give any informer the ability to ruin it?" *Mar adéarfá*, "so to speak; something like".

deirineach: "last, final", or *deireanach* in GCh. A number of spellings of this word exist: PUL's spelling indicated it was pronounced /d′er′in′əx/, whereas AÓL is believed to have had /d′er′ənəx/. PUL explained in NIWU (p38) that *deirineach* means "final", whereas *déanach* means "late". However, the distinction is not always clear. Note in Ch17 how *tamall beag deirineach* stands alongside *déanach chun an Aifrinn* in the same context.

deisbhéalaí: "wit, repartee".

deiseacht: "niceness, elegance".

déistineach: "disgusting, nauseating", or *déisteanach* in GCh.

deocair: "difficult", or *deacair* in GCh. Pronounced /d′okir′/, with the comparative *deocra, deacra* in GCh, pronounced /d′okərə/.

deoch: "drink", with *digh* in the dative (although the dative is not always given; see *ó gach deoch meisciúil* in Ch21 here, where the failure to decline the noun in the dative may be explained by its standing in a longer noun phrase). *Deoch* is generally masculine here, but feminine in GCh. See, for example, *deoch breá* and *deoch meisciúil* (the latter repeatedly) here. The single instance of *deoch mhaith* in Ch19 here—the single identifiable instance in PUL's published works where the noun appears to be feminine—has been corrected to *deoch maith*, in line with the majority usage in PUL's works. See also *an díghe* (not *na díghe*) in the genitive in PUL's novel *Séadna* (p231).

deóir: "tear", with *deóracha* in the plural here, where GCh has *deora*.

desc: "desk", or *deasc* in GCh. As this is a loanword, PUL's spelling of this word (*desganaibh*, edited here as *descannaibh*) does not need to adhere to Irish spelling

Glossary

rules: the spellings *deisc* or *deasc* fit the Irish orthography, but yield the wrong pronunciation in both cases. Pronounced /dʹesk/.

diabhal: "devil", pronounced /dʹiəl/. The writing out of this word in imprecations was traditionally avoided as in *go mbrisidh an D---l do chosa, mar asal!* in Ch12 here. See under *coímhdeacht*.

diablaí: "diabolical", or *diabhlaí* in GCh, pronounced /diəb(ə)ʹliː/. The original spelling here was *díoblaídhe*.

diacht: "theology, divinity".

diagacht: "theology, divinity".

diaidh: "wake, rear", pronounced /dʹiəgʹ/. The *-dh-* ending is not always pronounced, particularly before the singular and plural definite articles. *'Na dhiaidh san*, "after that", loses the final consonant: /nə jiə son/. Note *i ndiaidh a cheile*, "one after the other; gradually", pronounced /i nʹiə xʹeːlʹi/, and *i ndiaidh lámha*, "behind or in arrears (e.g. with the rent)", /i nʹiə lɑː/. *Im dhiaidh*, "after me", but also "following me, in pursuit of me". *I ndiaidh ar ndiaidh*, "gradually". *Liúireach i ndiaidh dhuine*, "to yell at someone".

diamhar: "dark, secluded, obscure", or *diamhair* in GCh. Pronounced /dʹiəvər/.

dian: "hard, tough". *Níor chuaigh sé ró-dhian orthu*, "he didn't go too hard on them".

dias: "ear of corn". IWM §409 shows this was often *léas* in Cork Irish, one of several words where *d* gave way to *l*. CFBB (p143) also shows the pronunciation to be /lʹias/. However, PUL consistently spells this word with a *d*, and this is left as is in this edition.

díbrim, díbirt: "to banish, drive out", or *díbrím, díbirt* in GCh. Pronounced /dʹiːbʹirʹimʹ, dʹiːbʹirtʹ/. Note the verbal adjective *díbeartha*.

dícheall: "one's best efforts", pronounced /dʹiːhəl/. *Do dhícheall bháis agus bheatha*, "your utmost endeavours, all you could possibly do". *Báis agus beatha* is usually lenited in phrases: see also *ag cruinniughadh a neart chun aon iaracht amháin eile, bháis agus bheatha, do dhéanamh ar oileán na h-Éirean do shealbhughadh dhóibh féin agus d'á sliocht* (Niamh, p211); *bhí cumas bháis agus bheatha ag an máighistir ar na daoine* (Sgothbhualadh, p55); and *cluiche bháis a's bheatha* (Niamh, p233).

dílis: "faithful, loyal". Brian Ó Cuív wrote in IWM that the comparative *dílse* could be pronounced /dʹiːlʹiʃi/ or /dʹiːlʹʃi/ (see §415).

dílse: "loyalty". *Ag dul isteach 'na bhéal le dílse dho*, "feigning that their loyalty to him knew no bounds". Pronounced /dʹiːlʹiʃi/ or /dʹiːlʹʃi/.

dínnéar: "dinner". *Dinnéar* in GCh. Pronounced /dʹiːŋʹeːr/.

díochlaonadh: "declension" (of a noun in grammar).

díog: "ditch, trench", with *díg* in the dative.

díogras: "zeal, passion", or *díograis* in GCh. Pronounced /dʹiːg(ə)rəs/.

díol: "sale, an act of selling", but also "recompense, reward". The latter sense is used in the idiom *is maith an díol ort é!*, "you are well worth it! well do you deserve it!"

díolaim, díol: "to sell", but also "to betray".

díoltas: "vengence, revenge".

Glossary

diomá: "disappointment", or *díomá* in GCh.
díomhaoin: "idle", but also "unused, going to waste", used of money in Ch21 here, and "fallow", of land.
díscím, dísciú: "to destroy, exterminate".
discréideach: "discreet; secret".
díth: "loss or lack of something". *Díth céille*, "lack of common sense".
dithneas: "haste, urgency", pronounced /dʹihinʹəs/.
diúltaím, diúltú: "to refuse", used with *do*. Pronounced /dʹuːlʹhiːmʹ, dʹuːlʹhuː/.
dlí: "law", with the plural here *dlithe*, where GCh has *dlíthe*. *Do chosnadar an dlí*, "they defended the lawsuit". *Dlí* is feminine here, but masculine in GCh.
dlúite: "compact, compressed". *An módh dlúite*, the synthetic mode of conjugation of Irish verbs.
do-thíos: "churlishness".
do-thíosach: "churlish", pronounced /doʹhiːsəx/. The vowel in the prefix *do-* is not reduced to a neutral vowel in this and similar words.
do: "to". Note that the classical spelling of the prepositional pronoun *dó* is adopted in GCh, but this form is pronounced /do/ in the dialect and so edited as *do* here. The second-person plural prepositional pronoun, found in the original text as *daoibh*, is edited here as *díbh* in line with the dialectal pronunciation, which aligns this form with the corresponding prepositional pronoun of *de*. Note that the emphatic form *dómh-sa* has a long vowel, /doːsə/.
dó': "hope, expectation; source of expectation", or *dóigh* in GCh. This was given as *dóich* in the original, but is edited as *dó'* here, in line with the pronunciation. *Is dó' liom*, "I think". *Is dó'*, "well, however, indeed". *Ar ndóin* and *dar ndóin*, "of course", variants of *ar ndóigh/dar ndóigh*.
dóbair: "it nearly happened", originally the preterite of the verb *fóbraim*. *Ba ró-dhóbair*, "it was a close-run thing". *Dóbair go* is followed by the conditional or past subjunctive (*ba dhóbair go dtiocfadh* or *ba dhóbhair go dtagadh*).
dóchaint: a variant of *dóigh* (see under *dó'*), found in *dar ndóchaint* in a poem in Ch18 here. *Dar ndóchaint* is therefore equivalent to *dar ndó'* and *ar ndóin*, "of course". The metre in the poem in Ch18 requires an additional syllable, thus explaining the use of *dóchaint*.
dochar: "harm".
doicheall: "inhospitality", pronounced /dohəl/.
doilbh: "gloomy, melancholy", pronounced /dolʹivʹ/.
doimhinn: "deep", *domhain* in GCh, with *doimhne* in the plural. Pronounced /dəiŋʹ, deŋʹi~doŋʹi/.
dóin: given in PSD as a corruption of *dóigh*. *Ar ndóin/dar ndóin*, "of course, no doubt", corresponding to *ar ndóigh/dar ndóigh* in GCh. These forms were spelt *ar nóin* and *dar nóin* in the original text. See also under *dó'*.
doircheacht: "darkness", or *dorchacht* in GCh. The LS transcription, *doirihacht* (p29), shows this is pronounced /dorʹihəxt/. PUL told Risteárd Pléimeann in a letter dated March 10th 1918 held in the G 1,277 (1) collection of manuscripts in

Glossary

the National Library of Ireland that this was the colloquial word for "darkness", the pedantic word being *dorchadas*.

doirchí: "darkness", pronounced /dor′i′hi:/. *Dul i ndoirchí*, "to get darker/hazier", used of knowledge of Latin here.

doirchím, dorchú: "to darken". Pronounced /dor′i′hi:m′, dorə'xu:/. These forms are interesting, because PUL has *dorchú* for the verbal noun, but conjugated forms of the verb are usually derived from *doirchím*, with a slender *rch*, as with *do dhoirchíodh* in Ch15 here, pronounced /də ɣor′i′hi:x/. GCh has *dorchaím, dorchú*. Impersonally, used with *ar: do dhúbhadh agus do dhoirchíodh ar na gnúiseannaibh acu*, "their faces glowered and darkened".

doire: "oak grove", pronounced /dir′i/.

doirtim, dortadh: "to spill". Pronounced /dort′im′, dortə/.

dóiseas: "diocese" or *deoise* in GCh.

Domhnach: "Sunday". *Lá Domhnaigh*, "one Sunday", pronounced /lɑ: dounig′/.

donas: "misfortune". *An donas le fuaire*, "dreadfully cold".

dorcha: "dark", pronounced /dorəxə/.

dorn: "fist", with *duirinn* in the genitive in the original manuscript. Pronounced /dorən, dir′iŋ′/. CFBB (p273) shows that the genitive can also be *durainn*. Compare *lán duruinn de mhin* in PUL's *Sgéalaidheachta as an mBíobla Naomhtha*, (Vol 4, p501).

dórnán: "fistful, handful". A *dórnán* of ears of corn was equivalent to four *teadhaill*.

dosaen: "dozen", pronounced /də'se:n/. The original spelling of *doséan* here has been adjusted here.

drannach: "humped, ridged, arched", with *drannaí* in the genitive singular feminine here. Pronounced /drə'nɑx, drə'ni:/. The accepted spellings are *dronnach* and *dronnaí* (the latter of which would imply /dru'ni:/), but the spellings in PUL's manuscript were *dranach* and *dranaíghe* and it seems that the connection with *dronn* was lost in PUL's Irish.

dreóileacht: "feebleness", or *dearóileacht* in GCh.

dreóim, dreó: "to rot away".

dridim, dridim: "to get close to, approach, move near", but often more generally simply "to move"; *druidim, druidim* in GCh. *Dridim amach (ó rud)*, "to move away from something". *Dridim isteach (ar rud)*, "to move up onto something". *Dridim síos*, "to move down". The 1915 edition adjusts the *drid-* spellings of the manuscript a number of times to *druid-*. Some of PUL's works use *dridim* (see *Aithris ar Chríost*, p14), which is the pronunciation shown in IWM (§407).

driotháir: "brother", or *dearthair* in GCh, with *driothár* in the genitive singular. *Mac driothár*, "nephew", and *driotháir athar*, "uncle", are the natural Irish forms found here, and not *nia* and *uncail* (although the latter is found in PUL's works too). Note also that the genitive plural used with *beirt* is *driothár* too; the form *driotháracha* (as both nominative and genitive plural) was a later development.

droch-aicme: "bad set of people", pronounced /'dro-hakm′i/.

droch-aigeanta: "malevolent, ill-disposed", pronounced /dro-'hag′əntə/.

droch-aigne: "evil disposition", pronounced /dro-'hag′in′i/.

Glossary

droch-ainm: "a bad reputation", including the reputation a place has for being haunted, pronounced /'dro-hanʲimʲ/.
droch-bhliain: "a bad year", pronounced /dro-'vlʲiən/.
droch-bhreóiteacht: "serious sickness", pronounced /dro-'vrʲo:tʲəxt/.
droch-dhlí: "a bad law", pronounced /dro-'ɣlʲi:/.
droch-fhéachaint: "a nasty look", pronounced /dro-'hiaxintʲ/.
droch-fhliuchadh: "a good soaking/drenching", pronounced /'dro-lʲuxə/.
droch-ghaoth: "severe wind", with *droch-ghaoith* in the dative. Pronounced /dro-'ɣe:h/.
droch-ghníomh: "evil deed", pronounced /dro-'ɣnʲi:v/.
droch-ghoile: "bad appetite", pronounced /'dro-ɣilʲi/.
droch-iúntaoibh: "distrust, lack of confidence", or *drochiontaoibh* in GCh. Pronounced /dro-'hu:ntʲi:vʲ/.
droch-mheas: "a poor opinion (of something)", pronounced /'dro-vʲas/.
droch-mhúinte: "ill-mannered", pronounced /dro-'vu:ntʲi/.
droch-obair: "mischief", pronounced /'dro-hobirʲ/.
droch-scéal: "a bad piece of news", pronounced /dro-'ʃkʲial/.
droch-shaol: "bad times", a phrase used to refer to the famine period of the 1840s. Pronounced /dro-'he:l/.
droch-thalamh: "poor quality land", pronounced /'dro-halǝv/.
drom: "back", or *droim* in GCh. In his works, PUL uses *drom* (in both the nominative and dative) for the actual back of something (a person, an animal, a book, a range of hills), but *druím* for more derived usages, as in *druím lámha*, "the back of a hand, i.e. rejection of something"; *druím na talún*, "the face of the earth". Pronounced /droum/.
dronn: "ridge, hump", with *druinne* in the genitive, pronounced /dru:n, drinʲi/.
druím: "back" (in metaphorical uses), or *droim* in GCh. *De dhruím*, "over" (*de dhruím an chnuic*, "over the hill"); "because of, on account of" (*dá druím*, "on account of it", referring to the pithiness of a verse in Ch26 here).
dua: "trouble doing something". *Roinnt dá ndua ' dh'fháil*, "to go to some trouble for them".
duais: "prize". *Duais aonair*, "an individual prize".
dual: "natural, to be expected of someone", used with *do*.
dúbailt: "double", pronounced /du:bihlʲ/. *Bhíodh dúbailt faid iontu*, "they were twice as long, twice the distance".
dubh: "black", with *dúbha* in the plural, pronounced /duv, du:/.
dubh: "something black; a potato blight; black ink". *Ó dhubh go dubh*, "from dawn till dusk". *An dubh do chur 'na gheal ar dhuine*, "to pull the wool over someone's eyes, to fool him, paint him a false picture".
dúbhaim, dúchtaint: "to darken", or *dubhaím, dúchan* in GCh. *Dúbhadh* is found as the verbal noun in PUL's historical novel, *Niamh* (*dubhadh na gcnuc agus na gcoillte de'n uile shaghas daoine cruinnighthe roímpi ann*, p347). Pronounced /du:mʲ, du:xtintʲ/. Impersonally used with *ar. do dhúbhadh agus do dhoirchíodh ar na gnúiseannaibh acu*, "their faces glowered and darkened".

Glossary

dúchéalacan: "a strict fast", including abstention from milk. *Ar dúchéalacan*, "on a strict fast; having had nothing at all to eat".

duine: "person". *An duine* is sometimes to be translated as "someone" or "a person", as in Ch4 here: *ag breith a bhaochais le Dia nárbh é an duine a bhí marbh aige in inead na seana-chaeireach*. *Duin' uasal*, "gentleman", is found as one word, *duin'uasal*, in the original text, but is edited here as two words.

Duineárdach: someone with the surname Doinneárd or Donnarde, a rare surname now found as Uniacke in English.

dúire: "rigidity". *Dul i ndúire*, "to become rigid, inflexible".

dul uaidh: substantivised in the meaning "escape, a way out".

dún: "fort".

dúr: "grim, dour, sullen".

dúthaigh: "land, region, district", with the genitive singular *dútha* and the plural *dúthaí*. Pronounced /duːhigʲ, duːhə, duːˈhiː/. These forms correspond to *dúiche, dúichí* in GCh.

éadach: "clothes", but also "a cloth".

éadan: "front, face". *Éadan an chnuic*, "the brow of the hill". *Éadan dána ' bheith ort*, "to have some front, display effrontery".

éadrom: "light", pronounced /iadrəm/. *Is éadroma cleite ná é* in Ch7 has *éadroma* in the comparative where *éadroime* is used in GCh.

eagal: "fear". This form of *eagla* tends to be used before prepositional pronouns using *le* and *ar*: *is eagal liom, tá eagal orm*.

eagar: "arrangement, order". *Fear eagair*, "editor", used here in Ch29 in a broader context to refer to newspaper correspondents.

éaghmais: "absence, lack", or *éagmais* in GCh, pronounced /iamiʃ/. *Dá éaghmais sin*, "in spite of this, furthermore". *In éaghmais*, "besides, other than, as well as".

eagla: "fear", masculine here (*an t-eagla*), but feminine in GCh. Pronounced /agələ/.

éagóir: "injustice". The plural here is *éagórtha*, where *éagóracha* stands in GCh.

éagórtha: "unjust", or *éagórach* in GCh.

éagruas: "infirmity, malady".

ealaí: "science, skill", or *ealaín* in GCh, where the historical dative is used. The genitive plural is *ealaíon*.

éalaím, éaló: "to escape, make off". The verbal noun is *éalú* in GCh, but the pronunciation here is /iaˈloː/.

ealaíontacht: "skilfulness". As a subject in Maynooth College, this refers to philosophy or metaphysics of some kind. The original spelling here was *ealadhandachta* (in the genitive).

earrach: "spring", pronounced /əˈrax/.

éasca: "easy, free, fluent", pronounced /eːskə/. PUL wrote in NIWU (p43) that *éasga* would be better spelt *aosga*.

eascaine: "curse", pronounced /askinʲi/.

easlán: "sick person, invalid". *Tigh na n-easlán*, "infirmary".

easnamh: "want, shortage". Pronounced /asnəv/.

easpag: "bishop", pronounced /aspəg/.

Glossary

eastát: "estate", pronounced /ə'stɑːt/.
éide: "vestments, uniform, armour". *Gléasta in arm 's in éide*, "equipped with arms and accoutrements".
eidir-fhaisnéis: "parenthesis; a remark made as an aside", or *idiraisnéis* for some reason in GCh. Pronounced /'ed'ir'-iʃn'eːʃ/ (see the LS version of *Mo Scéal Féin*, p38) or /'id'ir'-iʃn'eːʃ/. The spelling *eidir-fhaisnéis* shows the etymology (*idir+faisnéis*).
éifeacht: "effect". In the plural, *éifeachtaí* means "effects", i.e. things, goods, in a usage that appears to reflect English influence.
éigean: "violence, force". This word is masculine, but seems to be feminine in the dative, producing forms such as *ar éigin* ("barely, hardly"). The variant *éigint*, found in AÓL's Irish (see *ar éigint* in *Scéalaíocht Amhlaoibh*, p50), is not found in PUL's published works. See under *ais* for *ar ais nú ar éigin*. Note *dob éigean dóibh*, "they had to".
éigin: "some". PUL doesn't use the colloquial form *éigint* found in the Irish of other speakers of WM Irish, including AÓL (see *lá éigint* in *Scéalaíocht Amhlaoibh*, p1)
éilím, éileamh: "to demand, claim", with *ar* of the person something is demanded from.
éim, éamh: "to cry out", pronounced /eːm', eːv/.
éineacht: found in the phrases *in éineacht*, "together", and *in éineacht le*, "together with". This is adjusted from *aonfheacht* in the original text. However, AÓL had *aonacht* in *Scéalaíocht Amhlaoibh* (e.g. p2). Pronunciations of /in' eːn'əxt/, /in' eːnəxt/ and /ən eːnəxt/ are found.
éinne: "anyone", or *aon duine* in GCh. This word was found as *aoinne* in the original text, probably to show the connection with the word *aon*.
éirí amach: "uprising".
éirím, éirí: "to rise". This is pronounced /əi'r'iːm', əi'r'iː/ in WM Irish, and all cognates have /əi/ too. *Éirí as*, "to give something up, stop doing it". *Éirí amach*, "to rise up". *Éirí suas*, "to grow up (of a child)". *Éirí* very often has the simple meaning of "to go", as in *éirigh go dtí tigh an tsagairt* in Ch26 here.
éirim: "intelligence".
éirleach: "slaughter, havoc".
eisean: "he", the disjunctive emphatic pronoun. Pronounced /iʃən/.
éistim/eistim, éisteacht: "to hear". Note that *éist* is normally /eːʃt'/, but a by-form *eist* is pronounced /eʃt'/. This form is used only in the phrase *eist do bhéal*, "hold your tongue", or as an imperative meaning "hush".
éitheach: "falsehood". *Thugais d'éitheach*, "that was a lie; you are lying", where the *s* of *thugais* appears to deaspirate the following *t'éitheach*, producing *d'éitheach*.
eitím, eiteach: "to refuse". *Duine ' dh'eiteach*, "to refuse someone, turn him down". Pronounced /e't'iːm', i't'ax/.
eólas: "knowledge". *An t-eólas* is pronounced /ən toːləs/, with a broad *t* according to CFBB (p270), indicating that the *e* does not slenderise a preceding consonant. On p41 of the LS version of *Mo Scéal Féin in eólas* is transcribed as *a n-ólas*.

Glossary

eviction: the English word is given here, indicating it was likely to have been in common use in Irish-speaking areas. The Irish equivalent is *cur a seilbh*.

fabhar: "favour" (i.e. a request performed for someone), pronounced /faur/. *I bhfabhar do,* "in favour of".

fadó: "long ago".

fágaim, fágáilt/fágaint: "to leave", or *fágaim, fágáil* in GCh. Both verbal nouns are found here. *An gnó ' fhágaint fé dhuine,* "to leave the matter up to someone to decide/to handle".

fáibre: "notch, groove; wrinkle", or *fáirbre* in GCh. Pronounced /fɑːbʹirʹiʹ/ in WM Irish.

faiche: "green, lawn", pronounced /fɑhə/ and spelt *fatha* in the original text.

faid: "length", or *fad* in GCh. *Ar a fhaid,* "lengthwise". *Ar faid,* "in length". *An fhaid,* "while", equivalent to *fad* or *a fhad* in GCh. *Cad é an fhaid uait,* "how far away from you".

faill: "cliff", or *aill* in GCh, with *faille* in the genitive. Pronounced /failʹ/. The transcription *fuelle* in *Scéalaíocht Amhlaoibh* (p31) shows the genitive is generally pronounced /felʹiʹ/ in WM Irish.

faire: "to watch, keep a lookout". *Faire chút,* "to keep an eye out, be watchful or cautious" (this phrasal verb is not given in FGB). *Lucht faire,* "look-outs". *Lucht faire aimsire,* "people who observe the course of events". *Faire* is used with *féachaint* in a usage similar to "to wait and see" in English, although often better translated as just "to see": *bhíodh sé ag faire féachaint an dtiocfadh fear na sainnte chuige chun na feirme do thógaint,* "he would (wait and) see if a greedy man approached him to take the farm".

fairseag: "wide, extensive", or *fairsing* in GCh. The original manuscript had *fairsiog*, pronounced /fɑrʃəg/, but the 1915 edition altered this to *fairsing*. See the spelling *fairseag* in PUL's *Cómhairle Ár Leasa* (p201).

fáiscim, fáscadh: "to squeeze, press, tighten, bind". *Dá bhfáiscthá a thuilleadh mise,* "if you had squeezed me anymore", with the past subjunctive (corresponding to *dá bhfáiscteá* in GCh). Where verbal endings starting with *t* become lenited, an epenthetic vowel is often developed, and *bhfáiscthá* is transcribed in LS as *váishgihá* (p39). See also /tugəhər/ and /tugəhiː/ as variant realisations of *tugtar* and *tugtí* for a similar process.

falla: "wall", or *balla* in GCh.

fáltas: "a little supply of something", and by extension "a fair amount of something", pronounced /fɑːlhəs/.

fan: "throughout, along", with the genitive. *Fan lae,* "throughout the day". *Fan* is a corruption of *ar feadh an*. Also notice that *fan* can take a pronoun directly: *fan é,* "along it". *Fan a chéile,* "parallel to each other".

fán: "wandering, vagrancy". *Imeacht le fuacht agus le fán,* "to be reduced to vagrancy".

fánaidh: "slope", or *fána* in GCh. *Fánaidh*, pronounced /fɑːnigʹ/, is found in the dative here (*rith le fánaidh,* "to run down the slope", or just "to run down", as English idiom will not always require a literal translation of *fánaidh*). PUL's

Glossary

Críost Mac Dé (Vol 1, p116) shows that he had *fánaidh* in the nominative of this word too: *tá tuitim an tailimh, nú an fhánaidh, síos ó chnoc Carmeil, agus ó Nasaret, go Caphárnum.*

fanaim, fanúint: "to wait, stay", or *fanaim, fanacht* in GCh. *Fanúint siar (ó rud)*, "to get behind with something".

fann: "weak, feeble"; pronounced /faun/.

faobhar: "sharp edge"; pronounced /fe:r/. *Arm faoir*, "bladed weapons", so edited as the genitive can be pronounced /fi:r'/ according to CFBB (p270). *Faobhar ar do chainnt*, "speaking sharply (as of someone raising his voice or becoming impassioned)".

faoistin: "confession".

fé mar: "just as, according as". The *fé* here is derived from *féibh*, "precisely, just as", and not from *fá*, although the GCh form is *faoi mar*, as if this were derived from *fá*. *Fé mar* takes a direct relative clause.

fé ndeár, fé ndeara: "cause, reason". *Cad fé ndeár é?*, "what is the reason for it?" *Cad fé ndeara dhuit (rud a dhéanamh)?*, "why did you (do something)?" There is an additional unrelated meaning also found here: *thug sé fé ndeara*, "he noticed" (*thug sé faoi deara* in GCh). Gerald O'Nolan points out in his *A Key to the Exercises in Studies in Modern Irish, Part I*, pp3-4, that in Munster Irish it is usual to say *tabhairt fé ndeara* for "to notice", but *fé ndeár* for "cause", but in any case *fé ndeara* may also be found in the meaning of "cause" (compare *feárr/fearra*). Pronounced /fe: n'a:r, fe: n'arə/.

fé: "under", or *faoi* in GCh. *Fé dhéin*, "towards, to meet, in aid of". Note the use of *fé* to denote fractions: *coróinn fén bpúnt*, "a crown in the pound (25%)"; *a cúig fichead fén gcéad*, "25%".

feabhas: "excellence", pronounced /f aus/. *A fheabhas*, "how good, how well".

féachaim, féachaint: "to look (at)". *Féachaint lom*, "to look thin". *Féach air sin mar tharcaisne!*, "just imagine the insult!" *Féachaint chút*, "to watch out, be careful", a phrase not adequately glossed in Irish dictionaries such as FGB.

féachaint suas: "prospect".

féachaint: *cur ' fhéachaint ar dhuine*, "to force or compel someone". This would be *iallach/iachall a chur ar dhuine* in GCh. In his notes to his *Cath Ruis na Rí for Bóinn*, PUL gives an explanation: "*cur fhiachaint ortha*, to force them. We have also *cur fhiachaibh* and *chur iacholl*. I have heard *cur fhiachaint* oftener than I have heard any of the others. I have always felt that the *fhiachaint* is simply 'seeing', i.e. 'to put its seeing upon you', i.e. 'to let you see that you will do it'. Any of them is better than the ridiculous English 'I'll make you'" (p61). PUL uses this phrase without an intervening *de*, but the phrase generally occurs as *cur d'fhéachaint ar dhuine rud a dhéanamh*. *Níor thuig Gladston go raibh ' fhéachaint ar éinne cúnamh a thabhairt dóibh chun an chíosa san do bhaint amach*, "Gladstone didn't think anyone had to help them get that rent".

fead: "whistle".

féadaim: "I can". With regard to the final *é* in *chómh minic agus d'fhéadadar é*, see PUL's comments on another passage in NIWU (p145): "this final *é* is quite

Glossary

common in Irish where there seems to be nothing to represent it in English. *Osgail an doras—ní fhéadfinn é.* The omission of the *é* in such a sentence would destroy the sense. The *é* represents the thing which the speaker says he cannot do".

feadar: "I know", usually found in negative or interrogative contexts, with *ní fheadar* meaning "I don't know, I wonder". While this verb is spelt *ní fheadair sé* in both the present- and past-tense meanings in GCh, there was traditionally a distinction between *ní fheadair sé*, present tense, and *ní fheidir sé*, past tense, pronounced /nʹiː edʹir ʃeː/. This distinction is found here, but *Scéalaíocht Amhlaoibh Í Luínse* (e.g. *ní fheadair sé* on p25) shows that AÓL didn't have it.

feadh: *ar feadh*, "throughout, during", pronounced /er fʹag/.

feall: "deceit, evil, betrayal", pronounced /fʹaul/.

fearg: "anger", with *feirge* in the genitive and *feirg* in the dative, pronounced /fʹarəg, fʹerʹigʹi, fʹerʹigʹ/.

feargach: "angry", pronounced /fʹarəgəx/.

feárr, fearra: "better". *Fearra*, /fʹarə/, is a colloquial form of *feárr*, /fʹaːr/. *Fearra* is more commonly used before *dhuit, dho* and related prepositional pronouns: *níorbh fhearra dhom rud a dhéanfainn ná...*, "the best thing I could do would be to".

fearthainn: "rain", with *fearthana* here in the genitive where GCh has *fearthainne*. AÓL had *fearthainne* (see *Seanachas Amhlaoibh*, p60).

feasta: "from now on, henceforth".

feidhm: "force, effect". Pronounced /fʹəimʹ/. *Dul i bhfeidhm ionam*, "to affect me, have an impact on me", where the choice of *ionam* rather than *orm* shows the deep level of impact that bad schooling has on a child. *Rud do chur i bhfeidhm*, "to implement something, bring it into effect".

féidir: "possible". Note the difference between *ní féidir liom*, "I cannot", and *ní féidir dom*, "there is no way I can", suggesting a more objective assessment of something's possibility or impossibility.

féile: "vigil; feast-day", a word that originally referred to the vigil of the feast on the evening before the feast-day, but which later came to denote the feast-day itself. *Lá Fhéile Bríde*, February 1st, St. Bridget's Day. *Lá Fhéil' Pádraig*, March 17th, St. Patrick's Day. *Lá Fhéile Pádraig* is more frequently run together as *Lá 'le Pádraig* (*Sgothbhualadh*, pp6-8; *Cómhairle Ár Leasa*, pp238-239). PUL stated in NIWU (p112) that *uim Fhéil' Bríde, uim Fhéil' Pádraig* (and also *uim Fhéil' Míchíl*) were all found. The lack of lenition on the saints' names reflects calcified usage.

féin: "self; own", pronounced /fʹeːnʹ/ in WM Irish, or sometimes /heːnʹ/ (especially after prepositional pronouns, e.g. *do féin*), which pronunciation is prevalent in the rest of Ireland.

féinig: "self", a Munster colloquial variant form of *féin*.

feirm: "farm", pronounced /fʹerʹimʹ/.

feirmeóir: "farmer", pronounced /fʹerʹiʹmʹoːrʹ/. Both *feirmeóiríbh* and *feirmeóiribh* are found in the original text and retained here as given.

Glossary

feirmití: "elements". *I bhfeirmitíbh*, "at great speed", pronounced /i v′er′im′it′i:v′/. Note: this word is always used in the plural. FGB claims *feirmití* is a variant plural of *firmimint*, but PSD clarifies that *feilmeintí*, "elements" historically became confused with *fiormaimeintí*, "firmaments", producing the current form of this phrase in WM Irish.

feisire: "member of Parliament", used with reference to members of the British Parliament in Westminster.

féith: "sinew". *Féith na foghlama,* "a natural inclination towards study".

feitheamh: "to wait", a verbal noun pronounced /f′ihəv/. *Feitheamh* is used with *féachaint* in a usage similar to "to wait and see" in English, although often better translated as just "to see": *do stad an máistir ar feadh tamaill ag feitheamh féachaint cad 'déarfadh an tineóntaí,* "the master stopped for a while to see what the tenant would say".

feóchaim, feóchadh: "to decay", or *feoim, feo* in GCh. Pronounced /f′o:xim′, f′o:xə/.

feóil: "meat, flesh". *Feóil do chur suas,* "to put on weight".

feóirling: "farthing".

feólta: this word is given in PUL's transcription of a poem in Ch18 here. However, Riseárd Ó Foghludha's transcription in *Amhráin Phiarais Mhic Gearailt* (p53) shows the word should be *fóltha*. See *fóltha* in PSD, "quiet, unspirited, stealthy". PUL's form seems to misunderstand the meaning of *a óig-fhir, nach fóltha do chanair bhéarsa,* replacing *fóltha* by *feólta*, which he may have intended as the verbal adjective of *feólaím, feólú* (i.e. *feólaithe*). Consequently, PUL may have intended "wounding, cutting" here.

fiacal: "tooth", or *fiacail* in GCh. Note the epenthetic vowel in the plural, *fiacla,* pronounced /f′iəkələ/.

fiach: "debt", but sometimes "cost, price". *Fiacha a gcod' fola,* "the price on their heads".

fiach: *cur 'fhiachaibh,* "to force or compel someone". This would be *cur d'fhiacha* in GCh. PUL uses this phrase without an intervening *de*, but the phrase generally occurs in traditional Munster Irish as *cur d'fhiachaibh ar dhuine rud a dhéanamh*. *Fiacha* literally means "debts", and the use of *fiacha* reflects some kind of confusion with the related phrase *cur d'fhéachaint*. PUL claimed in NIWU (p135) that there was a "manifest difference" between *d'fhiachaibh* and *fhéachaint*, with the former meaning "bound" to do something, and the latter "made" to do something. *Pace* PUL, the two forms seem interchangeable.

fiaclach: "toothed", pronounced /f′iəkələx/.

fiafraím, fiafraí: "to ask (a question of someone)", used with *de*.Pronounced /f′iər′hi:m′, f′iər′hi:/.

fiain: "wild". As the pronunciation is /f′ian′/, there seems no reason for the GCh spelling, *fiáin*, other than that the original spelling was *fiadhain*. *Imeacht fiain,* "to run wild", e.g. of unruly children.

fial: "generous, liberal".

Fiann (an Fhiann): the roving band of warriors celebrated in the Fenian cycle of myths, becoming *Fianna Éireann* in the plural.

Glossary

fiaradh: "the skyline, top of a hill", or *fíor* in GCh.
fiche: "twenty". PUL used *fichead* once in the original text in the genitive, in *cheithre bliana fichead* in Ch5. He nearly always writes *fichid* in such cirumstances, but it seems he may have thought this sufficient to represent /fʲihidʲ~fʲihədʲ/, and so *fichead* is standardised on in this edition. Also note *fichidí* in the genitive plural here (*ar feadh na bhfichidí glún*).

    The large number of typographical errors in all of PUL's works produced during his lifetime is problematic, as the original texts (and manuscripts) are therefore unreliable. *Fichead* should be lenited following all singular nouns, and following plural nouns that end in a slender consonant. In Ch9, *deich gcinn fichid* stood in the original text, but this has been edited here as *deich gcínn fhichead*, which is backed up by the transcription *deh gíng ihid* in the LS version of *Mo Scéal Féin* (p25). Similarly, *deich bpúint fichid*, which occurs three times in that chapter has been edited here as *deich bpúint fhichead*. The LS version of *Mo Scéal Féin* altered this to *deh búint ihid* in one of the three instances, but not in the other two (see pp27-28), but the preponderance of evidence in PUL's published works shows that lenition of *fichead* after a plural noun ending in a slender consonant is correct.

    Phrases such as *trí fichid blian* are allowed to stand in the text. PUL sometimes claimed the nominative singular (*bliain*) and not the genitive plural should be used in such phrases. See under *céad* for further discussion.
filíocht: generally "poetry", but found here in Ch15 and elsewhere to refer to an individual poem or verse.
Fíníní (na Fíníní): "Fenians", a term that refers to clandestine groups who sought to achieve an independent Ireland by armed revolution. Fenians is, in turn, derived from the *Fianna Éireann*, warrior-bands celebrated in Irish mythology.
finné: "witness".
finneóg: "window", or *fuinneog* in GCh, with *finneóige* in the genitive and *finneóig* in the dative. Pronounced /fʲi'ŋʲoːg/.
fionnán: "course mountain grass", pronounced /fʲi'nɑːn/.
fíor-uisce: "spring water".
fios: "knowledge". *Fios a chur ar rud*, "to send for something".
flaitheas: "heaven; kingdom". The original spelling here, *flathas*, has been adjusted to the accepted spelling, as it yields the same pronunciation.
flaithiúil: "munificent, generous".
fliuchaim, fliuchadh: "to wet (transitive); to get wet (intransitive)".
fliuchra: "wetness, wet weather", or *fliuchras* in GCh. *Fé fhuacht agus fé fhliuchra*, "out in the cold and wet". Pronounced /flʲuxərə/.
fliúit: "flute".
flúirseach: "abundant, plentiful".
fo-: a prefix meaning "sub-, under-; the odd one". *Fo-chárta*, in Ch19 here, "the odd card". PUL's spelling was *foth chárta*: the spelling *foth* can be justified in cases such as *foth-uair*, found in PUL's *Aithris ar Chríost* (p266): FGB has *fo-uair*, but

Glossary

PSD has *fo-huair*, showing that the pronunciation is /fo-huər'/. However, there are no insistences of *fo-* before a vowel in this work.

focal: "word", with *foclaibh* in the dative plural. Pronounced /fokəl, fokəliv'/.

fochair: "proximity, presence". *I bhfochair*, "together with, in the presence of".

fód: "sod of earth". *An fód do sheasamh*, "to stand your ground".

foghlaí: "highwayman, pillager"; pronounced /fou'li:/.

foghlamaím, foghlaim: "to study", or *foghlaimím, foghlaim* in GCh. Pronounced /foulə'mi:m', foulim'/.

foghlamanta: "learned". This is a variant of the verbal adjective *foghlamtha*, but tends to be used only in the phrase *daoine foghlamanta*, "educated/learnèd people".

fógra: "announcement". Pronounced /fo:gərə/.

foighne: "patience", pronounced /fəiŋ'i/. *Do bhris ar an bhfoighne aige*, "he lost patience". The Irish word *foighne* is broader in meaning than the English word "patience", including connotations of longsuffering and forbearance. This is clear from PUL's statement in *Papers on Irish Idiom* that the Irish for "forgive and forget" is *is breá í an fhoighne* (p90).

fóirim, fóirithint: "to succour, relieve, save", used with *ar*.

foláir: "excessive, superfluous". Pronounced /flɑ:r'/. *Ní foláir é ' dhéanamh*, "it must be done".

folamh: "empty", with *folmha* in the plural. Pronounced /foləv, fo'lu:/.

folláin: "healthy, wholesome", pronounced /flɑ:n'/.

fómhar: "autumn", pronounced /fo:r/. As a noun starting with *f*, this takes eclipsis in the phrase *sa bhfómhar*, "in the autumn".

fonn: "desire, willingness", pronounced /fu:n/. *D'fhonn*, "with a view to; in order to". *Fonn lámhaigh air*, "he had an inclination/mind to shoot".

fonnmhar: "willing, desirous". *Go fonnmhar*, "gladly". Pronounced /funəvər/.

fórleitheadúil: "expansive, broad".

formhór: "majority", pronounced /forə'vo:r/.

fosaíocht: "grazing", and by extension the grazing land itself.

fothain: "shelter".

fothram: "noise, din", pronounced /fohərəm/.

Frainncis (an Fhrainncis): "the French language", pronounced /fraiŋk'iʃ/.

Franncach: "Frenchman", where the traditional double *n* shows the diphthong: /frauŋkəx/.

fraoch: "heather".

freagairt: "answering, replying". *I bhfreagairt*, "in response, in retaliation".

freagra: "answer", pronounced /fr'agərə/.

freagraim, freagairt: "to answer, reply to", or *freagraím, freagairt* in GCh, pronounced /fr'agərim', fr'agirt'/. *An fhaid a fhreagair an fheirm* in Ch6 here means "as long as the farm was productive" in the sense of responding to cultivation. *Glaeite do fhreagairt*, "to meet demands (for rent)".

fuadar: "rush, hurry". *Fuadar a bheith fút*, "to be up to something, bent on something".

Glossary

fuafar: "hateful, odious".
fuaimintiúil: "resounding, resonant". The chief meaning of *fuaimintiúil* listed in FGB is "fundamental", with *fuaimintiúil* in the meaning of "resounding, resonant" listed as a variant of that dictionary's recommended form, *fuaimneach*. CFBB (p114) shows *fuaimeatúil* (i.e. /fuəm'ətu:l'/) as the correct dialectal form of this word.
fuarma: "bench", or *forma* in GCh.
fuasclaim, fuascailt: "to redeem, save", or *fuasclaím, fuascailt* in GCh, pronounced /fuəskəlim', fuəskihl'/. *Lucht fuascalta*, "rescuers".
fuiligim, fulag: "to suffer, endure", or *fulaingím, fulaingt* in GCh. Pronounced /fil'ig'im', foləg~fuləg/.
fuilteach: "bloody". This word has a short vowel in the first syllable, /fil'həx/.
fuinneamh: "energy".
fuinniúil: "energetic".
fuínseóg: "ash tree".
fuíollach: "left-overs, remnants", or *fuílleach* in GCh. PUL had a broad *l* in this word: see *gan oiread agus brúsgar fuíolaigh fhágáil* in his *An Craos-Deamhan* (p30).
fuiriste: "easy", or *furasta* in GCh. See under *uiriste*.
fuirm: "form", or *foirm* in GCh. Pronounced /fir'im'/. *Aon ní i bhfuirm tabhairt suas*, "anything along the lines of an education". Such use of *i bhfuirm* probably reflects the influence of similar phrases in English.
fusaide: "all the easier". This is a 'second comparative' form, similar to *feárrde, miste, déinide*, meaning "all the more X for it". PUL normally has *uiriste, usa* and *usaide* in his works. Forms with *f*, as with *gurbh fhusaide é* here, are normally found lenited, showing that the form without *f* is preferable in the WM dialect.
gabhaim, gabháil: "to take; go" and a large range of other meanings, pronounced /goum', gvɑ:l'/. The original meaning of this verb was "to take, take possession of, receive", but it seems that it has also come to mean "to go" following confusion between the lenited forms of the verbal nouns *gabháil* and *dul*. However, use of *gabháil* to mean "to go" is of long standing. *Gabháil amach* is frequently found here. *Gabhann sí fé dhroichead* in Ch30 here uses *gabháil* to indicate the course of a river. It seems that *gabháil* cannot replace *dul* in all contexts. In Ch27, *fé mar a bhíodh an cluiche ag gabháil leó nú ag gabháil 'na gcoinnibh*, "just as the game went in their favour or against them", is an example of a use of *gabháil* that comes quite close to being an equivalent of *dul*. Yet a nuance of distinction can be drawn between "going" in a purposeful sense (*dul ar scoil*, "to go to school", where *gabháil* cannot be used) and "proceeding on your way" in a more general sense (*gabháil thar an scoil*, "to go past the school").

The preterite is adjusted in this edition from *ghaibh* in the original to *ghoibh*, corresponding to *ghabh* in GCh, as the pronunciation is /ɣov'/ in WM Irish. Note the conditional autonomous *do geófí go maith air* in Ch4: *gabháil ar* means "to take someone on, give him a beating", and it can be seen that the future and conditional forms of *gabhaim*, *geóbhad* and *do gheóbhainn*, are aligned

Glossary

with those of the verb *gheibhim* (*gheóbhad* or *geóbhad* and *do gheóbhainn*); compare *gabhfaidh mé* and *ghabhfainn* in GCh. PUL generally maintains a distinction between *do geófí*, the conditional autonomous of *gabhaim*, and *do gheófí*, the conditional autonomous of *gheibhim* (q.v.).

    Duine ' ghabháil 'na phríosúnach, "to take someone prisoner". *Na focail dá ngabháil ar dtúis de ghlanmheabhair*, "reciting/chanting the words by rote first" (see FGB under *gabh*, I.4, "speak, sing, recite"). *Gabháil do Chaesar*, "doing/working on Caesar". *Abha do ghabháil*, "to cross a river". *Gabhaim-se orm*, "I'll warrant; I bet". *Gabháil de chosaibh i rud*, "to kick something", and, by extension, "to spurn something". This appeared as *gabháil do chosaibh i rud* in the original text. PUL was insistent on some kind of distinction, commenting in his *Mion-Chaint Cuid a III* (p18) on the phrases *ghabhas do dhóirnibh air* and *ghabhas de dhóirnibh air*: "here the thought has either of two modes. If I use *do*, I tell the manner in which I beat him. If I use *de*, I tell the instrument with which I beat him. The use of *do* or of *de* entirely depends on the state of the speaker's mind. He can choose". However, the distinction appears artificial, as *do* and *de* are identical in pronunciation, and *gabháil de chosaibh* is the accepted form.

gabhar: "goat", pronounced /gour/.

gach re: "every other". With eclipsis: *gach re mbuille*, "every other blow, every second blow" (in the context of *gach re mbuille i gcoinnibh buailteóra eile*, "taking it in turns with another thresher to strike a blow"); *gach re dturas*, "by turns". IWM §407 shows the pronunciation occasionally becomes /gʹaxirʹi/, but the LS version of *Mo Scéal Féin* (p29) indicates /gaxərə/, and so the original spelling is maintained here.

gach: "each, every". *Gach aon*, "every", pronounced /gə ˈheːn/. *Gach aon rud*, "everything", pronounced /gə ˈheːrəd/. *Gach éinne*, "everyone", pronounced /gə ˈheːŋʹi/. *Gach aon bhall*, "everywhere", pronounced /gə ˈheːvəl/. These are at any rate the pronunciations shown in LS; variants with /gax/ are found too.

gadhar: "dog", pronounced /gəir/.

Gaelainn (an Ghaelainn): "the Irish language", or *Gaeilge/an Ghaeilge* in GCh, which has generalised use of the (Conemara) genitive. Pronounced /geːliŋʹ/, with *Gaelainne*, /geːliŋʹi/, in the genitive. Although PUL normally writes *Gaeluinne* in the genitive, he does use *Gaedhilge* in the phrases *an buidhean/an Cuman chun na Gaedhilge do chimeád beó*, probably reflecting the use of the spelling *Gaedhilge* in the proper name, which PUL, in any case, renders incorrectly, as the Society for the Preservation of the Irish Language was known in Irish as *Cumann Buan-Choimeádta na Gaedhilge*. Both *Gaeluinne* and *Gaedhilge* in the original are edited in this edition as *Gaelainne*.

gairbhéal: "gravel", pronounced /garʹiˈvʹeːl/.

gáire: "a laugh", with both *gáir* and *gáire* found in GCh. *Gáire Sheáin dóite*, "a hollow laugh". *Gáire* is feminine here, but masculine in GCh.

gairid: "short, near". *Gaol gairid*, "a close relative". This is pronounced /garʹidʹ/ or /gʹarʹidʹ/ according to CFBB (p119). The LS version of *Mo Scéal Féin* (p24) has *geairid*. *Dhéanfainn scéal ana-ghairid do dhe*, "I could have cut the story very

Glossary

short for him", used in Ch22 in reference to PUL's temptation to tell the Charleville parish priest to keep his fee-paying school and find another teacher.

gáirim, gáirí: "to laugh", or *gáirim, gáire* in GCh. In WM Irish, *gáire* is a noun, meaning "a laugh", whereas *gáirí* is the verbal noun; GCh has *gáir/gáire* for the former and *gáire* for the latter. *Cúis gháirí*, "a cause of laughter, something to make you laugh".

gairithean: "rough ground, rough pasture", or *gairfean* in GCh. Pronounced /gɑrʹihən/.

gairm: "call, vocation", pronounced /gɑrʹimʹ/. *Gairm beatha*, "one's occupation, one's calling in life", or *gairm bheatha* in GCh. The nominative plural—*gairmeacha* in GCh—is not attested in PUL's published works, but *gairmibh* is found here in the dative plural, derived from a variant nominative plural *gairme*.

gaisce: "exploit".

gal: "puff". *Gal tobac*, "a smoke of tobacco".

galánta: "decent", pronounced /glɑ:ntə/.

Gall: "foreigner", generally used of the English. Pronounced /gaul/.

Gallda: "foreign; English; Protestant", pronounced /gaulə/.

galúinín: "small can".

galún: "a gallon; a gallon can".

gamhain: "calf", with *gamhna* in the plural. Pronounced /gaunʹ, gaunə/.

gan: "without". Gan generally lenites *b, c, g, m* and *p* (i.e., lenitable consonants other than dentals and *f*). However, *gan* does not lenite when it governs whole phrases, including *gan beann ar fhuacht* and *gan clampar den tsórd san* here. Compare *gan Bhéarla gan Ghaelainn*. Note PUL's comments quoted in NIWU (pp140-141): "*chuadar abhaile gan creach gan cath*, they went home without battle or spoils. In this form the words *creach* and *cath* are taken in a generic sense, and the English is 'without spoil, without battle'. Aspiration of the words would signify that they were used in an individual manner, and the English would be 'without a spoil, without a battle'. The use of the initial aspiration in the Irish has the effect which the use of the indefinite article has in English. It turns 'battle' in general to an individual 'battle'". Compare *gan teas gan cúmpórd* in Ch19: all instances of *gan+cúmpórd* in PUL's works are without lenition.

gannachúiseach: "scanty", or *gannchúiseach* in GCh.

ganndal: "gander", pronounced /gaundəl/.

gaobhar: "nearness, proximity", pronounced /ge:r/ and spelt *gaor* in the original text. *Ná raibh in aon ghaobhar don ghustal riachtanach ageam athair* in Ch6 appears to be a slightly confused construction, combining *ná raibh m'athair in aon ghaobhar don ghustal riachtanach* and *ná raibh aon ghaobhar ageam athair ar an ngustal riachtanach*.

gaol: "relationship; relative". *Pé gaol a bhí le Malachi aige*, "whatever relationship he had to Malachi". With *gaolta* in the plural in the meaning of "relative".

garbh: "rough, uneven", pronounced /gɑrəv/.

garnishee: a legal term for an order served on a third party to settle a debt, as where a bank account is garnisheed by court order. FGB has *gairnisí*, but it

Glossary

seems clear this is merely the English loanword adapted to the Irish orthography. Such terms are likely to have been used in English in 19th-century Irish-speaking communities.

garraí: "garden; potato patch".

gas: "stalk; potato-stalk".

gasra: "band, group of people", pronounced /gɑsərə/. Such collective nouns in -*ra* (or -*radh*) were originally feminine, and *an ghasra* is found in *Papers on Irish Idiom* (p46). Yet we read *gasra mór* in Ch19 here, showing the word to be masculine as it is in GCh.

gastacht: "cleverness, cunning".

gealacán: "the central point of something prominent", as in *gealacán a dhá ghlún*, "his knee-caps".

gealach: "moon", pronounced /gʲə'lɑx/.

geallúint: "promise, pledge", with *gealluna* in the genitive; *gealltanas* in GCh.

gearán: "complaint". *Gearán a dhéanamh*, "to complain". *Gearán ar dhuine*, "to complain about someone". Pronounced gʲi'rɑ:n/.

gearánaim, gearán: "to complain", pronounced /gʲi'rɑ:nimʲ, gʲi'rɑ:n/.

géar-chúiseach: "keen-witted, astute".

gearradh: "cutting (i.e., a channel or passage)".

gearraim, gearradh: "to cut". *Gearradh amach*, "to reduce": *lacáiste ' ghearradh amach do dhuine*, "to give someone a reduction".

gearrchaile: "young girl", pronounced /gʲi'rɑxilʲi~gʲarəxilʲi/.

géillsine: "allegiance". *Americánach ó ghéillsine*, "American by nationality". PUL wrote in a letter to Sister Máirghréad Mhuire dated August 10th 1916 held in the G1,278 collection of manuscripts in the National Library of Ireland that *géillsine* was not a living word, but that PUL was seeking to revive it.

geímhreadh: "winter", pronounced /gʲi:rʲi/.

gheibhim, fáil: "to get, find". This is the absolute form of the verb *faighim*; the distinction is not observed in GCh, which has *faighim* alone. The past participle used here is generally *fálta*, /fɑ:lhə/, corresponding to *faighte* in GCh. *Fachta* is sometimes found in WM Irish with the same meaning, as in Ch19 here. *Cé ' gheóbhadh dul ann?*, "who would get to go there?", a construction that appears to be influenced by English. PUL generally has *gheófí* as the conditional autonomous of *gheibhim* and *geófí* as the conditional autonomous of *gabhaim*.

giobal: "rag". *'Na ghioblaibh*, "in pieces, in tatters, in rags". Pronounced /gʲubəl, gʲubəlivʲ/.

giolla: "groom, guide, gillie", pronounced /gʲulə/. See the note under Ch14 for *An Giolla Rua*.

giorracht: "shortness", of a period of time. Pronounced /gʲi'rɑxt/. *Giorracht faid*, "range". *Dá ghiorracht a bhíos ann*, "however short my time there was".

giorrae: "hare", or *giorria* in GCh. The plural *giorraithe* is found here, where GCh has *giorriacha*. Pronounced /gʲi'reː, gʲurihi/.

giúistís: "district justice, magistrate", with *giúistísí* in the plural.

Glossary

glac: "handful", with *glaice* and *glaic* in the genitive and dative. *Lan a ghlaice de*, "a handful of". *'Na ghlaic*, "in his grasp, in his hands". Pronounced /glɑk, glɑk'i, glɑk'/.

glacaim, glacadh: "to accept". This word takes a direct object here (*rud a ghlacadh*), whereas GCh has *glacadh le rud*. The verbal adjective here is *glacaithe*, where GCh has *glactha*.

glaise: "rivulet, stream", pronounced /glɑʃi/.

glan: "clean". *Dhá fhírinne ghlan*, "two plain/clear truths" (see the notes to Ch21). *As a meabhair glan*, "totally out of their minds".

glanaim, glanadh: "to clean". *Iarann do ghlanadh i bhfúirnéis*, "to purify iron in a furnace". Also "to clear", of an account.

glao: "call, vocation". Note this word is feminine here, but masculine in GCh.

glaoch: "call", including a demand made by a creditor. With *glaeite* in the plural, equivalent to *glaoite* in GCh, which spelling would yield the wrong pronunciation in WM Irish. Pronounced /gle:x, gle:t'i/. *Glaoch ola*, "a priest's sick-call", i.e. the summoning of a priest to anoint the sick or administer the last rites. *Glaoch* is masculine here (and in PUL's *Cómhairle Ár Leasa*, p154), as it is in GCh; yet the word is feminine in PUL's *Sliabh na mBan bhFionn* (p16), possibly by way of an editorial confusion in that work, influenced by the fact that *glao* is feminine in PUL's Irish.

glas: "green/grey", with *glais* in the masculine singular genitive. Pronounced /glɑs, gliʃ/.

gléasta: "equipped". IWM §283 indicated that the verb *gléasaim, gléasadh* was pronounced with /e:/, and not /ia/, whereas the cognate noun had /ia/ (compare IWM §130), but it seems this may have been a presumption made by Brian Ó Cuív based on a number of poetical forms found. The spelling found in the original here is *gléasta*, but the spelling used in PUL's *Niamh* (*gleusta* on p256) shows the verb did have /ia/ in PUL's Irish.

gleic: "struggle, contest", pronounced /gl'ek'/.

gléigeal: "brilliant white; dear". An original medial *-gh-* has become delenited in WM Irish.

gléineach: "lucid".

glóire: "glory", or *glóir* in GCh.

glór: "sound, voice", with *glórtha* in the plural.

gluaisim, gluaiseacht: "to proceed, move, go". In PUL's works, this verb is generally in the first conjugation in the present tense (*gluaisim, gluaiseann sé*) and the past tense (*do ghluaiseas, do ghluais sé*). *Ghluais, ghluaiseas* and *ghluaiseadar* are all found in the text of *Mo Scéal Féin*. The future (*gluaiseód, gluaiseóidh sé*), conditional (*do ghluaiseóinn, do ghluaiseódh sé*, and the past habitual (*do ghluaisínn, do ghluaisíodh sé*) are in the second conjugation, with a mixture of forms (*gluais* in the singular and *gluaisidh/gluaisídh* in the plural) in the imperative in PUL's works. Extraneous forms that do not fit this pattern are also found in PUL's works, including *ghluaisighean* (*Sgothbhualadh*, p50), *ghluaisís* (*Na Cheithre Soisgéil*, p274) and *ghluaisidís* (*Séadna*, p50).

Glossary

glúin: "generation; knee". PUL uses the historical dative for the nominative here, but the historical nominative, *glún*, nevertheless reappears in his Irish for the genitive plural: *ar feadh na bhfichidí glún*. Also note *gealacán a dhá ghlún*, where *glún* stands in the genitive dual (the dative dual being *dhá ghlúin*).

gnó: "business, affair". *D'aon ghnó*, "deliberately, on purpose". *Lucht gnótha poiblí*, "people who concern themselves with public affairs", has the genitive singular.

gnúis: "face, countenance". PUL glossed this word in NIWU (p60) as "the face as giving expression to the mind and its passions or energies; the equivalent of the Latin *vultus*". The dative plural is found both as *gnúiseannaibh* and *gnúisibh* here.

go leith: "and a half", pronounced /gil′i/.

goblach: "choice morsel", used with especial reference to a mouthful of butter fresh from a churn. Pronounced /gobələx/.

goile: "stomach; appetite", pronounced /gil′i/.

goillim, goilliúint: "to adversely affect" or *goillim/goilleadh* in GCh, used with *ar*.

goinim, goin: "to wound", with the verbal adjective *gunta*, "wounded". PUL normally writes *gunta*, where GCh has *gonta*. Pronounced /gin′im′, gin′, guntə/.

goirgeach: "rough, severe", pronounced /gor′ig′əx/. Compare *gairgeach* in GCh.

gonadh: "so that", a literary word formed from *go* and the dependent form of the copula. *Gonadh (h)é sin mo scéal-sa go nuige sin*, "so that is my story up till that point". The original manuscript spelling was *go n-i h-é sin mo sgéal-sa go nuige sin*, showing an *h* before *é sin*. Pronounced /gunə/.

gort: "field; crop".

gorta: "hunger, famine".

gortaím, gortú: "to hurt, injure".

grabber: the use of the English word here to refer to tenants who grabbed at low rents the land of those evicted by the landlords indicates that this English word was in widespread use among native speakers of Irish in the 19th century. De Bhaldraithe's English-Irish Dictionary suggests *graibeálaí talún* for "grabber".

grád: "grade, class". *Duine ' chur fé ghrád sagairt*, "to ordain someone as a priest".

gráin: "hatred, disgust".

gráinniúlacht: "abhorrence", or *gráiniúlacht* in GCh.

gránna: "ugly". This word is indeclinable in GCh, but the comparative is found as *gráinne* here. Pronounced /grɑ:nə, grɑ:ŋ′i/.

grásaeireacht: "cattle dealing", adjusted from *gráséireacht* in the original text. CFBB (p129) shows *grásaeir* has a broad *s*: /grɑ:ˈse:r′/.

grathain: "swarm, rabble", a collective noun with a pejorative nuance. *Grathain sléibhte*, "a group of pesky, tiny mountains".

greadaim, greadadh: 1. "to scorch". *Greadadh chút!*, "confound you": this phrase is derived from *greadadh trí lár do scairt!*, "may your entrails be scorched!", but the authorised *Foclóir do Shéadna* (p66) explains that the force of this expression was much weakened. 2. "to strike, attack". *Greadadh na mbas*, "slapping/clapping the palms of your hands", used here of clapping to welcome someone, but also used as a gesture in expression of grief.

Glossary

greannúr: "funny", or *greannmhar* in GCh, pronounced /gr'a'nu:r/. PUL clarifies in NIWU (p61) that this word means "queer, comical, peculiar", but not "witty".

greas: "a turn, a bout", or *dreas* in GCh. *Greas codlata*, "a nap".

Gréigis (an Ghréigis): "the Greek language".

greim: "grip" (or an obligation on someone), with *greamanna* in the plural, pronounced /gr'əim', gr'amənə/. *Greim do bhogadh*, "to loosen a hold" that someone has on someone.

gríosach: "hot ashes, embers", also given in FGB as an adjective meaning "glowing". This is the name given to a horse in Ch17 here.

gríosaim, gríosadh: "to inflame, incite; to set someone off", corresponding to *gríosaím* and *gríosú* in GCh.

grua: "brow (of a hill)".

gruaim: "gloom, surliness".

gruama: "glum, dejected". Spelt *gruamdha* in the original, this word is, or can be, pronounced /gruəmhə/.

gruth: "curds", as in "curds and whey".

guagadh: "an act of wobbling, moving to and fro".

guala: "shoulder", with *gualainn* in the dative, which form has replaced the nominative in GCh.

gunna: "gun".

gunta: "wounded", but also "sharp, incisive, subtle", as in Ch26 here. This would be *gonta* in GCh.

guntacht: "sharpness, incisiveness, subtlety", or *gontacht* in GCh.

gurb, gurbh: the combination of the conjunction *go* and the copula, pronounced /gurəb~gərb, gurəv~gərv/.

gustal: "means, wealth, resources".

guth: "voice; sound". The plural found here is *guthaí*, where GCh has *guthanna*, which form is also found in PUL's works.

i ganfhios: "unbeknown, unawares". Pronounced /ə'ganəs/. *I ganfhios dom*, "without my knowledge". *I ganfhios d'éinne beó*, "unbeknown to anyone at all". PUL original spelling was *a gan fhios dom*, but this is better written as one word, as *gan* does not generally lenite an *f*.

i gcómhair: "for, in store for". This phrase was uniformly spelt *i gcóir* in the original, in line with PUL's view (see NIWU, p24) that this phrase derives from *cóir*, "proper arrangement" (among other meanings) and not *cómhair*, "presence". He indicated he did not have a nasal vowel in this phrase, but the issue is complex, as his etymology seems faulty (DIL has *i gcomhair*) and it is possible that *i gcómhair* became conflated with a separate phrase *i gcóir*, "ready", in WM Irish. In any case, nasalisation is not a noted feature of modern-day WM Irish, and so the GCh form produces the correct pronunciation. *Im chómhair-se*, "for me, ready for me".

i: "in". *I* becomes *ins* before the article (*in san, in sna*), and before *gach* in WM Irish. *I n-ár* in the original is edited here as *'nár*, and *i nbhúr* is edited here as *'núr*. For a similar approach, see pp6-7 of *Aithris ar Chríost* (the edition that was published

Glossary

in 1930 with LS and the normal spelling on opposite pages), where Shán Ó Cuív transcribes *i n-ár mbeatha* as *'nár meaha*, and *i nbhúr gcroidhe* as *'núr gry. At' aigne* is edited here as *i t'aigne*, with *ad' fhear* in Ch24 being adjusted to *i t'fhear*; spelling of such forms is somewhat haphazard in PUL's published works. In PUL's works, *ina* is nearly always found either as *'n-a* or (before a vowel) as *i n'*, showing the monosyllabic pronunciations /nə/ and /ən/. This usage is retained here (as *'na* and *in'*); rare counterexamples are adjusted in this edition, such as *'n-a aturnae coróinneach* in the original text of Ch29, which is edited here as *in' atúrnae coróinneach*. Similarly *i n-a inead san* in Ch29 is edited here as *in' inead san*. *Chuirfidís neart i n-a chéile* in Ch31 is edited here as *chuirfidís neart 'na chéile*.

ia: "enclosure", or *iamh* in GCh. *Fé dh'ia 'n tí*, "under the roof, in the house".
iallait: "saddle", or *diallait* in GCh.
iarann: "iron". *Bóthar iarainn*, "railway".
iarracht: "attempt, try", as a noun.
iarraim, iarraidh: "to ask; to attempt". This verbal noun is used, not as *ag iarraidh*, but as *a d'iarraidh*.
iarsma: "remnant, remains".
iasacht: "loan". The genitive, *iasachta*, is used as an adjective meaning "borrowed; foreign, strange, from outside".
idir: "between, among". The transcription *idìr* in the LS version of *Mo Scéal Féin* (p2) indicates that the pronunciation of this word is often /dʹirʹ/, losing the initial syllable. Note *eadrainn*, "between us", and *eatarthu*, "between or among them", pronounced /adəriŋʹ, atərhə/. *Idir* lenites a following noun, but in the *idir... agus...*, "both... and...", construction, only the nearest noun is lenited, e.g. *idir Bhéarla agus Gaelainn*. *Idir chorp ceart* in Ch15 shows omission of the *agus* that might be expected before *ceart*. See PSD under *idir* for mention of the omission of *agus* in the *idir... agus...* construction. *Idir chorp ceart* is possibly influenced by *idir chorp anam*, "both body and soul", and means "entirely", referring to people being destroyed or cleared out in a merciless manner. Although *ceart* appears to mean "justice", the phrase is normally given as *idir chorp ceairt*, where *ceairt* means "cloth, rag" (equivalent to *ceirt* in GCh). Dónal Ó Mahúna glossed the idiom as "body and bones" (*Cruinneas cainnte. Chúig céad abairt ó'n Athair Peadar féin agus a míniú sa Bhéarla*, p52), although a more literal interpretation may be "both body and the rags you're dressed in". *An scéal eatarthu*, "the case at issue between them".
ím: "butter", with the length of the vowel shown here. The genitive has a short vowel: *ime*.
imbriathar: "really! upon my word!" PUL used the spelling *ambriathar* in the original.
imeall: "edge". *Ar imeall an tslóigh*, "at the edge of the crowd".
imeallach: "bordering". *Ró-imeallach ar an mbruach*, "too close to the edge".
imigéiniúil: "remote".

Glossary

imím, imeacht: "to go, go away". Note that the participle, *imithe*, is stressed on the second syllable: /iˈmʲihi/, as is the verbal noun, /iˈmʲaxt/. *Ró-imithe*, "too far gone". *Imigh ort*, "go on". *Imeacht gan teacht*, "to go for good and never come back". *Gur imigh sé agus gur dhíol sé iad*, "that he went and betrayed them", an idiom that parallels and may reflect the influence of the English "to go and do something".

imreas: "strife, discord", pronounced /imʲirʲəs/.

imrim, imirt: "to play", or *imrím, imirt* in GCh. Pronounced /imʲirʲimʲ, imʲirtʲ/. *Imirt ort*, "to affect or trouble you", of an illness.

in: a form of the demonstrative pronoun *sin* used after the copula (*b'in, nách in*, etc.).

inbhear: "estuary". The dative plural given here is *inbhiribh*.

inead: "unit; place", or *ionad* in GCh. Pronounced /inʲəd/ in WM Irish. *In inead*, "instead of, in the place of". *Inead folamh*, "a spare place", as in a college. *Inead cónaithe*, "dwelling place, dwelling".

informer: this word is given in English here, indicating that Irish speakers generally used the English word in the context of someone who gave information to the authorities on Irish radicals and their activities.

iníon: "daughter", with *iním* in the dative. The dative plural *iníonaibh* is used here, reflecting the manner in which dative plurals often eschew weak plural endings such as that found in the nominative plural (*iníonacha*). Note that the genitive plural used with *beirt* is *iníon*.

iniúchaim, iniúchadh: "to scrutinise".

inné: "yesterday", pronounced /iˈnʲeː/, as if with a single *n*. *Inné roimis sin*, "the previous day".

innior: "act of grazing", or *iníor* in GCh. Pronounced /iːˈŋʲiːr~iːˈŋʲeːr/. *Ag innior ar*, "grazing on (some kind of grass)".

inniu: "today", /iˈnʲuv/. The final consonant heard in the pronunciation is left untranscribed, as it was not indicated in the historical orthography and is not indicated in the spelling adopted in GCh. The spelling *aniogh* was found in the works of Seathrún Céitinn.

inse: "inch, watermeadow".

insim, insint: "to tell", or *insím, insint* in GCh. *Inis* and *innis* are both found in the preterite in the original text: the single instance of *innis*, in Ch8, is amended to *inis* in this edition. IWM shows that /iˈnʲiʃ/ and /iŋʲiʃ/ (as well as /nʲiʃ/) were both found. The future is *neósfad*, where GCh has *inseoidh mé*.

inspector: the English word is given here side by side with *cigire*.

intinn: "intention, spirit, mind". *Ar an intinn gcéanna*, "with the same intention, for the same purpose".

iomad: "much, too much; an exceedingly great amount", pronounced /uməd/.

iomlán: "full, whole, entire", pronounced /uməˈlɑːn/.

iompaím, iompáil: "to turn, change", or *iompaím, iompú* in GCh. Pronounced /uːmˈpiːmʲ, uːmˈpɑːlʲ/. *Iompáil ar dhuine*, "to turn to or on someone".

ionúin: "dear, beloved", pronounced /uˈnuːnʲ/. *A cháirde ionúine!*, "my dear friends! my dear people!"

Glossary

iothla: "granary, barn", with *iothlann* in the genitive and *iothlainn* in the dative, which form has replaced the nominative in GCh. Pronounced /ihələ, ihələn, ihəliŋ′/, although IWM §321 points out that AÓL pronounced this word /i'he:lə/.

isteach: "inside" (with motion), pronounced /iʃt′ax/. *Isteach thar claí an bhóthair*, "over the fence/rampart in the road", where *isteach* adds a sense of motion to the preposition *thar*.

istigh: "inside", pronounced /iʃt′ig′/. *Bheith istigh* is used as a noun phrase meaning "lodgings/shelter for the night": *bheith istigh ' thabhairt do dhuine*, "to give someone lodgings for the night; to allow someone to stay; to afford him shelter".

iúnadh: "wonder, surprise", or *ionadh* in GCh. Pronounced /u:nə/. This word may slenderise the *n* of the article: *an iúnadh*, /in′ u:nə/ (see CFBB, p270). *Iúnadh* is consistently feminine in PUL's works, but masculine in GCh. *Ní nách iúnadh*, "unsurprisingly", or simply, "of course".

iúntach: "wonderful", or *iontach* in GCh. Pronounced /u:ntəx/.

iúntaoibh: "confidence, trust", or *iontaoibh* in GCh. Pronounced /u:n′ti:v′/.

July: the month of July was traditionally referred to as *July*, even by Irish speakers. In the modern period, the formerly obsolete word *Iúil* has been revived and popularised.

lá: "day", with *ló* in the dative in the phrase *de ló agus d'oíche*, "by day and by night", /də lo: agəs di:hi/. Note *níor tháinig lá dá chuímhneamh riamh chúm*, "I never thought for a moment", literally, "a day of its thought never came to me". See under *caileann*, *féile* and *samhain* for *Lá Coille*, *Lá Fhéile Bríde*, *Lá Fhéil' Pádraig* and *Lá Samhna*. *Lá saoire*, "holy day, church festival". *Go lá*, "until daybreak".

labhairt: "speaking", but, as a noun, *labhairt cheart (ar fhocal)* is used in Ch30 here to mean "the correct pronunciation (of a word)". Pronounced /lourt′/.

labhraim, labhairt: "to speak", or *labhraím, labhairt* in GCh. Pronounced /lourim′, lourt′/.

lacáiste: "discount, rebate".

lacha: "duck", with *lachan* in the genitive.

lagachar: "weakness, faintness". Pronounced /lɑgəxər~lə'gɑxər/. The LS version of *Mo Scéal Féin* (p18) has *lagáchar*.

lagaím, lagú: "to weaken; grow weaker; fade", in both transitive and intransitive meanings.

Laidean (an Laidean): "Latin", or *Laidin* in GCh, which uses the historical dative. The original spelling in Ch5 here was *Laidion*. The genitive is *Laidne* and the dative *Laidin*, but the original text sometimes gives the nominative for the dative. Note the pronunciations /lad′ən, laŋ′i, lad′in′/.

láidir: "strong", with *láidre* in the plural. Pronounced /lɑ:d′ir′, lɑ:d′ir′i/.

laige: "weakness", pronounced /lig′i/. *Dul i laige*, "to grow weak/faint".

laíghead: "smallness; fewness", or *laghad* in GCh, pronounced /li:d/ in WM Irish. *Dá laíghead é*, "however small". *A laíghead dá fhios a bhí ag an sagart bocht úd go*, "how little that poor priest knew (that)".

láimhseálaim, láimhseáil: "to handle, wield".

Glossary

láir: "mare".
laisteas: "to the south", pronounced /laʃtʹas/. PUL often spells this *lasteas* in his manuscripts, indicating that he may not have slenderised the *s*. IWM §381 shows some speakers slenderised the *s* where followed by a slender *t*, while others slenderised only the following *t*.
laistiar: "to the west, behind", pronounced /laʃtʹiər/. PUL often spells this *lastiar* in his manuscripts, indicating that he may not have slenderised the *s*.
laistigh: "inside, within", pronounced /laʃtʹigʹ/. PUL often spells this *lastigh* in his manuscripts, indicating that he may not have slenderised the *s*.
laistíos: "beneath", pronounced /laʃtʹiːs/. PUL often spells this *lastíos* in his manuscripts, indicating that he may not have slenderised the *s*.
láithreach: "presently, without delay; present", pronounced /laːrʹhəx/. *Láithreach bonn*, /laːrʹhəx boun/, "on the spot, instantly".
láithreán: "ground, site". *Láithreán arbhair*, "corn threshing-floor". Pronounced /laːrʹˈhaːn/.
lámh: "hand". Note that the nominative singular (and genitive plural) is pronounced /laːv/ with the genitive singular (*lámha*) and the nominative plural (*lámha*) both pronounced /laː/. PUL stated in NIWU (p70) "I never see *lámha* written as the genitive of *lámh*. I have always heard it spoken". Consequently, in his works the genitive is often given, not as *láimhe*, but as *lámha*. Where, as in Ch11, *láimhe* is found in the original, the spelling is adjusted here to *lámha*. The dative singular (*láimh*) and the dative plural (*lámhaibh*) are both pronounced /laːvʹ/. PUL was insistent that this word had a nasal vowel, and thus was audibly distinct from *lá*, "day", but such nasalisation is not a feature of modern-day WM Irish. *I ndiaidh lámha*, "behind or in arrears (e.g. with the rent)", /(ə) nʹiə laː/. *Duine ' thabhairt chun lámha*, "to capture/arrest someone, bring him to justice". *Rud do theacht chun lámha*, "for something to come to hand". *Lámh do chur i rud*, "to play a part in something, have a hand in it", and thus, in Ch24, *ós me ' chuir an chéad lámh ann*, "since I was the first one to take an interest in him". *Rud do thógaint ar do láimh féin*, "to take something into safe keeping, look after it, take charge of it".
lámhach: "shooting", with *lámhaigh* in the genitive. Pronounced /laːx, laːgʹ/.
lámhaim, lámhach: "to shoot". Pronounced /laːmʹ, laːx/. The future form *lámhfad* is shown in the LS version of PUL's *Séadna* as pronounced /laːd/ (*lâdsa* on p52 of *Shiàna*), but /laːfəd/ is indicated in the LS version of *Mo Scéal Féin* (*lâfad* on p11). A pronunciation of /laːhəd/ could be recommended here.
lamhálaim, lamháil: "to grant, remit". Pronounced /ləˈvaːlimʹ, ləˈvaːlʹ/.
landlord: the English word is repeatedly found in the original manuscript in an indication that the English word was in common use among native speakers of Irish in the late 19th century. The nominative plural is given as *landlordaí* and the dative plural as *landlordibh/landlordaibh/landlordaíbh*, standardised on here as *landlordaibh*, with presence or absence of a *síneadh fada* following the manuscript.
lann: "blade" (of a spear). *Lúbadh lann*, "clashing of spears". *Lann* is also found in the dative singular here (in preference to the historically correct *lainn*).

Glossary

lánú: "couple", or *lánúin* in GCh, where the dative has replaced the nominative. The dual form *an dá lánúin* is found here.

lasmu': "outside", or *lasmuigh* in GCh. Pronounced /lɑsˈmu/, the spelling *lasmuich* was used in the original, probably to indicate that there is no slender *g* in this word. *Lasmu' dhíom* in Ch4 here means "beyond me, farther out from the fire than where I was".

lastoir: "to the east", pronounced /lɑsˈtirʹ/.

lastuaidh: "to the north", pronounced /lɑsˈtuəgʹ/.

lastuas: "above", pronounced /lɑsˈtuəs/.

láthair: "spot, location". *Ar an láthair*, "on the spot".

leabaidh: "bed", or *leaba* in GCh. The traditional dative has replaced the nominative in WM Irish. Pronounced /lʹabigʹ/.

leabhairín: "little book, booklet", pronounced /lʹouˈrʹiːnʹ/.

leabhar: "book", pronounced /lʹour/. *Thabharfainn an leabhar go*, "I could have sworn that".

leabharlán: "library"; pronounced /lʹourˈlɑːn/. This word found repeatedly in the manuscript is altered in the 1915 edition in each case to *leabharlann*.

leac: "flagstone", with *lic* in the dative. *Leac an tínteáin*, "hearthstone".

leacht: "grave-mound, monument over a grave".

leagaim, leagadh: "to knock down, fell", or *leagaim, leagan* in GCh. *Cíos a leagadh do dhuine*, "to lower/reduce someone's rent".

leamhnacht: "new milk", pronounced /lʹaunəxt/.

leanbh: "child", with *linbh* in the genitive. Pronounced /lʹanəv, lʹinʹivʹ/.

léann: "learning; branch of studies"; pronounced /lʹeːn/. This word is not often found in the plural, but *léannaibh* is used in the dative plural here to refer to the literatures of various European countries.

leas: "good, well-being". *Do leas a dhéanamh*, "to do what it is in your interest to do, to do the right thing for yourself".

léas: "lease (on land/property)", pronounced /lʹeːs/. *Léas i bpáirt*, "a lease held jointly and severally, where each leaseholder is separately liable for the whole amount of the rent". *Léas a thitim*, "for a lease to run out and come up for renewal". *Léas a bhriseadh*, "to break a lease".

léas: "ray, glimmer". *Léas eólais*, "a glimmer of knowledge", pronounced /lʹias oːlʹiʃ/. The pronunciation of this word contrasts with /lʹeːs/ for the unrelated (loan) word *léas*, "lease".

leasaím, leasú: "to manure".

leas-ainm: "nickname", pronounced /lʹas-anʹimʹ/.

leataoibh: *i leataoibh*, or *i leataobh* in GCh, "to one side". Pronounced /i lʹa-ˈtiːvʹ/. This word uses an old dative of *taobh, taoibh*, which is not often found with the noun *taobh* itself in PUL's works. *Margadh an leataoibh*, "a one-sided bargain".

leath-acra: "half an acre", pronounced /lʹah-ˈɑkərə/.

leath-bhfabhar: "half-favour", pronounced /lʹa-ˈvaur/.

leath-bhliain: "half a year; six months", pronounced /lʹa-ˈvlʹiənʹ/.

leath-chorónn: "half a crown", or 2/6 in the old coinage. Pronounced /lʹa-ˈxroːŋʹ/.

305

Glossary

leath-ghlúin: "one knee".
leath-lámhach: "one-handed", and by extension "distressed, wretched", of the weather. Pronounced /l'a-'la:x/.
leath-lomrachta: "half-naked", pronounced /l'a-'lomərəxtə/. *Leath-lomrachta* would be *leathnocht* or *leathlomnocht* or a number of other phrases in GCh.
leath-shobhran: "half a sovereign", or 10 shillings in the old coinage. Compare *sabhran* for "sovereign" in GCh. PUL's spelling may be influenced by the English word. Pronounced /l'a-'hovərən/ or /l'a-'hɑvərən/.
leath: "half". *Ní dhéanfadh an chainnt fhada Bhéarla an dá mholadh leath chómh deas agus ' dheineann an dá fhocal sa Ghaelainn iad*, "the long English phrase would not express praise for the two things half as nicely as do the two words in Irish".
leath: "side", with *leith* in the dative. *Fé leith*, "separate, special, remarkable". *I leith do lámha deise*, "to your right". *Anso i leith go tigh Mhíchíl*, "over here to Michael's house". *Rud do chur i leith dhuine*, "to accuse someone of something".
leathaim, leathadh: "to spread, widen". The verbal adjective *leata* is found here: *leata amach fém shúilibh*, "laid out in front of me".
leathnaím, leathnú: "to spread out, widen", pronounced /l'ahə'ni:m', l'ahə'nu:/.
leathphinge: "ha'penny", or *leathphingin* in GCh. Pronounced /'l'afiŋ'i/. Often with a further attribute: *leathphinge cíosa, leathphinge díolaíochta, leathphinge airgid*.
leathscéal: "excuse", or *leithscéal* in GCh. Pronounced /l'a'ʃk'ial/.
leibhéal: "level", the noun. Pronounced /l'i'v'e:l/. *Ar aon leibhéal*, "on one level". *Agus a phiostal ar leibhéal aige*, "with his pistol drawn/levelled/level".
leibhéalta: "level", the adjective, pronounced /l'i'v'e:lhə/.
léic: "failing, weakness".
leice: "sickly, delicate", spelt *leicthe* in the original, but pronounced /l'ek'i/ according to the transcription in the LS version of *Mo Scéal Féin* (p9). *Leice* was originally the participle of *leogaim*, meaning, fundamentally, "laid out".
leiceacht: "sickness, delicacy", spelt *leictheacht* in the original. Pronounced /l'ek'əxt/.
leighim, leaghadh: "to melt, dissolve", or *leáim, leá* in GCh. Pronounced /l'əim', l'əi/ in WM Irish.
leighsim, leigheas: "to remedy, cure", or *leigheasaim, leigheas* in GCh. Pronounced /l'əiʃim', l'əis/.
léim, lé': "to read", or *léim, léamh* in GCh.
léirím, léiriú: "to make clear, explain". *Do léiríodh dom*, "it became clear to me".
léirscrios: "destruction, devastation".
leithéid: "the like; something like it". *A leithéid seo*, "it's like this" as an introductory phrase.
leitir: "letter", pronounced, or *litir* in GCh. This word means both a letter as in a written form of communication and a letter of the alphabet. Found as both *leitir* and *litir* in the original text, the plural is *leitreacha*. Pronounced /l'et'ir', l'et'ir'əxə/.

Glossary

leitir: "side of a hill". The pun in *an leitir ná léitear* refers to the fact that the loanword *litir*, "letter", has fallen together with *leitir*, "side of a hill", in WM Irish, with both pronounced /l'et'ir'/.

leogaim, leogaint: "to let, allow", or *ligim, ligean* in GCh. PUL used spellings with *leog-* in the manuscript, adjusted in the 1915 edition (prepared by Norma Borthwick) to *leig-*. The WM pronunciation of this word is /l'ogim', l'ogint'/. *Leogaint ort*, "to make out, let on, pretend". *Do shúile ' leogaint ar rud*, "to set your eyes on something". *Tu féin a leogaint síos*, "to lower yourself down". *Rud a leogaint uait*, "to let go of something". *É ' leogaint le duine*, "to let someone have his own way in a matter".

león: "lion". Note that PUL has *león buí* here for "lion" and *león breac* for "cheetah"; *siotá* would be the GCh word for the latter.

leórghníomh: "restitution, compensation". A slender *r* (*leóirghníomh*) is written in this word in PUL's *Séadna* (p153), presumably an application of the *caol le caol, leathan le leathan* spelling rule. The pronunciation is with a broad *r*, /ˌl'o:r-'γn'i:v/.

liathróid: "ball". Pronounced /l'iər'ho:d'/. *Liathróid coise*, "football". *Liathróid lámha*, "handball".

liathróidín: "little ball", pronounced /l'iər'ho:d'i:n'/.

lín tí: "household", or *líon tí* in GCh, literally "the full number/complement of a house". The *n* appears to be slenderised owing to the slender *t* that follows. PUL hyphenates this as *lín-tíghe* in the original.

líne: "line", with *línte* in the plural. While PUL normally uses the plural after numerals over two, this word is found with the singular here, as *cheithre líne*. *Cheithre línte* is found in PUL's *Cómhairle Ár Leasa* (p199).

línn: "period". *Lena línn sin*, "meanwhile, just then". Note the long vowel here, /l'i:ŋ'/, whereas *linn*, "with us", has a short vowel, /l'iŋ'/.

líofa: "fluent, polished", as of someone with skilful use of language.

líofacht: "fluency, polish".

líomhaim, líomhadh: "to smoothen, polish". Pronounced /l'i:m', l'i:/.

líon: "flax, linen". *Stráice lín*, "a strip of linen".

líonaim, líonadh: "to fill", or "to reload", of a gun in Ch29 here.

liú: "shout, howl". *Liú do dhul amach ort*, "to be the object of some kind of cry or accusation, to be labelled or called something".

liúim, liúireach: "to yell, shout". *Liúireach i ndiaidh dhuine*, "to yell at someone": in Ch27 we read *do liúfí* "Grabber!" *'na dhiaidh*, "he would be called a 'Grabber'; people would shout 'Grabber' at him". Note that, as a feminine verbal noun, *liúireach* becomes *ag liúirigh* in the dative, /i l'u:r'ig'/, a distinction not observed in GCh.

lobhaim, lobhadh: "to rot, decompose", pronounced /loum', lou/.

loch: "loch, lake". *An loch amach*, "transportation", as a penal sentence. *Loch* is masculine in PUL's works and in GCh, but generally feminine in the Irish of other speakers of the WM dialect (see *Scéalaíocht Amhlaoibh*, p7). Consequently, we have *loch* here in the dative, where *loich* is found in AÓL's Irish.

Glossary

locht: "fault, flaw".
loilíoch: "milch-cow, a cow kept for milk", pronounced /lo'l'i:x/.
loingeas: "ships", pronounced /liŋ'əs/. This word occurs as *an loingeas*, a collective word meaning "shipping" in GCh, but is regularly used as the plural of *long*, "ship", in WM Irish. PUL stated in NIWU (pp16, 74) "I have never heard any plural for *long* but *loingeas*" and "in some parts of the country the word is singular and means 'shipping'".
loirgim, lorg: "to search, seek", or *lorgaím, lorg* in GCh. Pronounced /lor'ig'im', lorəg/.
lóistín: "lodgings, accommodation". *Lóistín a thógaint*, "to take lodgings", a phrase that appears to be influenced by English, as the fundamental meaning of *tógaint* in Irish is "to lift".
loitim, lot: "to spoil, ruin", pronounced /lot'im', lot/.
lom: "bare; exact"; pronounced /loum/. *Lom díreach*, "straight, directly, at once". *Lom dáiríribh*, "actually, in dead earnest, totally serious".
lú: "smaller, smallest", the comparative of *beag*. *Ní lú ná*, with a relative clause, "neither, much less": *ní lú ná mar ab fhéidir aon locht ' fháil ar an arán*, "neither could anything be found wrong with the bread".
luaiscim, luascadh: "to swing"; or *luascaim, luascadh* in GCh.
luasc: "oscillation, tremor".
luascadh: "swinging, oscillating". *Luascadh talún*, "earthquake".
luascarnach: "an act of oscillating". As a feminine verbal noun, this becomes *ag luascarnaigh* when used with *ag* in the dative.
luath: "quick". *Luath láidir*, "strong and active".
luathacht: "speed", especially in *dá luathacht*, "how fast". Note that this would be *dá luaithe* in GCh: *dá luaithe* is also used in WM Irish (e.g. *Séadna*, p119), but *dá luathacht* is many times more frequently encountered in PUL's works.
lucht: "people", e.g. *lucht na scoile*, "the people at the school"; *lucht machnaimh*, "thinking people"; *lucht gnótha poiblí*, "people who concern themselves with public affairs". Pronounced /loxt/.
luím, luí: "to lie". *Im luí*, "lying", and, by extension, "ill in bed".
luíochán: "lying down, confinement". *Thiocfadh luíochán trom orm*, "I would be laid up (in bed) with a serious illness".
Lúnasa: "August". *Oíche Lúnasa*, August 1st, Lammastide.
lútálaim, lútáil: "to cringe, fawn".
má: "if". Note idiomatic uses in sentences such as *tháinig an* writ; *má tháinig, níor chuir Carey aon tsuím ann*, where *má tháinig* means something like "even so".
mac mic: "grandson", a more natural Irish word than the *garmhac* recommended in GCh. *Garmhac* is not attested in PUL's works.
macánta: "meek, honest". *Tá go macánta*, "it is, indeed", an expression of humble assent.
machaire: "plain".
macshamhail: "copy", or *macasamhail* in GCh, which form is referred to by PUL as a possible variant pronunciation in NIWU (p74). On p75 therein, he wrote

Glossary

"*macleabhar* is also used for a copy of a book. I have never heard the word *cóip* used except in a disparaging sense for 'a class of people'". Pronounced /mɑˈkaulʹ/.

madra: "dog", pronounced /mɑdərə/.

maidean: "morning", or *maidin* in GCh, where the historical dative has replaced the nominative. PUL generally maintains the distinction between the nominative and the dative, but we read *maidin bhreá shamhraidh* in Ch 8 and *an mhaidin* in Ch16 where *an mhaidean* might have been expected. *Ar maidin*, "in the morning". Note *go dtí ar maidin Dé Sathrainn*, "until Saturday morning", where the *ar* might be counterintuitive to an English-speaking learner.

mairg: "woe". *Is mairg don rí a shanntaíonn eólas atá os cionn a thuisceana*, "woe betide the king who covets knowledge beyond his understanding". Pronounced /marʹigʹ/.

mairim, maireachtaint: "to live", or *mairim, maireachtáil* in GCh. Pronounced /marʹimʹ, məˈrʹaxtintʹ/. *An dá lá 's 'n fhaid a mhairfead*, "for as long as I live".

máistir: "master", with *máistrí* in the plural. Pronounced /mɑːʃtʹirʹ, mɑːʃtʹirʹiː/. *Máistir talún*, "landlord".

maith: "good". *Go maith*, in addition to meaning "well", can be an intensifier, as in *dhá mhíle go maith uainn* in Ch11, "fully two miles away from us/a good two miles away". *Maith go léor*, "well enough".

maithim, maitheamh: "to forgive, remit, cancel". Used in reference to exemption of years of study in Maynooth in Ch13 and in reference to the cancellation or remission of a portion of debts in Ch27.

máithriúil: "maternal; like a mother", pronounced /mɑːrʹˈhuːlʹ/.

mallacht: "curse", pronounced /məˈlaxt/.

mallachtaí: "an act of cursing", pronounced /məlaxˈtiː/.

mám: "a handful".

maol: "dense, stupid".

maolaím, maolú: "to become soft; to lower, abate".

maor: a term that originally referred to the mediaeval office of "steward" (as in the mormaers of Scotland and the like), but is used here to refer to a city mayor. GCh has *méara*.

mar dhea: a phrase meaning "as if, supposedly, as it were". *Triail mar dhea*, "a farce of a trial". Probably derived from *mar bh'ea*. Pronounced /mar ˈjaː/.

mar sin: "like that". *Agus mar sin*, "and so on". *Mar sin dóibh*, "and so on and so forth; and things like that". *Mar sin féin*, "nevertheless, even so, notwithstanding, that said": this is the true Irish version of the garbled *droch-Ghaelainn* phrase *é sin ráite*.

maraím, marú: "to kill". The preterite *mhairbh* given here has a slender *r*, /varʹivʹ/, where GCh has *mharaigh*. Sometimes, with a less literal meaning, as in *sin é a mhairbh iad*, "that's what really infuriated them; that was the last straw for them".

maraitheach: "deadly, lethal", or *marfach* in GCh, pronounced /marəhəx/.

marbh: "dead", pronounced /marəv/.

Glossary

marcach: "horseman, rider", pronounced /mər'kɑx/.
marcaíocht: "a ride, a lift".
marcálaim, marcáil: "to mark", as in the marking of a passage to be read out.
marcshlua: "cavalry". Pronounced /mɑrk-hluə/.
margadh: "market; deal", pronounced /mɑrəgə/. *Margadh do dhéanamh*, "to make a deal". *Margadh do sheasamh*, "to stand by a deal". *Ar a mhargadh a mhaireann gach éinne*, "everyone lives by his word".
matalang: "calamity, disaster". PUL consistently spells this word with an *m* (*matalong* in the original text of *Mo Scéal Féin*), and so he may have had an *m* in this word, but IWM §409 and CFBB (p26) both indicate that a *b* is the primary dialectal pronunciation: /bɑtə'lauŋg/, with /mɑtə'lauŋg/ a variant.
máthair: "mother", with *máithreacha* in the plural. Pronounced /mɑ:hir′, mɑ:r′həxə/.
me: disjunctive form of the first-person pronoun, pronounced /m′e/ (or /m′i/ through the raising of the vowel in the vicinity of a nasal consonant). Always *mé* in GCh.
meabhair: "mind", pronounced /m′aur′/. *As a meabhair glan*, "totally out of their minds".
méadaím, méadú: "to increase", in both transitive and intransitive meanings. Used impersonally with *ar*: *do mhéadaigh air*, "it increased". *Rud do mhéadú*, "to exaggerate something".
meadar: "churn, wooden pail", with *meidre* in the genitive. Pronounced /m′adər, m′ed′ir′i/.
meadhg: "whey", as in "curds and whey"; pronounced /m′əig/.
meán: "middle". *I meán aois*, "middle-aged".
meánach: "in the middle; in a central location".
meann: "clear, limpid". This is an unusual word to describe *múrtha* in the poem quoted in Ch14 here, and it may be that *mbeann* or *beann* would have been better transcriptions of the poem. See the note to Ch14.
mearaí: "bewilderment, distraction". See *meascán*.
méaróg: "pebble"; also *méaróg chloiche*. The implication of this word is that a pebble could be tossed with the middle finger. Lenition of the initial *c* of *cloiche* is shown here, and this was also the usage of AÓL in this phrase in *Seanachas Amhlaoibh* (p402). However, NIWU (p78) has *méaróg cloiche*.
measa: "worse". *Is measa liom*, "I prefer".
meascán: "muddle". *Meascán mearaí*, "bewilderment".
meatacht: "cowardice", pronounced /m′i′tɑxt/.
meathán: "sapling", pronounced /m′i′hɑ:n/.
meathlaím, meathlú: "to decline, deteriorate", pronounced /m′ahə′li:m′, m′ahə′lu:/.
méid: "amount". *Méid* resists lenition in PUL's Irish (*sa méid prátaí*). This often corresponds to "what/that" in English: *sa méid aduart*, "in what I said"; *thuigeas an méid sin*, "I realised that". PUL commented on this word in a letter to Risteárd Pléimeann dated November 29th 1917 and held in the G1,277 (1) collection of manuscripts in the National Library of Ireland: "*An mhéid* = 'the bigness' or 'the

Glossary

size', where *méid* is a definite thing. *An méid seo* = 'this much' or 'thus much', where *méid* expresses, not 'size' in itself, but the amount or degree of magnitude in something". *Dul i méid*, "to get bigger". *Pé méid*, "however much". *Cad é ' mhéid aimsire*, "how much time", probably a truncation of *cad é a mhéid aimsire*.

meisciúil: "intoxicating", of drink.

Meitheamh: "June", pronounced /m'ihəv/. Also, as in Ch15 here, *Meitheamh an tSamhraidh*. In Ch32 here *Meitheamh an Fhómhair* means "September".

mhuise: "well, indeed", usually lenited in WM Irish, but listed as *muise* in FGB.

mí-ámharach: "unlucky, inauspicious".

mí-chothromach: "uneven, unequal", or *míchothrom* in GCh. Pronounced /m'i:'xorhəməx/.

mí-chuíosach: "immoderate, extreme", or *míchuibheasach* in GCh.

mí-fhoirtiún: "bad luck, misfortune", pronounced /m'iərt'u:n/. This would be *mífhortún* in GCh.

mí-fholláin: "unwholesome".

mí: "month", is masculine in WM Irish, with the genitive also *mí*. The word is feminine in GCh with the genitive *míosa*.

mianach: "material, ore, stuff". *Mianach fónta ' bheith ionat*, "to be of fine calibre".

milítheach: "pale, sickly in appearance".

milleán: "blame".

millteach: "destructive, pernicious, baleful", pronounced /m'i:l'həx/. Also pronounced /m'e:l'həx/ according to NIWU (p79).

min: "meal, flour".

mín: "smooth; courteous", the antonym of both *garbh* and *borb*.

mineál: "neck", or *muineál* in GCh. CFBB shows this word has a slender *m* (p272).

minic: "often". Note the comparative here, *minicí*, where GCh has *minice*.

míol: "animal, creature". *Míol-mhaí*, "hare", literally "creature of the plain", pronounced /'m'i:l-'vi:/, with stress on both syllables. This was given in the original text as *míol mhaighe*, but lenition of *mhaí* requires explanation. PUL has *míl mhuighe* in the plural in his *An Cleasaidhe* (p26), the glossary to which (compiled by Eleanor Knott) gives *míol muighe* as the nominative singular. Yet it seems the form with *mh* is correct, as McCionnaith's *Foclóir Béarla & Gaedhilge* gives *míolmhuighe* as a word for "hare", interpreting it as a single fused word with medial lenition. PSD gives both *míol maighe* and *míol mhaighe*.

mion-airgead: "petty change", pronounced /m'un-'ar'ig'əd/.

mion-uasal: "minor noble", pronounced /m'un-'uəsəl/.

mion: "small, mean", pronounced /m'un/.

misiún: "mission", or *misean* in GCh. *Misiún do thabhairt uait*, "to conduct missionary work".

mísleán: "sweet", or *milseán* in GCh. Pronounced /m'i:ʃl'a:n/.

misneach: "courage", pronounced /m'iʃn'ax/. *É ' bheith de mhisneach agat (rud a dhéanamh)*, "to have the courage (to do something)".

miste: "all the worse". This is a 'second comparative' form, similar to *feárrde, usaide, déinide*, meaning "all the more X for it". *Ní miste dhom*, "I may as well".

Glossary

Níor mhiste dhom san, "I might as well do that", in the sense of "I had to do it, it was a good job I did do it". *Ní miste liom*, "I think it no harm, I don't mind". *Níor mhiste liom*, "I wouldn't have minded". *B'fhéidir nár mhiste é ' dh'ínsint anso*, "it would probably do no harm to relate it here". *Ní miste Mangarta an Cheóigh a thabhairt air*, "you may well call it Mangerton of the mist", i.e., "there's no wonder they call it Mangerton of the mist".

mithid: "high time". *Más maith é is mithid é*, "better late than never; it's about time too".

moch: "early", pronounced /mux/.

módh: "mode, manner", pronounced /mo:/.

móin: "moor, turf, peat", with *móna* in the genitive.

mór-chroíoch: "big-hearted, magnanimous", pronounced /muər'xri:x/.

mór-luath: "very early", pronounced /muər-luə(h)/.

mór-sheisear: "seven people", pronounced /'muər-iʃər/.

mór-shlua: "multitude", pronounced /muər-hluə/.

mór: "large", pronounced /muər/. *Chómh mór* in many contexts means "so often, so much", as in *toisc me ' bheith as baile chómh mór* in Ch10. *Ní mór dom*, "I must".

móráil: "pride, vanity", pronounced /muə'rɑ:l'/. *Bhain sé an mhóráil díom*, "he took me down a peg or two, he knocked the pride out of me".

mórán: "many", pronounced /muə'rɑ:n/.

mórga: "august, exalted".

mórthímpall: "circuit; all around", or *mórthimpeall* in GCh. The broad *p* in WM Irish is preserved here: /muər-'hi:m'pəl/. This is sometimes found as *mórdtímpall* in other writers of WM Irish.

mótar: "motor car".

muileann: "mill".

muin: "the upper back; the shoulders and neck". *Ar muin capaill*, "on a horse, riding a horse". This phrase is not *ar mhuin*, in traditional WM Irish at any rate.

muíng: "mossy fen; thick vegetation", or *moing* in GCh; pronounced /mi:ŋg'/.

muínteartha: "friendly, familiar", pronounced /mi:ntərhə/. PUL pointed out in NIWU (p81) that *daoine muínteartha* meant both friends and relatives in traditional Irish (*cáirde* was a rare word).

múinteóir: "teacher". Note that the dative plural is generally given here as *múinteóiribh*, with a short vowel in the ending, with *múinteóiríbh* found in Ch13. Both forms are retained here as given.

muiríon: "encumbrance", generally meaning "family", or *muirín* in GCh.

mullach: "summit, ridge", pronounced /mə'lɑx/. *Ar mhullach a chínn*, "head first, with his head downwards": *na daoine ar mhullach a gcínn ag obair ó dhubh go dubh*, "with the people toiling away, with their heads down, from dawn till dusk".

múnlach: "puddle, dirty water, mire". *Múnlach* is generally masculine (both in GCh and in PUL's *Cómhairle Ár Leasa*, p95), but *dealg múnlaí* is found in Ch21 here, meaning "a thorn in muddy water", apparently showing a feminine genitive singular.

Glossary

múr: "wall, rampart, enclosing fence", with *múrtha* in the plural. Note that this word is not an equivalent of *falla*, and cannot be used to describe an internal wall in a dwelling.

mura: "if not, unless". *Mura* and *mara* are found in PUL's works, where GCh has *muna*. Similarly, *murab, murar* and *murarbh* are found here for *munab, munar* and *munarbh*. *Murarbh* occurs once in the 1915 text as *murabh* in Ch3. The spelling of the manuscript was overwritten and is difficult to deciper. *Murabh* may indicate that the second *r* is apt to fall out of the pronunciation: /murə(r)v/; in any case, this has been adjusted here to *murarbh*. *Mura mbeadh san*, "but for that, if it hadn't been for that".

músclaim, múiscilt: "to stir, arouse", or *músclaím, múscailt* in GCh. The present tense is found in PUL's works with a broad *sg* (*músglan sé* in the original here), whereas the verbal noun is found invariably in PUL's works as *múisgilt*. Pronounced /muːskəlimʹ, muːʃkʹilhʹ/.

nách: the negative subordinating conjunction, or *nach* in GCh, pronounced /nɑːx/.

náisiúnta: "national". Both *náisiúnda* and *náisiúnta* are found in PUL's works. The latter is attested only in *Cómhairle Ár Leasa*, pp40-41. *Náisiúnda* is found in Ch19 here, as well as in *Cómhairle Ár Leasa* (pp5, 12), *Ár nDóithin Araon* (p35) and *Sgéalaidheacht na Macabéach* (Vol I, p18). It seems PUL may have been influenced in his spelling by the etymological derivation of the ending *-da*, and the pronunciation shown in *Ár Nóhin Arän*, the LS edition of *Ár nDóithin Araon*, is *náshúnta* (see p28). For this reason, the spelling accepted in GCh, *náisiúnta*, is used in this edition. *Scoileanna náisiúnta*, "national schools", the primary schools in the state system first established in the 19th century.

namhaid: "enemy", pronounced /naudʹ/. Traditionally *námha*, the dative has now replaced the nominative. *Namhaid* is also used in the plural, where *naimhde* would stand in GCh. With nominative singular and plural both *namhaid* and genitive singular and plural both *namhad*, it is only morphologically apparent when the plural is being used with the dative plural, *namhdaibh*.

naoi: "nine", pronounced /neː/.

neambalbh: "forthright, outspoken", or *neamhbhalbh* in GCh. *Neamh* lenites the second item in a compound word, but where that second item itself begins with a labial sound, following directly on the final labial of the *neamh-* prefix, a single delenited labial is produced, as if by eclipsis. Pronounced /nʹa-mɑləv/.

neambríoch: "ineffectual, weak, impotent", or *neamhbhríoch* in GCh. Pronounced /nʹa-ˈmrʹiːx/.

neamh-angarach: "carefree; free of want", pronounced /nʹav-ˈauŋgərəx/.

neamh-chiontacht: "innocence" pronounced /nʹa-xʹuntəxt/.

neamh-choitianta: "unusual, extraordinary", pronounced /ˈnʹa-xoˈtʹiəntə/.

neamh-chróga: "timid, cowardly", pronounced /nʹa-ˈxroːgə/.

neamh-chruinneas: "inaccuracy, inexactitude", pronounced /nʹa-xriŋʹəs/. *Dul i neamh-chruinneas*, "to become inexact".

Glossary

neamh-ghátarach: "unnecessary, uncalled for". This word is glossed as "not needy, comfortable" in FGB, but that meaning does not suit the context in Ch29 here. Pronounced /nʹa-ˈyɑːtərəx/.
neamh-oiriúnach: "inappropriate, unsuitable", pronounced /ˈnʹav-iʹrʹuːnəx/.
neamh-scáfar: "fearless", pronounced /nʹa-ˈskɑːfər/.
neamh-shlacht: "untidiness", pronounced /nʹa-hlɑxt/.
neamh-spleách: "independent; with money or independent means", pronounced /nʹa-ˈsplʹɑːx/.
neamh-thuairimeach: "light, casual". Pronounced /nʹa-ˈhuərʹimʹəx/.
neamh-thuiscint: "incomprehension, want of understanding, thoughtlessness", pronounced /nʹa-hiʃkʹintʹ/.
neamhní: "nothing", pronounced /nʹav-ˈnʹi/. *Rud do chur ar neamhní*, "to bring something to naught; to ruin it".
neart: "strength". *Neart duit*, "able to do something". *Le neart*, "by force of, by dint of": *le neart gáirí*, "with laughter". *Neart sló*, "military strength, military forces or manpower".
neartaím, neartú: "to strengthen". *Neartú (san aois)*, "to grow up". Used impersonally with *ar: neartaíthar an solas ar an machnamh*, "more light is shed on the thought".
neómat: "minute, moment", with *neómataí* in the plural, equivalent to *nóiméad* and *nóiméid* in GCh. The various words for "minute" in Irish are all corruptions of the original *móimeint*.
ním, ní: "to wash". Note that the verbal adjective, *nite*, has two short vowels.
nimh: "poison". *Nimh a thabhairt do dhuine*, "to poison someone".
nochtaim, nochtadh: "to uncover, reveal, disclose". Note the past participle *nochtaithe* here, where GCh has *nochta*.
Nollaig (an Nollaig): "Christmas", usually used with the definite article.
nósmhar: "famous, celebrated".
nú: "or", or *nó* in GCh, pronounced /nuː/. *Ba mhar a chéile dhóibh é nú Gréigis*, "it was like Greek to them".
nua: "new", pronounced /noː/.
nuige: found in such phrases as *go nuige sin*, "until then".
obair: "work", with *oibre* in the genitive. Pronounced /obirʹ, ebʹirʹi/.
obann: "sudden", or *tobann* in GCh.
ochón: "alas! oh dear!" Pronounced /uˈxoːn/.
ocrach: "hungry", pronounced /okərəx/.
ocras: "hunger", pronounced /okərəs/.
odhar: "dun-hued, khaki-coloured". Pronounced /our/.
ofráil: "offering, offertory; the offertory money", with *ofrála* in the genitive. Pronounced /ofəˈrɑːlʹ, ofəˈrɑːlə/.
ohó: "oh! well, now!"
oificeach: "officer", or *oifigeach* in GCh. Pronounced /ofikʹəx~ofigʹəx/.
óig-fhear: "young man". Note that the GCh spelling *ógfhear* poorly indicates the slender quality of the g. Pronounced /ˈoː-gʹar/.

Glossary

oilte: "nurtured, bred". *Oilte ar*, "versed in". Pronounced /iľhi/.
óinseach: "foolish woman".
oiread: "amount", pronounced /irʹəd/. *A dhá oiread*, "twice as much". *Oiread agus focal*, "as much as a (single) word". *Lena sheacht n-oiread cainnte*, "in seven times as many words, in many more words".
oirearcas: "eminence, distinction", or *oirirceas* in GCh. PUL told Osborn Bergin that this word had a broad *rc* in the middle of the word in WM Irish (see "Comhfhreagras idir an Athair Peadair agus an tAimhirgíneach", by Seán Ua Súilleabháin, in *Celtica*, Vol 24, 2003, pp281). Pronounced /erʹirkəs/.
oirirc: "distinguished, eminent, illustrious". Pronounced /erʹirʹikʹ/.
oiriúnaim, oiriúnadh: "to suit, fit", or *oiriúnaím, oiriúnú* in GCh. Pronounced /iʹrʹu:nimʹ, iʹrʹu:nə/. PUL has first-conjugation forms, but second-conjugation forms were used by other speakers of WM Irish, including Dónall Bán Ó Céileachair (see *Sgéal mo Bheatha*, p30).
ola: "oil", as used in the sacrament of extreme unction. *Ola dhéanach*, "extreme unction; last rites".
ólachán: "drinking". *Staonadh ón ólachán*, "abstinence from strong drink; temperance".
ólaim, ól: "to drink", but *píopa ' dh'ól*, "to smoke a pipe".
olc: "evil, a bad thing" with *uilc* in the plural. Pronounced /olk, ilkʹ/.
olcas: "badness, bad state". *Dul in olcas*, "to get worse, to deteriorate".
ollamh: "professor".
ollamh: "ready", or *ullamh* in GCh. Pronounced /oləv/ in WM Irish.
ollmhaím, ollmhú: "to prepare", or *ullmhaím, ullmhú* in GCh. Pronounced /oʹli:mʹ, oʹlu:/.
órd: "order", with *úird* in genitive singular and nominative plural. These would be *ord* and *oird* in GCh, but the pronunciation is /o:rd, u:rdʹ/. The reference in Ch15 here is to holy orders, i.e. the orders of a deacon and a priest, etc. *De réir úird*, "in an orderly fashion".
órd: "sledgehammer".
órdú: "ordering; an order" *Órdú ar bhannc*, "an order on a bank".
os cionn: "above". Pronounced /aʃ kʹu:n/. Gerald O'Nolan commented in his *Studies in Modern Irish, Part 1* that the preposition *os* is "mostly pronounced *as*, except in *ós árd, ós íseal*" (p171). *Os cionn a thuisceana*, "beyond his understanding". *Os cionn a chumais*, "beyond his power".
os cómhair: "in front of". Pronounced /as ko:rʹ/. See the comment on pronunciation under *os cionn*.
oscall: "armpit", with the dative singular (and dual) *oscaill*. *Fén' oscaill*, "under his arm". Note that the nominative/dative distinction is not observed in GCh, where the word appears as *ascaill* (the manuscript also seems to have an *a-*, adjusted by Norma Borthwick to *o-*). Pronounced /oskəl~uskəl/.
osclaim, oscailt: "to open", or *osclaím, oscailt* in GCh. Pronounced /oskəlimʹ, oskihlʹ/.

315

Glossary

osnaíol: "sighing", or *osnaíl* in GCh. It is generally the case that verbal nouns in *-aíl* (*-ghail* in the older spelling) have a broad *l* in WM Irish (see *camastaíol* and many others in CFBB, p48 and elsewhere).

paidir: "prayer", with *paidreacha* in the plural, pronounced /pɑdʹirʹ, pɑdʹirʹəxə/.

páipéar: "paper", including a newspaper. Pronounced /pɑːʹpʹeːr/.

parallelogram: PUL uses the English word here. GCh has *comhthreomharán*; in *Céadnithe an Chruinne-thómhais*, PUL's translation of Euclid included in *Papers on Irish Idiom* (pp95ff), the word *cómhfhanach* is used.

Párlimint: "Parliament". As a foreign word, this does not have to respect Irish spelling rules. The pronunciation indicated is /pɑːrlʹimʹintʹ/. GCh has *Parlaimint*, written with a broad *l*.

paróiste: "parish", pronounced /proʃtʹi/. This word is feminine here, but masculine in GCh. *Sagart paróiste*, "parish priest". Cormac Ó Cadhlaigh drew a distinction in *Gnás na Gaedhilge*, §267, between *an sagart paróiste*, which he indicated meant "the parish priest, a particular priest of that type", and *sagart na paróiste*, which he said meant "the parish priest", in the sense of referring to a class or type of priest. However, it is difficult to read any distinction into PUL's works. It seems *an sagart paróiste* is much more common in Munster Irish. A rare example of *sagart na paróiste* is found in PUL's *Don Cíochóté* (p4); all other identifiable instances in PUL's works use *an sagart paróiste*. Yet PUL's works generally have *tigh an tábhairne* (and not *an tigh tábhairne*), contrary to the presentation in *Gnás na Gaedhilge*. See also *bean tí* for a further analogous example.

pé: "whichever, whoever, etc". *Pé'n Éirinn é*, "whatever on earth it is/whoever he may be/however that may be/whatever happened, at all events, etc". *Pé'r domhan é*, "in any case, anyway". *Pé olc maith é*, "however good or bad it may be, regardless of how good it is". *Pé cuma*, "however, in whatever way". *Pé scéal é*, "anyhow".

peeler: a slang term for a policeman in 19th-century England (and apparently Ireland too), named after Robert Peel, who established the Metropolitan Police Force in London in 1829 and subsequently served as British prime minister. The English word is given here, with *peelers* in the plural.

peictiúir: "picture", or *pictiúr* in GCh. Pronounced /pʹekʹtʹuːrʹ/. *Peictiúir magaidh*, "a mocking picture", i.e. a cartoon, as found in the satirical magazine Punch.

peocu: "whether", from *pé acu*, or *pé'cu*. Pronounced /pʹukə/. Often followed by a relative clause. Gerald O'Nolan explained in his *Studies in Modern Irish, Part I* the difference between *ceocu* and *peocu* (see p76). *Ceocu* is used with substantival clauses (*ní fheadar ceocu ' thiocfaidh sé nú ná tiocfaidh*), whereas *peocu* is used with adverbial clauses (*peocu ' thiocfaidh sé nú ná tiocfaidh, fanfadsa*). *Ceocu ' thiocfaidh sé nú ná tiocfaidh* may be replaced by *é sin* (*ní fheadar é sin*); *peocu ' thiocfaidh sé nú ná tiocfaidh* may not.

píce: "pike, hayfork".

piléar: "bullet", pronounced /plʹeːr/, as indicated by the original spelling *pléar*.

pingin: "penny", with *pinginí* as the general plural of this noun.

Glossary

pinsil: "pencil", or *pionsail* in GCh. No long vowel (generally required by *-ins-*) is indicated in this word, probably owing to the influence of the English word.

piocaim, piocadh: "to pick, peck", pronounced /pʼukimʼ, pʼukə/. *Rud do phiocadh suas*, "to pick something up", found here in two senses: 1) to pick something up (off the floor); and 2) to learn something easily.

píopa: "pipe", used in reference to plumbing. Compare *píb* for a musical pipe.

píosa: "piece, coin".

piostal: "pistol".

plaosc: "skull", with *plaoisceanna* in the plural, or *blaosc, blaoscanna* in GCh. Pronounced /pleːsk, pliːʃkʼənə/, as shown in the LS version of *Mo Scéal Féin*, which has *pluíshgeana* (p23).

pléascaim, pléascadh: "to burst, explode". *Pléascadh ar gháirí*, "to burst out laughing".

pluc: "cheek", with *pluic* in the plural where GCh has *pluca*.

poiblí: "public". This word is often found as *puibilídhe* in PUL's works. For example, we read *go puibilídhe* in *Na Cheithre Soisgéil*, p87, possibly because Gerald O'Nolan who edited that work preferred that spelling. We read *gnóthí puiblí* in *Papers on Irish Idiom* (p40), containing a number of PUL's papers edited by Thomas F. Rahilly. Yet PUL's other works (produced by other editors) generally have *poibilidhe*. IWM §74 shows a pronunciation of /pobʼiʼlʼiː/.

poiblíocht (an phoiblíocht): "the public", pronounced /pobʼiʼlʼiːxt/.

policeman: the English word is given here, although it is clear from the manuscript that this word was inserted by Norma Borthwick in her editing of the 1915 edition. GCh words such as *póilín* were not in use among native speakers in the 19th century.

poll: "hole", with *puill* in the genitive. Pronounced /poul, piːlʼ/.

poorhouse: the English word is found here, implying that the poorhouse was generally so referred to, even by Irish speakers.

portach: "bog", with the plural here *portaithe* where *portaigh* stands in GCh, pronounced /pərʼtɑx, portihi/.

prás: "brass". *Banna práis*, "brass band".

príobháideach: "private, secret". The spelling (of the comparative) in the 1915 edition was *p(h)ríomhóidighe*, but the manuscript appears to have been altered from from *á* to *ó*.

priocaim, priocadh: "to prick".

príomh-mhinistir: "prime minister", especially in reference to the governmental leaders of non-Irish nations (as *taoiseach*, "chieftain", has, somewhat tokenistically, been revived in reference to the equivalent position in Ireland). PUL's use of this form, rather than the *príomh-aire* given in FGB, suggests the English word "prime minister" was in widespread use among native speakers of Irish in the 19th century to refer to the British prime minister.

púca: "hobgoblin, sprite".

púdar: "power; gunpowder".

púins: "punch", the alcoholic drink, pronounced /puːnʃ/.

Glossary

puínte: "point", or *pointe* in GCh.
punann: "sheaf".
púnc: "point", or *ponc* in GCh. *I bpúnc uathásach*, "in a terrible fix".
púnt: "pound".
rá: as a noun, "saying, sentence, utterance".
rabairne: "extravagance".
radharc: "view, sight", pronounced /rəirk/.
rafaireacht: "prosperity, a flourishing state".
rafar: "prosperous, fruitful".
***raffle*:** PUL uses the English word "raffle" here, where FGB suggests *raifil*. It seems likely the word was current in its English form among native speakers of Irish in the 19th century.
ráfla: "rumour", pronounced /rɑːfələ/.
raimhre: "thickness, fatness", pronounced /riːrʹi/.
ráiníonn: "to reach", a verb without a verbal noun in common use. Usually found impersonally meaning "to happen to, transpire". *Do ráinig go rabhas-sa ar an mbuín sin*, "I happened to be among that group". *Do ráinig* is transcribed in the LS version of *Mo Scéal Féin* (p42) as *do reáinig*, showing slenderisation of the *r* in a leniting context following the perfective particle. Slenderisation of an *r* in a leniting environment is not a noted feature of the modern dialect.
ráithe: "season; quarter", pronounced /rɑhə/ and spelt *rátha* in the original text here.
rámhann: "spade", with *rámhainn* in the dative, which form has replaced the nominative in GCh. Pronounced /rɑːn, rɑːŋʹ/.
ramhar-chíos: "extortionate rent".
ramhar: "thick, fat", pronounced /raur/. Note *raimhir* in the masculine genitive singular, /riːrʹ/. *Bainne ramhar*, "thick milk".
rang: "class". Pronounced /rauŋg/.
rástálaim, rástáil: "to stride, race", or *rásálaim, rásáil* in GCh.
ré: "interval, period". *Gach aon ré sholais*, "every minute of the day".
réabaim, réabadh: "to tear", pronounced /reːbimʹ, reːbə/. *Réabfadh san an seachtú aithne*, "that would violate the seventh commandment".
reachtaire: "agent", pronounced /rɑxtirʹi/. Note: derived from the word "rector". PUL also uses the English word "agent" here.
réidh: "moorland, heather plain", or *ré* in GCh. Pronounced /reːgʹ/. The genitive, traditionally written *réidhe*, but edited here as *ré*, is /reː/.
réidh: "quiet, calm", pronounced /reːgʹ/. *Go réidh*, "slowly, calmly, carefully".
réim: "sway, authority".
riail: "rule, regulation", with *rialach* in the genitive and *rialta* in the plural here, corresponding to *rialacha* in GCh. *Rialta* is more generally an adjective meaning "regular".
rialta: "regular", pronounced /riəlhə/. *Sagart rialta*, "priest in a religious order".

Glossary

rialtas: "government". Pronounced /riəltəs/, with no medial /lh/, as this is a word revived in modern times and not fully aligned with the phonology of the traditional dialect.

riamh: "ever, never". *An chéad uair riamh*, "the very first time". *I gcónaí riamh*, "ever and always". *Fadó riamh*, "ever such a long time ago". *An uile dhuine riamh acu*, "every single one of them".

rian: "trace, sign, mark". *Bhí a rian air*, "it was obvious; it was evident; it showed (that)".

ríghneas: "slowness, delay". Pronounced /ri:n'əs/.

ríncim, rínce: "to dance". *Rínce* also means "to dance" as in "to go reeling", used of coins "dancing" over the floor in Ch27 here.

riocht: "guise". *Feall i riocht dlí*, "falsehood in the guise of the law". While a number of different transcriptions of this phrase are found in LS (compare *a rocht* on p1 of the LS edition of *Mo Scéal Féin* and *a riocht* on p7 of *Shiàna*), PUL may have had /i r'uxt/ with a slender *r* for *i riocht*.

ríogra: a collective word for "royalty, kings", or *ríora* in GCh. Pronounced /ri:gərə/.

rithim, rith: "to run". The original spelling often shows the quality of the *r*: in lenitable contexts, such as *do rith* and *do rithinn*, a slender *r* is shown; in non-lenitable contexts such as *ag ruith* (edited here as *ag rith*), a broad *r* is shown. PUL (or his editor) generally spells the conditional-tense forms with a broad *r* in lenitable contexts (e.g. *do ruithfeadh* in Ch3, edited as *do rithfeadh* here), possibly purporting to show an audible distinction between the conditional and the past-habitual form *do ritheadh* (/də rihəx/ in the former case and supposedly /də r'ihəx/ in the latter). If that was the intention, the distinction appears entirely artificial.

rogha: "choice". Pronounced /rou/. *A rogha cor a thabhairt díbh*, "for them to treat you any way they please". Note that *rogha* is followed by the nominative. The LS version of *Mo Scéal Féin* (p27) shows the *r* may be slenderised in lenitable environments: *'na rogha scoil*, "in any school", is transcribed *'na reou sgoil*. It is unlikely that all speakers of WM Irish adopted this principle.

roilig: "graveyard", or *reilig* in GCh. Pronounced /rel'ig'/. The spelling of the original text is retained here: the LS version of *Mo Scéal Féin* (p19) has *ruilig*. *Clocha roilige*, "gravestones".

roim: "before", or *roimh* in GCh, pronounced /rim'/. With the third-person pronoun, this becomes *roimis*, "before him". *Roimis* is also used with the definite article. There is occasional use of *roimhe sin* (in place of the dialectal *roimis sin*) in the text here. *Roim lá*, "before daybreak". *Roim* is also used to indicate that something/someone is found waiting for you in the place where you're going: *fuair sé an súsa ann roimis*, "the rug was there waiting for him when he got there".

róimh: "hallowed burial place; noble dwelling place".

roinnim, roinnt: "to share, divide". Pronounced /reŋ'im', rəint'/. Spellings including *roinneadar, rainneadh, rainnfí, rainntí* and *raint* are found in the original text here, but *oi* is standardised on in this edition.

Glossary

roinnt: "a share, a portion, a lot", and by extension, "some". Spelt *raint* in the original text, this is pronounced /rəint′/. Although *roinnt* is a feminine noun, PUL does not lenite a following noun, although other speakers of the WM dialect, such as AÓL, did so (see *roint bhlianta* in *Scéalaíocht Amhlaoibh*, p20).

ropaire: literally "a stabber", but more generally "robber, scoundrel".

roth: "wheel", but in the context of Ch17, where the discussion is of circles of tombstones, this word has the meaning "circle" too. GCh uses the word *ciorcal* to mean "circle", but that word was not found in PUL's published works (*ciorcail* in the dative stands in PUL's manuscript translation of 3 Kings 7:12). PUL himself advocated the use of the word *áin* (related to the word *fáinne*) to mean "circle" in the geometrical sense in *Céadnithe an Chruinne-thómhais*, his translation of Euclid included in *Papers on Irish Idiom* (pp95ff).

rua: "red", used of people with red hair. *Leathphinge rua*, "a brown ha'penny".

ruaigim, ruagadh: "to expel, drive out", or *ruaigim, ruaigeadh* in GCh.

rud: "thing", pronounced /rod/. *Rud a dhéanamh ar dhuine*, "to obey someone, do what someone says".

rúnaire: "secretary", or *rúnaí* in GCh. *An Rúnaire Mór*, "the Chief Secretary", the head of the Irish administration during the Union who also sat as a member of the British cabinet.

Sacsan: "Saxon" (and therefore used in reference to the English), a word that provides the origin of the placename *Sasana*, but which is used here in its original form in *rí Sacsan*.

saghas: "sort, kind", pronounced /səis/. Note the plural *saighseanna*, where GCh has *saghsanna*.

saibhir: "rich, wealthy", with *saibhre* in the plural. Pronounced /sev′ir′, sev′ir′i/.

saibhreas: "wealth", pronounced /sev′ir′əs/.

saighdiúir: "soldier", pronounced /səi′d′u:r′/. *Saighdiúir dearg*, "redcoat", i.e. a British soldier.

sáile: "salt-water". *Ag an sáile*, "at the seaside".

saileach: "willow-tree", with the genitive *sailí*. Pronounced /si′l′ax, sɑ′l′i:/.

sainnt: "greed". The traditional double *n*, not used in GCh, is preserved here to show the diphthong: /saint′/. *Fear na sainnte*, "a greedy person".

sál: "heel", or *sáil* in GCh, where the dative has replaced the historical nominative.

salach: "dirty", pronounced /slɑx/.

salachar: "dirt, waste", pronounced /slɑxər/. *Salachar* may also encompass "sewage", as implied in Ch30 here.

Samhain: a Celtic pagan festival that has evolved into Hallowe'en, and hence "November", pronounced /saun′/. *Lá Samhna*, November 1st, All Saints' Day.

san, sin: "that". *Air-sean* and *aige-sean* were found in the original. In the absence of any direct evidence of PUL's own pronunciation, the normal WM forms *air sin* and *aige sin* have been used in the editing here. The LS edition of *Mo Scéal Féin* has *igè shan* in one passage (p11), but *ige shin* elsewhere (p3).

sanntaím, sanntú: "to covet". The double *n* shows the diphthongal pronunciation, /saun′ti:m′, saun′tu:/.

Glossary

saoirse: "freedom". *Saoirse na cathrach*, "the freedom of the city", an honour bestowed by a city corporation.

saol: "life, world". The original spelling was *saoghal*, and the mid-twentieth-century spelling change has introduced inconsistencies: the genitive is spelt *saoil* in GCh, which would give the wrong WM pronunciation, and so is edited as *saeil* here.

saolta: "worldly, earthly". *Saibhreas saolta*, "worldly wealth".

saoltas: "real estate; wealth", pronounced /seːlhəs/.

saor-cheart: "equity". *Bínse an tsaor-chirt*, "the bench of equity", i.e. a judicial bench supposedly run according to the laws of natural justice in the common-law system.

saoráideach: "easy", pronounced /səiˈrɑːdʲəx/ or /seːˈrɑːdʲəx/—both pronunciations are indicated in IWM §281.

saothraím, saothrú: "to labour, cultivate, till (of soil)". Pronounced /seːrˈhiːmʲ, seːrˈhuː/. *Gaelainn do shaothrú*, "to develop the Irish language" (note: this usage is preferable to *Gaeilge a fhorbairt* in GCh, as *forbairt* has been somewhat artificially adapted as an all-purpose translation of the English word "develop").

sara: "before; lest", or *sula* in GCh.

sás: "the very person to do something". *Sás ceistiúcháin*, "someone good at asking questions".

sásaím, sásamh: "to satisfy". Note that the preterite is *shásaimh*, reflecting a general tendency for *-mh* to appear in the preterite and imperative, instead of the *-gh* used in GCh (where the form is *shásaigh*), when the verbal noun ends in *-mh*.

sásamh: "satisfaction; reparation". *Sásamh im peacaíbh*, "reparation for my sins".

Satharn: "Saturday", with *Sathrainn* in the genitive where GCh has *Sathairn*. Pronounced /sahərən, sahəriŋʲ/.

scafaire: "a strapping fellow". *Scafaire ganndail*, "a sturdy, audacious gander".

scáil: "shadow, reflection".

scaipim, scaipeadh: "to scatter, dissipate".

scairt: "entrails". By extension, "the nerve, 'the balls' to do something", used in the form *é ' bheith de scairt agat (rud do dhéanamh)*.

scamall: "cloud".

scannradh: "terror", *scanradh* in GCh, pronounced /skaurə/ in WM.

scaoilim, scaoileadh: "to let loose, release". *Scaoileadh le duine*, "to leave someone be, to let him get on with what he's doing without further interference". *Scaoileadh leis*, "to let it pass, let it go".

scaraim, scarúint: "to part, separate", or *scaraim, scaradh* in GCh.

scáth: "shadow, shade, veil; reflection". *Ar scáth*, "under the pretence (of); under the cover/veil of". *Scáth agus solas*, "light and shade" (the natural order of the words varying from the English).

sceach: "bramblebush; whitethorn", with *sceiche* in the genitive.

scéal: "story". Note *ag ínsint na scéal* here, where *scéal* is an older genitive plural, replaced in later Irish by *scéalta*.

Glossary

sceartadh: "an act of shouting, bursting", or *scairteadh* in GCh. *Sceartadh gáire do chur asat*, "to burst out laughing".

sceartaim, sceartadh: "to shout, burst", or *scairtim, scairteadh* in GCh. *Do scairteadar ar gháirí*, "they burst out laughing". Note that PUL's *Séadna* uses both *sceartaim* and *scairtim* (compare *sgeartaid* and *sgairt* on pp28 and 146 therein).

scéim, scéith: "to inform on", or *sceithim, sceitheadh* in GCh. Pronounced /ʃk′e:m′, ʃk′e:(h)/, with the preterite *scéigh* (equivalent to *sceith* in GCh) pronounced /ʃk′e:g′/. *Scéim ar dhuine*, "I inform on someone".

sceímhle: "terror, dread". Pronounced /ʃk′i:l′i/.

sceinnim, sceinnt: "to spring, dart", of something moving quickly out of view. *Do sceinneadh deóracha óm shúilibh*, "tears would well up from my eyes". Pronounced /ʃk′eŋ′im′, ʃk′əint′/. This would be *scinnim, scinneadh* in GCh.

sceón: "terror", or *scéin* in GCh.

scian: "knife", with *sciain* in the dative.

sciathóg: "wickerwork potato basket", pronounced /ʃk′i:′ho:g/.

scigeadh: "an act of giggling", a noun and a verbal noun. FGB has only *scige*, but PUL's spelling *sgigeadh*, with the *-adh* ending, is more appropriate for the verbal noun usage found in Ch29 here. PSD has both *scige* and *scigeadh*.

scilling: "shilling". The general plural is *scillingí*, but *scillinge* is the plural used with numerals.

sciobaim, sciobadh: "to snatch".

sciomraim, sciomar: "to scrub", or *sciomraím* and *sciomradh* in GCh. Pronounced /ʃk′umərim′, ʃk′umər/.

sciot: "snippet". *Sciot scot*, "cutting something up, ruining it, destroying the best of it". *Sciot scot do dhéanamh de rud*, "to mess something up entirely". *Scot* here seems to be an alliterative echo of *sciot*; compare *bhrille bhreaille* ("nonsense, gossip") and *mugadh magadh* ("humbug").

sciúraim, sciúradh: "to scour".

sclábhaíocht: "manual work, toil, drudgery".

scoilim, scoltadh: "to split, break apart", or *scoiltim, scoilteadh* in GCh. Often spelt, as here (*sgoilfeadh* was the original spelling in Ch7) without the historical *t* (*sgoiltim*), suggesting the pronunciation is /skol′him~skol′im′, skolhə/.

scoláirthe: "scholar, pupil". According to AÓL in *Seanachas Amhlaoibh* (p137), both the singular and plural of this word should have a *th*, and such usage was found in the original manuscript, being removed by Norma Borthwick in preparation of the 1915 edition. Consequently, the pronunciation is /sklɑ:r′hi, sklɑ:r′′hi:/. *Scoláirthe lae*, "day pupil", as opposed to a boarder.

scór: "score, notch". *Bata scóir*, "tally stick".

scórnach: "throat", with *scórnaigh* in the dative.

screadach: "screaming, shrieking", pronounced /ʃkr′ə′dɑx/. Note that as a feminine verbal noun, the dative is *ag screadaigh*, /i ʃkr′adig′/. This distinction is not observed in GCh.

Glossary

scríbhinn: "writing". Pronounced /ʃkr′i:v′iŋ′/. Compare *do sgríbhinn*, the spelling given for the past habitual of the verb *scrím* in the original text (=*scríobhainn* in GCh), edited here as *do scrínn*.

scrím, scrí': "to write", *scríobhaim, scríobh* in GCh. All forms of this word are spelt according to the pronunciation, e,g. *do scríodar* for *do scríobhadar*. The preterite has a slender *v* in the singular: *do scríbh*, /ʃkr′i:v′/. The verbal adjective here is *scríofa*, which is also the form adopted by GCh, but the LS version of *Mo Scéal Féin* transcribed *scríofa* as *shgríti*, i.e. *scríte*, a form found more widely among speakers of Munster Irish (see GCD §579). AÓL also had *scríofa* (see *Scéalaíocht Amhlaoibh*, p316).

scriosaim, scrios: "to annihilate, blot out", or *scriosaim, scriosadh* in GCh.

scrúdaím, scrúdú: "to examine, study", as of lessons. Both first- and second-conjugation forms are attested in PUL's works, with both *scrúdú* and *scrúdadh* found here as the verbal nouns. PUL's *Aithris ar Chríost* has both *sgrúdann* (p192) and *sgrúdóchthar* (i.e. *scrúdófar*, p184). PUL's *Sgéalaidheacht na Macabéach* has *sgrúduigh sé* (Vol 2, p211).

scurtha: "broken up", or *scortha* in GCh. *An módh scurtha*, the analytical mode of conjugation of Irish verbs.

seabhcaí: "hawk-like", or *seabhcúil* in GCh. Pronounced /ʃau'ki:/.

seachrán: "wandering", pronounced /ʃaxə'rɑ:n/. *Ar seachrán*, "wandering, astray".

seacht: "seven", but also used as a general intensifier. *Níba sheacht measa*, "seven times worse, much worse". *Seacht n-uaire níba thúisce*, "much more readily". *A sheacht n-oiread armála*, "seven times as many armaments".

seachtain: "week", with *seachtaine* in the plural after numerals and *seachtainí* otherwise. In *ar feadh dó nú trí ' sheachtainíbh* in Ch30, *sheachtainíbh* is governed, not by *trí*, but by the suppressed preposition *dhe*, the full form being *ar feadh dó nú trí (dhe) sheachtainíbh*.

seachtú: "seventh". Often found in PUL's works without *h*-prefixation of a following vowel, as with *an seachtú aithne* in Ch27 here.

seál: "shawl". *Den seál* doesn't have *t*-prefixation, possibly because this is essentially an English loanword.

seana-: a prefix meaning "old". Other than before vowels, the prefix is generally *seana-* and not *sean-* in WM Irish. See *seanamháthair*, "grandmother", *seana-Ghaelainn*, "Old Irish", *seana-shlí*, "old way", and *seana-scéalta*, "old stories", here. In some compounds, the nuance is similar to the English "same old": *an seana-dho-thíos*, "the same old churlishness".

seana-chainnteóir: "old speaker (of a language)".

Seana-Ghall: "the Old English". The *Seana-Ghaill* is a term used to describe early settlers from England, as opposed to the *Nua-Ghaill*, or English settlers who arrived from the Tudor period onwards.

seanchaíocht: "telling old stories; gossiping", pronounced /ʃanə'xi:xt/.

seanmóin: "sermon", with *seanmóna* in the genitive, or *seanmóir* and *seanmóra* in GCh. Pronounced /ʃanə'mo:n′, ʃanə'mo:nə/. *Seanmóin a thabhairt uait*, "to deliver a sermon".

Glossary

seans: "luck, good fortune". *Do sheans do ghlacadh le duine,* "to take your chances with someone".

seargaim, seargadh: "to shrivel, dry up, waste away", with the verbal adjective *seirgthe,* where GCh has *seargtha.* Pronounced /ʃarəgim', ʃarəgə, ʃer'ik'i/. A slender *r* appears in this verb only in the verbal adjective in PUL's works.

seasaím, seasamh: "to stand", or *seasaim, seasamh* in GCh. *Do cheart a sheasamh,* "to stand up for your rights". *Do shláinte ' sheasamh,* "for your health to hold up". Note the preterite *do sheasaimh sé,* where GCh has *sheas sé,* reflecting a general tendency for *-mh* to appear in the third-person singular preterite (and imperative) where the verbal noun ends in *-mh* in WM Irish.

seasamh: "standing", but also "reliance". *Ar an aos óg a bhí ár seasamh,* "we were relying on the young".

seasc: "barren, dry". *Bó sheasc,* "a dry cow, one that does not give milk".

seasmhach: "steady, firm", pronounced /ʃasəvəx/.

seasmhacht: "steadfastness, firmness", pronounced /ʃasəvəxt/.

seift: "plan".

seilbh: "possession", with *sealbha* in the genitive. Pronounced /ʃel'iv', ʃa'lu:/. The pronunciation of the genitive was given by PUL in NIWU (p94). *Duine ' chur a seilbh,* "to evict someone, turn him out (of a land holding)".

seile: "spit, spittle". *Seile tobac,* "a tobacco-spit". *Nár mhó leis seile tobac ná leath-choróinn gheal do chaitheamh uaidh ins gach tigh tábhairne acu,* "he thought nothing of spending a bright half-crown in each of the pubs".

seinnim, seinnt: "to play (music)", or *seinnim, seinm* in GCh. Pronounced /ʃeŋ'im', ʃəint'/.

séipéal: "church, chapel", pronounced /ʃe:'p'e:l/. *Séipéal* has particular reference to a Catholic church, as the older church infrastructure remained with the Church of Ireland at the time of the Reformation, and smaller Catholic chapels began to be built from the 18th century onwards as restrictions on the Catholic Church began to be eased.

seirithean: "indignation", or *seirfean* in GCh. Pronounced /ʃer'ihən/.

seisean: "he", the emphatic pronoun. Pronounced /ʃiʃən/.

seisear: "six people", pronounced /ʃiʃər/.

seochas: "besides", or *seachas* in GCh. *Seachas* was also the original spelling, but this word is pronounced /ʃoxəs/. *Ní raibh aon cheart ag éinne seochas a chéile chuige,* "no one had more right to it than anyone else".

seóinín: "shoneen, an aper of English ways", derived from the English name Johnny.

seólta: "well-directed; graceful". *Spórt seólta* in Ch14 here may refer to jousts or tournaments.

seómra: "room", pronounced /ʃo:mərə/. IWM (§383) does not show an epenthetic vowel in this word. Neither does the LS version of *Mo Scéal Féin* (p25), but the LS edition of PUL's *An Choróinn Mhuire* has one (*shómara;* see pp22-23 therein).

sí: "fairy mound, fairy". *Ceól sí,* "fairy music". The reference here is to the playing of fairy music in Ch27 of PUL's novel, *Séadna. Slua sí,* "fairy host".

Glossary

siar is aniar: "back and forth". *Bheith siar is aniar ar an scéal*, "to beat around the bush".

síbhialta: "civil, polite", or *sibhialta* in GCh. Pronounced /ʃiːˈvʲiəlhə/.

sid é: "this is, here is", corresponding to *siod é* in GCh. Similarly, *sid í* and *sid iad* correspond to *siod í* and *siod iad*. The *d* may be pronounced either broad or slender; compare IWM §266 and §274 (line 128) for examples of both pronunciations in AÓL's Irish. As the *d* is consistently written slender in PUL's works, it seems likely he had a slender *d*.

simné: "chimney", pronounced /ʃimʲiˈnʲeː/; *simléar* in GCh.

sinsear: "ancestor; ancestors", or *sinsear* in GCh. Traditionally spelt *sinnsear*, the pronunciation is with a long /iː/ in WM Irish. Note that the singular noun can have collective meaning.

síolraim, síolradh: "to breed, propagate", or *síolraím, síolrú* in GCh. *Na saighseanna léinn sin a shíolraigh ón nGréigis agus ón Laidin*, "those sorts of literature that descended from Greek and Latin". The form *shíolradar* found in Ch24 here appears to locate this verb in the first conjugation, yet PUL has *shíolraigh* in the singular of the preterite (and not **shíolair*). As a syncopating verb, forms such as *síolródh* are attested in PUL's works in the conditional (see *síolróchadh* in *Sgéalaidheacht na Macabéach*, Vol 1, p13). Pronounced /ʃiːlrimʲ, ʃiːlrə/. Although IWM §400 shows the *l* in *síolrach* is not pronounced, the *l* in the cognate word *shíolraigh* is shown in the transcription *híolruig* in the LS version of *Mo Scéal Féin* (p42). It seems *síolraim, síolradh* is a literary word that has largely been replaced by *síolthaím, síolthú* in WM Irish, and so retains its historical pronunciation where the classical form is found. Marie-Louise Sjoestedt stated in her survey of Corca Dhuíbhne Irish that *síolrú* was pronounced both /ʃiːəlruː/ and /ʃiːələruː/ (*Phonétique d'un parler irlandais de Kerry*, p113). Compare *shíolthaíodar* in *Seanachas Amhlaoibh* (p3) and *go mbeidís 'n-a gclainn ag Ábraham chómh maith díreach agus dá mba ar a shliocht do shíoltóchaidís* in *Seanmóin is Trí Fichid* (Vol 1, p71).

síoraíocht: "eternity". *Imithe ar an síoraíocht*, "gone to his eternal reward", i.e., in heaven.

síos: "down". Note *síos agus suas*, "up and down", where the Irish leads with *síos*. *Taobh síos suas*, "upside down", exhibits the same idiomatic preference with respect to the placement of *síos*. *Síos go Magh Chromtha* illustrates the way in which large towns (and capital cities) are gone down to in Irish, contrary to the English usage. PUL makes this point in NIWU (p98): "In Irish, the direction towards the capital is *síos*. We say *síos go Corcaigh, síos go Baile Átha Cliath*. The fall of the land and the fall of the water are in those directions; cf. *thíos i gConndae na Mídhe* (*Lughaidh Mac Con*, p. 71). In English, people say 'up' when they mean towards the capital". *Síos agus suas* is also used in Ch27 to refer to changeability of the weather.

sirriamh: "sheriff", or *sirriam* in GCh. PUL may have been more familiar with this word in its English form; the general pronunciation is /ʃirʲiəm/.

Glossary

siúd, súd: "that", a demonstrative suffix, although written separately in the editing style here (*má bhíodar súd*, "if *they* were"). The use of *siúd/súd* and not *sin/san* is more highly coloured. PUL explains this in NIWU (p120): "'*Fágfad-sa baluith dóighte loisgithe sgólta ortha súd!*' There was no possibility of his saying '*ortha san*' nor '*ortha so*'. They may have been present listening to him, but the use of the words '*ortha súd*' cut them off from the congregation and treated them as absent. It had also the effect of expressing the bitterness of his condemnation of their conduct. The second reason for his saying '*ortha súd*' was because the action which he was reproving was a past action and it carried the agents of it with it into the past. Consequently they were '*iad súd*', not '*iad san*' nor '*iad so*'". For further examples of the coloured use of *siúd* note also *'s nár mhó aige siúd feóirling ná anam Éamoinn!* in Ch18 and *níor thuigeadar súd cad é an saghas ruda Gaelainn bheó* in Ch21. In Ch19, *a d'iarraidh a chur ' fhéachaint orthu súd an creideamh do shéanadh* shows that the coloured use of *siúd/súd* is not always negative in tone, the coloured nuance, whether strongly positive or strongly negative, being determined by the context. *Siúd/súd* is also used in preference to *úd* in possessive contexts: *a chuid siúd*, "something that belongs to him".

siúlaim, siúl: "to walk". Note that whereas PUL usually has this word in the first conjugation in the present tense (see *siúbhlann sé* in his translation of *Na Cheithre Soisgéil*, p33), it is usually found in his works in the future, the past (see Ch4 here) and the imperative in the second conjugation: *siúlóidh sé, do shiúlaigh sé, do shiúlaíodar, siúlaigh*. All forms are first-conjugation in GCh. *Siúl rómhat* is literally "to walk along", but often with implications of begging (see PUL's comments in *Cath Ruis na Rí for Bóinn*, p66). *Siúl* can be transitive, as in *siúl na gcnuc* here.

sladaim, slad: "to devastate, destroy", with *sladaithe* as the verbal adjective where GCh has *sladta*.

slánaitheóir: "saviour".

slat: "rod; yard (the unit of measurement)". *Slat droichid*, found in Ch9, is "a rail or parapet of a bridge".

sleamhnaím, sleamhnú: "to slip". Pronounced /ʃl'au'ni:m', ʃl'au'nu:/.

sleán: "turf-spade", pronounced /ʃi'l'ɑ:n/.

slí: "way". Note *slí bheatha*, "way of life", here, where *beatha* is lenited following the feminine noun *slí*. Lenition after feminine nouns is one of the most variable elements of Irish grammar, and *Seanachas Amhlaoibh* (p4) shows that AÓL had *slí beatha*. *Dá dtugadh na gabhair mo shlí féin dómh-sa*, "if the goats had let me have my own way".

sliabh: "mountain", with *sléibhte* in the plural. The genitive plural here is also *sliabh*. Pronounced /ʃl'iəv, ʃl'e:t'i/.

slínn: "slate, tile", with *slinne* in the genitive, pronounced /ʃl'i:n', ʃl'in'i/.

sliocht: "progeny, descendants" with *sleachta* in the genitive.

sloigim, slogadh: "to swallow", or *slogaim, slogadh* in GCh. Pronounced /slog'im', slogə/.

Glossary

slua, slóite: "army". PUL normally forms the plural of this word, *sluaite* in GCh, with an *-ó-*. Although IWM §92 shows the pronunciation to be /sluət′i/, /slo:t′i/ is found in verse. The medial *-ó-* is therefore retained wherever it was given in the original, including in the genitive plural *sló* (*slógh*), for *slua*. This word, masculine in GCh, is feminine in PUL's works, yet other speakers of the WM dialect, such as AÓL, had a masculine *slua* (see *an slua muar* in *Scéalaíocht Amhlaoibh*, p9). This word seems to become masculine in the genitive singular in PUL's Irish: see *ar imeall an tslóigh* in Ch29 here.

sluasad: "shovel", with *sluasaid* in the dative, which form is used for the nominative in GCh.

smacht-dlí: "penal law", with *smacht-dlithe* used in Ch25 here in reference to the late 19th-century Coercion Acts.

smidireacht: "sniggering, giggling". Also *ag smidireacht gháirí*.

smúsach: "pith, pulp".

smut: "piece, portion", or *smiota* in GCh. *Smut de ghé*, "a piece of a goose".

snapaim, snapadh: "to snatch".

socracht: "ease, rest". Pronounced /sokərəxt/.

socraím, socrú: "to settle, place". Pronounced /sokə'ri:m′, sokə'ru:/. *Tu féin do shocrú chun cónaithe*, "to settle down (in residence somewhere)". *Socrú ar rud*, "to decide on something".

socrú: "decision", pronounced /sokə'ru:/.

sodar: "an act of trotting". *Ar sodar*, "at a trot".

soineann: "good weather", with *soininne* in the genitive. Pronounced /sen′ən, sen′iŋ′i/.

sólaistí: "delicacies; desserts", sweet treats of various kinds. This word is usually used, as here, in the plural.

soláthraím, soláthar: "to get, procure; to seek out (search and find)". Pronounced /sla:r′hi:m′, sla:hər/.

sórd: "sort", or *sórt* in GCh, pronounced /so:rd/.

Spáinneach: "Spaniard", pronounced /spa:ŋ′əx/.

Spáinnis (an Spáinnis): "the Spanish language", pronounced /spa:ŋ′iʃ/.

sparra: "bar". *Sparra iarainn*, "iron bar".

spás: "space, intervening distance".

speal: "scythe", with *speil* in the dative.

spealadóir: "scytheman".

spéis: "interest".

spídiúchán: "reviling, abusing".

spota: "spot". *Ar an spota*, "on the spot".

spré: "dowry".

sprid: "sprite, ghost".

spriúnlaithe: "stingy, miserly", or *sprionlaitheacht* in GCh. *Beart spriúnlaithe*, "a mean or shabby trick".

spriúnlaitheacht: "miserliness", or *sprionlaitheacht* in GCh.

sráid: "street", but also "town".

Glossary

sraith: "row, layer". *'Na sraitheannaibh,* "in rows".
srian: "reins of a horse", with *sriain* in the dative. *Srian a chur le feirg,* "to control your rage, keep your anger in check".
sroisim, sroisint/sroisiúint: "to reach", or *sroichim, sroicheadh* in GCh. Pronounced /sroʃim', sroʃint'~sro'ʃu:nt'/.
sruthán: "stream, brook".
stábla: "stable", pronounced /stɑːbələ/.
stadaim, stad: "to stop", but also "to stand still" in *do stadas ag féachaint air*.
staighre: "stairs, staircase", pronounced /stəir'i/.
stailc: "strike". *Stailc a chur suas,* "to go on strike, to have a strike".
staonaim, staonadh: "to abstain", used with *ó*.
starr-fhiacal: "prominent tooth, fang", or *starrfhiacail* in GCh. While the dative of *fiacal* is *fiacail,* we find *an dá starr-fhiacal* here. See also *an dá fhiacal* in *Séadna* (p73). It seems the dual was not always declined by PUL like the dative singular where the general context was nominative. See *teanga* for a discussion of *an dá theanga* and *an dá theangain*.
steallaim, stealladh: "to pour". *Fearthainn a stealladh (ar dhuine),* "to pour with rain". Also "to dash", as to dash something against the wall.
stiall: "strip".
stiúraím, stiúrú: "to guide, direct", or *stiúraim, stiúradh* in GCh.
stiúrthóir: "director".
stracaim, stracadh: "to tear", or *sracaim, sracadh* in GCh. *Do strac sé siar ón bhfinneóig é,* "he dragged him away from the window".
stráice: "strip".
stuaim: "level-headedness, self-control".
stuama: "sensible, level-headed". Pronounced /stuəmhə/ according to IWM (§353), but the /h/ may have been clearer in the Irish of some speakers of WM Irish than in that of others.
suaimhneas: "peace, quietness", pronounced /suən'əs/. *Ar mo shuaimhneas,* "at my ease".
suaimhneasach: "peaceful", pronounced /suən'əsəx/.
suairc: "pleasant, agreeable, gay".
suaite: "exhausted".
suaithim, suathadh: "to shake, toss about", or *suaithim, suaitheadh* in GCh.
suaraí: "insignificance". FGB recommends *suaraíocht* by preference. *Dá shuaraí é,* "however trivial or insignificant".
súil-aibidh: "keen-eyed", or *súilaibí* in GCh.
súil: "eye", but also "arch" of a bridge. *Ag cur na súl tríom,* "looking at me intently".
suím, suí: "to sit". *Id shuí,* "up; out of bed". *Tá an ghealach 'na suí,* "the moon is up; the moon has come out". *Suí* also refers to the sitting of a court in *do shuigh cúirt i mBaile Mhistéala,* "a court convened/sat/met in session in Mitchelstown".
suím: "sum, amount; interest". Masculine here, but feminine in GCh. *Suím beag aimsire,* "a short while". Pronounced /siːm'/. The genitive *suime* has a short vowel, /sim'i/.

Glossary

súiste: "flail for threshing".
sult: "amusement". Pronounced /suhl/.
sultmhar: "pleasant, enjoyable", pronounced /suhlfər/.
súsa: "rug, cover".
tabhairt suas: "education, upbringing". *Tabhairt* is feminine, but the phrase noun *tabhairt suas* is masculine, and so we find *tabhairt suas maith* here. *Tabhairt suas*, as a phrasal noun, resists declension (*aon ní i bhfuirm tabhairt suas*), and is found as a hyphenated *tabhairt-suas* in the original manuscript.
tagaim, teacht: "to come". The past participle here is *tagaithe*, /tɑgihi/, where GCh has *tagtha*. *Teacht!* as an interjection, "yes!" This is so used even when there is no sense of "coming" where two interlocutors are already face to face, as in Ch6 here. *Teacht chút féin*, "to come round", as after passing out, or, as in Ch17 here, in reference to recovery from an illness. With *le*, "to be able to": *dá mba ná tiocfadh liom*, "if I were unable to, if I couldn't". *Teacht suas le rud*, "to come across something". Note that PUL used the classical spelling *tar* in the imperative, a spelling that has been adopted in GCh, whereas the form *tair* is more generally found in WM Irish, /tɑr'/. T. F. O'Rahilly used the spelling *tair* in *Papers on Irish Idiom* to transcribe an unpublished manuscript by PUL, *Measgra Cainte* (see p44 therein). The *tar* given in the original is retained here.
táim, bheith: "to be". The second-person singular present-tense form *taoi* is found here (corresponding to *tá tú* in GCh). *Ní bheadh acu ach (rud a dhéanamh)*, "they would just have to (do something)". *Bhí sé air agam (é ' dhéanamh)*, "I had a job (doing it), I found it difficult (to do it)". *Ní bheidh t'anamsa orm*, "I won't be responsible for your death".

The use of the particle *a* with *bheith* is worth commenting on. PUL insisted there was no infinitival particle in Irish. In *Papers on Irish Idiom* (pp74-75), T. F. O'Rahilly transcribes an unpublished manuscript of PUL's explaining that *is maith lium do shiúl* (as it is spelt therein) means, not "I wish to walk", but "I like your walk". A particle is required where the verbal noun governs an object (*an bóthar do shiúl*): "when the object is expressed in the Irish there is a certain relation found to exist between it and the verb. That relation is expressed by *do*. The moment the object is dropped, that relation, of course, disappears, and as a consequence the *do* must disappear". As an intransitive verb, *bheith* does not govern an object, but a particle is also required where a noun governs the verbal noun as its subject, and the particle *a* governing the verbal noun is a worn-down variant of *do*, and so the same reasoning applies. Consequently, PUL's works do not combine *a* (or *do*) with the intransitive verbal noun *bheith* unless *bheith* is governed by a noun subject (*rud a bheith ann*) or there is some possessive or proleptic reason for the particle's being there. Note usages such as *do bhí; níorbh fhéidir gan a bheith* in Ch15 here, where *gan a bheith* is possessive, "without its being", i.e. "for it not to be/for there not to be".

Although *bheith* is not transitive, it can take an adjectival complement (*bheith go maith*), and so *bheith* may be governed by such adjectival complements that precede it with the intervention of the particle *a* in a manner

Glossary

analogous to a verbal noun being governed by a preceding object. For example, in Ch1, we read *oilte ar chogadh agus ar ghnóthaíbh cogaidh, ab ea é, mar ba dhual do ' bheith*, where an apostrophe has been inserted after *do* in this edition.

The verbal noun is generally lenited in all circumstances in the modern language owing to the frequency with which it is found governed by a leniting particle, and GCD (see §690, but for use of an unlenited *beith*, see also §531) shows there are Munster dialects where the particle *a* is regularly attached to *bheith* even where it is not governed by a noun or pronoun subject, or where it is not governed by a preceding complement, or where it is not found in a possessive or proleptic context (*tá sé chomh maith agam a bheith ag imeacht*), but such usages are absent in PUL's works.

táin: "herd of cattle". *Táin Bó Cuailnge*, "the Cattle-raid of Cooley", a famous tale from the Ulster Cycle of myths. PUL published his version of the *Táin* in 1916, the year after *Mo Scéal Féin*. However, his statement in Ch15 here that *a gcosa ' tharrac in éineacht*, referring to boys walking in lockstep with one another, was a phrase found in the *Táin* cannot be matched up with a word search of PUL's version of the tale. *Táin Bó Cuailnge* is pronounced /tɑ:n′ bo: kuəl′i/, as show in "The Autobiography of Canon O'Leary", *The Dublin Evening Telegraph*, August 17th 1915, p2, where *Cuailnge* is transcribed in LS as *Cueli*.

tairbhe: "benefit", pronounced /tɑr′if′i/.

tairbheach: "useful, beneficial", pronounced /tɑr′if′əx/.

tairgim, tairiscint: "to offer", pronounced /tɑr′ig′im′, tɑr′iʃkint′/.

taithneann, taithneamh: "to please; to shine", or *taitníonn, taitneamh* in GCh. Generally in the first declension in PUL's works, pronounced /tɑŋ′hən, tɑŋ′həv/. The preterite, *thaitin* in GCh, is found as *thaithn* here, pronounced /hɑŋ′/.

talamh: "land". The genitive, *talaimh* in GCh, is found consistently with a slender *l* in PUL's works: *tailimh*, /tɑl′iv′/. *Titim an tailimh*, "the lie of the land". Note the variant (feminine) genitive, *talún*, found here in *tiarna talún*, "landlord", a phrase in which *talún* is generally found. *Ní fhéadfadh an fear thíos a dhéanamh amach ó thalamh an domhain cérbh í 'Madam Anne'*, "the man up there could not make out for the life of him who 'Madam Anne' was".

taobh: "side". *Ó thaobh taobh*, "from one side to the other". This phrase can be analysed in a similar way to *ó cheann ceann* (q.v.). *Taobh leó*, "beside them". *An taobh san den scéal*, "that side of the story", but often better translated in other ways (*do thuigeadar an taobh san den scéal*, "they realised as much").

taom: "fit, period of illness".

tapaidh: "quick", or *tapa* in GCh. Pronounced /tɑpig′/.

tar éis: "after". This phrase incorporates the rare noun *éis*, "track", which is obsolete in modern Irish. Generally pronounced /tr′e:ʃ/.

tarna: second, or *dara* in GCh; *dara* was also occasionally found in PUL's works. *An tarna ceist*, "another question; any other question" in Ch27 here.

tarraigim, tarrac: "to pull, draw", or *tarraingím, tarraingt* in GCh. Pronounced /tɑrig′im′, tɑrək/. PUL used spellings such as *tharaig* in the original manuscript—with a single *r*, reflecting his views on the use of double letters—being adjusted

330

Glossary

on each occasion in the 1915 edition to *tharaing*. The LS edition of *Mo Scéal Féin* (p9) shows a slender *r* pronunciation, and GCD §522 also shows this to be the more general Munster pronunciation (Corca Dhuíbhne has *tairrigíonn* in the second conjugation). However, Osborn Bergin's LS edition of PUL's *Aesop a Tháinig go hÉirinn* (p54 of *Ésop a Háinig go Héring*, where *dtarangthar* is transcribed as *dtaruigtear*) shows a broad *r*, and Brian Ó Cuív also uses a broad *r* in the phonetic spellings he used in CFBB (e.g., p5). *Scéalaíocht Amhlaoibh* shows that forms with both broad and slender *r*'s were used by AÓL (compare *tharraig* and *thairrig* on pp3, 5). As both forms exist (see *Stair na Gaeilge*, p489), it seems best to edit here with the broad *r* that stands in the original. Another piece of evidence that could be cited is the Irish of Diarmuid Ua Laoghaire, PUL's second cousin and professor at Coláiste na Múmhan in Ballingeary, who wrote *thairidh sé* with a slender *r* (in *Cogar Mogar*, p20). It is interesting to note that *Foclóir do Shéadna*, the authorised vocabulary to PUL's novel *Séadna* probably drawn up by Norma Borthwick, confuses *tarraigim, tarrac* and *tairgim, tairiscint*, by glossing *taraingim* and *tarang* as "I offer; an act of offering", as well as "I draw, I pull; an act of drawing, pulling" (see p111). The verbal adjective is *tarraicthe* (*taraigthe* in the original manuscript and *taraingthe* in the 1915 edition), pronounced /tɑrikʹi/, where *tarraingthe* is used in GCh. *Rud do tharrac chút*, "to take something up", referring in Ch20 here to taking up of one's books for the purpose of study. *Abhar cainnte ' tharrac anua*s, "to take up a topic of conversation".

tásc: "report of someone's death".

te: "hot". PUL is on record in his NIWU (p127) as insisting this word has a "most distinct" final -*h* in the pronunciation. However, this is likely to be apparent only before a following vowel. It is therefore pronounced /tʹe~tʹeh/. See under *tur*.

teadhall: "handful", referring in agriculture to the quantity of ears of corn that can be reaped with a *corrán* or sickle. Pronounced /tʹəil/.

téagar: "substance, bulk".

teagasc: "teaching". *An Teagasc Críostaí*, "the Catechism". Note that the genitive is *an Teagaisc Críostaí*, without lenition, either because -*isc Chr*- would be hard to say, or because *Críostaí* is calcified in this phrase (or both). PUL maintains a distinction between *an Teagasc Críostaí* in the nominative and *an Teagaisc Críostaí* in the genitive, but some Muskerry natives reanalysed this as a single indeclinable masculine noun, *an tEagaisc-Críostaí*[60], with *san Eagaisc-Críostaí* in the dative. DBÓC's autobiography, *Sgéal mo Bheatha*, has *ag rádh an Teagasg Críostaídhe* (p32), but he later indicated that that passage should have said *ag rádh an (t)eagaisg Críostaídhe* ("Leitreacha", *An Músgraigheach*, Uimhir a 6, Fóghmhar 1944, p22, footnote).

teampall: "temple, church". Often with particular reference to Protestant places of worship. See under *séipéal*. Pronounced /tʹaumpəl/.

---

[60] I am grateful to Dr Seán Ua Súilleabháin of University College Cork for this interesting point. This is supported by a tape recording of Maidhc Pheatsaí Ó Donnchú (1884-1965) of Doire na Sagart in the WM Gaeltacht.

Glossary

téanam: "come along", part of a defective verb usually found only in the imperative. *Téanam* appears to be derived from a first-person plural imperative, but is used as the equivalent of a second-person imperative in the form *téanam ort*, in a way that bears analogy with the first-person plural imperative in English "let's be having you".

teanga: "language", with the genitive singular *teangan* and the dative singular and nominative plural here *teangain* and *teangthacha* (*teangacha* in GCh) respectively. The historically correct *-th-* is needed in the plural in WM Irish to show the diphthong in the plural. Pronounced /t′aŋə, t′aŋən, t′aŋin′, t′auŋhəxə/. *Fear teangan*, "interpreter". Although the dual should theoretically be declined like the dative singular in both nominative and dative contexts, it is worth noting that where the dual is found in a nominative context in Ch14 and Ch31 it is repeatedly found as *an dá theanga*, whereas in a dative context (*níor chuímhnigh éinne ar an dá theangain do chur ar siúl in éineacht* in Ch31) the correct dual form is given.

teangmháil: "contact", or *teagmháil* in GCh. Pronounced /t′aŋə'vɑːl′/.

teannta: "prop, support". *'Na theannta*, "along with it". *I dteannta ' chéile*, "together". *'Na theannta san*, "in addition to that; moreover". Pronounced /t′auntə/.

téarma: "term", pronounced /t′eːrmə/. *Téarma aimsire*, "apprenticeship".

teasaí: "quick-tempered".

teideal: "title; entitlement".

téim, dul: "to go". It is worth noting that the dependent form of this verb is not often used in WM Irish in the past tense. PUL's usage is mixed; he normally writes *gur chuaigh*, although *go ndeigheas* /n′əis/, *go ndeigh* /n′əig′/, and *sara ndeigheas* are also found in this work. In GCh the absolute/dependent contrast is observed, as *go ndeachaigh*. Note the conditional form here, *raghainn*, /rəiŋ′/, where GCh has *rachainn*. *Níor chuaigh aon fhocal uaim*, "I did not miss one word". *Dul i ngéire*, "to become more intense", a construction used in preference to *éirí géar* in WM Irish. *An ghrian a dhul fé*, "to set (of the sun)". *Níor chuaigh an duine bocht ó bhéalaibh na ndaoine sa ghnó*, "the poor man did not escape public comment about his role in the matter".

Impersonally, *dul de* means "to run out": *bhí ag dul dá chiall*, "he was losing his senses". The construction *dul de* was the subject of a letter by PUL published in *The Freeman's Journal* on March 17th 1915, where he explained that, despite Michael Sheehan's view that this was an "obscure and unintelligible construction", it was good Irish.

téim, té': "to warm", or *téim, téamh* in GCh. The verbal noun was traditionally spelt *téidheadh*.

teinneas: "soreness", or *tinneas* in GCh. Pronounced /t′eŋ′əs/.

teipim, teip: "to fail". *Do theip tine*, "it didn't fire", of a gun. Used impersonally: *bhí teipithe orthu é ' dhéanamh*, "they failed to do it". GCh has *teipthe* for the participle, but that spelling would be unclear as to the pronunciation and so the original spelling here, *teipithe*, is retained.

Glossary

teithim, teitheadh: "to flee".

teóra: "boundary, limit", or *teorainn* in GCh, where the historical dative has replaced the nominative. The genitive is *teórann*. *Níl aon teóra leis le breáthacht*, "there is nothing so beautiful as it; there is nothing like it in terms of beauty".

teórannach: "bordering, adjoining", or *teorantach* in GCh, which form is found in AÓL's Irish (*Scéalaíocht Amhlaoibh*, p221). *Teórannach dá chéile*, "adjacent".

thall: "over there". The original text had *thall* sometimes apparently delenited to *tall* after a dental consonant, as in *sa tigh úd tall* in Ch11. The LS version of *Mo Scéal Féin* (p32) has *sa tig úd haul*, and consequently *thall* is used in this edition. Pronounced /haul/.

thar: "through, across, past". Lenition is added in this edition in instances such as *isteach tar claidh* in the original text of Ch11 where an unlenited *tar* stands in the original. *Tar éis*, "after", is also found as *thar éis* once in Ch14 here, which usage seems defensible following a vowel in *rud atá thar éis imeacht orm*. *Thorm*, "past me", spelt *tharam* in GCh; pronounced /horəm/. *Thórsu*, /ho:rsə/, "beyond them", equivalent to *tharsta* in the GCh. *Teacht thórsu*, "mention of them".

Note that the pattern of lenition after *thar* often draws small distinctions: compare *thar bárr*, "excellent" in general reference with *thar bharra an chnuic*, "over the top of the hill", where *barra* is used in a more specific sense. *Thar cheann an fhir*, "on behalf of the man", is a usage always found in PUL's works with lenition of *cheann*. *Thar ceann* is recommended in Standardised Irish, and it may be that *thar-cheann* has become a fused phrase in WM Irish, thus explaining the unexpected pattern of lenition. *Thar claí, thar droichead* and *thar glaise* are all found here without lenition: in such phrases the noun has become genericised.

thoir: "east". *Sa domhan toir*, "the Orient". PUL spelt this phrase *sa domhan tsoir* in the original manuscript.

tí: "point, mark". *Ar tí*, "on the point of, intending to".

ticéad: "ticket", with *ticéadaí* in the plural, where GCh has *ticéid*, pronounced /t'i'k'e:d, t'i'k'e:di:/. *Amu' ar thicéad*, "out (of prison) on 'ticket of leave'", i.e. out on licence/probation. *Ticéad duine do bhriseadh*, "to cancel someone's ticket of leave, cancel his probation". *Ticéad raffle*, "raffle ticket".

tigh: "house", or *teach* in GCh. The historical dative has replaced the nominative in WM Irish. *Tigh éigin mór* in Ch8 means simply "some large building", showing that *tigh* was traditionally used in the sense of "building". See also *tigh folamh amu' sa chlós* in Ch17. Modern use of *foirgneamh*, which properly refers to "building" in the sense of the abstract noun "construction", to refer to a single building, is contrary to the natural use of the Gaeltacht. *Tigh tábhairne*, "public house, tavern". *Tigh* often loses its final *g* when qualified. The LS version of *Mo Scéal Féin* (p31) shows *tigh tábhairne* is pronounced /t'i ta:rn'i/. *Tigh Mhuíntir Thuama*, "the Twomeys' house" is similarly transcribed in the LS version of *Mo Scéal Féin* (p34) as *ti Vuíntir Huama* (but as *tig Vuíntir Huama* on p33).

Glossary

tímpall: "around", or *timpeall* in GCh. The broad *p* in WM Irish is preserved here: /tʲiːmʲpəl/. As a noun, *tímpall* means "a circuit": *an tímpall a ghabháil*, "to go the long way round". *Sa tímpall*, "all around".

tineóntaí: "tenant", or *tionónta* in GCh. PUL's spelling here accords with the form used by AÓL. DBÓC's *Sgéal mo Bheatha* (p102) has *tireóntaí*. Donncha Ó Buachalla and Maidhc Pheastaí Ó Donnchú had *tionóntaí*[61]. The form shown in LASID, *tróntaí* (p160, question 716), seems to derive from *tionóntaí* via elision of the vowel in the first syllable.

tionnlacaim, tionnlacan: "to escort, accompany", or *tionlacaim, tionlacan* in GCh. *Tionnlacan* is found in PUL's *Séadna*, (pp, 14, 278), and the transcriptions in the LS edition (see *Shiàna*, pp9, 112) variously indicate pronunciations of /tʲunləkən/ and /tʲuːnləkən/; GCD §576 has /tuːləkən/, with a broad *t* and no medial *n*. A pronunciation of /tʲuːləkimʲ, tʲuːləkən/ could be suggested here.

tionóisc: "accident". This is PUL's regular word for "accident"; *timpiste* is not found in his works.

tiormacht: "drought", or *triomacht* in GCh. The original spelling is retained here. CFBB (p253) shows that both /tʲiːrməxt/ and /trʲiməxt/ are attested realisations of this word (p253); the latter would accord with the spelling given here, once metathesis is taken into account.

tirim: "dry", pronounced /trʲimʲ/.

tispeánaim, tispeáint: "to show". PUL consistently wrote this word with a broad *t*, as it stands in GCh, but IWM (see the note to §368) shows the pronunciation is /tʲisʲpʲaːnimʲ, tʲisʲpʲaːntʲ/ (or /tʲiʲʃaːnimʲ, tʲiʲʃaːntʲ/) in WM Irish. A slender *t* is shown in the LS editions of PUL's works (e.g. *Shiàna*, p43).

titim, titim: "to fall". *Titim i gceann do chos*, "to collapse".

titim: "lie, slope". *Titim an tailimh*, "the lie of the land".

tiubaisteach: "calamitous, disastrous", or *tubaisteach* in GCh. CFBB (p262) shows *tubaist* with a broad *t*, and *tubaisteach* is found in PUL's *Séadna* (e.g. p86). There are a number of words that are variously spelt with broad or slender *t* in PUL's Irish (for example, both *tionóisg* and *tonóisg* are found in his works), reflecting a wider tendency towards varying realisation of initial slender/broad *t* in Munster Irish.

tiubh: "quick; plentiful, widespread". *Go tiubh* referring to the sale of tickets in Ch25 here means "plentifully".

tobac: "tobacco", pronounced /təˈbɑk/. As this word is a loanword, it is not distinctively declined in the genitive.

tobairín: "little well".

tobán: "tub".

tobar: "well".

tocht: "silence".

---

[61] I am grateful to Dr Seán Ua Súilleabháin of University College Cork for information on the Irish of Ó Buachalla and Ó Donnchú.

Glossary

tógaim, tógáilt/tógaint: "to lift", or *tógaim, tógáil* in GCh. *Clann do thógaint,* "to raise children". Some usages appear to be Béarlachas, albeit of long standing, in the general sense of "to take": *do tógadh na cártaí,* "the cards were taken"; *do thógamair tigh,* "we took/rented a building"; *nótaí ' thógaint,* "to take notes". *Rud do thógáilt ar dhuine,* "to blame someone for something, to take it out on him".

togha: "the pick of something; choice". *Togha droch-scéil,* "the very worst news". Pronounced /tou/. *Togha* means "choice" in an objective sense, contrasting with *rogha,* meaning "choice" in a subjective sense (see Gerald O'Nolan's comments in *Studies in Modern Irish, Part 1,* p278).

toil: "wish", with the genitive *toile* here, in contradistinction to the *tola* of GCh.

toilím, toiliú: "to agree", with *chun*. Pronounced /toˈlʹiːmʹ, toˈlʹuː/.

tóir: "pursuit, hunt". *Ar a dtóir,* "in pursuit of them".

toirmeasc: "mischief, row", pronounced /torʹimʹˈəsk/.

tóirthneach: "thunder", or *toirneach* in GCh. Pronounced /toːrhnʹəx/. PUL commented in NIWU (p107) that he had never heard this word pronounced without its medial *-th-*; nonetheless, the distinction in pronunciation is exceedingly slight, with /rhnʹ/ realised as a devoiced /rnʹ/.

toisc: "object, purpose, intention", or "because". *Rud do bheith de thoisc agat,* "to have some intention/purpose".

tón-leathan: "broad-bottomed".

tonna: "ton". Note that FGB claims (illogically) that *tonna* is used to denoted the imperial "ton" and *tona* to denote the metric "tonne". The distinction, if it can even be accepted, is of recent invention.

tor: "bush", with the genitive here *tuir*.

toradh: "fruit, yield", but also "regard, notice". *Ní tabharfí aon toradh orm,* "no attention would be paid to me". *Toradh a chainnte,* "the upshot or result of his talk". *Toradh ón obair,* "result of the work".

tosach: "beginning, front", pronounced /təˈsax/. *Tosach na hoíche,* "the evening". *I dtosach aimsire,* "long ago, in early days". *Ar tosach,* "at the head, in the lead".

tosnaím, tosnú: "to start", or *tosaím, tosú* in GCh.

tóstalach: "arrogant, conceited".

traein: "train", with *traenanna* in the plural where GCh has *traenacha*. *Traein* with a slender *n* is preferable partly because of the influence of the English word and its pronunciation.

traochaim, traochadh: "to exhaust, overcome, subdue".

trap: "trap", i.e. a carriage pulled by a horse.

tráth: "time, occasion". *Tráth éigin,* "at some point".

tráthnóna: "evening", pronounced /trɑːnʹhoːnə/. *Tráthnóna mór-luath,* "early evening".

treabhaim, treabhadh: "to plough", with *treafa* as the past participle (*treatha* was also found in WM Irish; see CFBB, p258). Pronounced /trʹaumʹ, trʹau, trʹafə/.

treabhchas: "tribe", pronounced /trʹauxəs/. *Treabhchas daoine* refers, not just to a tribe as such, but to a clan or family of people.

Glossary

tréan: "strong", with the comparative here *treise* where *tréine* stands in GCh. PUL used both *treise* and *tréine* in his historical novel *Niamh* (see p197 therein, where both forms are used side by side).

treasna: "across" or *trasna* in GCh. Pronounced /tr′asnə/.

treó: "direction, way". *Treó baíll*, "direction".

trí chéile: "confusion". *Trína chéile*, "mixed up, confused".

trí: "through". *Tríd agus tríd*, "all the way through, through and through". *Trí* also has the extended meaning of "for, on account of", denoting the reason for which something is done: *trí gan é ' bheith ábalta ar ramhar-chíos do dhíol*, "for not being able to pay the extortionate rent". Note the form *tríom*, "through me" or "through my" and the lenition of *trí* in *treabhadh thríd*, "to plough through it", in Ch14 here.

triail: "trial, test", with *trialach* in the genitive and *trialacha* in the plural. *Triail comórtais*, "contest". *Triail dlí*, "legal trial". *Duine ' chur ar a thriail*, "to put someone on trial". *Do thriail do sheasamh*, "to stand trial".

trialaim, triail: "to try, test", including trying someone in the judicial sense, or *triailim, triail* in GCh. Pronounced /tr′ialim′, tr′ial′/. *Do trialadh i marú iad*, "they were tried for murder".

triallaim, triall: "to fare, journey". *Ag triall ar*, "with recourse to" in various senses, including going to see someone, bringing something for someone and sending something to someone. Pronounced /tr′iəlim′, tr′iəl′/. See also under *trialaim*, which was distinguished in pronunciation from *triallaim* by older speakers of WM Irish.

trian: "third", with the plural after numerals *treana*. *Trí treana*, "three thirds".

tricear: "trigger", or *truicear* in GCh. The spelling *triccer* was found in the original.

trioblóid: "trouble", pronounced /tr′ubə'lo:d′/.

tríochad: "thirty". PUL generally forms the numbers 30, 40 and 50 in -*d*: i.e. *tríochad, daichead, caogad*. By contrast, GCh uses *tríocha* and *caoga* as the nominatives, and so on for the higher decades (where PUL had *trí fichid, deich is trí fichid, cheithre fichid, deich is cheithre fichid*). AÓL had *triuchaid*, /tr′uxid′/ (*Scéalaíocht Amhlaoibh*, p169).

trioscán: "furniture", or *troscán* in GCh.

tritheamh: "fit (e.g. of laughter)", with the plural *trithí*. *In sna trithíbh gáirí*, "in fits of laughter".

triúr: "three people", with *trír* in the genitive here where GCh has *triúir*.

troid: "quarrel, fighting", a noun and a verbal noun. Pronounced /trod′/.

troidim, troid: "to quarrel, fight". Pronounced /trod′im′, trod′/.

troigh: "foot (measurement)", with the plural *troithe*. Pronounced /trig′, truhi/.

tromaíocht: "denigrating, censuring". *Tromaíocht ar mhuíntir na hÉireann*, "running the Irish people down".

trua: "pity". *Is mó de thrua é*, "he is all the more pitiable".

trucail: "cart, truck", with *trucaileach* in the genitive. *Carra trucaileach*, "side-car". The genitive used in GCh, *trucaile*, is found in PUL's *Séadna* (p202). IWM §420 shows that this word is often pronounced *turcail*, but that *trucail* was said too.

Glossary

trucailín: "little cart".

tu, thu: disjunctive form of the second person pronoun, pronounced /tu, hu/. Always *tú* in GCh. *Thu* is sometimes used in this edition where *tú* stood in the original text.

tuairisc: "news, account, description". *Tuairisc na gcómharsan a chur ar dhuine*, "to ask someone about the neighbours".

tuama: "tomb".

tuath: "the countryside; rural district". Note the genitive here is given as *tuatha*, where GCh has *tuaithe*. Either spelling would yield the pronunciation /tuəhə/, but PSD shows that PUL's spelling was accepted. The dative was given as *tuath* in the original, but has been adjusted here to *tuaith*, which spelling is also found in the dative in PUL's works, in line with the general declension patterns of feminine nouns. Note *ar an dtuaith*, "in the country". PUL explained in NIWU (p46) that *fén dtuaith* could only be used where motion was implied (*amach fén dtuaith*, "into the countryside").

tugaim, tabhairt: "to give". Note the past participle here, *tabhartha*, /tu:rhə/, where GCh has *tugtha* (which is also found in PUL's Irish). *Teacht chút féin*, "to come to, come round", i.e., after passing out. *Tabhairt fé*, "to tackle, undertake, attempt, something". *Tabhairt leat*, "to grasp, 'get', bring out the sense of something": *conas a thabharfainn liom sa Bhéarla deiseacht na Gaelainne*, "how I could convey in English the elegance of the Irish". *Seanmóin a thabhairt uait*, "to deliver a sermon". *É ' thabhairt dá chéile*, "to (really) give it to each other", in terms of exchanging insults in Ch27 here. Note that *tabhair dhom*, "give me", is pronounced /trom/.

tuigim, tuiscint: "to understand". *Do tuigeadh dom (go)*, "I got the idea (that), it occurred to me (that)". *Nuair a tháinig an t-am, de réir mar a thuig an tEaspag*, "when the time came that the Bishop thought right".

tuilleadh: "addition; more". PUL consistently used spellings indicating a pronunciation of /tilʹi/, where AÓL had *teilleadh*, /tʹelʹi/ (see *Scéalaíocht Amhlaoibh*, p8). *Tuilleadh agus a dhóthain*, "more than enough".

tuirseach: "tired", pronounced /tirʹʃax/.

tuisceanach: "understanding, discerning".

tuiscint: "understanding". *Tuiscint i gceól*, "an appreciation of music".

tulach: "hillock, mound", pronounced /təˈlax/.

tur: "dry", but also "blunt, peremptory". *Tur te*, "immediately". *An t-anam a thitim tur te asat le neart gáirí*, "to collapse with laughter".

turas: "journey, round, occasion". Pronounced /trus/.

túrtóg: "tussock, clump of grass", or *tortóg* in GCh.

tús: "beginning". The dative is *túis* here (*ar dtúis*), implying this word is feminine in the dative, although it doesn't seem to be used in WM Irish outside of phrases such as *ar dtúis* and *ó thúis go deireadh*. Munster Irish seems to prefer *tosach* to *tús* in most circumstances.

uabhar: "pride". Pronounced /uər/.

Glossary

uacht: "will, testament". *Rud d'fhágaint le huacht ag duine*, "to leave someone something in your will".

uachtar: "top, surface". *An lámh uachtair*, "the upper hand".

uachtarán: "president, head, superior", with *na huachtaráin* in the plural meaning "the authorities, the people in charge".

uaigneach: "lonely, desolate", pronounced /uəgʹinʹəx/.

uaigneas: "loneliness, grief, sadness", pronounced /uəgʹinʹəs/.

uaill: "howl, wail". *Uaill gháirí*, "a howl of laughter".

uair: "time". *Uair a' chluig*, "hour".

uathás: "horror", or *uafás* in GCh, pronounced /uəˈhɑːs/.

uathásach: "terrible", or *uafásach* in GCh. Pronounced /uəˈhɑːsəx/ in WM Irish.

ubh: "egg", pronounced /ov/. Note that this word is masculine in WM Irish. Frequently found with a further qualification: *ubh circe*, "a chicken's egg"; *ubh lachan*, "a duck's egg".

uchtach: "spirit, vigour; the delivery of a speech (or song)". Pronounced /əxˈtax/.

údhálta: "the exact same way or condition", pronounced /uːˈɣɑːlhə/. FGB has an entry for *urdhálta*, but crossreferenced to *dála* (i.e., *dáltha*).

úil: "knowledge", or *iúl* in GCh. PUL used the spelling *i n-úil* in the original text, showing the *n* to be broad in this phrase, /ə nuːlʹ/. The word *úmhail*, "attention", appears to have become confused with the dative of *eól*, producing *úil*. *Rud a chur in úil do dhuine*, "to let someone know something, to make someone realise something".

uiriste: "easy", or *furasta* in GCh. *Fuiriste* is also found here, but generally only in lenited contexts, the form without *f-* being more fundamental to the dialect. The comparative, found here, is *usa*, where GCh has *fusa*. Pronounced /irʹiʃtʹi~iˈrʹiʃtʹi/.

úirlis: "tool, implement". *Úirlis ceóil*, "musical instrument". Pronounced /uːrlʹiʃ/.

uisce-fé-thalamh: "intrigue", or *uisce faoi thalamh* in GCh.

uisce: "water". *Dul fé uisce*, "to become submerged, to sink". *Uisce búird*, "drinking water".

um: "about, round". PUL uses the traditional *do bhuail sé umam* in preference to *do bhuaileas leis* to mean "he came across me, i.e. I met him, I bumped into him". *Chuir sé uime na bróga nua*, "he put the new shoes on". PUL stated in NIWU (p112) that *um* was not an obsolete word for him, and that he had always heard *cuir umat do chasóg* for "put your coat on", and not *cuir ort do chasóg* (*cuir ort* would be more appropriate for something like a hat that is literally put on, and not around, a person). *Umá chéile* in the original text is adjusted to *um á chéile* in this edition. The preposition is often found as *uim* or *uime*, reflecting the general tendency for the base form of prepositions to become influenced by the third-person singular prepositional pronoun (i.e. *uime*), as in *air*, *fé*, etc, and *um á chéile* is therefore transcribed in the LS version of *Mo Scéal Féin* as *im á chéli* (see p24 therein), /iˈmʹa: xʹeːlʹi/. Note the following instance in Ch18 here: *do bhuail sé uime dhuin' uasal*, where *uime* is a preposition and not a prepositional pronoun. The combined forms are *umam* /əˈmum/, *umat* /əˈmut/, *uime* /imʹi/, *uímpi* /iːmpʹi/, *umainn* /əˈminʹ/, *umaibh* /əˈmivʹ/, *úmpu* /uːmpə/. See *Stair na*

338

Glossary

Gaeilge, Ch VI: Gaeilge na Mumhan, §6.22, for discussion of the pronunciation of these forms. *Umam* is accordingly transcribed in the LS version of Chapter 11 as *umùm* (p33, but note the transcription as *umum*, with no stress marked on p14). *Uime sin,* "on that account, for that reason".

urchar: "shot". Usually pronounced /ruxər/ in WM Irish (see IWM, §421). PUL's classical spelling is retained, as *Scéalaíocht Amhlaoibh* shows that /urəxər/ is possible here too (compare *ruchar* and *uruchair* on pp116, 117 therein) and the LS version of *Mo Scéal Féin* has *urachar* (see p11).

úrlabhra: "speech", pronounced /u:rlourə/.

úrlár: "floor". Note the long vowel in the first syllable.

urra: "warranty, security; a man of standing in the community". The declined genitive is generally only found in *ceann urraid*, "head, chief, leader". This was found hyphenated as *ceann-uraid* in the original. Pronounced /k'aun ə'rid'/.

urramúil: "respectful", or *urramach* in GCh, which form is also found in PUL's works.

urrús: "security, guarantee". *Dul in urrús do dhuine ar rud*, "to guarantee someone something".

usa: "easier"; see *uiriste*.

varántas: "warrant". *Varántas cuardaigh*, "search warrant". FGB has *barántas*, and this word was found as both *bharántas* (in Ch6) and *barántas* (Ch29) in the original text here. See also *an bharántas* in *Séadna* (p133). This word should have a *v*, as it is related to the English word "warrant", and so a *v* is standardised on here, including in Ch29, as it is the norm to use *v* in the modern spelling of loan words that traditionally had *bh* in the baseform (compare also *véarsa* found elsewhere in this work, where the original text had *bhérsa*).

véarsa: "verse", pronounced /v'e:rsə/.

veidhlín: "violin", pronounced /v'əi'l'i:n'/.

watch: the English word is used here. The word *uaireadóir* is not found in PUL's works. The English word was in common use among Irish native speakers of PUL's generation.

writ: the English word is used here, implying that the word *eascaire* was not in common use among Irish native speakers of PUL's generation or that legal terminology was widely used in English.

Proverbs and sayings

beannacht Dé len' anam: "God bless him", a pious utterance when referring to someone now dead.

beireann buan bua: "if at first you don't succeed, try and try again". *Buan* is substantivised in this saying.

ceó ar Mhuisire 's Clárach lom, an cómhartha soininne is feárr ar domhan: "mist on Mushera while Claragh remains clear is the best sign of good weather in the world", a saying that reflects an understanding of local weather patterns in the Muskerry area.

Proverbs and sayings

clocha ceangailte agus madraí scaoilte: a situation where the unjust have an unfair advantage over the just; literally, "stones bound fast and dogs let loose".

dealg múnlaí, fiacal chon nú focal amadáin, na trí nithe is géire ar bith: "a thorn in muddy water, a hound's tooth or the comments of a fool: the three sharpest things in the world". This is an example of an Irish "triad", a dry and pithy witticism that comes in threes.

gura maith an mhaise d(h)á anam é: "may he be the better for it", a pious utterance on referring to someone's death.

(is) fial stiall de leathar dhuine eile: "generous with someone else's things"; literally, "it is a generous strip [that is cut] from someone else's leather".

roinnt na caillí, mar is áil léi féin é: "an unfair bargain, a taking away of the lion's share"; literally, "the old woman/hag's share".

slán (beó) mar a n-ínstear é: "God bless the hearers", a pious utterance on mention of a tragedy.

www.ingramcontent.com/pod-product-compliance
Lightning Source LLC
Chambersburg PA
CBHW032120160426
43209CB00038B/1971/J